1조 클럽 도전하는 중견 기업을 위한 삼성 SCM 노하우

서병교 지음

저비용 고효율
공급망 관리 레시피

베스트디자인

저자소개

저자 서병교는 서울대학교 산업공학과에서 학사, 석사를 마치고, 미국 퍼듀대학교(Purdue University)에서 박사 학위를 취득했다. 우리나라에서 컨설팅이란 개념이 아직 생소하던 시절에 액센추어에서 일한 컨설턴트 1세대다. 미국 달라스에 있는 SCM 전문 회사 i2 Technologies에 입사했다. i2에 재직 중 의류 패션 업계 상장 기업 중 최대인 VF Corporation의 미국 본사에서 SCM 솔루션을 구축하고 운영 업무를 담당했다.

삼성SDS에서 SCM사업단을 창단하고, 수요 관리, 수요 유도 (demand shaping), S&OP, 개발 관리, 구매 관리, 물류 관리, 해외 법인 SCM 역량 강화 및 변화 관리 등 SCM의 여러 분야에 걸쳐 프로세스를 혁신하고 시스템을 구축했다. '첼로(Cello) 솔루션 개발 TF장'으로 SCM 패키지를 개발하여 고객사에 적용했다. 삼성SDS가 물류 사업을 시작할 때 사업부 지원 팀장으로서 성공적인 사업 착수에 기여했다.

CJ대한통운, 부릉, 에쓰푸드 등에서 CIO, CISO, 전략사업본부장, 경영혁신본부장 등 다양한 역할을 수행하며 회사 경쟁력을 높였다. 안양시청에서 기업 유치 추진 단장으로 공익에도 봉사하고, 포스코DX, 인공 지능 스타트업 기업 등에서 자문 활동도 했다. 삼성전자 구매 프로세스 혁신 및 시스템 구축, CJ대한통운 본사 및 해외 8개 자회사 ERP 통합 등 대형 프로젝트를 수행한 경험이 있다.

2019년 12월에 한국정보산업연합회, 한국CIO포럼, 전자신문으로부터 유통 부문 '올해의 CIO 상'을 수상했다.

CONTENTS

머리말 ·· 19

1 공급망(Supply Chain) 개념 ·· 25

1.1 들어가는 말 ··· 25
- 1.1.1 비단길 ·· 25
- 1.1.2 초한지 ·· 28

1.2 공급망(supply chain) ·· 29
- 1.2.1 공급망 개념 ·· 30
  - 로스차일드 가문의 정보망 ······································ 33
  - 초단타 매매 (HFT: High-Frequency Trading) ············· 34
- 1.2.2 공급망 단순화 ··· 36
  - 사례: 에스앤이컴퍼니 유통 구조 파괴 ······················· 37
- 1.2.3 공급망 전쟁 ·· 41
  - 미국의 공급망 재편 전략과 인플레이션 감축법 ········· 41

1.3 공급망 관리 (SCM) ·· 43
- 1.3.1 SCM 용어를 처음 사용한 키쓰 올리버 ················· 43
- 1.3.2 SCM에 관한 다양한 정의 ···································· 44

1.4 SCM과 경영 ·· 45
- 1.4.1 삼성 경영자들의 SCM에 대한 인식 ······················ 47

1.5 SCM에 대한 관점 ··· 49
- 1.5.1 계층적 관점: 공급망 전략 - 계획 - 실행 ·············· 50
- 1.5.2 협업 관점: 사내 협업, 고객사 협업, 공급사 협업 ·· 51
- 1.5.3 시스템 관점 ·· 53

CONTENTS

2 생산 전략 (Production Strategy) · 59

2.1 예측 생산과 주문 생산 · 59
  2.1.1 MTS (Make to Stock, 재고 생산, 예측 생산) · 59
  2.1.2 MTO (Make to Order, 주문 생산) · 60
  2.1.3 ATO (Assemble to Order, 주문 조립) · 61
  2.1.4 ETO (Engineer to Order, 주문 설계) · 61
  2.1.5 디커플링 포인트 (decoupling point) · 62

2.2 리드타임과 생산 전략 · 64
  2.2.1 리드타임 · 64
  2.2.2 엔비디아(NVIDIA) GPU 리드타임 · 67

2.3 지연(postponement) 전략 · 69
  2.3.1 생산 지연 (시간적 지연) · 69
    ▪ 사례: 베네통(Benetton) 염색 공정 지연 전략 · 70
    ▪ 영국과 프랑스 세탁기 선호도 차이를 감안한 지연 전략 · 71
  2.3.2 물류 지연 (공간적 지연) 및 재고 공용화 · 72

3 수요 관리 (Demand Management) · 77

3.1 고객(顧客)과 유통(流通) · 77
  3.1.1 고객 · 77
  3.1.2 유통 매장: 백화점, 편의점, 슈퍼마켓, 할인점 · 78
  3.1.3 다크 스토어 (dark store) · 79

3.2 예측(forecasting) · 81
  3.2.1 예측은 왜 하나? · 81
    ▪ 사례: 스시로 회전 초밥 수요 예측 · 82

CONTENTS

    3.2.2 예측과 계획은 천지 차이 ·· 83
    3.2.3 예측 대상 (what to forecast) ··· 86
       ▪ 사례: 에스앤이컴퍼니 농산물 작황 및 가격 예측 ···················· 87
    3.2.4 예측의 3대 축: 제품 × 고객 × 시간······································ 89

3.3 제품(product) 예측 ·· 90

3.4 고객(customer) 예측 ·· 94

3.5 시간(time) 예측 ·· 96
    3.5.1 예측 단위(bucket): 얼마나 촘촘하게 예측? ·························· 96
    3.5.2 예측 주기(frequency/cycle): 얼마나 자주 예측? ··················· 96
    3.5.3 예측 기간(horizon): 얼마나 먼 미래까지 예측? ···················· 97
    3.5.4 예측 마감 시간 (cutoff time): 언제까지 예측? ······················ 99
    3.5.5 롤링 예측 (rolling forecasting): 매주/매월 반복 ·················· 99
    3.5.6 예측 집중 구간: 특히 신경써야 할 구간 ······························ 100

3.6 예측 주체: 예측은 누가? ·· 102
    3.6.1 계층적 예측 (hierarchical forecasting) ······························· 103
       ▪ 사례: 삼성전자 계층적 예측 ··· 104
    3.6.2 Funnel forecasting (깔때기 예측) ······································ 105

3.7 예측 기법 (forecasting method) ·· 107
    3.7.1 예측 기법 선택 ··· 107
       ▪ 사례: 편의점 수요 예측 ·· 108

3.8 예측 정확도 (forecast accuracy) ·· 109
    3.8.1 일기 예보: 화씨 1 도는 연간 10억 달러 값어치 ···················· 109
    3.8.2 예측 정확도 ··· 110

CONTENTS

    3.8.3 예실(豫實) 그래프: 예측력 높이는 실전 비법 ·················· 113

3.9 판매 계획 (sales plan) ··· 115
    3.9.1 판매 계획 준수율 ·· 116
    3.9.2 판매 계획 달성률 ·· 117
    3.9.3 판매 계획 차질 사유 ·· 118

3.10 수요 관리 (demand management) ···································· 119
    3.10.1 공급 촉진 (supply expedition) ································· 119
    3.10.2 수요 유도 (demand shaping) ··································· 120
      ▪ 사례: 삼성전자 수요 유도로 소니 추월 ························· 121

3.11 주문 관리 (order management) ···································· 123
    3.11.1 할당(allocation) ·· 123
    3.11.2 납기 약속 (order promising) ···································· 125

4 재고 관리 (Inventory Management) ································· 129

4.1 재고냐 결품이냐 ··· 129
    4.1.1 재고(inventory) ··· 129
      ▪ 사례: 에쓰푸드 재고 및 상미 기간 관리 ························ 130
    4.1.2 결품(out-of-stock) ··· 132
      ▪ 연구: 결품 실증 분석 집대성 ······································ 132
    4.1.3 재고 대 결품: 결품이 재고보다 세 배 고통 ··················· 133
    4.1.4 PSI (Production, Sales, Inventory) ····························· 134
    4.1.5 매출 인식 기준 ··· 136

4.2 재고에 대한 관점 ··· 139
    4.2.1 재고의 양면성: 실행의 결과이자 계획의 대상 ················ 139

CONTENTS

4.2.2 재고는 필요악(必要惡)인가? ········· 140
- 재고 순기능(順機能) ········· 141
- 재고 역기능(逆機能) ········· 142

4.3 재고 유형 ········· **146**
4.3.1 다양한 이름의 재고 ········· 146
4.3.2 안전 재고 (safety stock) ········· 147
- 예시: 안전 재고 계산 ········· 149

4.4 재고 관리 주요 지표 ········· **151**
4.4.1 재고량과 재고 금액 ········· 151
4.4.2 재고 일수(日數) ········· 152
4.4.3 재고 회전율 (inventory turnover) ········· 153
4.4.4 재고 정확도 ········· 154
- 예시: 재고 실사 ········· 155

4.5 재고 파악 ········· **156**
4.5.1 리틀의 법칙 (Little's law) ········· 157
- 예시: 재공 재고 계산 ········· 158
- 예시: 재고 일수 계산 ········· 158
- 예시: 채권 회수 기간 계산 ········· 159

4.6 재고 보충 (inventory replenishment) 원칙 ········· **159**
4.6.1 ABC 분석: 선택과 집중 ········· 162

4.7 재고는 누구 책임? ········· **163**

4.8 재고 감축 ········· **165**
4.8.1 재고에 대한 인식: 애플과 삼성전자 ········· 165

CONTENTS

    4.8.2 사례: 디에스이트레이드 서비스 부품 재고 감축 ·············· 165
    4.8.3 재고 감축 방안: 지속적 개선 ································ 168
    4.8.4 Just-in-Time vs. Just-in-Case ······························ 169
      ▪ 사례: 2021년 반도체 부족으로 자동차 생산 중단············· 170

5 생산 관리 (Production Management) ·············· 175

5.1 공급 계획 (supply plan, master plan) ···················· 175

5.2 생산 계획 (production plan) ···························· 177

5.3 계획 수립 ·· 178
    5.3.1 공급 계획 수립의 입출력 요소 ······························ 179
    5.3.2 수요 우선순위 (priority) ···································· 180
      ▪ 사례: 인텔 DRAM 회사에서 마이크로프로세서 회사로 변신 ·········· 184
    5.3.3 공급 계획 수립 ·· 185
      ▪ 사례: VF 일단위 공급 계획 ······························· 187
    5.3.4 생산 계획 수립 ·· 188
      ▪ 사례: VMS솔루션스 골판지 생산 계획 수립 ················ 189
    5.3.5 위탁 생산 ·· 192
      ▪ 사례: 애플이 폭스콘을 선호하는 이유 ····················· 192
    5.3.6 계획 수립 솔루션 활용 ······································ 193
      ▪ 사례: 뉴로코어 AI 활용한 APS 솔루션 ···················· 194

5.4 제조 실행 관리 ·· 195
    5.4.1 사례: 코너스 CCTV를 활용한 철도 차량 제조 공정 관리·········· 196
    5.4.2 스마트 팩토리 (smart factory) ······························ 198
      ▪ 사례: 현대차 싱가포르 글로벌 혁신 센터 ·················· 198

CONTENTS

- 사례: 고피자 AI 활용한 품질 검사 ········· 199

5.5 생산 관리 핵심 지표 ········· 202
- 5.5.1 공급 계획률 ········· 202
- 5.5.2 생산 계획 준수율 ········· 203
  - 예시: 생산 차질 원인 ········· 204
- 5.5.3 SCM 역량: 판매 예측 정확도는 대표이사 성적 ········· 206
  - 예시: SCM 점수: 90점 × 80점 × 70점 = 50점 ········· 206

5.6 확정 생산 체제 ········· 209
- 5.6.1 확정 기간 ········· 209
- 5.6.2 확정 생산 체제 의미 ········· 211
  - 사례: 삼성 3일 확정 생산 체제 ········· 212
- 5.6.3 확정 기간 설정 방법 ········· 214

6 구매 관리 (Procurement Management) ········· 219

6.1 자체 제조 또는 외부 구입 (make or buy) ········· 220
- 6.1.1 크랄직 매트릭스 (Kraljic matrix) ········· 222

6.2 구매량 산정 ········· 223
- 6.2.1 자재 명세서 (BOM: Bill of Material) ········· 224
- 6.2.2 자재 소요 계획 (MRP) ········· 225

6.3 구매 관리 핵심 영역 ········· 226
- 6.3.1 조달 구매 ········· 226
- 6.3.2 개발 구매 ········· 227
- 6.3.3 전략 구매 ········· 228
- 6.3.4 MRO (Maintenance, Repair, and Operating) ········· 229

CONTENTS

6.3.5 발주 최적화 ………………………………………… 230
- 사례: 팔란티어(Palantir) 발주 최적화 ………………… 231

6.4 가치 공학 (value engineering) ……………………… **232**
6.4.1 가치 공학 개념 ……………………………………… 232
- 사례: 가치 공학 ………………………………………… 233

6.4.2 원가 절감 방식 ……………………………………… 234

6.5 구매 전담 조직 ………………………………………… **235**
6.5.1 삼성의 구매 관리 원칙 ……………………………… 236

6.6 공급사 협업 …………………………………………… **236**
6.6.1 VMI (Vendor Managed Inventory) ……………… 238
6.6.2 구매 예술화 …………………………………………… 239
- 삼성 구매 예술화 ……………………………………… 239
- 삼성전자 협성회 ……………………………………… 241

6.6.3 공급사 선정 원칙 …………………………………… 241
- 사례: 삼성전자 공급사 선정 원칙 …………………… 242
- 사례: 리 앤 펑 30/70 규칙 …………………………… 242
- 사례: ASML 공급사 납품 원칙 ……………………… 244

6.6.4 공급사 계층도 ……………………………………… 245
- 사례: 삼성전자 대체 공급사 파악 …………………… 246

6.7 구매 성과 지표 ………………………………………… **247**

7 물류 관리 (Logistics Management) ………………… **251**

7.1 물류 개념: 시공의 제약 대응 ………………………… **251**

CONTENTS

7.2 물류 영역 ········· 253
  7.2.1 조달~공급~판매~배송 물류 ········· 253
  7.2.2 역물류(逆物流, reverse logistics) ········· 255
    - 사례: 스티치 픽스 (Stitch Fix) ········· 256
    - 사례: 와비 파커 (Warby Parker) ········· 257
    - 사례: 해피 리턴즈 (Happy Returns) ········· 258
    - 사례: 리퀴디티 서비시즈 (Liquidity Services) ········· 259
    - 사례: 옵토로(Optoro) ········· 260
    - 사례: 쿠팡 반품마켓 ········· 261
  7.2.3 프로젝트 물류 ········· 262
    - 사례: 튀르키예 고대 유적 운송 ········· 262
  7.2.4 7대 물류 사업 분야 ········· 264

7.3 운송(運送) ········· 265
  7.3.1 운송 혁명 ········· 267
    - 19세기 철도 괴담: 터널 속 질식사 ········· 267
    - 20세기 항공 우편: 자살 클럽 ········· 268
    - 기상학자가 근무하는 델타 항공 운항 통제 센터 ········· 270
  7.3.2 운송 경로 ········· 270
    - 페덱스(FedEx) 허브 앤 스포크 방식 ········· 272
    - 사례: 리비고(Rivigo) 릴레이 운송 ········· 273
  7.3.3 콜드 체인 (cold chain) ········· 275
    - 사례: 항공사 기내식 납품 ········· 276
    - 사례: 롱칭(荣庆, Rokin) 콜드 체인 관제 ········· 277
  7.3.4 라스트마일 딜리버리 (last-mile delivery) ········· 278
    - 사례: 도미노 피자 AI 카메라로 조리 과정 확인 ········· 279

7.4 보관 및 물류 센터 ········· 280
  7.4.1 물류 센터 유형 ········· 280

CONTENTS

  7.4.2 거점 최적화 ……………………………………………… 281
   ▪ 사례: 아이허브(iHerb) 인천 GDC …………………………… 282
   ▪ 사례: 월마트 매장 입지 전략 ………………………………… 284
   ▪ 사례: 부지 확보에 대한 이건희 회장과 이재현 회장의 관점 ……… 284
  7.4.3 자동화 설비 …………………………………………… 285
   ▪ 아마존이 인수한 키바(Kiva) ………………………………… 286
   ▪ 엑소텍(Exotec) 스카이팟(Skypod) ………………………… 287
   ▪ 사례: CJ대한통운 곤지암 메가 허브 ………………………… 288
   ▪ CJ대한통운 자동화 설비 통신 표준 프로토콜 특허 …………… 290

7.5 물류 효율화 ……………………………………………… **292**
  7.5.1 물류비 요율 체계 ……………………………………… 295
  7.5.2 크로스도킹(cross-docking)으로 물류비 절감 ………… 295
  7.5.3 자율 주행 ………………………………………………… 297
  7.5.4 삼자 물류 (3PL) ………………………………………… 298
  7.5.5 물류 BPO (Business Process Outsourcing) …………… 299
   ▪ 사례: 삼성SDS 물류 BPO 사업 ……………………………… 300
  7.5.6 물류 경쟁력 ……………………………………………… 301

8 개발 관리 (R&D Management) ……………………… 305

8.1 개발 리드타임 (time to market) ……………………… **305**
  8.1.1 사례: 자라(Zara) 개발 리드타임 ……………………… 306
  8.1.2 사례: 삼성전자 선진 제품 비교 전시회 ……………… 310

8.2 연구 개발 의사 결정 기본 원칙 ……………………… **311**
  8.2.1 사례: 삼성종합기술원 연구 개발 의사 결정 원칙 …… 311
  8.2.2 사례: 구글의 70/20/10 규칙 …………………………… 313

CONTENTS

    8.2.3 사례: 구글 20% 시간 원칙 ･･････････････････････････ 313

8.3 제품(SKU) 수 ･･ 314
    8.3.1 최적 제품 수 ･･････････････････････････････････････ 315
    8.3.2 일종일품(一種一品, one-of-a-kind) ･･････････････････ 316

8.4 상품 정예화 ･･ 317
    8.4.1 SKU 육분면(六分面) ･････････････････････････････････ 317
    8.4.2 SKU 육분면과 제품 수명 주기 ･･････････････････････ 320

8.5 단종 기준 ･･･ 321
    8.5.1 사례: 삼성전자 제품 단종 기준 ･･････････････････････ 322
    8.5.2 사례: 삼성전자 제품 수명 주기에 따른 SCM ････････ 323

8.6 제품 전환 계획 (PTP: Product Transition Planning) ･･････ 324
    8.6.1 사례: 가전 제품 전환 차질 ･･････････････････････････ 326

9   S&OP (Sales and Operations Planning) ･････････････････ 331

9.1 S&OP 개념 ･･･ 331

9.2 S&OP 회의: 생판(生販)이냐 판생(販生)이냐 ･･････････････ 333
    9.2.1 S&OP 회의 안건 ････････････････････････････････････ 334
    9.2.2 S&OP 회의 참석자 ･･････････････････････････････････ 336
    9.2.3 주간 S&OP ･･･ 337
    9.2.4 월간 S&OP ･･･ 339

9.3 실시간 시스템 활용하는 S&OP ･･･････････････････････ 341
    9.3.1 가상 예시: 시스템 없이 무슨 S&OP? ･･････････････････ 342

CONTENTS

9.3.2 가상 예시: 시스템 활용 S&OP ········· 343

9.4 S&OP 체질화 노하우 ········· **344**
    9.4.1 사례: 삼성전자 S&OP ········· 347
    9.4.2 사례: 삼성코닝 S&OP ········· 350

10 기업간 협업 (CPFR) ········· 355

10.1 갑을(甲乙) 관계 ········· **355**
    10.1.1 사례: 아마존(Amazon) 대 맥밀란(Macmillan) ········· 356
    10.1.2 사례: 햇반 대첩 – 쿠팡 대 CJ제일제당 ········· 357

10.2 채찍 효과 (bullwhip effect) ········· **359**

10.3 CPFR ········· **362**
    10.3.1 CPFR 개념 ········· 362
    10.3.2 VICS 표준 9단계 ········· 365
    10.3.3 사례: 삼성전자 CPFR ········· 368
    10.3.4 사례: 삼성전자 2차 공급사 협업 ········· 369
    10.3.5 CPFR의 잠재적 위험 ········· 370

11 기준 정보 관리 (Master Data Management) ········· 375

11.1 용어 통일 ········· **376**
    11.1.1 인용: 이건희 회장 용어 통일 철학 ········· 377

11.2 측정 단위 (UOM: Unit of Measure) ········· **378**
    11.2.1 사례: 에어 캐나다 여객기 불시착 사고 ········· 379

CONTENTS

    11.2.2 사례: 화성 기후 위성 실종 사고 ·· 382
    11.2.3 미국 고속 도로 체계 ·· 383
    11.2.4 미국 미터법 채택 시도 ·· 385

11.3 기준 정보 종류 ·· 387
    11.3.1 사례: 환율 기준 정보 ·· 388

11.4 코드(code) 체계 ·· 389
    11.4.1 사례: VF 제품 코드 체계 ··· 390
    11.4.2 사례: what3words 지리적 코드 체계 ·································· 391

11.5 기준 정보 관리 (MDM: Master Data Management) ············ 392
    11.5.1 사례: 삼성전자 기준 정보 전담 조직 ································· 393

11.6 기준 정보 지속성 ·· 394
    11.6.1 철도 궤도 너비와 인공위성 ·· 395

12 리스크 관리 ·· 399

12.1 조직 관리 ·· 399
    12.1.1 조직 체계: 마법의 수 (magical number) 7±2 ····················· 399
       ▪ 사례: 챌린저(Challenger)호 폭발 사고 ···································· 401
    12.1.2 임직원 관리 ·· 402
       ▪ 연구: 게으른 개미가 70% ·· 403
       ▪ 연구: 일하는 개미는 20% ·· 404
       ▪ 깨진 유리창으로 스며드는 근무 태만 바이러스 ··················· 405
    12.1.3 내부 통제 (compliance) ··· 407
       ▪ 사례: 우리은행 707억 원 횡령 ·· 407
       ▪ 사례: 경남은행 3,089억 원 횡령 ··· 407

CONTENTS

- 사례: 오스템임플란트 2,215억 원 횡령 408

12.2 의사 결정 **409**
  12.2.1 질문 → 판단 → 의사 결정 409
  - 아마존 베이조스(Bezos) 70% 정보만 있으면 의사 결정 410
  - 듣기만 한 록펠러(Rockefeller) 411
  - 무능한 지휘관은 적보다 무섭다 411
  12.2.2 생존자 편향: 격추되지 않은 전투기 412
  12.2.3 휴브리스(hubris) 415
  - 그리스 신화: 아라크네와 아테나의 베 짜기 배틀 415
  - 그리스 신화: 니오베(Niobe)의 자식 자랑 417
  - 사례: 파나마 운하 건설 실패 418

12.3 지배 구조 및 기업 승계 **420**
  12.3.1 지배 구조 420
  - 사례: TSMC 독립 전문 경영인 체제 421
  12.3.2 기업 승계 422
  - 사례: 승계 둘러싼 삼형제 분쟁 423
  - 사례: 스웨덴 상속세 폐지 425

12.4 보안(Security) 및 기술 유출 방지 **428**
  12.4.1 개인 정보 보호 429
  - 사례: 골프존 고객 정보 해킹 사고 429
  - 사례: 카드 회사 개인 정보 유출 사고 430
  12.4.2 IT (Information Technology) 보안 431
  - 사례: CJ대한통운 악성 메일 공격 대비 모의 훈련 431
  - 기밀 컴퓨팅 432
  - 암호화 및 양자 보안 435
  12.4.2 OT (Operation Technology) 보안 437

CONTENTS

- 사례: 브라질 육가공 업체 JBS 랜섬웨어 감염 사고 ⋯⋯⋯⋯⋯⋯ 438
- 사례: TSMC 해킹 사고 ⋯⋯⋯⋯⋯⋯⋯⋯⋯⋯⋯⋯⋯⋯⋯⋯⋯ 438
- 사례: 공급사 때문에 가동 중단한 도요타 ⋯⋯⋯⋯⋯⋯⋯⋯⋯ 439
- 사례: 미국 송유관 회사 랜섬웨어 피해 사고 ⋯⋯⋯⋯⋯⋯⋯ 440
- 사례: 노조미(Nozomi) 솔루션 적용 ⋯⋯⋯⋯⋯⋯⋯⋯⋯⋯ 440

12.4.4 기술 유출 ⋯⋯⋯⋯⋯⋯⋯⋯⋯⋯⋯⋯⋯⋯⋯⋯⋯⋯⋯ 441
- 사례: 삼성디스플레이 핸드폰 에지 패널 기술 유출 ⋯⋯⋯⋯⋯ 441
- 사례: 세메스 반도체 세정 기술 유출 ⋯⋯⋯⋯⋯⋯⋯⋯⋯⋯ 442
- 사례: SK하이닉스 반도체 기술 유출 ⋯⋯⋯⋯⋯⋯⋯⋯⋯⋯ 442
- 사례: 한국콜마 선케어 기술 유출⋯⋯⋯⋯⋯⋯⋯⋯⋯⋯⋯⋯ 443
- 사례: 마시모(Masimo) 대 애플(Apple) - "죽음의 키스"⋯⋯⋯⋯ 445

12.5 AI(인공 지능) 활용 ⋯⋯⋯⋯⋯⋯⋯⋯⋯⋯⋯⋯⋯⋯⋯⋯ **446**
12.5.1 AI가 가져온 네 번의 충격 ⋯⋯⋯⋯⋯⋯⋯⋯⋯⋯⋯⋯ 447
- 1997년 딥블루(Deep Blue) - 체스 ⋯⋯⋯⋯⋯⋯⋯⋯⋯⋯ 447
- 2011년 왓슨(Watson) - 퀴즈 ⋯⋯⋯⋯⋯⋯⋯⋯⋯⋯⋯⋯ 448
- 2016년 알파고(AlphaGo) - 바둑 ⋯⋯⋯⋯⋯⋯⋯⋯⋯⋯ 449
- 2022년 챗GPT(ChatGPT) ⋯⋯⋯⋯⋯⋯⋯⋯⋯⋯⋯⋯⋯ 449

12.5.2 AI 활용 방안 ⋯⋯⋯⋯⋯⋯⋯⋯⋯⋯⋯⋯⋯⋯⋯⋯⋯ 450
12.5.3 비전문가가 데이터 유출 걱정없이 AI 활용하기 ⋯⋯⋯⋯ 451
- IT 전문가 도움 없이 AI 활용하기 ⋯⋯⋯⋯⋯⋯⋯⋯⋯⋯⋯ 451
- 내부 데이터 유출 걱정 없이 AI 활용하기 ⋯⋯⋯⋯⋯⋯⋯⋯ 452
- 가상 예시: AI 활용 ⋯⋯⋯⋯⋯⋯⋯⋯⋯⋯⋯⋯⋯⋯⋯⋯ 455

12.5.4 특이점: AI가 인간을 능가하는 순간 ⋯⋯⋯⋯⋯⋯⋯⋯ 457
- 로봇학 3법칙 시사점 ⋯⋯⋯⋯⋯⋯⋯⋯⋯⋯⋯⋯⋯⋯⋯⋯ 459

맺음말⋯⋯⋯⋯⋯⋯⋯⋯⋯⋯⋯⋯⋯⋯⋯⋯⋯⋯⋯⋯⋯⋯⋯ **460**

머리말

　삼성의 SCM 성공 비밀이 궁금한 중소 중견 기업 경영자들이 많다. 특히 제조 업종의 창업자나 2세 경영자들이 삼성의 노하우가 무엇인지 많이 묻는다. 열심히 설명한다. 소용없다. 실컷 듣고 나서, 우리는 삼성처럼 유능한 전문가도 없고, 첨단 설비 장비도 없으며, IT 인프라도 취약하다며 손사래를 친다. 한마디로 돈이 없다는 뜻이다. 우수 인재를 영입하고, 기계 설비 장비를 도입하고, IT 인프라를 구축하려면 돈이 필요하다. 돈이 있어도 막상 거액을 투자하자니 제대로 효과를 거둘지 선뜻 확신이 생기지 않는다.

　창업자는 첫 매출을 잊지 못한다. 첫사랑은 잊어도 첫 고객은 잊히지 않는다. 첫 거래 전표를 액자에 넣어 보관하는 창업자도 있다. 첫 매출도 어렵지만 그 이후도 쉽지 않긴 매한가지다. 운이 좋아, 매출을 억 단위로 늘렸다. 사람을 더 뽑고 기계를 더 사서 라인을 증설한다. 10억, 20억, 30억, 50억으로 늘어난다.

　그런데 100억을 넘기기 쉽지 않다. 사람 늘리고 기계 추가하는 것에 비례하여 매출이 늘지 않는다. 오히려 인당 매출은 줄어드는 것 같다. 위기다. 대표가 영업, 생산, 개발을 모두 도맡아 하기 어려운 단계다. 영업팀,

기술팀, 구매팀, 물류팀 등을 정비한다. 다행히 위기를 넘기고, 200억, 300억, 500억을 넘는다. 숨차다.

1,000억 고지가 눈 앞인데, 또 위기가 찾아온다. 산 넘어 산이다. 지켜야 할 법규도 많고, 간접 인력도 많아진다. 챙겨야 할 것도 많고, 복잡하다. 인사 재무 관리 체계를 정비하지 않고 어떻게든 버텨보려다가 훅 가는 수가 있다. 임직원 개인 역량으로 해결하거나 엑셀로 처리할 수 있는 한계를 넘어선 지 오래다. 프로세스를 정비하고 ERP, MES 등의 시스템을 도입한다. 2천억, 3천억, … 성장통을 극복해가며 한 발짝씩 전진한다.

1조를 향해 달린다. 이제껏 죽기 살기로 노력했고 또 운도 따라서 수없이 많은 위기와 고비를 넘어 여기까지 왔다. 그런데 1조 클럽의 산은 너무 높고 너무 가파르다. 한계인가? 이 자리까지 온 것만으로 만족해야 하나? 삼성전자가 성공한 핵심 요인이 SCM이라던데, 삼성의 SCM 노하우가 궁금하다. 물어보니, 몇 천억 투자하여 무엇을 개선했고, 몇 조를 써서 뭐를 업그레이드했다는 식이다. 체급이 다르다. 그 정도 투자할 돈이 있으면 왜 물어봤겠냐.

SCM은 철학이다. 공급망이 잘 운영되지 않는다면, 첨단 기계와 IT 인프라가 없다는 핑계를 찾기 전에 먼저 원칙을 제대로 세웠는지 살펴야 한다. 영업이 팔겠다는 만큼 생산하는 원칙을 세울지, 생산한대로 밀어낼지? SCM은 문화다. SCM이 엉망이라면, 유능한 인재가 없어서라기보다 오히려 프로세스를 준수하는 문화가 없기 때문인지 들여다봐야 한다. 계획대로 실행하는 문화인지, 계획 따로 실행 따로인지?

수십 수백억씩 투자하기 전에 SCM의 철학과 문화부터 바로 세우자. 중소 중견 기업은 예산이 부족하고 인재가 부족하고 인프라가 갖추어지지 않았다. 삼성전자 같은 글로벌 기업의 SCM 성공 노하우를 쉽게 배우고 저예산으로 적용하여 빨리 효과를 얻고 싶다. 이런 기업의 경영자들에게 도움을 주기 위해 이 책을 준비했다.

기업의 경영진과 조직의 리더들은 무수히 많은 의사 결정을 해야 한다. 이들의 결정은 회사나 조직의 존망과 임직원의 명운을 좌우할 정도로 중요하다. 대부분의 의사 결정은 공급망과 관련된다. 신제품 출시, 기존 제품 단종, 시장 수요와 판매 예측, 가격 책정과 프로모션 결정, 공장과 창고 등 핵심 거점의 입지 선정, 제품별 생산 전략 수립, 공장별 생산 계획, 원자재 가격 동향 파악, 신기술 확보, 공급사 발굴, 자재 단가 협상, 환율 및 금리 전망 등.

공급망을 효과적으로 관리하고 올바른 의사 결정을 내리려면 체계적인 공부가 필요하다. 그런데 시간이 없다. 공부하기 싫다는 핑계가 아니라 실제로 바쁘다. 골치 아픈 일이 한두 가지가 아닌데 공부라니? 단기 속성 과정을 찾게 된다. 책 한 권으로 해결하고 싶다면 바로 이 책이 적합하다.

이 책은 삼성뿐만 아니라 애플, TSMC, ASML, 엔비디아, 인텔, 델, VF, 자라, 베네통, 리 앤 펑, 도미노 피자, 아마존, 구글 등 세계적인 회사들의 SCM 노하우를 담았다. 갑과 을의 입장을 두루 경험하고, 대중소 기업의 내부 혁신 및 외부 고객사 프로젝트를 수행하면서 쌓은 저자의 현장 경험이 녹아 있다.

큰 돈 들이지 않고 바로 효과를 볼 수 있는 대표적인 영역인 판매 예측, 수요 유도 (demand shaping), 안전 재고 계산, 재고/결품 감축, 수요 우선순위 설정, 공급 계획 수립, 확정 기간 설정, 스마트 팩토리, 구매비 절감, 공급사 선정/퇴출, SKU 육분면, 제품 수명 주기 관리, 출시/단종 관리, 제품 전환 계획, 물류 거점 최적화, 물류비 요율 체계, 자동화 설비 관리, S&OP 체질화, 기업 간 협업(CPFR), 기준 정보 관리, 기업 승계 및 지배 구조, 정보 보안, 인공 지능 활용 등이 포함되어 있다.

1조 클럽 도전하는 중견 기업을 위한
삼성 SCM 노하우

I

1. 공급망(Supply Chain) 개념

1.1 들어가는 말

1.2 공급망(supply chain)

1.3 공급망 관리 (SCM)

1.4 SCM과 경영

1.5 SCM에 대한 관점

제1장

1. 공급망(Supply Chain) 개념

공급망

1.1 들어가는 말

1.1.1 비단길

비단길 동쪽 끝의 신라는 서역, 유럽 등과 긴밀하게 교류했다. 신라 고분에서 발굴된 유물 중 중앙아시아나 유럽으로부터 전해진 것이 꽤 많다.

경주 황남동 미추왕릉 지구에 있는 14호 고분은 삼국시대인 서기 5~6세기에 축조된 것으로 보인다. 이 고분에서 황금 보검이 발굴되었다. 이 보검은, 화려한 무늬와 동로마제국의 세공 및 상감 기법으로 장식된 진홍색 석류석 등을 고려하면, 신라가 아니라 외국에서 제작된 것으로 추정된다.[1]

---

1) 이기환, 황금보검의 소유자는 금수저가 아니었다, 경향신문, 2016.09.14, https://m.khan.co.kr/culture/culture-general/article/201609141013001

[사진: 경주 계림로 보검][2]

 이러한 형태의 단검은, 유럽에서 중동지방에 걸쳐 발견될 뿐 동양에서는 발견되는 일이 없기에, 동서양 문화 교류의 한 단면을 보여 주는 중요한 자료다.[3] 켈트 문화권인 트라키아 지방에서 제작된 것으로 추측하는 연구도 있다.[4] 트라키아는 동로마 제국의 수도인 콘스탄티노플(오늘날의 이스탄불)과 다뉴브 강 사이에 있는 흑해 연안 지방이다.
 1975년 경주 황남동 98호 고분에서 금관, 장신구, 무기, 철기, 토기, 유리 그릇 등 5만 7천여 점의 유물이 출토되었다. 황남대총으로 알려진 이 무덤은 5세기에 축조되었고 왕과 왕비가 묻힌 것으로 추정된다. [사진: 유

---

2) 문화재청, https://www.heritage.go.kr/unisearch/images/treasure/1621316.jpg, 1621317.jpg
3) 문화재청, https://www.heritage.go.kr/heri/cul/culSelectDetail.do;jsessionid=eraVp9aP776oE1PRyx1dKVpm4budrY1Oqf1DvjfNPFK3KMSyzEi82WfnLFVIESWE.cpawas2_servlet_engine1?VdkVgwKey=12,06350000,37&pageNo=1_1_1_0
4) 요시미즈 츠네오, 로마문화 왕국, 신라, 오근영 옮김, 씨앗을뿌리는사람, 2002, p.221

리 그릇]은 황남대총, 금령총, 서봉총 등에서 출토된 유리병과 유리잔이다. 디자인이나 제작 기법은 로마 유리 방식과 같다. 국립중앙박물관은 이 유물들이, 초기 비잔틴 시기 지중해 동부 연안의 팔레스타인과 시리아 북부 지역에서 제작되어, 신라에 전해진 것으로 추정한다.[5]

[사진: 유리 그릇][6]

 황금 보검, 유리 그릇뿐만 아니라, 미추왕릉 지구 4호분에서 발굴된 상감옥, 원성왕릉 앞에 세워진 아랍 무사를 닮은 석인상, 천마총의 귀걸이, 팔찌, 반지, 유리 와인잔 등 수많은 유물로부터 신라와 중앙아시아 및 고대 로마 제국이 활발하게 교류했음을 알 수 있다.
 유럽에서 신라까지 이동하는데 얼마나 걸렸을까? 이탈리아 로마에서 비

---

5) 국립중앙박물관, 황남대총 유리 그릇 전시, 2023.12.10
6) 국립중앙박물관 전시실에서 촬영, 2023.12.10

단길을 따라 경주까지 이동하는 총 거리를 약 36,840 리 (14,750 km) 정도로 보고, 하루에 100 리를 이동하여 대략 1년 정도 걸렸을 것으로 추정하는 연구가 있다.[7] 이희수 한양대 교수는 동로마제국의 수도인 콘스탄티노플, 즉 오늘날 튀르키예의 이스탄불에서 경주까지의 거리를 1만 km로 추정한다. 서기 8세기에 콘스탄티노플에서 유행하던 첨단 패션, 디자인 등이 8개월에서 10개월 후 경주에서 유행했다는 게 이 교수 주장이다.[8] 콘스탄티노플에서 경주까지 동일한 상인이 운반했을 수도 있고, 중국까지 운반한 후 중국 상인이나 신라 상인이 경주로 운반하는 중계 무역 방식이었을 수도 있다.

유럽에서 방금 출시한 최신 자동차를 배에 싣고 한국으로 수입하려면 오늘날에도 대략 한두 달 정도 걸린다. 1200~1600년 전의 공급망을 감안하면, 굉장한 속도인 셈이다.

1.1.2 초한지

『초한지』는 초나라 **항우**와 한나라 **유방**의 싸움을 다룬 소설이다. 흙수저 유방이 금수저 항우를 물리치고 황제에 즉위한 비결은 무엇일까? 유방은 자신이 항우를 꺾은 게 리더십 때문이라고 자랑했다. 사마천의 『사기』「고조본기」에 나온다. 유방은 자신이

(1) 계책을 세워 천리 밖의 승리를 결정짓는 일은 **장량**만 못하고,

---

7) 정수일, 실크로드학, 창비, 2001, p.52
8) 이희수, 뒤집어 읽는 세계사: 실크로드의 영웅들을 중심으로, 사람과 문화, 제11호, (사)아카데미아 후마나, 2017, p.49

(2) 나라를 안정시켜 백성을 위로하고, **양식을 제때 공급하며 보급로가 차단되지 않도록 하는 일**은 **소하**만 못하며,

(3) 백만 대군을 통솔해 싸우면 반드시 이기고 공격하면 반드시 빼앗는 일은 **한신**만 못하다고 했다. 유방은 자신이 천하를 얻을 수 있었던 이유가 바로 천하의 인걸인 이 세 사람을 잘 쓸 수 있었기 때문이라고 우쭐댔다.[9]

초한지의 대부분은 전세를 판단하고, 신출귀몰한 전략을 수립하며, 목숨을 건 전투를 수행하는 과정을 다룬다. 주로 장량과 한신이 맡은 일이다. 그런데 소하가 담당했던 일은 제대로 기록이 남아 있지 않다. 전쟁에 필요한 물자를 제때에 공급하지 않으면 승리하기 어렵다. 창, 칼, 활, 화살 등 각종 무기, 군사들이 먹을 양식과 입을 갑옷, 말과 건초 등을 어디에서 조달하여, 어느 곳에 얼마나 보관하다가, 언제 어디로 얼마나 보내야 할지 치밀하게 계획하고 실행하는 일이 병참(兵站)이다. 오늘날의 SCM이다.

1.2 공급망(supply chain)

SCM은 무엇일까? 영어로 SCM은 Supply Chain Management의 약자로 서플라이 체인을 관리하는 것이다. SCM이 무엇이냐는 질문은 서플라이 체인 즉, 공급망이 무엇이냐는 질문으로 환원된다.[10]

---

9) 사마천, 사기 본기 사기 서, 신동준 역, 사단법인 올재, 2018, p.291
10) 영어 체인이 사슬을 뜻하므로 서플라이 체인을 공급 사슬로 번역하는 경우도 많다. 실제 서플라이 체인은 사슬보다 훨씬 복잡하게 연결되어 있으므로, 네트워크를 뜻하는 망이란 표현을 많이 쓴다. 이 책에서는 서플라이 체인을 공급망으로 표현하기로 한다.

1.2.1 공급망 개념

공급망은 우리 회사와 우리 회사에 자재, 부품, 재료 등을 제공하는 공급사, 우리 회사의 상품을 구매하는 고객사 사이에 **물품, 돈, 정보**가 오고 가는 구조를 일컫는다.

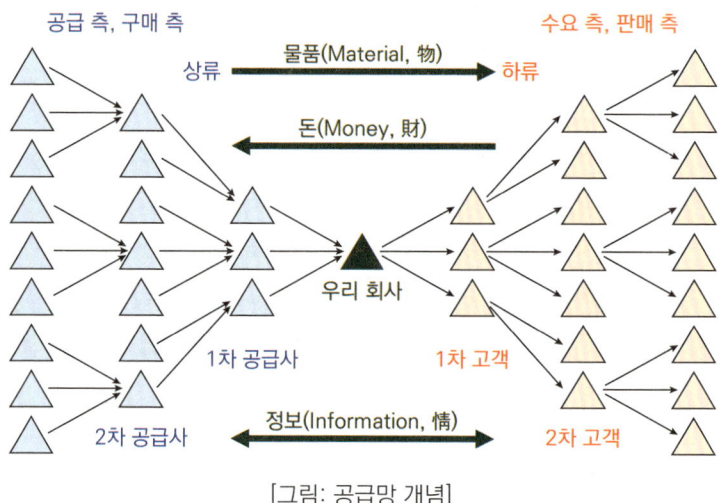

[그림: 공급망 개념]

[그림: 공급망 개념]에서 삼각형은 회사를 뜻하고, 화살표는 원료, 자재, 부품, 완제품 등 물품의 이동 방향을 나타낸다. 한가운데 삼각형은 우리 회사다. 우리 회사를 중심으로 왼쪽에는 우리 회사에 원자재, 부자재, 포장재 따위의 물품을 제공하는 **공급사**가 있다. 우리 회사에 직접 납품하는 공급사는 1차 공급사다. 이 1차 공급사에 납품하는 공급사는 2차 공급사다.

우리 회사의 오른쪽에는 우리 회사로부터 상품을 구입하는 **고객사**가 있다. 우리 회사와 직접 거래하는 고객은 1차 고객이다. 1차 고객의 고객은 2차 고객이다.

우리 회사의 왼쪽 즉, 공급사들이 있는 쪽은 **공급 측**이다. 우리가 원부자재 따위를 사오는 쪽이므로 **구매 측**이기도 하다. 우리 회사의 오른쪽, 즉 고객들이 있는 쪽은 **수요 측**이다. 우리가 상품을 파는 쪽이므로 **판매 측**이기도 한다. 이것을 물품의 흐름, 돈의 흐름, 정보의 흐름 관점에서 살펴보자.

먼저 **물품의 흐름** 관점이다. 자재나 부품이 왼쪽의 공급사로부터 우리 회사로 흘러 들어와서, 우리 회사에서 조립되거나 가공된 후 제품이 되어, 오른쪽의 고객사로 흘러 나간다. 마치 물이 상류에서 하류로 흘러가듯 물품은 왼쪽 공급 측에서 오른쪽 수요 측으로 흘러간다. 그래서 공급 측을 **상류**라고 하고, 수요 측을 **하류**라고 부른다.[11] 물류 분야에서는 흔히 공급 측을 **인바운드**, 수요 측을 **아웃바운드**라고 부른다.

다음으로 돈의 관점으로 살펴보자. **돈의 흐름**은 물품의 흐름과 대체로 반대 방향이다. 우리 회사가 공급사로부터 원자재를 사오는 경우, 원자재는 공급사에서 우리 회사로 이동하고 돈은 우리 회사에서 공급사로 나간다. 우리 회사가 생산한 제품을 고객사에 판매하는 경우, 제품은 우리 회사에서 고객사로 이동하고 돈은 고객사에서 우리 회사로 들어온다.

세 번째로 **정보의 흐름** 관점에서 들여다보자. 자재나 부품을 구매하여 조립, 가공한 후 완제품을 판매하는 일련의 과정에서 무수히 많은 데이터가 생성된다. 몇 가지 핵심적인 정보의 예를 보자.

- 어떤 자재 몇 개를 언제까지 어디로 납품하라고 공급사에 보내는 구매 발주 정보
- 자재가 언제 출발했고 우리 회사 창고에 언제 도착할 지 공급사가 우리 회사에 보내는 입고 예정 정보

---

11) 강석호, 공학기술과 경영, 박영사, 2015, p.309

- 어떤 자재 몇 개가 어느 창고 어느 위치에 언제부터 보관되어 있는지를 나타내는 재고 정보
- 어떤 자재 몇 개를 언제 어느 공장 몇 번 라인에 투입하라는 자재 투입 지시 정보
- 어떤 완제품이 언제 어느 공장 몇 번 라인에서 생산되었는지 알려 주는 로트 정보
- 고객사로부터 어떤 제품 몇 개를 언제 어디로 납품하라는 주문 정보
- 어떤 제품 몇 톤을 언제 어디에서 어디로 운송하라고 트럭 회사에 보내는 운송 지시 정보 등

물품의 흐름은 공급사에서 우리 회사로, 우리 회사에서 고객사로 흘러간다. 돈의 흐름은 고객사에서 우리 회사로, 우리 회사에서 공급사로 흘러간다. 대체로 단방향이다. 한편 정보의 흐름은 양방향이다. 통상 두 방향보다 훨씬 더 많은 다방향이다. 정보는 공급사, 우리 회사, 고객사 사이에만 오고 가는 게 아니다. 은행이나 보험사 같은 금융 기관, 선사나 항공사 같은 물류 회사, 관세청 등 많은 기업, 기관, 단체 사이에도 오고 간다. 정보는 우리 회사의 여러 부서 간 여러 담당자 사이에서도 흘러 다닌다. 기업 운영 전 과정에서 관련 회사 내외부 당사자들 간에 정확한 정보가 적시에 전달되지 않으면 공급망이 제대로 작동하지 않는다. 자재가 부족하여 공장 가동을 멈추거나, 재고가 넘쳐나거나, 결품이 발생하거나, 품질 문제로 클레임을 당하는 등 심각한 문제가 발생한다.

I 로스차일드 가문의 정보망

로스차일드 가문의 사례를 들어 정보의 가치에 대해 살펴보자.

19세기 **로스차일드**(Rothschild) 가문의 정보망은 당대 최고였다. **마이어 로스차일드**는 다섯 명의 아들을 유럽의 핵심 거점에 분산 배치하였다. 그는 첫째 아들과 함께 프랑크푸르트에 로스차일드 은행 본점을 세웠고, 둘째 아들은 오스트리아 빈, 셋째 아들은 영국 런던, 넷째 아들은 이탈리아 나폴리, 다섯째 아들은 프랑스 파리에 보내 은행을 세웠다. 거점 간에 정보를 공유하기 위해 전문 메신저들을 고용했다. 이들의 정보망은 효율과 속도 및 정확성에서 웬만한 정부의 정보 조직보다 훨씬 뛰어났다.[12]

1815년 6월 18일 워털루 전투가 끝났다. 전쟁의 승패는 영국 채권 시장에 엄청난 영향을 미칠 것이다. **웰링턴**이 이기면 영국 채권이 급등할 것이지만, 만약 **나폴레옹**이 이기면 채권은 휴지 조각이 될 수 있다. 6월 19일 늦은 오후 로스차일드 가문의 메신저가 전쟁의 결과를 들고 벨기에 오스탕드 항에서 배를 탔다. 거센 풍랑 속에 목숨을 걸고 영국 해협을 건너 다음 날인 6월 20일 새벽 영국 포크스톤 항에 도착했다. 마이어의 셋째 아들 **네이선**은 새벽에 항구로 가서 메신저를 만났다. 웰링턴의 특사가 승전보를 들고 런던에 도착하기 전날이었다. 1815년 6월 20일 영국에서 워털루 전투의 결과를 안 최초이자 유일한 사람은 네이선이었다.

---

12) 프레더릭 모턴, 250년 금융재벌 로스차일드 가문, 이은종 옮김, 주영사, 2009, pp.90-92

> 네이션은 런던의 증권거래소로 향했다. 모든 사람이 네이션을 주시했다. 로스차일드 일가는 당시 유럽에서 가장 빠른 정보망을 운영하고 있었기에, 누구나 네이션이 전쟁의 결과를 입수했을 것이라고 생각했다. 영국이 승리했다면 네이션은 당연히 영국 채권을 살 것이고, 패배했다면 팔 것이었다.
>
> 사람들이 지켜보는 가운데 네이션은 채권을 팔았다. 사람들도 모두 채권을 팔기 시작했다. 순식간에 채권 가격이 액면가의 5%도 안 될 정도로 폭락했다. 얼마 뒤 네이션은 폭락한 채권을 헐값에 사들였다. 네이션이 하루 만에 벌어들인 차익은 수백만 파운드였고, 수익률은 20배에 달했다.[13]

핵심 정보를 먼저 알게 된 로스차일드 가문은 증권 시장에서 엄청난 이득을 얻었다. 19세기 초에는 남들보다 하루 정도 미리 정보를 입수하여 거래 관계에서 결정적인 우위에 설 수 있었다. 요즘은 하루가 아니라 1분, 1초, 심지어 1초의 1,000분의 1인 밀리초나 10억 분의 1인 나노초만 빨리 알아도 거액을 챙길 수 있다. 증권 시장의 거래 방식을 들여다보자.

▌초단타 매매 (HFT: High-Frequency Trading)

> 오늘날의 증권 시장은 최첨단 컴퓨터를 활용하여 프로그램 매매, 알고리즘 매매를 한다. 1초에 수백 번 수천 번 거래가 발생한다. 고빈도

---
13) 쑹훙빙, 화폐전쟁, 차혜정 옮김, 알에이치코리아, 2008, p.25

매매(HFT: High-Frequency Trading) 또는 초단타 매매라고 한다.

초단타 매매를 전문적으로 하는 HFT 회사들이 돈을 버는 방식은 간단하다. 예를 들어보자. A라는 고객이 애플 주식을 170.02 달러와 170.04 달러 사이에서 매수하겠다고 주문을 낸다. 이것을 감지한 HFT 회사의 알고리듬이 애플 주식을 170.02 달러에 매수하겠다는 주문을 낸다. A와 HFT 회사의 알고리듬이 속도 경쟁을 한다. 둘 중 1 나노초라도 더 빠른 쪽이 매수에 성공한다. 최첨단 컴퓨터와 초고속 통신망을 사용하는 HFT 회사가 속도 경쟁에서 이긴다. HFT 회사가 증시에 매물로 나온 애플 주식을 선점한다.

HFT 회사는 곧바로 가격을 170.04 달러로 올려서 매도 주문을 낸다. 이제 A는 HFT 회사가 매집한 애플 주식을 170.04 달러에 매수한다. HFT 회사는 몇 나노초 만에 주당 2 센트 차익을 얻는다. 이런 거래는 대개 몇만 주에서 몇십만 주 단위로 이루어진다. 몇 나노초 만에 수백 수천 달러를 벌어들인다.

미국 나스닥 증권거래소의 컴퓨터 서버는 뉴저지에 있다. 대표적인 선물 거래소인 시카고상업거래소는 중서부 시카고에 있다. 현물 거래소와 선물 거래소가 1,300 km 이상 떨어져 있다. 선물의 가격 변동을 남들보다 먼저 알게 되면 현물인 주식을 팔거나 사서 이익을 챙길 수 있다. 시카고와 뉴저지를 연결하는 통신망은 많다. 광섬유를 통하면 왕복 약 13 밀리초가 걸린다. 극초단파로 신호를 보내면 왕복 약 8 밀리초가 걸린다. 눈 깜빡하는 데 걸리는 시간이 100~150 밀리초 정도라고 하니 말 그대로 빛의 속도로 천문학적인 돈을 벌 수 있다.

초단타 매매로 벌어들이는 돈이 얼마나 되는지 알기는 쉽지 않다. HFT 회사들이 이익 규모를 노출하지 않기 때문이다. 헤지펀드 **시타델**(Citadel)에서 HFT를 담당한 직원이 회사를 상대로 소송을 벌인 적이 있다. 소송 과정에서 그 직원이 2008년에 현금으로 7,500만 달러를 지급받은 일이 드러났다. 금융 위기로 어수선했던 그 해 시타델이 HFT 부문에서 벌어들인 돈은 12억 달러였다.[14] 파이낸셜 타임즈는 2022년 시타델이 벌어들인 매매 차익이 280억 달러였고, 투자자들에게 지급한 순수익은 160억 달러였다고 보도했다.[15]

1.2.2 공급망 단순화

앞에서 단순하게 표현한 공급망 그림에는 3차 공급사에서 3차 고객사까지 나타나 있다. 현실에서는 5차, 10차 또는 그 이상인 경우도 흔하다. 화살표 방향도 그림은 왼쪽에서 오른쪽으로 흐르는 것으로 표현되어 있다. 실제로는, 예컨대 우리의 2차 고객사가 우리의 3차 공급사에 납품하는 경우처럼, 화살표가 오른쪽에서 왼쪽으로 향하는 경우도 많다. 현실 사회는 [그림: 복잡한 공급망]처럼 수많은 삼각형과 무수히 많은 화살표가 얽히고설킨 매우 복잡한 모습이다. 낭비 요소가 많고 비효율적이다. SCM의 혁신 중 효과가 제일 큰 것은 공급망 자체를 재편하는 것이다. 복잡한 공급망을 단순화한 사례가 있다.

---

14) 마이클 루이스, 플래시 보이스, 이제용 옮김, 비즈니스북스, 2014, p.178
15) Laurence Fletcher, Citadel breaks records with $16bn profit, Financial Times, 2023.01.23, https://www.ft.com/content/10cdafc9-c906-45af-bf0f-21776cef3dc1

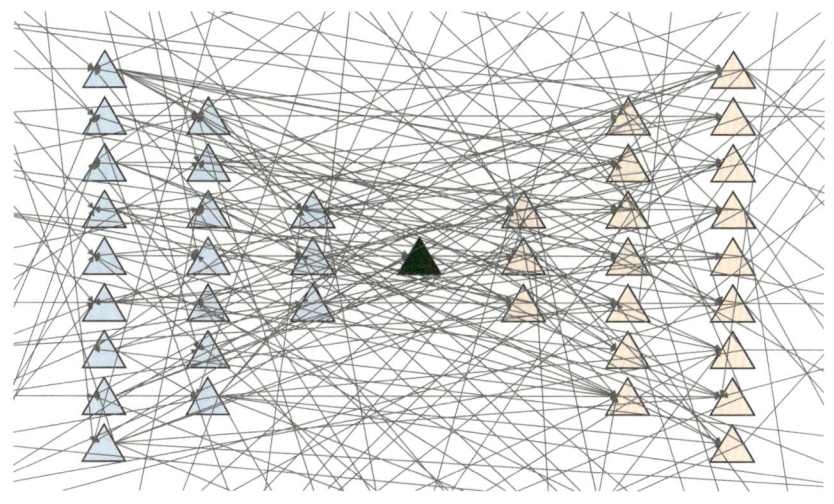

[그림: 복잡한 공급망]

| 사례: 에스앤이컴퍼니 유통 구조 파괴[16]

    농·수·축산물은 산지 출하 가격과 소비자 구매 가격 간 격차가 크다. 심할 때는 몇 배 차이가 나기도 한다. 2018년 양파 가격을 예로 들어보자. 농민이 양파 1 kg을 팔아서 받는 돈은 평균 292 원이었다. 소비자는 양파 1 kg을 살 때 1,400 원을 지불했다. 농민이 받는 돈은 소비자 가격의 21%에 불과했다. 소비자 관점에서는 산지 가격의 거의 다섯 배를 지불한 셈이다. 왜 그럴까?
    농민과 최종 소비자 사이에 여러 중간 단계를 거치기 때문이다. 대

---

16) 에스앤이컴퍼니, 농민 소상공인을 위한 농산물 정보 거래 융합 플랫폼, 2022.11

표적인 중간 단계는 [그림: 양파 유통 경로]에 표현된 생산자 단체, 산지 유통인, 도매상, 소매상, 저장업체다.

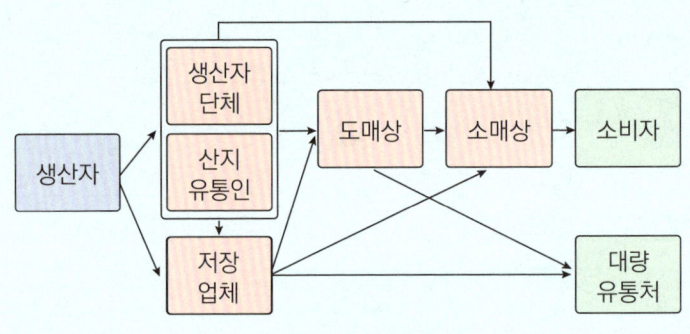

[그림: 양파 유통 경로][17]

농민은 양파를 수확, 선별, 포장하여 유통인에게 판매한다. 이때 단가는 [그림: 양파 거래 가격]에 표현되어 있듯이 1 kg에 292 원이다. 산지 유통인은 양파를 싣고 가락시장 등 도매시장으로 간다. 양파는 도매시장에서 경매를 통해 중도매인(도매상)에게 팔린다. 이 도매상이 지급하는 금액은 1 kg에 평균 650 원이다. 292 원이 650 원으로 늘었으니 사람들은 산지 유통인이 폭리를 취한 것으로 생각한다. 오해다. 평균 이윤율은 650 원의 10%밖에 안 된다. 상하차비, 운송비, 경매 수수료 등 각종 비용이 293 원이다. 즉, 292 원에 양파를 사서 293 원의 각종 비용을 지급하고 650 원에 판매하고 나니 남는 게 65 원이다.

---

17) 황윤재, 조명기, 한재환, 농식품 감모 및 폐기 통계 구축을 위한 기초연구, 한국농촌경제연구원, 연구보고 R568, 2008.11, p.114 (재구성)

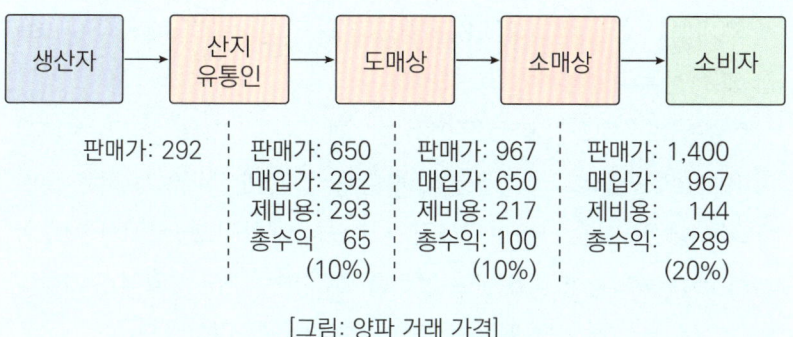

[그림: 양파 거래 가격]

도매상은 양파를 소매상에게 판매한다. 소매상이 지급하는 금액은 1 kg에 평균 967 원이다. 650 원에 사서 967 원에 파니 317 원을 남긴 걸까? 도매상인이 폭리를 취한 건가? 그렇지 않다. 선별하고 재포장하는 인건비, 포장 재료비, 배송비 등 각종 비용이 217 원이다. 967 원에 팔아도 매입 가격이 650 원이고 217 원의 제비용을 제하고 나면 100 원이 남는다. 도매상의 평균 이윤율은 10.3%다.

일반 소비자가 소매상인으로부터 양파를 구입하는 금액은 1 kg에 평균 1,400 원이다. 이 1,400 원에서 매입가 967 원과 제비용 144 원을 제하고 나면 소매상인의 평균 이윤은 289 원 약 20%다. 생산자와 소비자 사이 중간 단계의 그 누구도 폭리를 취하는 사람이 없지만 양파 가격이 거의 다섯 배로 오른 것은 중간 단계가 많기 때문이다. 손바뀜이 일어날 때마다 비용은 증가한다. 중간 단계가 많으면 많을수록 산지 가격과 소비자 가격의 격차는 점점 더 커진다.

그래도 경매 시장에서 팔리는 양파는 행복한 편이다. 약간 크거나 작은 양파, 모양이 비대칭적인 양파, 색깔이 조금 더 진하거나 덜 진한 양파, 약간 흠집이 있는 양파 등 이른바 **못난이(등급 외)** 양파는 경매 시장으로 보낼 수 없다. 헐값에 팔리거나 이마저도 쉽지 않아 산지에

서 폐기되기 십상이다. 2018년 채소나 과일 생산량의 10~30%가 등급 외 농산물이었다.[18]

수출용이나 백화점 마트 등에서 진열해 두고 판매하는 딸기는 색깔이 예쁘고 모양과 크기가 균일해야 한다. 그런데 카페에서 파는 딸기 주스에 쓸 딸기는 모양이나 크기가 중요하지 않다. 산지에서 때깔이 좋지 않아 등외품 판정을 받은 딸기를 폐기하는 대신 카페에 판매한다면 농가도 돈을 벌고 카페도 원가를 낮출 수 있을 것이다.

이런 못난이 농산물의 가치를 올려 농민의 소득은 높이고 소상공인의 원가는 낮추는 유통 플랫폼이 있다. **에스앤이컴퍼니**다. 2019년 서울신문 논설위원인 장세훈 대표와 기자들이 주축이 되어 사내 벤처로 출범했고, 2020년 법인 설립 후 본격적인 활동을 시작했다. 회사의 브랜드인 비굿(B-good)은 B품의 가치를 올려 상품화한다는 의미다.

에스앤이컴퍼니는 과일류와 채소류를 비롯해 곡류, 육류, 수산물 등을 산지에서부터 식품 제조 가공 공장, 음식점, 카페 등 식자재 수요 기업과 일반 소비자에게 직접 배송한다. 유통 단계를 축소하는 수준을 넘어 아예 중간 단계를 완전히 제거한 것이다. 이렇듯 공급망을 단순화함으로써 유통 비용을 최소화한다.

농수축산물 유통 과정에서 제일 골치 아픈 것이 재고 문제다. 에스앤이컴퍼니는 식자재 수요 기업이나 소비자로부터 주문을 먼저 받은 후 그 주문 정보를 농가에 전달한다. 해당 농가는 농산물을 수확하고 그 농산물을 수요자에게 **직배송**한다. 이런 거래 구조가 가능해짐에 따라 재고가 없고 이로 인한 비용도 발생하지 않는다. 이렇게 유통 비용

---

18) 장수지, 못난이 농산물, '지구를 살린다', 한국농정신문, 2023.05.26

과 재고 비용이 줄어 그 편익을 생산자와 소비자가 누리게 된다.

에스앤이컴퍼니는 "기존 원물 중심의 납품 유통" 구조에서 "정보 중심의 매칭 거래 방식"으로 유통 패러다임을 전환하고자 한다. 이를 통해 생산자는 공정한 가격인 '제값'에 판매하고, 소상공인은 합리적인 가격인 '싼값'에 구매하는 구조가 형성된다.[19] 농민, 어민, 소상공인, 소비자 등 공급망에 참여하는 모든 주체들 간의 **균형 이익**을 추구한다. 에스앤이컴퍼니는 공급망 단순화를 통해 경쟁력을 높이고 등급 외 농산물 거래를 체계화함으로써 ESG를 추구하는 대표적인 회사다.

1.2.3 공급망 전쟁

공급망 재편 움직임은 한 국가 내부에 국한되지 않는다. 글로벌 공급망을 둘러싼 미국과 중국의 대결이 치열하다. 총성 없는 전쟁이다. 공급망을 재편하여 압도적인 경쟁 우위를 확보하려는 미국의 움직임을 살펴보자.

| 미국의 공급망 재편 전략과 인플레이션 감축법

2022년 8월 미국의 「인플레이션 감축법(IRA)」이 발효됐다. 총 예산이 약 7,400억 달러에 달하는, 미국 역사상 가장 규모가 큰 친환경 기후 입법이다. 표면적으로는 2030년까지 온실 가스를 40% 줄이는

---

19) 박진선, 에스앤이컴퍼니, AFRO 2023서 농·축·수산물 B2B 거래 솔루션 '비굿' 소개해... '예측 정보 기반으로 선도거래 기틀 마련!', 에이빙뉴스, 2023.08.04

것을 목표로 한다.[20] 실질적으로는 태양광, 풍력, 2차 전지, 전기차, 반도체 등 주요 산업의 공급망을 미국 중심으로 재편하기 위한 법적인 규제다.[21] 미국에서 판매하는 제품을, 미국이나 미국의 우방국에서 생산한 부품으로, 미국이나 미국의 우방국에서 제조하라고 압박하는 법안이다. 한마디로 미국에 팔려면 미국에서 사서 미국에서 만들라는 얘기다.

디커플링이라는 말이 유행했다. **디커플링(decoupling)**은 커플링된 것이 해소되는 것이므로 탈동조화라는 어려운 단어로 번역하기도 한다. 쉽게 표현하면 '커플이 헤어지는 것'이다. 미국이 입만 열면 디커플링이란 표현을 입에 달고 중국 때리기에 열심일 때 전문가들은 미국이 중국과 갈라서고 나서 겪게 될 리스크가 너무 크다는 지적을 했다.

미국은 나중에 슬며시 말을 바꿨다. 디리스킹(derisking)이라고. 사람들이 그건 또 뭐냐고 묻는다. 이혼하자는 게 아니라는 둥, 숙려 기간을 갖자는 뜻이라는 둥 답이 궁색하다. 사람들은 그게 그거 아니냐며 쪼잔하게 말장난하지 말라고 들이댄다. 중국 전문가인 이철 박사는 "디리스킹은 디커플링을 말만 바꾼 것"이라고 일갈한다.[22]

---

20) 삼일PwC 경영연구원, PwC Korea Insight Flash - 미국 IRA 시행에 따른 영향 점검, 2022.08, https://www.pwc.com/kr/ko/insights/issue-brief/ira-2208.html
21) 허난이, 박수령, 문희은, 미국 「인플레이션 감축법(IRA)」 주요내용과 우리 기업에 대한 시사점, 법률신문, 2022.09.05
22) 이철, 디커플링과 공급망 전쟁, 처음북스, 2023, pp.15-20

1.3 공급망 관리 (SCM)

1.3.1 SCM 용어를 처음 사용한 키쓰 올리버

SCM이라는 용어는 1982년 6월 4일자 『파이낸셜타임즈』에 처음 등장했다.[23] 부즈 앨런 해밀턴의 컨설턴트인 **키쓰 올리버**(Keith Oliver)가 기자와 인터뷰하면서 SCM이란 표현을 사용했다. 민정웅 인하대 교수의 번역을 인용하여 그 당시 올리버가 말한 SCM의 의미를 살펴보자.

> **키쓰 올리버 (Keith Oliver)**
> "공급사슬관리는 고객의 요구 사항을 최대한 효율적으로 충족시키기 위해 공급사슬의 운영을 계획, 실행, 제어하는 프로세스다. 공급사슬관리는 원자재, 재공 재고, 완제품의 원산지에서 소비지로 이르는 모든 운송 과정과 중간 과정으로서의 저장 활동을 광범위하게 포함하고 있다."[24]

이후 수많은 학교, 연구소, 단체, 기업의 학자, 연구원, 컨설턴트들이 SCM에 대해 다양한 정의를 내리고 있지만, 올리버가 말한 핵심 내용은 크게 바뀌지 않았다. 학계뿐만 아니고 기업체도 SCM의 중요성을 인식하고 각 기업의 특성에 맞게 SCM을 정의하고 있다. SCM에 관한 다양한 정의 중 대표적인 것을 살펴보자.

---

23) Wikipedia, https://en.wikipedia.org/wiki/Keith_Oliver
24) 민정웅, 미친 SCM이 성공한다, 영진닷컴, 2014, p.54

1.3.2 SCM에 관한 다양한 정의

데이빗 심취레비 MIT 교수 등
- "고객 서비스 수준을 만족시키면서 시스템 전반적인 비용을 최소화할 수 있도록 제품이 적절한 수량으로, 적절한 장소에, 적절한 시간에 생산과 유통이 가능하게 하기 위하여 공급자, 제조업자, 창고 보관업자, 소매상들을 효율적으로 통합하는 데 이용되는 일련의 접근법"[25]

한국SCM학회
- "불확실성이 높은 시장 변화에 고객, 소매상, 도매상, 제조업 그리고 부품, 자재 공급업자 등으로 이루어진 Supply Chain 전체를 기민하게 대응시켜 전체 최적화를 도모하는 것"[26]

삼성
- "최종 고객 요구에 가장 좋은 제품을 싸게, 빠르게, 제때에 공급할 수 있도록 유통 협력회사, 부품 협력회사, 물류 협력회사 및 영업, 마케팅, 개발, 구매, 제조, 물류 등 전체 Supply Chain을 대상으로 프로세스, 시스템, 조직을 혁신하는 총체적인 활동"[27]

---

[25] 데이빗 심치-레비, 필립 카민스키, 에디스 심치-레비, 물류 및 공급 체인 관리, 3판, 김태현, 문성암 공역, 한국맥그로힐, 2008, p.1
[26] 한국SCM학회, 2002.12.09, http://www.kscm.org/main/sub.asp?avan=1002010000&bs_code=board1&vmode=view&page=40&b_idx=822&keyword_option=&keyword=&RD=VXTRCSERB5&
[27] 삼성SDS SCM사업단, SCM 6시그마 Black Belt 양성 과정: Define/Measure 단계, 대명문화사, 2005, p.34

한국에서 SCM을 강조하는 기업으로 삼성은 둘째가라면 서러워할 정도다. 삼성은 1990년대 말부터 프로세스를 혁신하고 그 당시 최첨단인 i2 Technologies의 APS(Advanced Planning and Scheduling) 솔루션을 도입했다. 가트너는 삼성전자가 성공한 핵심 요인으로 "고도로 통합된 공급망"을 들었을 정도다.[28]

앞에서 살펴보았듯이, **공급망**은 회사 내부의 마케팅, 영업, 개발, 구매, 제조, 물류, 인사, 재무 등 많은 유관 부서와 회사 외부의 고객사, 자재/부품 공급사, 물류 협력사, 금융사, 관공서 등을 포함한다. 1차 고객사뿐만 아니라 고객사의 고객사(2차)의 고객사(3차)의 … 고객(n차)까지 포함한다. 공급사나 협력사도 1차뿐만 아니라 2차, 3차, 4차, … n차 공급사와 협력사까지 포함한다. **SCM은 고객에게 상품을 제때에 공급하기 위한 경영 활동**이다. **SCM은 경영 혁신 활동이고 경영 그 자체**다. 이것이 삼성 등 많은 기업의 경영자들이 끊임없이 SCM을 강조하는 이유다.

1.4 SCM과 경영

경영이란 무엇일까? [그림: 경영에 대한 삼성의 관점]은 경영자가 마땅히 집중해야 할 핵심 내용을 잘 나타내 준다. 흔히 3P라고 표현하는 제품(Product), 프로세스(Process), 인재(People)는 경영의 근간이다. 프로세스는 개발 관리, 공급 관리, 고객 관리, 경영 관리의 4대 메가 프로세스로 구성된다.

---

28) Gartner, The Gartner Supply Chain Top 25 for 2013, 2013.05.22, p.9

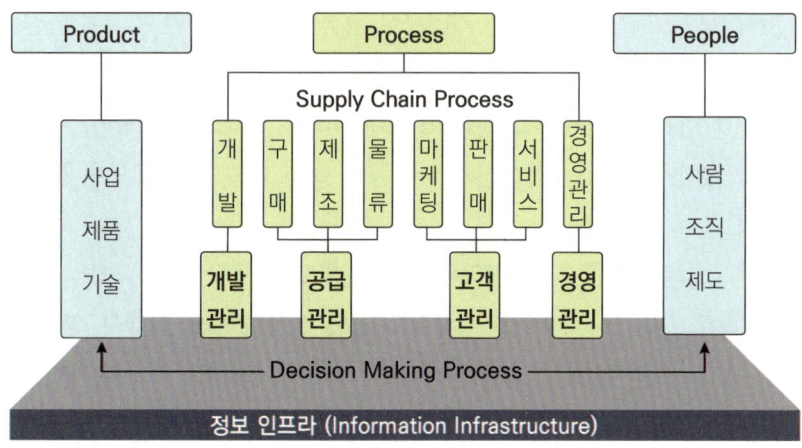

[그림: 경영에 대한 삼성의 관점][29]

이것은 다시 개발, 구매, 제조, 물류, 마케팅, 판매, 서비스, 경영 관리의 8대 메이저 프로세스로 세분된다. 이 8대 프로세스는 전형적인 제조 업종에 해당한다. [그림: 경영의 8대 프로세스]는 8대 메이저 프로세스를 시간의 선후와 프로세스간 연결 접점 중심으로 재구성한 것이다.

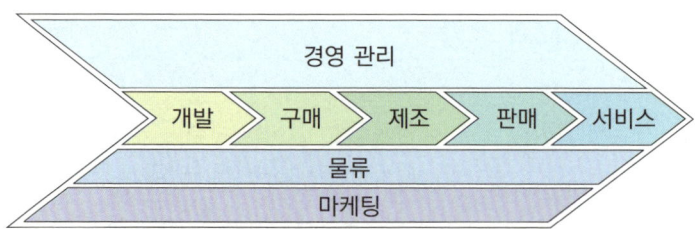

[그림: 경영의 8대 프로세스][30]

---

29) 삼성SDS SCM사업단, 앞의 책, p.34
30) 서병교, 삼성SDS SCM 혁신 사례 소개 – 수요 관리 중심, 현대자동차 대상 세미나 발표 자료, 2013.05.30

1.4.1 삼성 경영자들의 SCM에 대한 인식

삼성 CEO들은 SCM을 매우 중요한 경영 활동으로 강조해왔다. 몇 가지 사례를 살펴보자.

윤종용 삼성전자 전(前) 부회장
- "삼성전자에는 SCM과 의사결정 프로세스뿐"[31]
- (삼성전자의 장점이 무엇이냐는 질문에) "세계 최고 수준의 SCM입니다"[32]
- "디지털 시대에는 제품을 누구보다 빨리 개발하고 만들어서 파는 것이 매우 중요합니다. 결국 Time to Market이 경쟁력의 핵심이며 이를 위해서는 Supply Chain 상의 스피드를 높이고 Process를 간결하게 만들어야 합니다. (중략) 시스템에 의해 의사 결정을 하고 계획대로 실행하는 체제를 조기에 정착시켜야 하겠습니다. GBM[33]별로 SCM 운영 수준의 차이가 매우 큰데 전사적 운영 수준을 상향 조정하여 계획대로 실행하는 체제가 조기에 정착되도록 해야 하겠습니다."[34]

최지성 삼성전자 전 부회장[35]
- "물량이 커지고 1억 대가 넘어가면서 시스템 없이 주먹구구식으로 Excel sheet로 사업 관리하는 수준으로는 이제는 안 됩니다."

---

31) 유효정, 삼성전자 'SCM' 대해부, 전자신문, 2009.11.23
32) 이지훈, 김종호, 윤종용 고문이 털어놓은 '삼성전자 CEO 12년', 조선일보, 2010.02.20
33) GBM은 'Global Business Management'의 약자로 삼성전자의 '사업부'를 의미한다.
34) 윤종용, 2004.07
35) 최지성, 2007.01

- "SCM만 잘 되었어도 작년도 수익률이 최소한 2~3% 이상 향상시킬 수 있었을 것입니다."
- "조직 역량이란 의사결정 프로세스를 어떻게 개선하느냐입니다. 그 중에서 가장 중요한 것이 Supply Chain이고, 또 하나가 시장 수요를 판단하는 마케팅 역량입니다"

권오현 삼성전자 전 부회장
- "전사적 자원 운용의 효율을 제고하고, 글로벌 SCM 역량도 지속적으로 강화해 경영 성과 확대에 기여하겠다"[36]

김기남 삼성전자 전 부회장
- "SCM 체계 강화, 통상 이슈 대응 등 철저한 리스크 관리를 통해 어떠한 충격에도 흔들리지 않는 기업으로 거듭나자"[37]

윤부근 삼성전자 전 사장 영상디스플레이사업부장
- "삼성전자 TV가 전 세계에서 1등을 하는 데 SCM 체계가 큰 역할을 했다"[38]

---

36) 오동희, 권오현 삼성전자 CEO, '주주들에게 보낸 편지', 머니투데이, 2014.02.06
37) 정세희, 삼성전자 경영진 '법·윤리 준수는 기본 덕목', 헤럴드경제, 2020.07.01
38) 유효정, 삼성전자 'SCM' 대해부, 전자신문, 2009.11.23

박종우 삼성전기 전 사장[39) 40)]

- "눈을 감고도 전 세계 공장의 수주에서 판매까지 흐름을 한 눈에 알 수 있을 정도로 공급망 관리 체제를 체질화하라"
- "수주부터 판매까지 모든 흐름을 한눈에 볼 수 있는 공급망 관리는 사업의 처음과 끝"
- "스피드, 효율, 이익 경영을 통해 강한 삼성전기를 만들 수 있는 길은 SCM 뿐"

송용로 삼성코닝 전 사장[41)]

- "재고 과다는 부실이다. 재고를 가지고 있는 한 업무 스피드를 낼 수 없다. 업무 스피드 손실은 측정할 수 없을 정도로 크다. 재고 감축 Key Factor를 정해서 절체절명이라 생각하고 시행하라. 재고 관리 기본 원칙이 이행 안 되면 생산을 중지시켜라."

1.5 SCM에 대한 관점

앞에서 SCM을 고객에게 상품을 제때에 공급하기 위한 경영 활동이라고 했고 또 경영 그 자체라고도 했다. 이렇게 크고 넓은 의미의 SCM을 한가

---

39) 김현예, 박종우 삼성전기 사장 '수주·판매 흐름 한눈에 공급망관리 체제 강화', 한국경제, 2009.02.26
40) 유효정, [CIOBIZ+] Case Study-단순한 IT시스템이 아닌 '경영혁신'의 화두로, 전자신문, 2009.06.29, https://www.etnews.com/200906250106
41) 송용로, 2005.11

지 측면에서 바라보게 되면 잘못된 선입견을 갖게 될 가능성이 높다. 코끼리 코만 만지거나 다리나 꼬리 등 단편적인 특성만 보고 코끼리에 대해 잘못된 편견을 갖게 되는 격이다. SCM을 계층, 협업, 시스템 관점에서 입체적으로 살펴보자.

1.5.1 계층적 관점: 공급망 전략 – 계획 – 실행

먼저 계층적 관점에서 SCM을 들여다보자. [그림: SCM의 계층적 관점]은 SCM 관련 업무를 세 계층으로 구분한다.

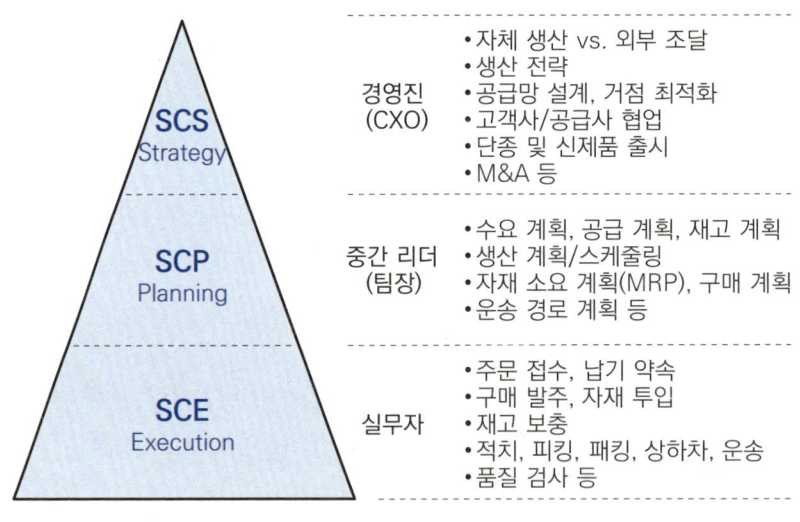

[그림: SCM의 계층 관점]

(1) 제일 꼭대기는 **공급망 전략** 층이다. 기업의 최고 경영진이 의사 결정을 하는 층이다. 대표적으로 사업의 본질과 관련된 Make-Buy 의사

결정, 즉 기업 내부에서 생산(make)할지 또는 외부에서 조달(buy)할지 결정한다. 생산 전략에 대한 의사 결정도 내린다. 공장과 창고 등 거점을 어디에 세울지 정하는 공급망 설계, 기존 거점의 이전 또는 통폐합을 결정하는 거점 최적화 등 핵심적인 사항을 다룬다.
(2) 중간은 **공급망 계획** 층이다. SCM팀장, 마케팅팀장, 영업팀장, 생산팀장, 구매팀장, 물류팀장 등 중간 리더들이 SCM 관련 주요 사항에 대해 의사 결정을 하는 층이다. 주로 수요 계획, 공급 계획, 생산 계획, 자재 소요 계획, 조달 계획, 운송 경로 계획 등을 결정한다.
(3) 제일 아래는 **공급망 실행** 층이다. 주문 접수, 납기 약속, 입고, 출고, 운송, 구매 발주 등 주로 실무자들이 매일 실시간으로 일어나는 업무를 처리하는 층이다.

1.5.2 협업 관점: 사내 협업, 고객사 협업, 공급사 협업

두번째로 협업 관점에서 SCM을 살펴보자. 공급망이 원활하게 작동하기 위해서는 기업 내부의 여러 **부서/조직 간 협업**뿐만 아니라 **외부와 협업**도 매우 중요하다. [그림: SCM의 협업 관점]에는 편의상 기업 내부의 영업, 생산, SCM 부서만 표현되어 있으나, 앞에서 소개했던 8대 프로세스에 관련된 모든 부서가 적시에 적절한 방식으로 협업하지 않으면 공급망이 제대로 작동하지 않는다.

기업 외부 협업 대상은 그림에 나와 있는 공급사와 고객사뿐만 아니라 창고 등 보관 관련 회사, 트럭/항공사/선사 등 운송 관련 회사, 포워더(forwarder), 관세청, 관세사, 공항, 항만 등 수출입 관련 회사/기관, 은행/보험 등 금융 회사 등 매우 다양하다. 이들 외부 협업 대상과 긴밀하게 협업하지 않으면 공급망에 차질이 발생하기 쉽다.

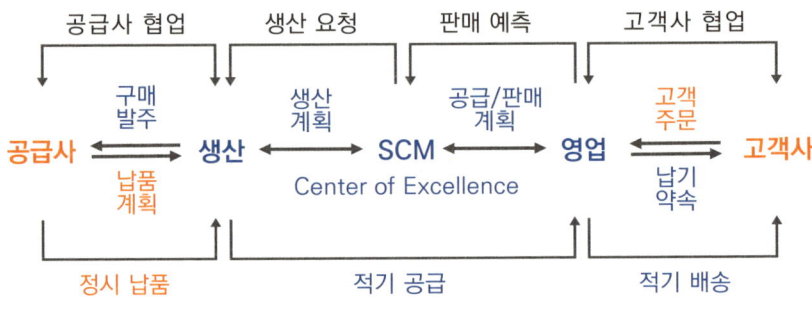

[그림: SCM의 협업 관점]

(1) 내부 협업부터 살펴보자. 그림의 가운데에 **SCM팀**이 있다.[42] 오른쪽 **영업팀**에서 오는 수요와 왼쪽 **생산팀**에서 오는 공급 간 균형을 잡는 것이 SCM팀의 중요한 역할이다. 영업의 **판매 예측**에 대응하여, SCM팀은 생산과 협의하여 **생산 계획**을 확정하고, 영업에 **공급 계획**을 제시한다. 이 공급 계획에 따라 SCM팀과 영업은 **판매 계획**을 확정한다.

(2) 외부 협업에는 고객사 협업과 공급사 협업이 있다. 그림의 오른쪽은 **고객사 협업**이다. 고객사와 협의하여 고객이 어떤 제품을 언제 얼마나 구매할지 미리 정보를 입수한다. 고객사로부터 주문이 들어오면 언제까지 배송하겠다고 납기를 약속한다. 그림의 왼쪽은 **공급사 협업**이다. 생산 계획에 따라 자재 조달 계획을 수립한다. 이 조달 계획을 기준으로 원재료, 부재료, 포장재 등을 제공하는 공급사와 어떤

---

42) SCM팀의 명칭은 회사에 따라 COE(Center of Excellence), CC(Command Center), GOC(Global Operation Center) 등으로 다양하게 불린다.

품목 어느 정도 분량이 언제 어디로 납품 가능한지 조율한다. 공급사는 납품 예정 정보를 제공한다.

1.5.3 시스템 관점

세번째로 시스템 관점에서 SCM을 살펴보자. [그림: SCM의 시스템 관점]에 나와 있는 것은 전형적인 제조 회사에서 구축하여 활용하고 있는 대표적인 시스템이다.

전사적 자원 관리 시스템인 **ERP** (Enterprise Resource Planning), 제품 수명 주기 관리를 위한 **PLM** (Product Lifecycle Management), 제조 현장 관리를 위한 **MES** (Manufacturing Execution System), 창고 관리를 위한 **WMS** (Warehouse Management System), 운송 관리를 위한 **TMS** (Transportation Management System), 고객 주문 관리를 위한 **OMS** (Order Management System), 자재 발주 관리를 위한 **PMS** (Procurement Management System) 등이 기업 내부 운영을 위한 대표적인 시스템이다.

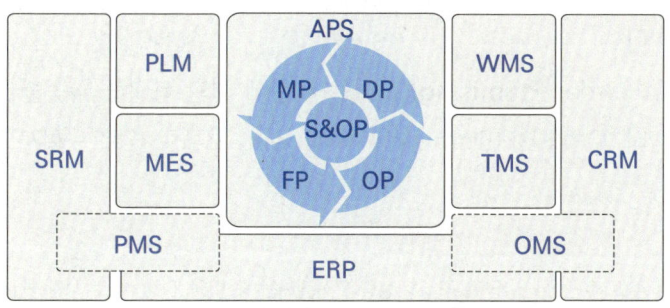

[그림: SCM의 시스템 관점]

왼쪽의 **SRM**(Supplier Relationship Management)은 구매 관리 및 공급사 관리를 위한 협업 시스템이다. **CRM**(Customer Relationship Management)은 고객사 협업을 위한 시스템이다. OMS는 별도로 구축하는 회사도 많고, CRM이나 ERP 시스템이 그 역할을 대신하는 회사도 있다. PMS도 별도로 구축하는 회사가 있는가 하면, SRM이나 ERP 시스템이 자재 발주 기능을 대신 수행하는 회사도 상당히 많다.

APS(Advanced Planning & Scheduling)는 SCM의 핵심 시스템으로 공급망 계획을 수립한다. APS를 협의의 SCM 시스템이라고도 한다. APS 시스템에 대해 좀 더 자세하게 살펴보자. 솔루션 회사나 컨설팅 회사에 따라 구분하는 기준과 명칭이 다르지만, 그림에서 볼 수 있듯이, APS는 일반적으로 DM, MP, FP, OP, S&OP의 5개 모듈로 구성된다.

(1) **DM(Demand Management)** 또는 DP(Demand Planning) 모듈은 수요 예측 및 판매 계획을 수립할 때 사용한다.

(2) **MP(Master Planning)** 모듈은 영업이 원하는 제품을 언제, 어느 창고나 어느 공장에서 얼마나 공급할지 계획할 때 사용한다. MP를 영업의 수요 계획에 대응하여 공급 계획이라고 하거나, 자원 운영 계획이라고 부르기도 한다.

(3) **FP(Factory Planning)** 모듈은 공장의 생산 계획을 수립할 때 사용한다.[43]

(4) **OP(Order Promising)** 모듈은 주문에 대한 납기를 약속할 때 사용한다. OP를 DF(Demand Fulfillment) 모듈로 부르는 회사도 있다.

---

43) MP가 주로 주 단위, 일 단위 공급 가능량을 산정하는 데 비해, FP는 주로 시간 단위, 분 단위 제조 라인별, 공정별 상세한 생산 일정을 수립한다. 따라서 FP를 생산 스케줄링(production scheduling)이라고 부르기도 한다.

(5) **S&OP(Sales and Operations Planning)**는 영업과 운영이 협의를 통해 최적의 의사 결정을 내릴 때 사용한다. S&OP를 판매 운영 계획이라고 부르기도 한다.

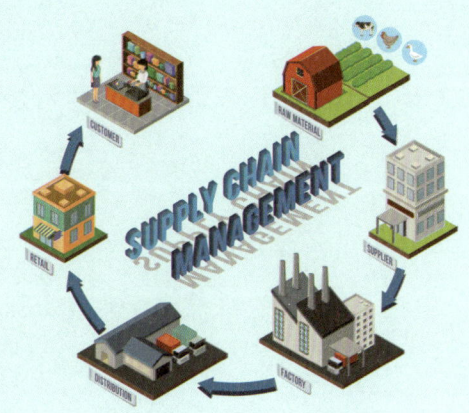

1조 클럽 도전하는 중견 기업을 위한
삼성 SCM 노하우 II

2. 생산 전략 (Production Strategy)

2.1 예측 생산과 주문 생산
2.2 리드타임과 생산 전략
2.3 지연(postponement) 전략

제2장

공급망

2. 생산 전략 (Production Strategy)

2.1 예측 생산과 주문 생산

생산 전략은 고객 수요를 맞추기 위해 제조 부문에서 대응하는 방식이다. 제품이나 업종에 따른 수요 특성이나 제조 특성에 따라 다양한 생산 전략이 있다.

2.1.1 MTS (Make to Stock, 재고 생산, 예측 생산)

우리가 흔히 보는 옷, 신발, 공책, 연필, 핸드폰, 텔레비전, 냉장고, 주스, 콜라, 소시지, 치즈 등 대부분의 제품은 대량 생산 방식으로 만들어서 보관하고 있다가 고객이 원하는 시점에 판매한다. 먼저 만든(make) 후 재고

(stock)로 보관하는 방식이므로 **MTS(Make to Stock)** 전략이다.[44]

MTS 전략은 대량 생산 시대에 아주 적합한 방식이다. 이 전략은 고객 주문에 즉각 대응한다는 장점이 있으나 예측한 대로 팔지 못할 때 부작용이 발생한다. 예측보다 적게 팔면 재고 비용이 발생하고, 폐기 비용이 발생할 수도 있다. 예측했던 것보다 고객 수요가 많은 경우에는 판매 실기라는 기회 손실이 발생한다. 미래의 고객 수요를 정확하게 예측하기 어려우니 전략을 변경하여 고객의 주문을 먼저 받은 이후에 생산에 착수한다면 이런 부작용을 피할 수 있지 않을까?

2.1.2 MTO (Make to Order, 주문 생산)

먼저 주문을 받고 주문(order)에 맞춰 생산(make)하는 것을 **MTO(Make to Order)** 전략이라고 부른다.[45] 기성복은 MTS 방식이지만, 맞춤 양복은 MTO 방식이다. 대부분의 식당은 미리 음식을 만들어두지 않고 손님이 음식을 주문한 이후 음식을 만들기 시작한다. MTO 방식이다. MTO 생산 전략의 최대 장점은 재고나 결품 문제를 피하는 것이다. 고객이 원하는 제품을 원하는 수량만큼만 생산하므로 넘치거나 모자라는 일이 없다.

이러한 MTO 방식은 제조 리드타임이 너무 긴 경우에는 적합하지 않다. 음식을 주문하고 나서 몇 시간이나 며칠 걸리는 식당에 손님이 모일 리가 없다. 고객이 주문한 이후 감내할 만한 시간 이내에 생산할 수 없으면

---

44) 완제품을 만든 후 재고로 쌓아 둘 용도로 생산하므로 **재고 생산**이라고 번역한다. 어떤 제품을 언제 얼마나 만들지 사전에 고객 수요를 예측하여 생산하기 때문에 **예측 생산** 또는 **계획 생산**이라고 부르기도 한다. MTS를 BTS(Build to Stock)로 표현하기도 한다.
45) MTO 대신 **BTO(Build to Order)**라고 표현하기도 한다. **주문 생산** 또는 **수주 생산**이라고도 한다.

MTO 방식은 제대로 작동하지 못한다. 만약 고객으로부터 주문을 받은 이후에 필요한 원재료와 부재료 등을 구입하기 시작한다면 재료가 도착할 때까지 기다리는 시간, 즉 조달 리드타임만큼 생산 착수가 늦어지게 된다. 고객이 원하는 시간 안에 납품하지 못할 가능성이 높다. 조달 리드타임이 긴 경우 고객의 수요를 예측하여 미리 재료를 구입해둔다.

2.1.3 ATO (Assemble to Order, 주문 조립)

MTS와 MTO의 중간에 위치한 생산 방식이 있다. 원자재 상태로 고객 주문을 기다리는 MTO 방식과 달리, 원자재를 1차 가공해두고 고객의 주문이 확정되기를 기다린다. 이러면 제품 제조 리드타임이 단축되어 고객 주문에 훨씬 더 빨리 대응할 수 있다. 고객 주문을 입수하기 전에 예측을 바탕으로 미리 원부자재를 가공한 이후 반제품 상태로 대기한다. 고객 주문(order)이 확정된 이후 대기 중인 반제품을 완제품으로 조립(assemble)하는 방식이므로 **ATO(Assemble to Order)** 전략이다.[46] 대량 맞춤 체제에 대응하기 위한 생산 방식이다.

2.1.4 ETO (Engineer to Order, 주문 설계)

MTO 생산 전략으로 완제품의 재고나 결품을 없앨 수 있다. 그러나 원자

---

46) ATO 대신 **CTO(Configure to Order)**라는 용어를 사용하는 경우도 있다. **주문 후 조립 생산**, 짧게 **주문 조립, 조립 생산, 조립 맞춤 생산**이라고도 표현한다.

재, 부자재 등은 MTO 방식을 적용하더라도 재고나 결품의 문제를 피할 수 없다. 원부자재 재고나 결품을 피하려면, 고객으로부터 주문을 받을 때까지 원부자재 구입을 미루면 된다. 이것이 **ETO(Engineer to Order)** 전략이다.[47]

조선업이 대표적이다. 고객이 이러저러한 크기와 사양의 유조선 또는 크루즈 선박 등을 만들어 달라고 조선사에 주문하면 조선사는 그때부터 설계를 시작한다. ETO 생산 방식은 고객의 주문이 확정된 이후 상세한 설계를 하여 원자재를 구입한다. 심지어 필요 인력 확보도 대개는 설계가 확정된 이후에 한다. 필요 이상의 완제품이나 원부자재 재고를 보유함으로써 발생하는 낭비를 피한다. 대신 주문에서부터 납품 때까지 걸리는 시간이 매우 길다는 단점이 있다.

2.1.5 디커플링 포인트 (decoupling point)

여러 가지 생산 전략의 차이점을 [그림: 디커플링 포인트]에 표현하였다. 이 그림은 원자재를 1차 가공하여 반제품으로 만들고, 이 반제품을 다시 2차 조립하여 완제품을 만드는 과정을 나타낸다. 독자가 이해하기 쉽게, 기업이 수행하는 복잡한 일을 '설계 → 구매 → 가공 → 조립 → 납품'으로 단순화했고, 제조 공정도 전공정인 가공과 후공정인 조립 두 단계만으로 단순하게 표현했다.[48]

---

47) **주문 설계** 방식이라고도 한다.
48) 제조 프로세스는 매우 다양하다. 가공이나 조립뿐만 아니라, 주조, 단조, 연마, 용해, 분쇄, 혼합, 압착, 발효, 숙성, 건조, 가열, 성형, 소결, 냉동, 재단, 염색, 재봉 등 업종이나 회사별로 무수히 많은 이름의 제조 공정이 있다. 이 책에서는 '제조' 또는 '생산'이라는 이름으로 통칭하기로 한다.

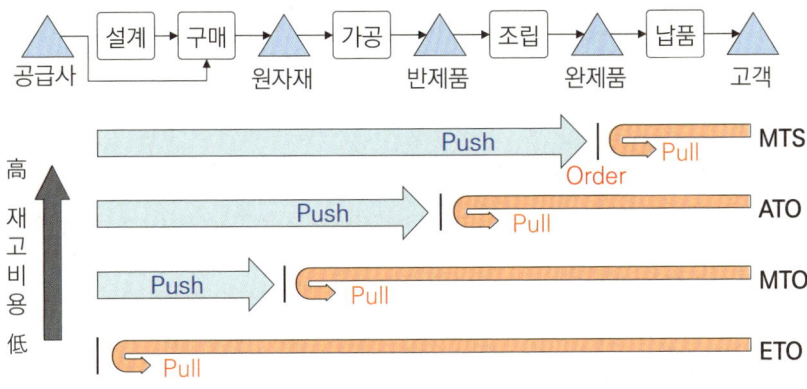

[그림: 디커플링 포인트]

이 그림에서 먼저 **MTS** 전략을 살펴보자. 미래에 얼마나 팔 수 있을지 예측한 후 이 예측치에 의거하여 원자재를 구매하고 가공한 다음 조립까지 완료하여 완제품을 만든다. 물품의 입장에서 보면 원자재가 가공되어 반제품으로 바뀌고, 반제품이 다시 조립되어 완제품이 된다. 그림의 왼쪽에서 오른쪽으로 물품을 밀어내는 셈이다. 영어로 **푸시(push)**라고 표현한다. 이 물품은 완제품 상태에서 대기하고 있다가 고객이 주문한 후 납품하게 된다. 고객이 물품을 끌어당기는 셈이므로 영어로 **풀(pull)**이라고 표현한다.

ATO 전략은 1차 가공한 반제품 상태에서 기다리다가 고객이 주문하면 조립하여 완제품을 납품한다. 푸시와 풀의 경계가 반제품 상태다. **MTO**는 원자재 상태가 푸시와 풀의 경계다. **ETO** 전략은 심지어 원자재도 구입하지 않고 고객 주문을 기다린다. 고객이 주문하면 비로소 설계하고 설계에 맞게 원자재를 구매한다.

그림에서 푸시와 풀은 주문을 기준으로 경계를 이룬다. 이 둘이 만나는 접점을 학계에서는 **디커플링 포인트**라고 부른다. 이 디커플링 포인트 왼쪽에 있는 일련의 과정은, 사전에 예측한 고객의 수요에 맞춰 수립한 계획에 따라, 원활하게 진행된다. 계획대로 실행하는 구간이다. 디커플링 포인트 오른쪽에 있는 일련의 과정은 고객의 주문에 맞춰 실행하는 구간이다. 재고는 이 푸시와 풀의 경계에 쌓인다. 정리하면 상류에서 생산하여 밀어낸 제품이 머무르며 하류에서 고객 주문이 들어와 제품을 끌어당길 때까지 기다리는 지점, 즉 재고가 쌓이는 지점이 디커플링 포인트다. 이 지점에 재고나 결품 이슈가 집중된다.

디커플링 포인트를 기준으로 왼쪽의 공급망 상류의 흐름도 잔잔하고 오른쪽 하류의 흐름도 잔잔하다. 상류는 계획대로 실행하기만 하면 별 차질이 없고, 하류는 주문에 따라 실행하기만 하면 아무 문제가 없다. 상류의 잔잔한 물결과 하류의 고요한 물결이 만나는 이 디커플링 포인트에서 강물이 요동치는 경우가 많다. 부정확한 예측 때문이다. 예측 오차가 클수록 마치 폭포처럼 더 심한 격랑이 일어난다.

2.2 리드타임과 생산 전략

2.2.1 리드타임

우리 회사는 어떤 생산 전략을 채택해야 하는가? 어떤 생산 전략을 적용할 것인지는 고객이 주문을 낸 후에 얼마나 기다려주는지에 따라 결정된다.[49] **주문 리드타임**이다. 비용도 생산 전략을 결정하는 데 중요한 요소다.

---

49) 박성칠, SCM 경쟁력 향상을 위한 Supply Chain 프로세스 혁신, 시그마인사이트컴, 2007, p.161

가령 배나 비행기처럼 재고 보관이 용이하지 않고 제때에 판매하지 못해 발생하는 비용이 큰 경우에는 MTS가 바람직하지 않다. 회사 전체가 딱 하나의 전략만 고수할 필요는 없다. 팔림새를 보고 잘 팔리는 제품은 MTS, 덜 팔리는 제품은 MTO 전략을 채택하는 등 제품, 시장, 고객별로 서로 다른 전략을 구사하는 게 유리하다.[50]

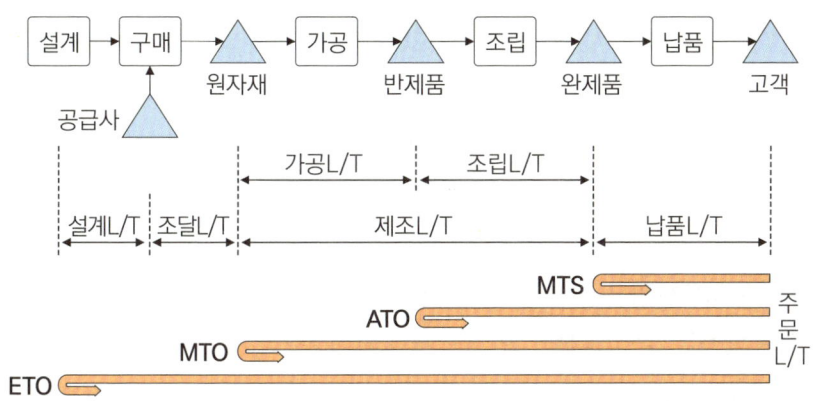

[그림: 리드타임과 생산 전략]

리드타임 관점에서 어떤 생산 전략을 취하는 게 좋은지 살펴보자. [그림: 리드타임과 생산 전략]에 앞의 [그림: 디커플링 포인트]에 나온 각 공정에 해당하는 리드타임(L/T: leadtime)과 적합한 생산 전략의 관계를 표현하였다. **설계 리드타임**은 제품 설계에 소요되는 시간이다. **조달 리드타임**은 자재를 주문한 후 그 자재가 도착할 때까지 걸리는 시간이다. 조달 리드타임이 긴 자재를 **장납기 자재**, 짧은 자재를 **단납기 자재**라고 부른다. 발주

---

50) 박성칠, 앞의 책, p.161

후 아주 짧은 시간에 도착하는 자재를 **JIT(Just in Time) 자재**라고 부르기도 한다. 장납기, 단납기에 대한 기준은 회사마다 다르다. 일주일까지는 단납기, 그보다 오래 걸리면 장납기라고 하는 회사도 있고, 3일 이상 걸리면 장납기로 분류하는 회사도 있다. 해외에서 조달하는 자재는 대개 한 달 이상 소요되는 장납기 자재다.

완제품을 만든 후 고객에게 납품할 때, 납품 지시 순간부터 납품이 완료될 때까지 걸리는 시간이 **납품 리드타임**이다. 납품 리드타임의 대부분은 고객에게 배송하는 데 소요되는 시간이므로 **운송 리드타임**이라고 표현하기도 한다. 운송 시간 외에 다른 소요 시간도 있다. 예컨대 해외 고객에게 납품하는 경우, 납품 리드타임에는 운송 시간뿐만 아니라 통관 대기 시간 등도 포함된다.

제조 리드타임은 원자재로부터 완제품을 만들 때까지 소요되는 시간이다. 원자재는 여러 복잡한 공정을 거쳐 완제품으로 변환된다. 이 그림에서는 복잡한 제조 공정을 가공과 조립의 두 단계로 단순화했다. 원자재는 가공 공정을 거쳐서 반제품이 된다. 이때 소요되는 시간이 **가공 리드타임**이다. 반제품은 다시 조립 공정을 거쳐 최종 완제품이 된다. 이 작업에 걸리는 시간이 **조립 리드타임**이다.

주문 리드타임이 짧으면 MTS 전략, 길면 ATO나 MTO 전략, 매우 길면 ETO 전략을 구사한다.

(1) 주문 리드타임이 설계, 조달, 제조, 납품 리드타임을 모두 합한 것보다 더 길면, 당연히 **ETO 전략**이 좋다. 고객이 어떤 제품을 얼마나 원할지 미리 예측해서 생산할 필요가 없다. 고객이 원하는 제품과 수량을 주문받은 이후 설계해도 시간 여유가 충분하기 때문이다.

(2) 주문 리드타임이 조금 짧아져, 제조, 납품 리드타임을 모두 합한 것 이상이긴 하지만 설계할 시간과 원자재를 조달할 시간이 충분하지

않으면, **MTO 전략**이 좋다. 제품을 미리 설계하고 미래의 수요를 예측하여 필요한 원자재를 조달해 둔다. 고객의 주문을 입수한 다음 제조에 착수하면 된다.
(3) 주문 리드타임이 조금 더 짧아져 조립하고 납품할 시간밖에 안 된다면, **ATO 전략**을 채택한다. 수요를 예측하고 원자재를 조달하여 일차 가공까지 마친 상태로 고객이 주문하기를 기다린다. 고객이 주문을 확정한 다음 조립하여 납품하면 된다.
(4) 주문 리드타임이 더욱 짧아져 조립할 시간도 없고 주문받자마자 곧바로 납품해야 한다면, **MTS 전략**을 구사한다.

만약 주문 리드타임이 납품 리드타임보다도 더 짧다면, 사업을 접어야 한다. 고객이 기다려 주지 않으니 사업을 영위할 수 없다.

2.2.2 엔비디아(NVIDIA) GPU 리드타임

주문 리드타임이 거의 일년 정도 걸리는 경우도 있다. 공급이 폭증하는 수요를 따라가지 못하기 때문이다. GPU로 유명한 엔비디아다.

> **엔비디아**의 인공 지능(AI: Artificial Intelligence) 슈퍼 컴퓨터인 HGX H100은 AI를 활용하여 대규모 데이터 분석과 시뮬레이션을 수행하는 데 적합하다. 대만에 있는 자동화 공장에서 수많은 로봇이 8개의 GPU와 35,000 개 부품을 조립한다.[51]

---

51) Jensen Huang, Keynote speech, COMPUTEX Taipei, 2023.05.30, https://www.youtube.com/watch?v=i-wpzS9ZsCs

GPU[52]는 원래 CPU[53]를 돕기 위해 태어났다. CPU는 컴퓨터의 온갖 복잡한 연산을 도맡아 하는 장치다. CPU의 업무를 도와줄 보조 장치가 필요했다. GPU는 CPU가 시키는 대로 컴퓨터 화면에 그래프나 그림을 그리는 심부름꾼 역할을 수행했다. 컴퓨터 게임을 개발하는 회사는 좀 더 실제 같고 좀 더 화려한 3차원 그래픽 기술을 구현하고 싶었다. GPU 기술이 급격히 발전하게 되었다. 엔비디아 GPU도 초기에는 게임용 컴퓨터의 속도를 높이는 데 주로 활용되었다. 2010년대 들어 가상 자산인 코인 열풍이 불었을 때는 흔히 채굴이라고 표현하는 블록체인 작업 증명에 많이 활용되었다. 최근에는 챗GPT 등 대형 언어 모형 학습에 GPU가 핵심적인 역할을 하게 되었다.

시장 조사 전문 회사인 옴디아(Omdia)는 2023년 **메타**(Meta)와 **마이크로소프트**가 H100 모델을 각각 15만 대씩 구입한 것으로 추정했다. H100 단가가 대당 약 3~4만 달러이니 두 회사가 GPU 구입에 투자한 금액은 각각 45억 달러 이상인 셈이다. 세계 GPU 공급의 90%를 엔비디아가 담당하고 있는데, 폭증하는 수요를 감당하지 못하고 있다. GPU 품귀 현상이다. H100 모델에 대한 주문 리드타임은 거의 1년 정도다.[54] 주가도 급등했다.[55]

---

52) Graphics Processing Unit, 그래픽 처리 장치
53) Central Processing Unit, 중앙 처리 장치
54) 김상범, GPU 확보가 '1급 대외비'인 시대…세 갈림길 선 AI 반도체 산업[ChatGPT AI 빅뱅 1년], 경향신문, 2023.12.01
55) 2024년 6월 18일 엔비디아의 시가 총액은 3조 3천 억 달러를 넘었다. 마이크로소프트와 애플을 넘어 한때 세계에서 제일 비싼 회사가 되기도 했다. 최진석, 엔비디아 위에 아무도 없다, 한국경제, 2024.06.19. https://www.hankyung.com/article/2024061979201

2.3 지연(postponement) 전략

생산 전략과 직접적으로 관련된 것이 **지연(postponement) 전략**이다. SCM이라는 용어가 나오기 훨씬 전인 1950년에 나온 오래된 개념이다.[56] 지연은 말 그대로 의사 결정을 늦춘다는 의미다. 우리는 의사 결정을 미루지 말고 빨리하라고 배웠다. 빠른 것이 느린 것을 이긴다고 귀에 못이 박히도록 들었다. 그런데 의사 결정을 늦추라고? 의사 결정을 빨리 하라는 말은 실기하지 말라는 뜻이지 무조건 빨리하라는 뜻이 아니다. 굳이 너무 일찍 결정하지 않아도 되고, 늦지 않도록 제때에 결정하면 된다.

학생들에게 숙제를 내어주면 많은 학생이 미루고 미루다가 마감 전날 숙제를 시작한다. 마감 기한을 3일 주거나 여유 있게 일주일이나 2주일 줘도 마찬가지다. 리드타임을 얼마를 주더라도 미리 숙제를 하지 않고 최대한 미루다가 마지막 순간에 숙제를 하는 것을 흔히 **숙제 증후군** 또는 **학생 증후군**이라고 표현한다.[57] 숙제는 중간에 바뀌는 경우가 거의 없으니 미리 해도 상관없다. 제품 생산은 다르다. 미리 만들어 두었다가 팔리지 않으면 낭비가 발생한다.

2.3.1 생산 지연 (시간적 지연)

지연은 공정상에서 제품의 차별화를 의도적으로 늦추는 제품 설계 또는

---

56) 민정웅, 미친 SCM이 성공한다, 영진닷컴, 2014, pp.101-103
57) Wikipedia, https://en.wikipedia.org/wiki/Student_syndrome

공급망 전략이란 게 SCM 협회인 **ASCM**[58]의 설명이다. ASCM이 말하는 제품의 차별화는 조립, 생산, 포장, 태그 부착 등 고객이 원하는 사양이나 모양에 맞는 최종 제품의 모습을 뜻한다.

제조 공정상 시간적 지연에 대한 대표적인 예를 살펴보자. 앞에서 사례로 들었던 PC의 경우, 고객이 주문하기 전에는 반제품이나 부품 상태로 대기하고 있다가 고객이 원하는 최종 사양이 확정된 이후에 최종 완제품을 조립하고 포장하여 납품하는 방식이 지연 전략이다.

고객이 주문하기 전에 미리 예측해서 16 GB 하드디스크, 무선 광마우스 등을 박스에 넣고 포장을 완료해두면 어떨까? 만약 그 사양에 대한 고객 수요가 없으면 재고로 남아 있다가 나중에 포장을 뜯어서 다른 사양의 제품으로 변경해야 하므로 낭비가 생긴다. 고객 주문 이후 조립과 포장을 할 시간이 충분하다면, 의사 결정을 미루다가 고객이 주문한 이후에 고객이 원하는 사양의 부품을 조립하고 포장하여 납품하면 된다.

▎사례: 베네통(Benetton) 염색 공정 지연 전략

지연 전략을 활용한 사례 중 **베네통**의 염색 공정 순서 변경 사례가 유명하다. 의류 제품은 흔히 스타일, 색상, 크기로 결정된다. 패션업계는 대략 6개월에서 9개월 뒤에 어떤 스타일, 어떤 색상의 옷이 유행할지 예측하곤 한다. 다음 시즌에 어느 지역에 어떤 색상이 얼마나 팔릴

---

58) ASCM(Association for Supply Chain Management)은 SCM 전문가들로 구성된 비영리 단체다. 1957년에 설립된 APICS(American Production and Inventory Control Society, 전미 생산 및 재고 관리 협회)의 새로운 명칭이다. https://www.ascm.org/

지 예측하기 쉽지 않다. 색상별로 예측한 대로 옷을 팔 수 있으면 다행이지만 수요가 예측보다 많아도 문제고 적어도 문제다.

베네통은 공정의 순서를 바꾸어서 이 어려움에 대처했다. 의류 제조 회사가 옷을 만드는 전형적인 공정은 염색 → 재단 → 봉제 순이다. 베네통은 염색 공정을 뒤로 미뤘다. 원단을 염색하지 않은 채 재단하고 봉제했다. 이렇게 염색하지 않은 채 만들어서 대기 중인 제품을 그레이지(greige)라고 부른다. 회색(grey)과 베이지색(beige)의 합성어다.

이후 각 색상에 대한 시장의 반응을 파악한 후 각 색상별로 그레이지를 염색했다. 이렇게 후염 방식으로 염색하고 매장으로 배송하는 데 5주밖에 걸리지 않았다.[59] 6~9개월 대비 5주. 엄청난 경쟁력이다. 지연 전략의 힘이다.

영국과 프랑스 세탁기 선호도 차이를 감안한 지연 전략

세탁기 유형에 대한 소비자 선호도 차이를 감안한 지연 전략도 가능하다.

영국 소비자는 대부분 앞문형 세탁기를 선호한다. 프랑스 소비자는 대개 윗문형 세탁기를 선호한다.[60] 세탁기 제조 회사는 세탁기 문의 위치와 무관한 공정까지만 수행하고 반제품 상태로 대기하면서 시장을 살피는 게 좋다. 지연 전략이다. 앞문형과 윗문형에 대한 좀 더 정

---

59) Yossi Sheffi, 12. Postponement for Flexibility, MIT Press on COVID-19, 2020.04.05, https://covid-19.mitpress.mit.edu/pub/gvft1w3o/release/1
60) Martin Christopher, Logistics & Supply Chain Management, Fourth Edition, Financial Times / Prentice Hall, 2011, p.177

확한 수요를 포착한 이후에 앞문 또는 윗문을 조립하여 완제품을 조립하면 낭비를 줄일 수 있기 때문이다.

2.3.2 물류 지연 (공간적 지연) 및 재고 공용화

지연 전략에는 생산 지연뿐만 아니라 물류 지연도 있다. 물류 지연은 공간적 지연이라고도 한다.[61] 고객 납품 리드타임을 줄이기 위해 완제품을 납품처 근처 창고로 미리 이동시켜 보관하다가 고객이 주문하면 곧바로 배송한다. 재고의 전진 배치다. 어느 창고에 어느 정도 물량을 보관할지 예측해야 하는데 창고별 과부족 리스크가 있다.

[그림: 공간적 지연]을 보자. 이 회사는 공장 인근의 안성 창고, 영남권 고객을 담당하는 부산 창고, 호남권 고객에게 납품하는 전주 창고 총 3개의 창고를 보유하고 있다. 고객 수요가 수도권 25 톤, 영남권 10 톤, 호남권 5 톤일 것으로 예측한다. 예측대로 제품을 총 40 톤을 생산하여 안성 창고에 25 톤, 부산 창고에 10 톤, 전주 창고에 5 톤을 보관한다.

---

61) Martin Christopher, 앞의 책, p.114

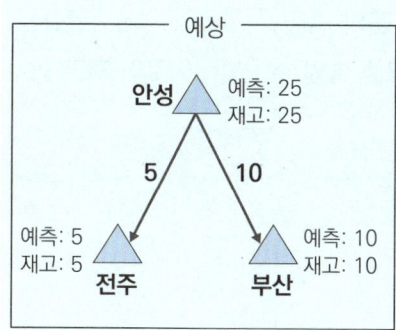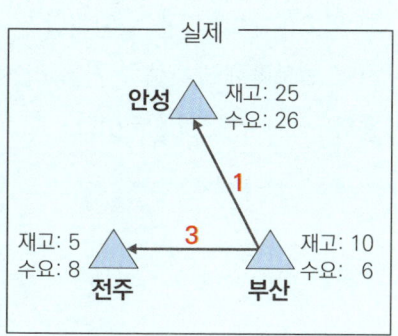

[그림: 공간적 지연]

    실제 수요는 수도권 26 톤, 영남권 6 톤, 호남권 8 톤이라고 하자. 전국 수요 총량 40 톤은 정확하게 맞췄지만 지역별로는 오차가 있다. 수도권은 25 톤이라고 예측했으나 실수요는 26 톤이므로 1 톤이 부족하다. 영남권은 10 톤 예측에 실수요가 6 톤밖에 안 되므로 4 톤이 남는다. 호남권은 3 톤이 부족하다.

    수도권 부족량 1 톤은 부산에서 안성으로 보내고, 호남권의 부족한 3 톤은 부산에서 전주로 보내야 한다. 운송비가 추가로 발생한다. 물류망이 제대로 갖추지 않은 회사는 부산에서 전주로 직접 운송하지 못하고 부산에서 안성으로 이동한 후 다시 안성에서 전주로 보내야 할 수도 있다. 모두 낭비다.

    고객 주문이 확정된 이후 운송할 시간 여유가 충분하다면 굳이 정확하지 않은 예측으로 완제품을 부산이나 전주로 전진 배치할 필요가 없다. 전국의 총수요 40 톤을 모두 공장 부근 안성 창고에 보관하고 주문이 들어오기를 기다린다. 호남에서 8 톤을 주문하면 안성에서 전주로 8 톤을 보내주고, 영남에서 6 톤을 주문하면 안성에서 부산으로 6 톤을 보내는 것이다. 즉, 고객 주문이 확정되기 전에는 의사 결정을 하지 않고 안성에 일괄 보관하다가 주문이 확정된 이후에 의사 결정을 하면 부정확한 예측에 기인한 리스크를 줄일 수 있다. 이것이 **재고 공용화**(inventory pooling)다.

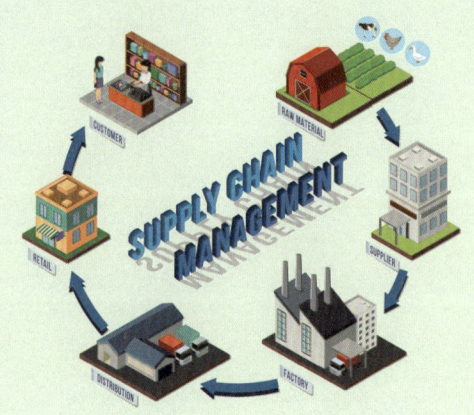

1조 클럽 도전하는 중견 기업을 위한
삼성 SCM 노하우 III

3. 수요 관리 (Demand Management)

3.1 고객(顧客)과 유통(流通)

3.2 예측(forecasting)

3.3 제품(product) 예측

3.4 고객(customer) 예측

3.5 시간(time) 예측

3.6 예측 주체: 예측은 누가?

3.7 예측 기법 (forecasting method)

3.8 예측 정확도 (forecast accuracy)

3.9 판매 계획 (sales plan)

3.10 수요 관리 (demand management)

3.11 주문 관리 (order management)

제3장

3. 수요 관리 (Demand Management)

공급망

3.1 고객(顧客)과 유통(流通)

3.1.1 고객

수요는 고객 특성에 맞게 관리해야 한다. B2C (Business to Consumer) 중심 회사와 B2B (Business to Business) 중심 회사의 고객 관리, 영업 특성은 매우 다르다. 제일 큰 차이는 영업의 대상, 즉 수요의 주체다. **B2C 영업**의 대상은 주로 소비자다. 개인이다. 수많은 개별 소비자의 다양한 욕구를 파악하는 게 중요하다. B2B 영업의 대상은 기업이다. 기업의 내부 조직인 구매 부서와 사용 부서다. 구매 담당자이며 생산이나 유통 담당자들이다. 이들은 개인적인 필요에 의해 구매하는 소비자가 아니다.

일반적인 **고객 관리**를 영어로 커스터머 매니지먼트(customer management)라고 표현한다. B2B 특성을 가진 고객 관리는 **어카운**

트 매니지먼트(account management)라고 구분하여 표현하기도 한다. B2B는 채널을 통해 판매하는 비중이 많으므로 **채널 관리**가 중요하다.

소비재, 생산재와 B2C, B2B 구분은 헷갈리기 쉽다. 소비재와 B2C를 비슷한 것으로 생각하고, 생산재와 B2B를 같은 것으로 혼용하는 경우가 흔하다. B2C와 B2B 구분은 영업의 대상이 누구인지, 즉 고객이 누구인지에 따라 나뉜다. '누구에게 파느냐', '누가 사느냐'로 구분한다. 소비재와 생산재는 제품의 용도에 따라 나뉜다. **소비재**는 최종 소비자가 소비하는 용도다. **생산재**는 제품이나 서비스를 만드는 데 사용되는 용도다. 즉, '왜 사느냐', '사서 어디에 쓰느냐'로 구분한다.

3.1.2 유통 매장: 백화점, 편의점, 슈퍼마켓, 할인점

유통의 역사는 치열한 경쟁에서 살아남기 위한 혁신과 진화의 역사다. 매장의 형태는 시기별로 큰 차이를 나타낸다. 옛날에는 시장의 점포와 흔히 구멍가게라고 부르던 주택가 인근의 소규모 매장 형태가 많았다. 1700년대에 영국에서 **백화점**이 출현했다.[62] **편의점**은 1927년 미국 달라스에서 처음 나타났다. 오늘날의 세븐일레븐(7-Eleven)이다.[63] 1930년 미국 뉴욕에서 킹 컬렌(King Kullen)이라는 이름의 **슈퍼마켓**이 등장했다.[64] **할인점**의 시초는 1948년 미국의 코벳(Korvette)인데, 나중에 케이마트와 월마트가 등장하면서 본격적으로 확산되었다.[65] 장난감 전문 매장인 토

---

62) Wikipedia, https://en.wikipedia.org/wiki/Department_store
63) Wikipedia, https://en.wikipedia.org/wiki/7-Eleven
64) Wikipedia, https://en.wikipedia.org/wiki/King_Kullen
65) 황영민, [소매업 개혁 할인점 10년] 세계 최초 할인점은…, 파이낸셜뉴스, 2003.11.25

이저러스는 1948년 미국 워싱턴DC에서 출범했다.[66] 이후 1980, 1990년대를 거치며 장난감, 신발, 책 등 특정 품목을 전문적으로 판매하는 **카테고리 킬러**가 유행했다.[67] 1962년 월마트(Walmart)가 등장했다.[68] 이후 도시 외곽에 **대형, 초대형 매장**이 속속 들어섰다. 1983년 **창고형 할인매장**인 샘즈 클럽이 출범했다.[69] 2006년 아마존이 FBA(Fulfillment By Amazon)를 들고 나왔다. FBA는 아마존의 유통 플랫폼에 입점한 판매자들의 제품을 아마존이 보관, 피킹, 포장, 운송하는 서비스다. 도시 외곽에 초대형 풀필먼트 센터(FC: Fulfillment Center)를 만들었다.

3.1.3 다크 스토어 (dark store)

다크 스토어는 고객이 온라인으로 주문한 상품을 빠른 시간 안에 받을 수 있도록 운영하는 소규모 물류 거점이다. 백화점, 마트, 편의점 등 일반 점포는 고객들이 방문하여 화려한 조명 아래 진열된 제품을 보고 구입하는 곳이다. 다크 스토어는 고객들이 방문하는 곳이 아니다. 창고다. 주문이 들어올 때까지 제품을 보관하고 있는 장소다. 어두운(dark) 매장(store)인 셈이다.

고객이 온라인으로 주문을 하면 다크 스토어에 보관된 제품을 골라 포장한 후 고객이 원하는 곳으로 배송한다. FC가 도시 교외에 위치한 대형 창고인 것과 달리 다크 스토어는 대개 도심에 위치한 소규모 창고다. 고객의

---

66) Wikipedia, https://en.wikipedia.org/wiki/Toys_"R"_Us
67) James Chen, Category Killer, Investopia, 2022.10.02, https://www.investopedia.com/terms/c/categorykiller.asp
68) Wikipedia, https://en.wikipedia.org/wiki/Walmart
69) Wikipedia, https://en.wikipedia.org/wiki/Sam's_Club

주문에 FC보다 훨씬 빨리 배송한다. **MFC(Micro-Fulfillment Center)**, PP(Picking/Packing) 센터, 미니 창고 등의 별칭이 있다. 부르는 이름은 다양하지만, 핵심은 물류 기능을 매장으로 전진 배치한 것이다.

다크 스토어는 주로 스타트업이 선제적으로 사업을 시작했다. 미국의 고퍼프, 조커, 도어대시, 튀르키예의 게티르, 독일의 고릴라스, 중국의 허마셴성 등이 유명하다.

(1) **고퍼프(GoPuff)**는 2013년 미국 필라델피아에서 출범했다. 처음에는 후커(hookah)라는 물담뱃대 배송으로 시작했다.[70] 나중에 식료품, 일반 의약품, 술 등으로 서비스를 확장했다.[71]

(2) **조커(Jokr)**는 2021년 3월 뉴욕에서 출범한 식료품 배달 전문 다크 스토어다. '물 끓기 전 배송'을 슬로건으로 내걸고, 15분 이내의 빠른 배송을 강조한다. 식료품 가게, 편의점, 약국에서 고객에게 배송한다.[72]

(3) **도어대시(DoorDash)**는 2013년 미국 캘리포니아 팔로 알토에서 사업을 개시했다. 50%가 넘는 시장 점유율, 45만 상공인, 2,000만 명의 소비자, 1백만 명의 배송 기사를 확보한 미국 최대 음식 배달 업체다.[73] 도심지에 소규모 매장을 두고 음식을 주문받으면 15~20분 안에 배송한다.[74]

(4) **게티르(Getir)**는 2015년 튀르키예에서 설립된 다크 스토어 스

---

70) 영어 'puff'는 담배를 '뻐끔뻐끔' 피운다는 뜻이다
71) Wikipedia, https://en.wikipedia.org/wiki/Gopuff
72) Jokr, https://www.jokr.com/
73) Wikipedia, https://en.wikipedia.org/wiki/DoorDash
74) 강지남, '미국 배민' 도어대시 앞에 놓인 장애물, 주간동아, 1324호, 2022.01.26, pp.42-44

타트업이다. 게티르는 튀르키예어로 '가져오다'라는 뜻이다. 식료품을 10분 이내 배송하는 것을 목표로 한다.

(5) **고릴라스(Gorillas)**는 2020년 5월 독일 베를린에서 출범했다. '당신보다 더 빨리'라는 슬로건을 걸고, 과일, 채소, 음료, 가정용품 등을 판매한다. 배송은 자전거로 한다. 2022년 12월에 게티르(Getir)에 인수되었다.[75]

(6) **허마셴성(盒马鲜生, Freshippo)**은 2016년 중국 알리바바 그룹의 신선 식품 슈퍼마켓으로 설립되었다. 3 km 이내 거리는, 주문을 받으면 10분 안에 집화, 포장, 배송 준비를 마치고, 20분 안에 배송을 완료한다.[76]

다크 스토어 분야에서 스타트업 회사들이 약진함에 따라, 월마트, 크로거, 메이시스 백화점 등 유통 공룡들도 다크 스토어를 운영하기 시작했다. 이마트, 롯데마트, 홈플러스 등 국내 전통적인 유통 강자들도 다크 스토어를 도입했다.

3.2 예측(forecasting)

3.2.1 예측은 왜 하나?

우리는 매주, 매일, 시시각각 무언가를 예측한다. 주말에 날씨는 어떨지,

---

75) Wikipedia, https://en.wikipedia.org/wiki/Gorillas_(company)
76) 박준호, [이슈분석] '3km내 30분 배송' 중국 허마셴성의 경쟁력, 전자신문, 2019.09.25

약속 장소로 가는 길이 막힐지, 주식 가격이 오를지 내릴지 등 무수히 많은 예측을 한다.

"예측을 하는 이유는 무엇인가?"라는 질문을 대표적인 AI인 **오픈AI**의 챗GPT, **구글** 바드(Bard), **앤트로픽**(Anthropic)의 클로드(Claude)에 던졌다. 챗GPT는 예측은 불확실한 미래에 대비하고, 계획과 전략을 세우는 데 도움을 주며, 의사 결정을 지원하고, 리소스를 효율적으로 사용하고 불필요한 비용을 줄일 수 있게 한다고 답했다.[77] 바드는 예측이 미래에 대한 불확실성을 줄이고, 효율성을 높이며, 새로운 기회를 찾는 데 도움이 된다고 답했다.[78] 클로드는 미래를 준비하고, 의사 결정을 도우며, 자원을 효율적으로 배분하고, 위험을 관리하기 위해 예측한다고 답했다.[79] 제법이다.

예측을 하는 이유는 계획을 세우기 위해서다. 비가 올 것 같으면 우산을 준비한다. 길이 막힐 것 같으면 30분 일찍 출발하기로 계획한다. 주식 가격이 오를 것으로 예측하면 매수하기로 결정한다. 경영 활동에서 예측의 역할은 무엇일까? 사례를 통해 살펴보자.

▎사례: 스시로 회전 초밥 수요 예측

일본 최대 회전 초밥 전문점 **스시로**는 '판매 예측 시스템'을 활용하여 매일 644개 점포별로 120 종류의 초밥이 각각 몇 접시씩 팔릴지 예측한다.[80] 컨베이어 벨트 위에서 이동하는 초밥은 40분 이내에 고

---

77) OpenAI, https://chat.openai.com
78) Google, https://bard.google.com/chat
79) Anthropic, https://claude.ai/chats
80) 정영효, '내일 얼마나 팔릴지 알려주마' … 초밥 점쟁이의 정체는?, 한국경제, 2023.01.21

> 객이 선택하지 않으면 폐기된다. 원가 비중이 50%에 달하므로, 폐기량을 줄이는 게 경영의 핵심이다.
> 각 점포별로 날씨, 요일, 시간대에 따른 초밥 매출을 예측한다. 식자재를 발주할 때, 초밥 종류별로 몇 접시를 만들지 결정할 때, 직원 근무 시간을 편성할 때 이 예측값을 활용한다. 초밥 폐기량을 줄일 뿐만 아니라 종업원 수를 줄이기도 했다.[81]

3.2.2 예측과 계획은 천지 차이

경영 활동은 시장과 고객의 수요를 파악하는 것부터 시작한다. 시장의 팔림새를 예측하는 것, 즉 수요를 예측하고 판매를 예측하는 것이 **경영의 시작**이다. 예측은 그 자체로는 의미가 없다. 계획을 수립하기 위한 출발점이기 때문에 중요한 것이다. **예측은 경영의 출발점**이다. 경영자는 예측하고, 계획을 세우고, 계획대로 실행하고, 결과를 점검한다. 다시 예측하고 또 계획을 수립한다. 경영은 '**예측 → 계획 → 실행 → 점검**' 과정의 연속이다. 경영자들이 자주 강조하는 PDS(Plan-Do-See) 또는 PDCA(Plan-Do-Check-Act) 사이클과 같은 개념이다.

예측과 계획은 천지 차이다. 예측은 미래에 얼마나 팔릴지 가늠하는 것이다. 계획은 미래에 얼마만큼 팔겠다는 의지다. 다음 달에 "아마 100 박스를 팔 수 있을 것 같다"는 예측과 "반드시 100 박스를 팔겠다"는 계획을 혼동하면 안 된다. 예측은 운이 좋으면 맞을 수도 있고, 운이 나쁘면 틀릴

---

81) 정영효, '40분 지나면 버려진다'…회전초밥집 초밥의 비밀, 한국경제, 2023.01.22

3. 수요 관리 (Demand Management)

수도 있다. 계획은 운이 좋든 나쁘든 달성해야 한다. **계획은 꼭 달성해야 하는 목표**이고, **반드시 지켜야 하는 약속**이다. [표: 예측 vs. 계획 vs. 실적]은 수요 및 판매에 대한 예측과 계획 및 실적의 조합을 간단하게 나타낸 것이다.

[표: 예측 vs. 계획 vs. 실적]

구 분	예측 (forecast)	계획 (plan)	실적 (actual)
수요 (demand)	**수요 예측**	수요 계획	수요 실적
판매 (sales)	**판매 예측**	**판매 계획**	**판매 실적**

예측과 계획을 다루기 전에 '실적'부터 살펴보자. 판매 실적은 판매하고 난 결과다. 수요 실적은 무엇일까? 수요 실적과 판매 실적은 다른 개념이다. 실제 수요가 얼마였는지 측정하는 일은 단순하지 않다. TV 판매를 예로 들어보자. 다음 주 TV 수요가 100 대라고 예측하고 재고를 150 대 준비한다고 가정하자. 일주일이 지났다. 90 대밖에 팔지 못했다면, 수요 실적이 90인가? 그럴지도 모른다. 그렇지 않을 수도 있다. 실제 91 대였는데 영업점이 하필 한시간 일찍 문 닫는 바람에 수요 1 대를 놓쳤을 수도 있다. 보유하고 있던 재고 150 대를 모두 다 팔았다면 수요 실적이 150 대였을까? 알 수 없다. 혹시라도 수요가 160이었는데 재고가 부족하여 150 대밖에 팔지 못했을 수도 있기 때문이다. 실제 수요를 측정하는 것은 불가능하거나 가능하더라도 매우 어렵다. 그래서 대부분의 회사가 실수요를 알지 못하니 예측치를 실제 수요였을 것이라고 퉁치고 만다.

수요와 판매에 대한 예측과 계획의 네 가지 조합에 대한 의미를 [표: 수요/판매 및 예측/계획]에 표현했다.

수요 예측은 미래에 고객이 얼마나 구입할 것인지를 추정하는 활동이다. 특별한 판촉 활동 없이 평소대로 하면 몇 개나 팔릴 것인지 예상하는 행위다. 공급 제약을 반영하지 않는다는 뜻은 영업이 팔겠다는 수량을 모두 다 공급한다는 의미다. 예컨대 다음 주 수요 예측 수량이 500 대라는 말은 구매와 제조 부서에서 차질 없이 500 대를 공급해주면 평소처럼 영업을 해도 고객이 500 대를 구입할 것이라는 뜻이다.

[표: 수요/판매 및 예측/계획]

구 분	판촉 전략	공급 제약	의 미
수요 예측	미반영	미반영	시장에 대한 예상
수요 계획	반영	미반영	영업의 추정/희망/의지
판매 예측			
판매 계획	반영	반영	달성해야 하는 목표 전사적 약속

수요 계획이라는 표현은 널리 사용되긴 하나 그 의미는 다소 모호하다. '통제하기 어려운' 수요를 '계획한다'는 표현이 어색하기 때문이다. 일종의 형용모순 같다. 영어 'demand planning'은 협의의 수요 관리라는 의미로 쓰기도 한다. 수요 계획은 가격 할인이나 광고 등의 판매 촉진 활동을 사용하고 공급 제약을 반영하지 않는다는 점에서 판매 예측과 같은 의미다.

판매 예측은 영업이 팔 수 있다고 주장하는 숫자다. 판매 촉진 활동을 하면 팔 수 있겠다는 숫자다. 예컨대 시장 수요가 500 대인데 영업이 가격 할인 등 여러 활동을 통해 700 대를 팔 수 있을 것 같다면 이 700 대가 판매 예측 수량이다. 구매나 제조 등 공급의 제약을 반영하지 않는다.

즉 영업이 원하는 700 대가 모두 차질 없이 공급된다면 팔 수 있을 것 같다는 수량이다. 영업이 시장의 흐름을 보고 판매할 수 있을 것으로 추정하는 수치이고, 영업의 희망이며, 공급 측에 전달하는 영업의 의지다. 참고로 이 예측치에는 이미 주문받은 수량도 포함되어 있다. 예컨대 다음 주 700 대를 판매할 것으로 예측하고 이미 50 대만큼 주문을 입수했다고 가정하자. 총 예측치, 즉 판매 예측치가 700이다. 주문값은 50이다. 판매 예측치 700 대에 이미 입수한 주문 50 대가 포함되어 있다. 총 예측치에서 주문을 뺀 값, 즉 700 - 50 = 650 대를 '순 예측치'라고 구분해서 부른다.

판매 계획은 영업, 구매, 제조, 물류 등 전사 모든 부서가 합의하고, 반드시 판매하겠다고 경영층에 약속한 숫자이며, 꼭 달성해야 하는 목표다. 예컨대 영업 부서가 다음 주에 700 대를 팔겠다고 했는데 자재 부족으로 600 대밖에 공급하지 못한다고 해보자. 공급 제약을 감안한 600 대가 판매 계획이 된다. 제조 부서는 반드시 600 대를 공급해야 하고 영업은 반드시 600 대를 판매해야 한다. 회사 전체가 합의한 600 대가 판매 계획이면서 동시에 **공급 계획**이기도 하다. 공급 계획에 대해서는 뒤에서 더 자세하게 다룰 예정이다.

3.2.3 예측 대상 (what to forecast)

경영은 예측 활동에서부터 시작한다. 무엇을 예측해야 하는가? 앞에서 수요에 대한 예측과 판매에 대한 예측을 언급했다. 이뿐만이 아니다. 오렌지 주스를 만드는 회사는 오렌지 작황을 예측한다. 과자나 빵을 만드는 회사는 밀가루나 계란의 가격뿐만 아니라 조류독감의 유행 시기를 예측한다. 치즈 제조 회사는 우유 가격의 등락과 구제역 같은 질병의 전파 경로를 예측한다. 원자재 비중이 큰 회사가 원자재 가격을 예측하듯이, 노동 집약적 산업은 고용 시장에 촉각을 세우고 인건비 추이를 예측한다.

앞에서 에스앤이컴퍼니는 등외품 농산물의 공급망을 단순화하여 유통 구조를 혁신했다고 소개했다. 비굿(B-good) 브랜드로도 알려진 이 에스앤이컴퍼니는 AI 기술을 활용하여 농작물 작황과 가격을 예측한다.

| 사례: 에스앤이컴퍼니 농산물 작황 및 가격 예측

에스앤이컴퍼니는 빅데이터와 AI 기술을 바탕으로 농산물의 생육, 작황, 수급, 가격 등 예측 정보를 제공한다. 다양한 데이터를 수집하는 데 이 중 가장 눈에 띄는 것은 이미지 데이터다. 농작물을 촬영한 사진 이미지, 위성의 영상 이미지 등을 활용하여 농작물의 생육과 작황을 진단하고 향후 가격 흐름까지 예측한다. IT 전문 지식이 없는 농민들도 별다른 장비 없이 스마트폰 앱을 통해 촬영하기만 해도 된다.[82] 즉 데이터를 손쉽고 빠르게 수집한다.

아직 익지 않은 딸기 모습을 농민들이 사진을 찍어 앱에 올린다. 에스앤이컴퍼니의 AI 기술은 이 사진을 판독하여 생육 단계에 대한 진단에서부터 수확 시점, 예상 등급 등을 분석한 정보까지 제공할 계획이다. 아무리 AI라고 해도 싹수만 보고도 풍작일지 흉작일지 예측할 수 있다고? 창업자인 장세훈 대표는 "인공 지능이기 때문에 가능하다. 데이터가 쌓이면 머신 러닝을 통해 예측 정확도를 올릴 수 있다. 즉 지금

---

82) 박진선, 에스앤이컴퍼니, AFRO 2023서 농·축·수산물 B2B 거래 솔루션 '비굿' 소개해... '예측 정보 기반으로 선도거래 기틀 마련!', 에이빙뉴스, 2023.08.04

당장 최고의 결과를 얻기 위한 노력이 아니라 수년 뒤를 바라보고 하는 연구 개발인 셈이다. 이러한 연구 개발이 고도화된다면 몇 달 뒤 수확 시점에 예상 수익을 예상하는 것은 물론, 농가 전반으로 확산되면 수급 관리를 효율적으로 할 수 있는 과학 영농의 기반도 될 수 있다"고 말한다. 그는 "현재 농산물은 가격 변동성이 크다. 근본적인 이유는 수요는 안정적(비탄력적)인 반면 공급은 불안정(탄력적)하기 때문이다. 따라서 예측 성능을 높이려면 탄력적인 공급, 즉 산지 정보를 폭넓고 빠르게 확보하는 게 핵심"이라고 강조했다.

에스앤이컴퍼니가 몇 달 뒤 농작물의 작황과 가격을 예측하려는 이유는 무엇일까? 농산물의 미래 가격을 예측하면 다양한 거래 방식이 가능하기 때문이다. 장 대표는 "현재 대부분의 농산물은 해당 상품을 직접 눈으로 본 뒤 사고파는 **현물 거래** 방식으로 유통된다. 미리 사고 팔기로 약속하고 추후에 해당 상품을 주고받는 **선도 거래**를 하려면 향후 농산물의 가격이 얼마가 될지 예측할 수 있어야 한다. 현물 거래의 전제 조건이 상품 확보에 있다면, 선도 거래의 전제 조건은 가격 예측에 있다. 한발 더 나아가 선도 거래로 인한 가격 고정 리스크를 피하고자 한다면 **선물 옵션** 거래 방식이 도입되어야 한다. 이러한 선물 옵션 거래의 전제 조건은 선도 거래와 상품 표준화"라고 설명한다.

"현물 거래 중심의 농산물 유통 구조로는 거래 참여자들의 다양한 욕구를 충족시킬 수 없다. 일반 소비자야 비쌀 때는 덜 먹고, 싸지면 더 많이 먹어도 그만이다. 반면 1년 내내 사업을 하는 기업 입장에서는 가격 변동성 자체가 리스크다. 또 현물 거래, 선도 거래, 선물 옵션 거래 등 다양한 거래 방식이 체계화될 때 다양한 혁신 서비스가 쏟아질 수 있다. 이미 글로벌 곡물 시장에서는 이렇듯 다양한 방식으로 거래가 이뤄지고 있는 만큼 실현이 불가능한 영역은 아니다."[83]

지금 에스앤이컴퍼니가 AI 기술을 활용하여 농산물 작황과 가격을 예측하는 데 기울이는 노력을 보면, 장세훈 대표가 꿈꾸는 미래가 생각보다 더 빨리 다가올 수도 있겠다.

업종이나 상품의 특성과 무관하게 대부분의 기업에서 수행하는 예측이 **판매 예측**이다. 제품을 만드는 제조 회사는 제품에 대한 판매를 예측한다. 서비스를 제공하는 회사도 서비스에 대한 판매를 예측한다. 호텔은 얼마나 많은 투숙객이 올지 예측하고, 방송사는 시청률을 예측한다. 주력 상품에 대해서만 예측하는 기업도 있고, 모든 상품에 대해 예측하는 기업도 있다. 판매 수량에 대해 예측할 수도 있고 판매 금액에 대해 예측할 수도 있다. 수량과 금액 둘 다 예측할 수도 있다.

판매 예측을 하는 이유는 무엇인가? 판매하기 위한 상품을 미리 준비하기 위해서다. 제조 회사의 경우 길고 복잡한 많은 공정을 거쳐야 하므로 사전에 기계, 설비, 자재, 인력 등을 준비하기 위해 예측이 필요하다. 서비스 회사도 고객이 원할 때 곧바로 서비스를 제공할 수 있도록 인력, 장비/설비, 소모품 등을 준비하기 위해 예측이 필요하다.

3.2.4 예측의 3대 축: 제품 × 고객 × 시간

[그림: 예측의 3대 축]에 표현되어 있듯이, 수요 예측이나 판매 예측

---
83) 인터뷰: 장세훈 대표, 에스앤이컴퍼니, 2023.08.17

을 하기 위해서는 제품, 고객, 시간의 조합을 결정해야 한다. 제품 계층상 SKU(Stock Keeping Unit) 레벨에서 예측할지 또는 제품군 레벨에서 예측할지 결정해야 한다. 고객 계층상 점포 레벨에서 예측할지, 소권역이나 중권역 레벨에서 예측할지도 결정해야 한다. 예측 시간 단위, 예측 주기, 예측 기간, 예측 마감 시간 등 시간 축과 관련된 것도 결정해야 한다. 이 결정은 경영진이 내려야 한다.

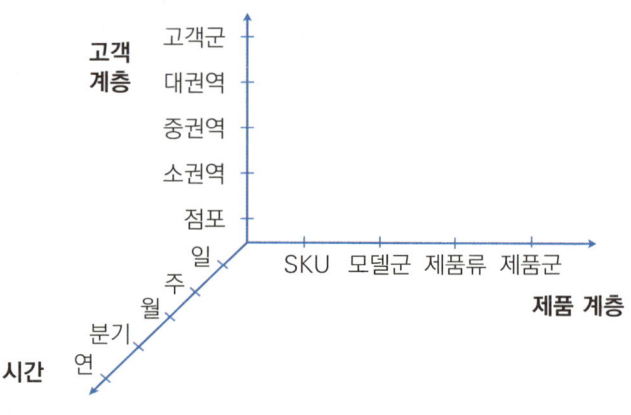

[그림: 예측의 3대 축]

3.3 제품(product) 예측

제품에 대한 판매를 예측하는 경우, 제품 계층상 어느 레벨에 맞춰 예측할지 정해야 한다. **제품 계층**(product hierarchy)은 최상위 제품군에서 최하위 모델까지 여러 레벨로 구성된다. 회사마다 레벨을 구분하는 명칭도 다양하고 분류 기준도 제각각이다. 계층 레벨을 '제품군 〉 제품류 〉 모델군

〉 모델'로 부르기도 한다. 영어 약자 PH를 써서 'PH1 〉 PH2 〉 PH3'라고 부르는 회사도 있다.

가전 제품 제조 회사의 경우 냉장고, 세탁기, TV 등을 최상위 레벨의 제품군으로 정하기도 한다. 냉장고 제품군의 하위 레벨은 [그림: 냉장고 제품 계층] 예시처럼 기능별 또는 용도별로 분류하는 경우 일반 냉장고, 김치 냉장고, 와인 냉장고 등으로 나눈다. 일반 냉장고도 냉장 전용, 냉동 전용, 얼음 정수기 냉장고 등으로 세분한다. 형태별로 분류한다면 양문형, 3도어, 4도어 등으로 구분한다.

[그림: 냉장고 제품 계층 예시]

어떤 기준으로 분류하거나 몇 개의 레벨로 계층을 두더라도, 제품 계층에는 최하위 레벨이 있기 마련이다. 그 최하위 레벨은 많은 회사에서 모델 또는 SKU라고 부른다.

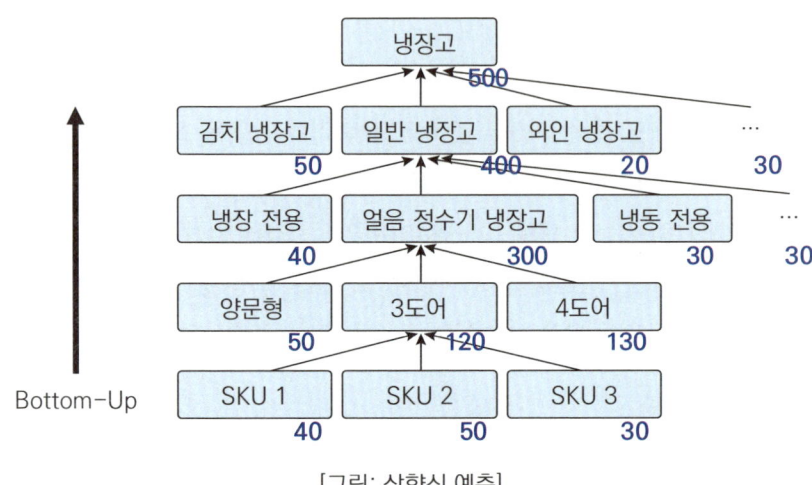

[그림: 상향식 예측]

제품 판매를 예측할 때, 제품 계층의 어느 레벨에 맞춰 예측해야 할까? 대부분은 제품 계층의 최하위 레벨, 즉 SKU 레벨에 대해 예측한다. SKU가 너무 많아 일일이 예측하기 쉽지 않은 경우에는 최하위 레벨 대신 차상위 또는 중간 레벨에 대해 예측하기도 한다. 제품 계층의 특성을 감안하여 어느 레벨에 대해 예측할지 정해야 한다.

최하위 SKU 레벨에서 예측하는 경우부터 살펴보자. [그림: 상향식 예측]에서 최하위 모델인 SKU 1, 2, 3에 대해 예컨대 각각 40 대, 50 대, 30 대로 예측한다. 최하위 레벨이 아닌 3도어 냉장고는 따로 예측하지 않는다. 그 하위 모델인 SKU 1, 2, 3의 예측치를 합친 120 대가 3도어의 예측치가 된다.[84] 얼음 정수기 냉장고의 예측치는 제품 계층상 그 하위 제품인 양문형의 예측치 50 대, 3도어의 예측치 120 대, 4도어의 예측치

---

84) 3도어 냉장고처럼, 별도로 예측하지 않고 다른 제품의 예측치를 알면 자동으로 계산되는 수요는 '종속 수요'다. SKU 1, 2, 3 등 예측해야 하는 제품에 대한 수요는 '독립 수요'다

130 대를 합한 300 대가 된다. 이런 식으로 제품 계층상 하위 제품의 예측치를 위로 합산하여 상위 제품의 예측치를 계산하는 방식이 **상향식 예측**(bottom-up forecasting)이다.

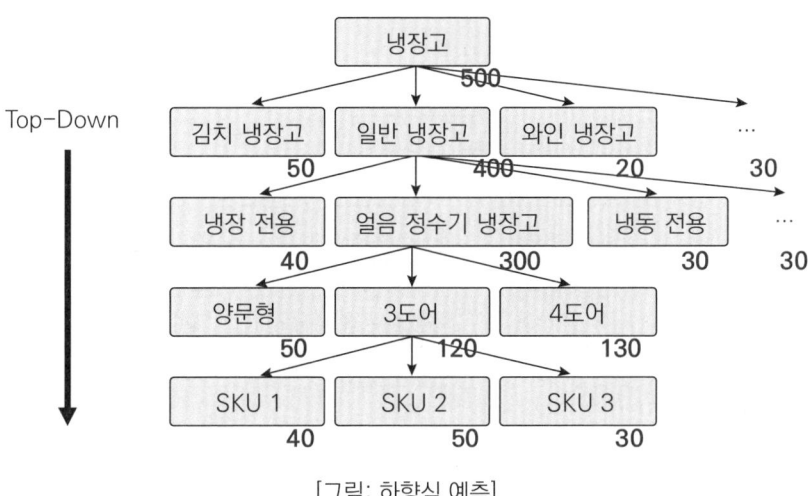

[그림: 하향식 예측]

이와 달리 제품 계층의 상위 레벨에서 예측하는 경우도 있다. 예를 들어 [그림: 하향식 예측]에 나타낸 것처럼, 먼저 냉장고 전체에 대한 판매를 500 대라고 예측한다. 상위 제품의 예측치를 하위 레벨인 김치 냉장고 50 대, 일반 냉장고 400 대, 와인 냉장고 20 대 등 아래로 나누는 방식이다. 상위 레벨의 예측치를 하위 레벨로 나누는 비율만 미리 정해두면 자동으로 예측치를 생성하게 된다. 이것을 **하향식 예측**(top-down forecasting)이라고 표현한다.

최하위 레벨도 아니고 최상위 레벨도 아닌 중간 레벨에서 예측하는 경우도 있다. [그림: 미들아웃 예측]처럼, 가령 제품 계층의 세 번째 레벨에서 냉장 전용 40 대, 얼음 정수기 냉장고 300 대, 냉동 전용 30 대 등으로 예측한다. 이후 그 상위 레벨의 제품인 일반 냉장고에 대한 예측치는 상향식 예측 방식으로 합산하여 400 대가 된다. 그 하위 레벨의 제품에 대한 예측치는 하향식 예측 방식으로 나누어 양문형 50 대, 3도어 120 대, 4도어 130 대가 된다. 이런 예측 방식을 **미들아웃 예측**(middle-out forecasting)이라고 부른다.

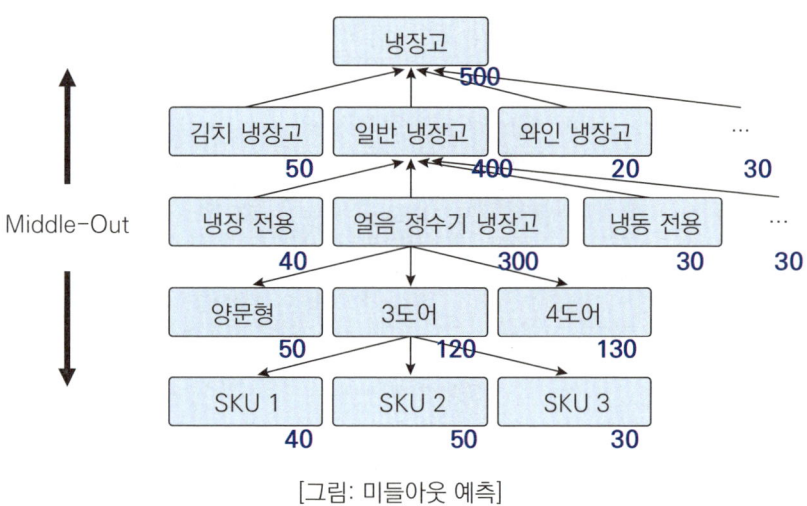

[그림: 미들아웃 예측]

3.4 고객(customer) 예측

고객 계층상에서 어느 레벨에 맞춰 예측할지도 정해야 한다. **고객 계층**(customer hierarchy)도 최상위 고객군 레벨에서 최하위 점포 레벨까지 여러 계층으로 구성된다. 예컨대 [그림: 고객 계층 예시 1]처럼 최상위 레벨을 백화점, 할인점, 홈쇼핑, 양판점 등 채널별로 구분한다. 할인점 아래 레벨에는 A마트, B쇼핑 등이 있다. 그 하부에 서울, 경기 등 대권역이 나오고, 그 아래에 중권역과 소권역이 이어지며, 최하위 레벨에 점포가 있다.

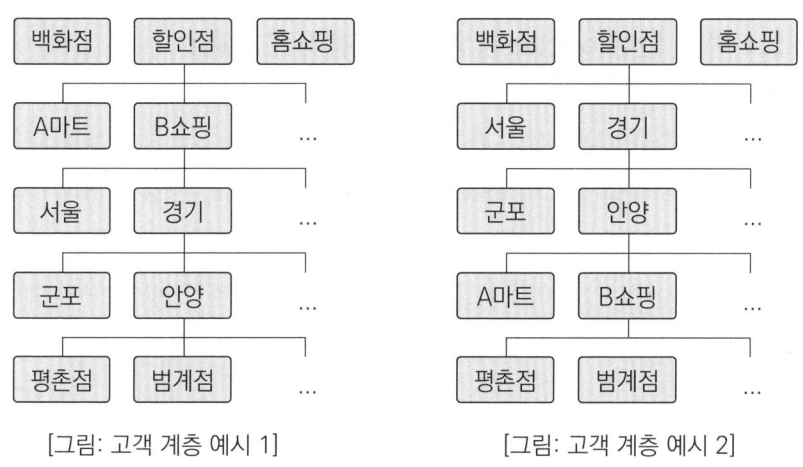

[그림: 고객 계층 예시 1]   [그림: 고객 계층 예시 2]

고객 계층을 구성하는 방식은 기업마다 다르다. 예컨대 [그림: 고객 계층 예시 2]처럼 거래처보다 판매 권역을 상위 레벨로 두는 경우도 많다. 그 외에 다양한 방식으로 고객 계층을 구성할 수 있다. 고객 계층을 어떻게 구성할 것인지도 중요하고, 어느 레벨에 맞춰 예측할 것인지 정하는 것도 매우 중요하다. 고객은 대개 사내 영업 담당 조직과 직접적으로 관련되므로 고객 계층이 **영업 계층**(seller hierarchy)과 일치하는 경우가 많다. 예측 대상 고객 계층을 담당하는 영업 부서/담당자에게 그 고객에 대한 판매 예측 업무를 맡기면 된다.

3.5 시간(time) 예측

3.5.1 예측 단위(bucket): 얼마나 촘촘하게 예측?

예측을 시간적으로 얼마나 촘촘하게 하는지를 나타내는 말이 **예측 단위**(bucket)라는 개념이다.[85] 영어 식으로 흔히 '버킷'이라고 표현한다. 다음 달 판매를 예측하는 경우 예측 단위는 '월 버킷' 즉 '월 단위'이다. 아직도 많은 기업에서 월 단위 예측을 한다. 최근에는 주 단위 또는 일 단위 예측을 하는 곳도 많아졌다.[86] 분기나 연 단위 예측을 하기도 한다.

3.5.2 예측 주기(frequency/cycle): 얼마나 자주 예측?

예측 주기는 얼마나 자주 예측하는지를 나타낸다. 판매와 관련된 예측은 한 번만 하지 않고 대개 주기적으로 한다. 예측 주기는 예측 단위와 연동되는 경우가 많다. 예컨대 주 단위 예측을 하는 경우에는 매주 예측하고, 월 단위인 경우에는 매월 예측하는 게 자연스럽다.

---

[85] '예측 시간 단위(forecasting time bucket)'를 줄인 표현이다. 영미권에서는 'granularity'라는 용어를 쓴다.
[86] 월마트는 과거 주 단위 예측을 했었다. 인공 지능 기법을 활용한 예측 시스템을 도입한 이후에는 12시간 단위로 예측하게 되었다. Zeus Kerravala, 월마트부터 스티치픽스까지… AI 활용한 리테일 사례 4선, CIO Korea, 2020.04.21

3.5.3 예측 기간(horizon): 얼마나 먼 미래까지 예측?

예측 기간은 얼마나 먼 미래에 대해 예측하는지를 나타내는 개념이다. 미래 6개월에 대해 예측하는 경우 예측 기간은 6개월이다. 향후 16주에 대해 예측한다면 예측 기간은 16주다. 16주 대신 4개월이라고 표현할 수도 있지만, 예측 단위가 주 단위이므로 16주라고 표현하는 게 더 자연스럽다.

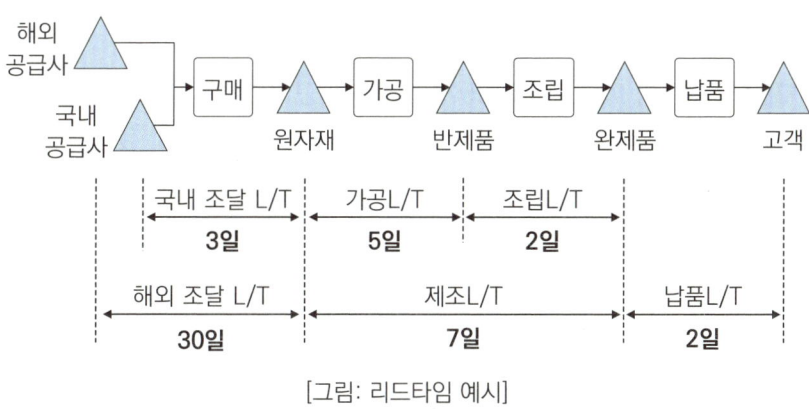

[그림: 리드타임 예시]

얼마나 긴 기간에 대해 예측해야 할까? [그림: 리드타임 예시]를 살펴보자. 고객의 요구 납기일이 이틀 뒤 즉 D+2일이라면, MTS 전략으로, 사전에 미리 예측을 해서 완제품을 만들어 두어야 한다. 얼마나 먼 미래에 대해 예측을 해야 할까? 원자재 조달에 30일, 제조에 7일 소요되므로 총 공급 리드타임이 37일이다. 고객이 주문하기 37일 이전에 해외 조달 원자재에 대해 구매 발주해야 한다. 그러니 예측 기간은 최소 37일이다. 만약 주 단위 예측을 한다면 예측 기간은 6주 이상이어야 한다.

고객의 요구 납기일이 나흘 뒤 즉 D+4일이라면, ATO 전략이 좋다. 원자재를 미리 조달하여 1차 가공을 한 반제품 상태로 고객의 주문이 도착하기를 기다리면 된다. 고객이 얼마나 주문할지를 35일 이전에 미리 예측하여 원자재에 대한 구매 주문을 내어 두어야 한다. 예측 구간은 35일 이상이면 된다.

고객 요구 납기일이 D+9일이라면 MTO 전략을 쓸 수 있다. 30일 후의 고객 주문을 예측하여 원자재를 조달하면 된다. 즉 예측 구간은 30일 이상이어야 한다.

고객 요구 납기일이 D+39일 또는 그 이후인 경우에는 어떨까? ETO 방식처럼 충분한 시간 여유가 있는 경우에도 예측을 해야 할까? 고객이 주문한 이후에 자재를 구매하여 제조해도 납기를 맞출 수 있다. 그러니 고객이 얼마나 주문할지 예측해서 미리 제조해 둘 필요가 전혀 없다. 고객의 수요를 예측하여 자재를 구매할 필요도 없다. 즉 예측하지 않아도 된다. 엄밀하게 표현하자면, 자재 구매와 제품 생산을 위한 목적으로는 고객의 수요를 예측할 필요가 없다.

다른 용도의 예측이 필요할 수는 있다. 고객 요구 납기일과 무관하게 필요한 예측은 신제품 개발을 위한 고객 선호도 예측, 생산 공장 증설을 위해 부지 확보가 필요한 경우 토지 가격에 대한 예측, 물류 거점의 입지가 적합한지 판단하기 위한 장기적인 물동량 예측, 특정 기술을 지닌 전문 인력의 수급 예측, 핵심 원자재 가격이나 유가 예측 등을 예로 들 수 있다.

원자재 조달 리드타임이 매우 긴 회사는 예측 기간을 어느 정도로 가져가야 할까? 중요한 원자재를 조달하는 데 6개월이 소요되는 회사가 있다. 이 회사는 예측 기간을 얼마로 해야 할까?

(1) 영업 부서가 6개월 이상의 기간에 대해 수요 및 판매 예측을 하도록 한다. 워낙 먼 미래이므로 예측 정확도가 매우 낮을 것이고, 예측 업무에 부하도 많이 걸릴 것이다.

(2) 판매 예측 기간을 6개월이 아니라 현실적으로 효과적인 기간인 3개월 정도로 줄이고 싶다. 영업에게 6개월 아니라 3개월 구간의 판매

만 예측하게 한다. 6개월 걸리는 장납기 자재에 대한 소요량을 누가 예측해야 하나? 이런 경우, 통상 구매가 독자적인 판단으로 장납기 자재에 대한 소요량을 추정한다. 장납기 자재 소요량을 예측하는 것이 구매팀의 업무가 된다.

3.5.4 예측 마감 시간 (cutoff time): 언제까지 예측?

예측 마감 시간은 예측 작업을 마쳐야 하는 시간이다. 예측은 여러 나라와 지역, 여러 부서, 많은 사람이 수행하므로 정해진 일정을 지키지 않으면 착오가 발생한다. 기업마다 특성에 맞게 특정 시간을 정해서 예측 작업이 지연되지 않도록 엄격하게 관리해야 한다.

일례로 한국 시간으로 매주 수요일 15시를 마감 시간으로 정하는 경우, 한국 본사뿐만 아니라 해외의 모든 법인들도 한국 시간으로 수요일 15시 이전에 예측 작업을 마쳐야 한다. 매일 시장의 추이를 살피며 예측을 하다가 수요일 15시 전에 최종 예측치를 확정한다.

계획 수립 솔루션인 APS 시스템을 사용하는 경우에는 예측치를 한 번 입력하고 끝낼 수도 있고, 입력한 이후에도 수시로 시장 상황을 반영하여 예측치를 수정할 수도 있다. 여러 번 수정하더라도 예측 마감 시간이 되는 순간 시스템에 남아 있는 값이 최종 예측치로 확정된다.

3.5.5 롤링 예측 (rolling forecasting): 매주/매월 반복

앞에서 판매 예측은 한 번만 하지 않고 대개 주기적으로 한다고 했다. 미래 16주 기간에 대해 매주 수요일 주 단위 예측을 하는 회사를 예로 들어보자. 이번주가 23주(W23)라고 하자. 이번주 수요일에 24주(W24)부터 40주(W40)까지 매주 얼마나 판매할지 예측한다. 시간이 흘러 24주 수요일이 된다. 다시 판매 예측하는 날이다. 이때는 25주(W25)부터 41주(W41)까지 예측한다. 예측 대상에서 W24가 사라지고 W41이 새롭게 등장한다. 이렇게 매주 일주일씩 옮겨가며 예측하는 것이 **롤링 예측**이다. 월 단위 예측인 경우에는 한 달씩 옮겨가며 롤링 예측을 한다.

3.5.6 예측 집중 구간: 특히 신경써야 할 구간

앞에서 매주 4주 기간에 대한 예측을 하는 경우에 대해 살펴보았다. 해외에서 자재를 조달하는 기업은 대부분 10주 이상의 긴 기간에 대해 예측한다. 생산 거점이 여러 나라에 흩어져 있고, 세계 대부분의 국가에 판매 법인이 있는 글로벌 가전 제품 회사는 대개 16주 이상의 기간에 대해 예측한다. 예측 기간이 16주라면, 예측 담당자는 매주 16 개 주에 대해 예측해야 한다. 이 담당자가 맡은 제품이 100 개이고 판매 채널 또는 고객이 10 군데라면 매주 16,000 개 예측치를 확정해야 한다. 쉽지 않다. 그러니 예측 담당자들은 지난주에 예측했던 것은 거의 건드리지 않고, 예측 기간에 새롭게 들어오는 제일 먼 미래에 대해서 신규로 예측치를 생성하곤 한다.

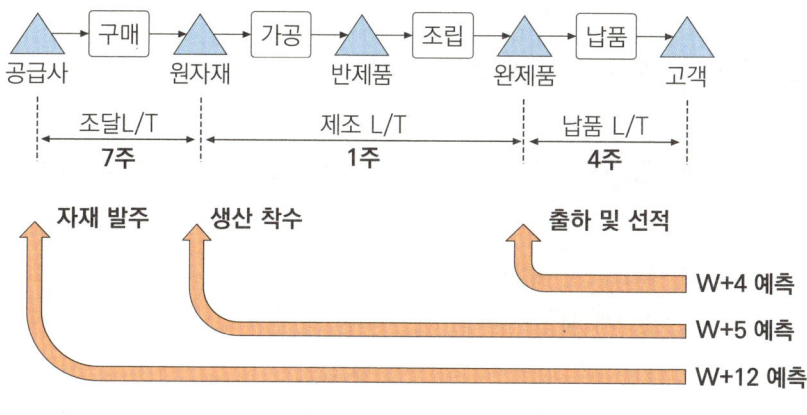

[그림: 예측 집중 구간]

예측 기간 전 구간에 대해 동일한 노력을 기울일 필요는 없다. 중요한 의사 결정이 일어나는 구간에 노력을 집중하는 게 좋다. 예측 기간인 16주가 모두 동일한 중요도를 갖는 것이 아니기 때문이다. 이를테면 [그림: 예측 집중 구간]에 나온 예시처럼, 어떤 제품의 부품 중 해외로부터 조달하는 장납기 자재의 조달 리드타임이 7주이고, 제조 리드타임이 1주이며, 해외 판매 법인으로 배에 실어 보내는 운송 리드타임이 4주라고 가정하자. 이 제품에 대한 **12주** 뒤(W+12)의 판매 예측치가 장납기 자재에 대한 **구매 발주**에 직접적인 영향을 미친다. 12주 뒤의 예측에 매우 집중해야 한다. 이 제품을 몇 개나 만들지를 결정하는 것은 5주 뒤(W+5)의 판매 예측치다. **5주** 뒤 판매하겠다는 수량만큼 **생산에 착수**한다. 5주 뒤의 예측에 신경을 곤두세워야 한다. 한편 해외 판매 법인이 4주 뒤(W+4)에 몇 개나 팔 수 있을지를 알아야 그 수량만큼 배로 실어 보낼 수 있다. **선적량을 결정**하기 위해서는 **4주** 뒤 판매 예측에 신경 써야 한다. 이 제품에 대한 예측 집중 구간은 16주 기간 중 12주, 5주, 4주 구간이다.

3.6 예측 주체: 예측은 누가?

누가 예측해야 하는가? 예측 주체는 예측 대상, 즉 무엇을 예측하느냐에 따라 정하는 게 합리적이다. 금리나 환율에 대한 예측은 재무팀이 하고, 자동화 설비에 대한 기술 동향 예측은 연구개발팀이 맡고, 선복량 추이는 물류팀이 예측하는 게 자연스럽다. 예측 대상이 시장 수요와 판매라면 누가 예측하는 게 좋을까? 다루는 제품이 몇 종류밖에 없고 거래처가 몇 곳 되지 않는 소규모 회사는 대표이사나 영업 담당 임원이 판매를 예측하기도 한다. 제조 전통이 강한 회사는 생산 부서가 판매 예측을 담당하는 경우도 있다.

예측 주체를 정하는 것은 **권한과 책임의 일치**라는 원칙과 관련된다. 만든 만큼 팔겠다는 원칙을 가진 기업은 생산이 예측을 한다. 생산 부서가 예측하고 그 예측치만큼 생산한다. 예측치보다 더 팔거나 덜 팔아도 영업이 책임지지 않고 생산이 책임진다. 제조 전통이 강한 회사에서 볼 수 있다.

홈쇼핑이나 카탈로그 판매가 주력인 유통회사는 **MD(Merchandiser)**가 예측한다. MD가 상품 기획부터 구매, 가격 전략까지 총괄하기 때문이다.

첨단 기술이 핵심 경쟁력인 기업은 **기술** 부서가 예측을 담당하기도 한다. 이를테면 최첨단 기술이 응축된 새로운 반도체 설비 제조 회사는 기술 전문가들이 예측을 할 수도 있다. 기존에 없던 새로운 방식의 설비에 관심을 보일만한 고객이 어느 회사인지, 얼마나 구매할 것인지 등에 대해 제일 전문성이 높은 사람들이 기술 부서에 모여 있기 때문이다. 기술 담당 임원이 개발과 판매에 대한 권한과 책임을 가지고 있는 경우다.

팔릴 만큼 만들겠다는 방침, 즉 수요 주도 원칙을 가진 기업이라면 **영업**이 예측하는 게 맞다. 영업이 팔겠다고 예측한 만큼만 만들어야 한다. 영업의 예측치보다 더 많이 생산해도 안 되고 더 적게 생산해도 안 된다. 대신 영업은 팔겠다고 예측한 만큼 팔아야 한다. 영업의 권한이 큰 만큼 책임도 크다. 요즘 대부분의 회사는 영업 부서가 수요/판매 예측 업무를 담당한다. 시장과 고객 접점에 있는 영업이 수요와 판매를 예측하는 게 상식적이기 때문이다.

가격이나 프로모션 전략에 따라 판매 변동이 큰 경우에는 **마케팅** 부서가 예측에 참여하는 경우도 있다. 신제품에 대한 예측은 마케팅 부서가 단독으로 또는 영업 부서와 함께 예측하기도 한다. 마케팅의 대가인 필립 코틀러는 마케팅 부서가 수요를 예측하라고 말한다. 판매를 마케팅 기능 중 일부로 간주하고 수요 예측을 '계획된 마케팅 활동의 결과'라고 생각했기 때문이다.[87] 이 책에서는 영업 부서가 예측하는 것으로 가정했다.

3.6.1 계층적 예측 (hierarchical forecasting)

수요 관리를 잘하는 기업은 예측 주체가 보통 3개 레벨이다. **L1**(Level 1) 또는 **AP1**(Allocation Party 1)이라고 부르는 최하위 레벨의 예측 주체는 영업 담당자다. **AP**(Allocation Party)라고 부르는 이유는 예측치에 맞게 생산 계획을 수립하고 그 물량을 예측 담당자들에게 할당(allocation)하기 때문이다. 그 상위 레벨인 **L2**(Level 2) 또는 **AP2**(Allocation Party 2)는 영업 부서장이다. 최상위 레벨은 **L3**(Level 3) 또는 **GC**(Global Company)라고 부른다. 주로 사업부장 또는 영업 담당 최고 임원 직속 스

---

[87] Colleen Crum with George E. Palmatier, Demand Management Best Practices: Process, Principles and Collaboration, J. Ross Publishing, Inc., 2003, p.10

태프가 회사 전체의 판매 예측을 담당한다.

L1, L2, L3 각 레벨의 예측 시간 단위와 예측 기간을 서로 다르게 운영하기도 한다. 예컨대, L1은 일 단위로 14일을 예측하고, L2는 주 단위로 8주를 예측하고, L3는 주 단위로 16주를 예측하는 식으로 조합하여 운영할 수도 있다. L1, L2, L3 예측 담당자가 다르고 각 레벨의 관점이 상이하여 예측치가 서로 다른 경우가 많다.

담당자별로 서로 다른 예측을 하는 경우 어떻게 해야 하는가? 숫자가 여러 개라면 어떤 숫자를 따라야 하는지 혼란스럽다. 각자 처한 위치에서 시장을 바라보며 서로 다른 예측을 하라는 것이 계층적 예측의 원래 취지다. 상이한 예측치에 대해 L1 영업 담당자와 L2 영업 부서장이 서로 왜 그렇게 예측했는지 의견을 나눈 후 하나의 예측치를 도출한다. L2와 L3도 협의하여 합의된 예측치를 확정한다. 이렇게 예측 주체들이 합의하는 **합의 예측**(consensus forecasting)이다. 전사적으로 단일 예측치를 생성하므로 **단일 숫자 예측**(single number forecasting)이라고 한다.

▎사례: 삼성전자 계층적 예측

삼성전자는 AP1, AP2, GC의 3개 레벨로 판매를 예측한다. **AP1**이라고 부르는 최하위 레벨의 예측 주체는 영업 담당자다. 소권역이나 특정 고객사, 개별 점포 등 자신이 맡은 어카운트에 대한 예측을 담당한다. AP1 예측치는 영업 담당자가 시황과 경쟁사 동향을 보고 자신이 팔 수 있을 것이라고 판단한 숫자다.

그 상위 레벨인 **AP2**는 영업 부서장이다. 중권역 또는 대권역, 판매 채널, 대형 고객에 대한 예측을 담당한다. 해외 현지의 판매 법인이

> AP2에 해당한다. AP2 예측치는 영업 부서장이 한편으로는 시장의 흐름을 고려하고 또 한편으로는 가격 전략이나 프로모션을 통해 창출할 수요를 감안하여 예측하는 숫자다.
>
> 최상위 레벨은 **GC**라고 부른다. GC는 영업 담당 최고 임원 직속 스태프로 구성되고 사업부 전체의 판매 예측을 담당한다. GC 예측치는 시황과 경쟁사 동향을 고려하고 또 사업부가 달성해야 하는 경영 목표를 감안한 숫자다.

수요 관리를 잘하는 기업은 수요 및 판매 예측을 전담하는 조직을 두는 경우가 많다. 주로 **DMT**(Demand Management Team) 또는 **DPT**(Demand Planning Team)라는 명칭으로 부른다. 이 전담 조직은 데이터 분석 역량을 갖추고 제품과 시장 및 고객에 대한 통찰력이 있는 사내 최고 전문가들로 구성한다. 이 조직의 주요 역할은 수요 관리다. 재고 전략을 수립하고 서비스 수준을 관리하며 예측 정확도를 높이기 위해 지속적으로 노력한다.

3.6.2 Funnel forecasting (깔때기 예측)

가까운 미래를 예측하는 것보다 먼 미래를 예측하는 것이 훨씬 더 어렵다. 그래서 **가까운 미래는 일 단위나 주 단위로 촘촘하게 예측**하더라도, **먼 미래는 월 단위나 분기 단위로 예측**하는 것이 합리적이다. 먼 미래를 일 단위나 주 단위로 정밀하게 예측하기가 어렵기도 하거니와 예측에 기울이는 노력에 비해 얻는 효익이 크지 않기 때문이다.

앞에서 다루었던 제품 계층상의 예측 레벨과 관련해서 냉장고 전체에 대한 예측보다 SKU 레벨에서 예측하는 게 훨씬 어렵다. 일반적으로 작고 세세한 레벨에 대한 예측보다 크고 굵직굵직한 레벨에 대한 예측이 더 쉽다. "더 쉽다"라기보다 "덜 어렵다"고 하는 게 더 정확한 표현일 것이다. 이것이 **큰 수의 법칙**(law of large numbers)이다. **가까운 미래는 SKU 레벨**에서 예측하고 **먼 미래는 제품류나 모델군 등 좀 더 상위 레벨**에서 예측하기도 한다.

고객 계층상의 예측 레벨도 고객군이나 채널별 예측보다 점포 레벨의 예측이 훨씬 어렵다. 이것도 큰 수의 법칙이 적용된다. 그래서 가까운 미래는 점포나 소권역 레벨에서 예측하고, 먼 미래는 큰 어카운트나 대권역 레벨에서 예측하는 게 좋다.

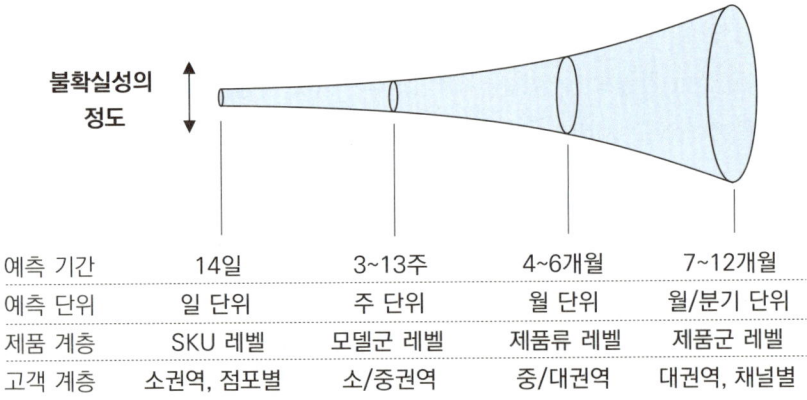

예측 기간	14일	3~13주	4~6개월	7~12개월
예측 단위	일 단위	주 단위	월 단위	월/분기 단위
제품 계층	SKU 레벨	모델군 레벨	제품류 레벨	제품군 레벨
고객 계층	소권역, 점포별	소/중권역	중/대권역	대권역, 채널별

[그림: Funnel Forecasting 예시]

가까운 미래에 대한 예측은 촘촘한 레벨로 하고, 먼 미래에 대한 예측은 듬성듬성한 레벨로 하는 것을 **funnel forecasting**(깔때기 예측)이라고 표현한다. [그림: Funnel Forecasting 예시]와 같이 깔때기(funnel) 모습이기 때문이다.

3.7 예측 기법 (forecasting method)

예측 기법은 매우 많다. 크게 정성적 예측 기법과 정량적 예측 기법으로 나눌 수 있다. **정성적 기법**은 예측 주체의 주관적인 판단과 경험을 중시하는 예측 방법이다. 정성적 기법으로 델파이법, 시장 조사법, 패널 조사법, 판매원 의견 종합법, 중역 의견법 등이 많이 알려져 있다.

정량적 기법은 통계학의 많은 이론을 활용하여 예측하는 방법이다. 시계열 예측법과 인과형 예측법이 있다. **시계열 예측법**은 시간의 흐름에 따라 데이터가 어떻게 바뀌어 왔는지를 파악하여 미래에 어떻게 바뀔지를 예측하는 기법이다. 보통 2~3년 정도의 과거 데이터를 활용하여 미래를 예측한다. 과거 패턴이 미래에도 반복될 것이라는 가정에 바탕을 둔 예측 기법이다. **인과형 예측법**은 과거 결과에 영향을 주었던 원인이 미래에도 같은 방식의 영향을 미칠 것이라는 가정에 바탕을 둔 예측 기법이다. 원인 X와 결과 Y 사이의 상관 관계를 통계적으로 분석하여 수학적 모델로 나타내고 이 모델로 미래를 예측한다.

3.7.1 예측 기법 선택

어떤 예측 기법을 활용하는 게 좋을까? 통계 패키지를 도입하여 활용하고 있는 회사가 많다. 대부분의 소프트웨어는 과거 데이터를 입력하면 여러 가지 예측 기법 중 가장 적합한 것(pick best 또는 best fit)을 추천하는 기능을 장착하고 있다. 최근에는 빅데이터 분석이나 **AI 기법**을 활용한 예측 기법도 많이 사용하고 있다. 이런 소프트웨어를 활용하여 예측한 다음 필요한 경우에는 담당자가 판단하여 예측치를 보정하여 사용하면 된다.

| 사례: 편의점 수요 예측[88]

편의점, 슈퍼마켓 등 소규모 점포의 판매를 예측하는 것은 쉽지 않다. 예측을 하려면 과거 판매 데이터를 분석하고 미래의 날씨나 매장 주변 상권의 특성을 지속적으로 파악해야 한다. 가맹점 점주가 직접 하기 어렵다.

BGF리테일은 편의점 CU에 스마트 발주 2.0 시스템을 도입했다. 계절별, 요일별, 행사별 특성 등 다양한 변수에 따른 판매 추이를 학습한 AI가 제품별 적정 재고량을 자동으로 산출한다. 이 시스템을 도입한 이후, 매일 진행하는 발주 시간을 최소 30분에서 최대 1시간 이상 절감했다.[89] 결품은 21% 감소했고, 매출은 5% 증가했다.[90]

편의점 **이마트24**는 계열사인 신세계I&C가 개발한 '스파로스(Spharos) AI 수요예측' 솔루션을 도입하여 시범 적용 중이다. 날씨나 상권 등 수백 가지 변수를 감안하여 수요를 예측한다.

GS25는 프레쉬푸드 자동 발주 시스템에 AI 기술을 적용하여, 도시락, 햄버거 등의 제품에 대한 보충량을 계산하여 자동으로 발주한다.

세븐일레븐 재팬은 'AI 발주 지원 시스템'을 도입하고 있다. 일본의 2만 1,000여 개 점포 각각에 대해 AI가 발주량을 산정한다. 시범 적

---

88) 강동헌, 편의점·슈퍼까지…'AI가 재고관리 척척', 서울경제, 2023.06.13
89) 박미선, '발주 시간 줄이고 매출 늘리고' CU, 스마트 발주 2.0 도입, 뉴시스, 2023.06.12
90) 배동주, CU, 스마트 발주 시스템 2.0 도입…'운영 효율 개선', 조선비즈, 2023.06.11

용 결과 일주일에 평균 10시간 30분 걸리던 발주 시간이 6시간 30분으로 감소했다.[91]

AI는 편의점뿐만 아니라 슈퍼마켓에도 활용되고 있다. **리테일앤인사이트**는 동네 슈퍼를 연결하는 '토마토'를 운영하고 있는 유통 플랫폼 기업이다. 토마토는 온라인 경쟁력이 취약한 동네 슈퍼마켓을 이커머스 플랫폼으로 옮겨 소비자와 연결해주는 역할을 한다.[92] 리테일앤인사이트는 가맹 점포별로 적정 재고를 계산하고, 제품별로 필요한 수량을 주문하도록 권고 발주 서비스를 사용하고 있다. 결품이 50% 줄었고, 발주에 걸리는 시간도 87%나 감소했다.[93]

3.8 예측 정확도 (forecast accuracy)

3.8.1 일기 예보: 화씨 1 도는 연간 10억 달러 값어치

예측 정확도에 대한 가치를 측정하기는 쉽지 않다. 일기 예보의 정확도를 돈으로 환산한 재미있는 예가 있다.[94]

---

91) 'AI가 상황 분석해 발주' 일본 편의점의 AI 어시스턴트 도입, Real Foods, 2023.05.14, http://www.realfoods.co.kr/view.php?ud=20230514000090
92) 박종관, '동네 슈퍼' 플랫폼 리테일앤인사이트, 시리즈C 투자 유치 나서, 한국경제 마켓인사이트, 2023.05.15
93) 강동헌, 편의점·슈퍼까지…'AI가 재고관리 척척', 서울경제, 2023.06.13
94) USA Today, 2001.06.19

미국의 전력 회사는 다음날 온도를 예측하고 전력 수급 계획을 세운다. 자체 공급 능력이 부족하면 다른 전력 회사로부터 전력을 구입해야 한다. 전력량을 하루 전에 미리 주문하면 메가와트시(MWh) 당 80 달러 정도로 구입한다. 만약 당일 구입하면 800 달러에서 심하면 8,000 달러까지 비싸게 사야 한다.

2001년 미국 전력 회사 **TVA** 사례다. 다음날 온도를 예측하는데 오차가 평균 화씨 2.35 도였다. 만약 오차를 1 도만 줄인다면 10만 달러를 절감할 수 있다. 미국 전역에 적용한다면 하루 전 온도 예측 오차 화씨 1 도의 값어치는 연간 약 10억 달러에 달한다.

3.8.2 예측 정확도

예측 정확도는 예측이 얼마나 정확한지를 측정하기 위한 지표다. 예측 정확도를 계산하는 방식은 다양하다. 전형적인 방식은 예측치와 실적치를 비교하는 것이다. 실적치가 예측치와 동일하다면 완벽하게 예측했다는 뜻이고 정확도는 100%가 된다. 그런데 대부분의 경우 실적치가 예측치와 일치하지 않는다. 예측치와 실적치의 차이가 예측 오차다.

예측 오차는 여러 방식으로 계산한다. 대표적인 것으로 MAD, MSE, MAPE 등이 있다. **MAD**(Mean Absolute Deviation, 편차 절댓값 평균)는 예측치와 실적치 간 차이의 절댓값에 대한 평균이다. MSE(Mean Squared Error, 자승 오차 평균)는 예측치와 실적치의 차이를 제곱한 값에 대한 평균이다. 절댓값을 취하거나 제곱을 하는 이유는 양의 오차와 음의 오차가 상쇄되어 마치 오차가 크지 않은 것처럼 보이는 착시 현상을 피하기 위해서다.

MAD나 MSE 모두 절대 오차를 계산하는 방식이다. '100 개를 예측해서 10 개 오차가 발생했는지'와 '1,000 개를 예측해서 10 개 오차가 발생했는지'를 구분하지 못하는 맹점이 있다. 제품1은 박스 단위이고 제품2는 킬로그램 단위인 경우도 있다. 이처럼 단위가 상이한 제품을 다루는 경우에 적용하기 어려운 단점이 있다. 절대 오차 대신 상대 오차를 사용하는 방식이 필요하다.

MAPE(Mean Absolute Percent Error, 백분율 오차 절댓값 평균)는 예측치와 실적치 간 상대적 차이에 대한 평균이다. 예측 오차의 절댓값은 |실적치 - 예측치|이다. 이것을 (1) **예측치**에 대한 백분율로 나타낼 수도 있고, (2) **실적치**에 대한 백분율로 나타낼 수도 있다.

$$(1)\ 예측치에\ 대한\ 백분율\ 오차 = \frac{|실적치-예측치|}{예측치} \times 100\%$$

$$(2)\ 실적치에\ 대한\ 백분율\ 오차 = \frac{|실적치-예측치|}{실적치} \times 100\%$$

이것은 한 제품이나 한 고객 또는 한 기간에 대한 백분율이다. 여러 제품이나 여러 고객 또는 여러 기간에 걸친 백분율에 대한 평균값이 MAPE다.

예측 정확도는 (100% - MAPE)다. 예측 정확도를 (1) 예측치에 대한 백분율을 기준으로 측정할 수도 있고, (2) 실적치에 대한 백분율을 기준으로 측정할 수도 있다.

3. 수요 관리 (Demand Management)

$$(1)\ 예측\ 정확도 = \left(1 - \frac{|실적치 - 예측치|}{예측치}\right) \times 100\% \ (예측치\ 기준)$$

$$(2)\ 예측\ 정확도 = \left(1 - \frac{|실적치 - 예측치|}{실적치}\right) \times 100\% \ (실적치\ 기준)$$

예측 정확도를 **수량 기준**으로 계산할 수도 있고, **금액 기준**으로 계산할 수도 있다. 두 가지 계산식을 다 사용하는 회사도 많다. 담당 업무에 따라 다른 계산식을 사용하기도 한다. SCM팀과 생산팀 등은 전통적으로 수량 기준의 계산식을 사용한다. 재무팀은 관행적으로 금액 기준의 계산식을 사용한다. 경영관리팀이나 영업팀은 금액 기준과 수량 기준 둘 다 사용한다.

어떤 계산식으로 예측 정확도를 측정해야 하는가? 대부분의 질문이 그러하듯이 정답이 있는 게 아니다. 계산식의 특성을 이해하고 정하면 된다. **예측치 기준**의 계산식을 채택하는 경우, 절대 오차가 동일하다면 **과다 예측**하는 게 정확도 측면에서 더 유리하다. **실적치 기준**의 계산식을 채택한다면, **과소 예측**하는 게 더 높은 정확도를 달성하게 된다.[95]

(1) 재고 부담을 가지더라도 **매출을 끌어올려야 하는 기업**이라면 **예측치 기준**의 계산식을 채택하여, 영업 담당자들이 도전적으로 예측하게 한다.
(2) 판매 실기를 감수하더라도 **재고를 최소화하는 게 중요한 기업**은 **실적치 기준**의 예측 정확도 계산식을 적용하여, 영업이 과다 예측하지 않도록 하는 게 좋다.

예측 정확도는 누구 책임일까? 언뜻 드는 생각은, 예측을 담당하는 조직

---

[95] 서병교, 최기석, 삼성전자 Forecast Accuracy 수준 비교 분석, 삼성SDS SCM연구회, 2004.04.29

의 책임이겠지? 주로 영업 부서가 판매를 예측하므로 판매 예측 정확도는 영업 부서를 평가하는 지표 아닌가? 그렇게 단순하지 않다. 영업 부서만의 책임은 아니다. 판매 예측 정확도는 영업 부서뿐만 아니라 회사 전체의 실력이 반영된 지표다. 대표이사와 경영진에 대한 지표다. 이것에 대해서는 뒤에서 자세하게 다룰 예정이다.

3.8.3 예실(豫實) 그래프: 예측력 높이는 실전 비법

예측 정확도를 높이려면 뭘 어떻게 해야 하는가? 어렵다. 산업공학, 통계학, 경영학 등을 전공하는 많은 학자가 연구하는 단골 주제가 바로 예측이다. 세계의 수많은 전문가가 더 좋은 예측 기법이라고 소개한 무수히 많은 논문에도 불구하고 아직도 미래를 정확하게 예측하는 것은 불가능하다. 당연하다. 덴마크 사람들이 "예측하기 어렵다, 특히 미래는"이라고 말했듯이.[96]

더 많은 데이터와 더 복잡한 인과관계를 반영한 더 좋은 알고리듬을 장착한 최신 소프트웨어를 더 빠른 컴퓨터에서 가동하더라도 미래의 수요와 판매를 정확하게 예측하는 것은 어렵다. 특정 제품에 대해 가끔 정확하게 예측할 수도 있다. 특정 고객사에 대한 판매를 때때로 정확하게 예측할 수도 있다. 그러나 모든 제품, 모든 권역, 모든 채널, 모든 고객에 대한 수요나 판매를 항상 100% 정확하게 예측할 수는 없다. 어떤 예측 기법을 쓰더라도 마찬가지다.

그래도 예측 정확도를 높이고 싶을 것이다. 돈 들이지 않고 쉽게 적용

---

[96] "It is difficult to make predictions, especially about the future." Quote Investigator, https://quoteinvestigator.com/2013/10/20/no-predict/

3. 수요 관리 (Demand Management)

할 수 있는 실전 기법이 있다. 예측과 실적을 비교하는 그래프, 즉 예측 실적 그래프다. 줄여서 **예실(豫實) 그래프**라고 하자. 예실 그래프는 가로축에 예측치, 세로축에 실적치를 표현하는 매우 단순한 그래프다. [그림: 예실 그래프]의 SKU 1은 100이라고 예측했는데 실적은 120임을 나타낸다. SKU 2는 300이라고 예측했으나 실적은 250이다. 어떤 점이 대각선 상에 있다면 그 제품은 예측한대로 실적이 발생하여 예측 정확도가 100%다. 예측 담당자별로 각 제품에 대한 예측치와 실적치를 이 예실 그래프에 찍어본다. 점이 대각선 주위에 많이 분포할수록 예측 정확도가 높다. 대각선 왼쪽에 있는 점은 과소 예측한 제품, 대각선 우측은 과다 예측한 제품을 나타낸다.

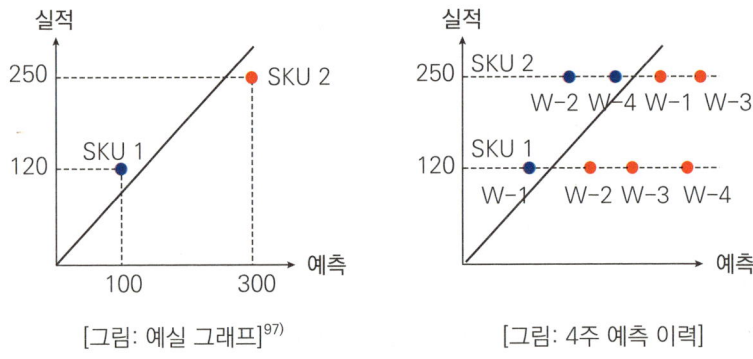

[그림: 예실 그래프][97)]   [그림: 4주 예측 이력]

[그림: 4주 예측 이력]은 과거 4주 동안 예측했던 값과 실적치를 비교한 그래프다. SKU 1은 4주 전(W-4)에는 과다 예측했다가 시간이 흐름에 따

---

97) 2004년 삼성SDS SCM연구회에서 이 개념을 처음 소개할 당시에는 이 그래프를, Forecast(예측)와 Actual(실적)을 비교하므로, 'FA Chart'라고 불렀다. 서병교, 최기석, 삼성전자 Forecast Accuracy 수준 비교 분석, 삼성SDS SCM연구회, 2004.04.29

라 조금씩 예측치를 줄여 1주 전(W-1)에는 오히려 과소 예측한 결과를 보여준다. SKU 2는 4주 전에는 과소 예측했다가 3주 전에는 과다 예측하고 이후에도 계속 과소 과다로 우왕좌왕하는 경향을 보여준다.

이 예실 그래프를 담당자별로 그려보면, 누가 보수적으로 예측하는지 누가 낙관적이거나 공격적으로 예측하는지 금방 알게 된다. 매주 예실 그래프를 그리며, 예측 담당자와 함께 과거 어떤 연유로 그렇게 예측했는지 꾸준히 복기하다 보면 어느 순간 예측 정확도가 높아진 것을 느낄 수 있을 것이다.

3.9 판매 계획 (sales plan)

앞에서 예측은 계획을 세우기 위한 출발점이라고 했다. 시장의 수요를 예측하고 얼마를 팔 수 있을지 예측한다. 판매 예측이다. 그 이후 **판매 계획**을 수립한다. 판매 계획이라고 해서 영업 부서 마음대로 정하면 안 된다. 생산과 구매 등을 담당한 공급 부서에서 공급해주지 않으면 판매할 수 없기 때문이다. 판매 계획은 영업 측 입장뿐만 아니라 공급 측 형편을 감안하여 수립해야 한다.

영업이 판매하고 싶어 하는 수량만큼 공급 가능한지 제조, 구매, 물류, 개발 등 공급 측면에서 자세하게 검토해야 한다. 이것이 뒤에서 자세하게 다룰 예정인 **공급 계획**이다. 판매 예측에 대응하는 공급 계획안이 수립되면, 수요 측과 공급 측이 합의 과정을 거친다. 자재 부족이나 공장의 생산 능력 부족 등 여러 연유로 일부 제품에 대해 판매 예측에 미치지 못하는 공급량을 제시할 수도 있다. 그러면 영업 측과 제품별 공급량 조정, 즉 **제품 믹스** 등 다양한 대안을 찾게 된다. 영업 측과 공급 측이 합의 과정을 거쳐 단일 계획을 확정한다. 이렇게 합의한 전사 단일 계획이 최종 공급 계획이고 또 판매 계획으로 확정된다. 즉 '합의 계획 = 공급 계획 = 판매 계획'이다. 예측에서부터 계획이 확정되기까지 순서는 "수요 예측 → 판매 예측 → 공급 계획안 → 수요 측과 공급 측 합의 → 공급 계획과 판매 계획 확정"이다.

3.9.1 판매 계획 준수율

판매 계획 준수율은 계획한대로 판매했는지를 측정하는 지표다.

$$판매\ 계획\ 준수율 = \left(1 - \frac{|판매\ 실적 - 판매\ 계획|}{판매\ 계획}\right) \times 100\%$$

간혹 판매 계획보다 판매 가용량이 더 적은 경우가 있다. 공급이 부족한 경우가 대표적이다. 영업이 팔고 싶어도 팔 제품이 없다. 이런 경우를 감안하여 판매 계획 준수율을 측정할 때 판매 계획 대신 판매 목표 대비 판매 실적을 비교한다. 판매 계획과 판매 가용량 중에서 더 적은 수량을 **판매 목표**라고 하자.

$$판매\ 목표 = \operatorname{Min}\{판매\ 계획, 판매\ 가용량\}$$

앞의 판매 계획 준수율은

$$판매\ 계획\ 준수율 = \left(1 - \frac{|판매\ 실적 - 판매\ 목표|}{판매\ 목표}\right) \times 100\%$$

로 표현된다.

준수율은 말 그대로 계획을 지켰는지 그러지 못했는지를 측정하는 지표다. 판매 계획보다 덜 파는 것은 당연히 감점하고 심지어는 판매 계획보다 더 많이 팔아도 감점한다. 영업은 관행적으로 계획보다 더 많이 파는 걸 장려하기에 부분 최적화의 오류에 빠질 수 있다.

공급망을 운영하는 SCM팀 또는 S&OP팀의 관점은 다르다. 이들은 공급망 전체 최적화를 중시한다. 계획한 대로 딱 맞춰 파는 걸 선호한다. 덜 팔아도 안 되고 더 팔아도 좋지 않다. 계획보다 더 팔면 계획보다 덜 팔 수밖에 없을 수도 있기 때문이다. 무슨 말도 안 되는 얘기냐고? 예컨대 영업1팀이 계획보다 더 많이 팔면, 제품이 부족하여 영업2팀은 팔고 싶어도 팔지 못하게 된다. 이런 경우를 피하기 위해 판매 채널이나 영업 조직별로 판매 가능량을 사전에 할당하기도 한다.

3.9.2 판매 계획 달성률

대부분의 회사는 판매 계획보다 훨씬 많은 재고를 보유하고 있다. 영업이 관성적으로 열심히 팔다 보면 판매 계획을 초과하기도 한다. 초과 판매를 권장하는 회사도 많다. 이런 회사는 판매 계획 준수율 대신 **판매 계획 달성률**을 측정한다.

$$\text{판매 계획 달성률} = \frac{\text{판매 실적}}{\text{판매 계획}} \times 100\%$$

달성률은 판매 계획보다 더 많이 파는 것을 감점하지 않고 오히려 더 높은 점수를 부여한다. 많은 회사가 이런 관행을 유지하고 있다. SCM 원칙을 중시하는 회사는 판매 계획보다 더 많이 팔면 불이익을 준다. 계획보다 더 많이 파는 걸 금지해야 하는가, 허용해야 하는가? 이것은 SCM에 대한 철학에 따라 다르다.

3.9.3 판매 계획 차질 사유

판매 계획을 100% 지키지 못하는 데는 여러 가지 원인이 있다. 귀책 사유별로 구분해 보자.
(1) 신제품인 경우, 출시 일정을 맞추지 못하면 판매 계획을 지키지 못한다. **개발** 부서 책임이다.
(2) 공급량이 부족하면, 판매 계획을 지키지 못한다. 팔고 싶어도 팔 제품이 없기 때문이다. 공급 부족은 왜 발생할까?
(2-1) 원부자재가 부족하여 원하는 시기에 원하는 만큼 원부자재가 조달되지 않으면 공급량이 부족하게 된다. **구매** 부서 책임이다. 공급 회사 잘못이라고 하더라도, 회사 내부에서는 공급사를 관리하는 구매 부서가 책임져야 한다.
(2-2) 제조 부서에서 계획했던 만큼 생산하지 못하는 경우도 있다. 수율, 불량, 고장 등 다양한 이슈로 생산량이 계획량보다 미달하기도 한다. 자재가 충분한데도 계획대로 생산하지 못했다면, **제조** 부서 책임이다.
(3) 제때에 배송하지 못하는 경우도 있다. **물류** 부서 책임이다.
(4) 수요를 과다 예측하면 판매 계획을 준수하지 못할 가능성이 높다. 예측 주체의 책임이다. 주로 영업이 예측하니, **영업** 부서 책임이다.
(5) 경쟁사를 과소 평가해서 장사를 망치기도 한다. 이것도 **영업** 부서 책임이다.

3.10 수요 관리 (demand management)

공급이 수요를 창출한다는 세이(Say)의 법칙[98]이 작동하는 시장이나 제품이라면 수요에 대해 고민할 필요가 없다. 제품을 만드는 대로 모두 팔릴 것이기 때문이다. 대부분의 현실은 그렇지 않다. 팔릴 만큼 만들어야 한다. 시장 수요대로 공급해야 한다. 시장의 수요를 잘 파악해야 한다.

앞에서 살펴보았듯이 수요를 정확하게 예측하기 쉽지 않다. 예측 역량만으로는 100 점을 획득할 수 없다. 예측 역량을 높이는 데 아무리 많은 투자를 하더라도 끝내 100 점을 달성할 수 없다면 관리 포인트를 예측 자체에 두는 게 아니라 수요 관리 프로세스에 두는 게 더 바람직하다. 판매 예측 정확도가 80%나 되면 매우 뛰어난 회사다. 이런 역량 있는 회사도 20%나 되는 오차가 있다. 어떻게 극복해야 할까? 오차의 일부는 공급 역량으로 해결하고 일부는 수요 유도로 해결하려 노력한다.[99]

3.10.1 공급 촉진 (supply expedition)

공급 역량으로 해결하는 것부터 살펴보자. 예측했던 것보다 수요가 많은 경우에는 생산량을 늘려야 한다. **공급 촉진** 또는 공급 독촉 전략이 필요하다. 필요하면 초과 근무를 해야 할 수도 있다. 보유하고 있는 원부자재가 부족한 경우에는 추가 비용을 들여서라도 긴급 조달해야 한다. 평소 선박

---

98) Wikipedia, https://en.wikipedia.org/wiki/Say's_law
99) Lonnie Childs, Lessons from the Dell Model - Best Practices Seminar, 2004.09.01

3. 수요 관리 (Demand Management)

으로 운송하던 것을 비행기로 조달해야 할 수도 있다. 예측보다 수요가 적은 경우에는 팔다 남은 것을 재고로 안고 가면 된다. 물론 생산량을 줄인다면 재고 없이 대응할 수도 있다.

3.10.2 수요 유도 (demand shaping)

공급 역량으로 해결되지 않는 경우에는 수요에 영향을 주는 전략을 적용한다. 영어로 디맨드 쉐이핑(demand shaping)이다. 여러 가지 방식으로 수요(demand)의 모습(shape)을 바꾼다는 의미다. 아직 적절한 우리말이 없어서 이 책에서는 수요 유도라고 표기했다. **수요 유도**는 가격이나 판촉 전략을 통해 수급 불균형을 해소하기 위한 영업/마케팅 활동이다. 시장 동향에 사후 반응하기보다 선제적으로 영업/마케팅 활동을 실시하여 수요를 유리한 방향으로 유도한다.

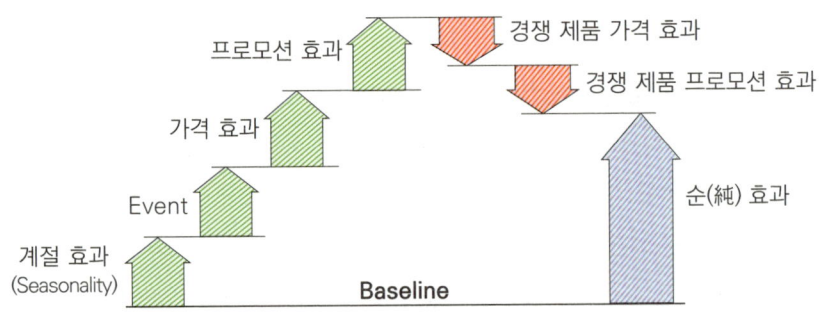

[그림: Demand Shaping][100]

---

100) 서병교, 삼성전자 북미총괄 Demand Shaping 프로젝트 사례, 삼성SDS 챔피언 Day 발표, 2007.12.14

수요 촉진, 판매 촉진이라는 표현은 영어의 의미를 충분히 반영하지 못한다. 쉐이핑(shaping)은 수요를 늘리는 방향과 수요를 줄이는 방향을 모두 포함하기 때문이다. [그림: 수요 유도 엔진]에 표현한 것처럼 예측보다 수요가 적은 제품은 가격을 내리거나 다양한 판촉 활동을 동원하여 수요를 늘린다. 반대로 예측한 것 이상으로 수요가 몰리는 제품은 가격을 올리는 등 역마케팅 전략을 쓰기도 한다.

사례: 삼성전자 수요 유도로 소니 추월

2000년대 후반 **삼성전자**는 TV 시장에서 **소니**와 치열하게 경쟁했다. 수십 년 간 세계 최고 위치를 지키고 있던 소니와 후발 주자 삼성은 세계 각지에서 불꽃 튀는 접전을 벌였다. 일부 권역에서는 이미 삼성이 소니를 앞지르기도 했다. 미국 시장의 싸움은 더욱 격렬했다. 가격 경쟁이 치열했다. LCD TV의 경우, 소니는 40 인치 TV를 2,499 달러에서 1,999 달러로 20% 낮췄고, 3,199 달러짜리 46 인치는 2,499 달러로 22% 인하했다. 삼성도 소니보다 100 달러 정도 싸게 팔 수 있도록 17%씩 인하했다. 양사 모두 마케팅에 막대한 돈을 쏟아부었다.

경영진은 그 효과에 대한 의구심이 컸다. 마케팅 효과는 과거에도 논란거리였다. 미국의 사업가이자 마케팅의 선구자인 존 워너메이커는 100여 년 전에 이미 **"광고에 쓴 돈의 반은 낭비다. 골치 아픈 건 어느 쪽 반인지 모른다는 점"** 이라며 아픈 곳을 찔렀다.[101]

---

[101] 원문은 "Half the money I spend on advertising is wasted; the trouble is I don't know which half."이다. Wikipedia, https://en.wikipedia.org/wiki/John_Wanamaker

과연 적재적소에 자금을 투입하고 있는가? 파악하기 쉽지 않다. 마케팅 담당자의 개인적인 역량에 의존하기 마련이다. 만일 그 핵심 담당자가 이직한다면? 심각한 차질이 생길지도 모른다. 담당자 개인에 대한 의존도를 줄이고 싶다. 마케팅 비용이 허튼 곳에 쓰이는지, 제대로 투자되어 매출에 도움이 되는지 알 수 있는 방법이 없을까?

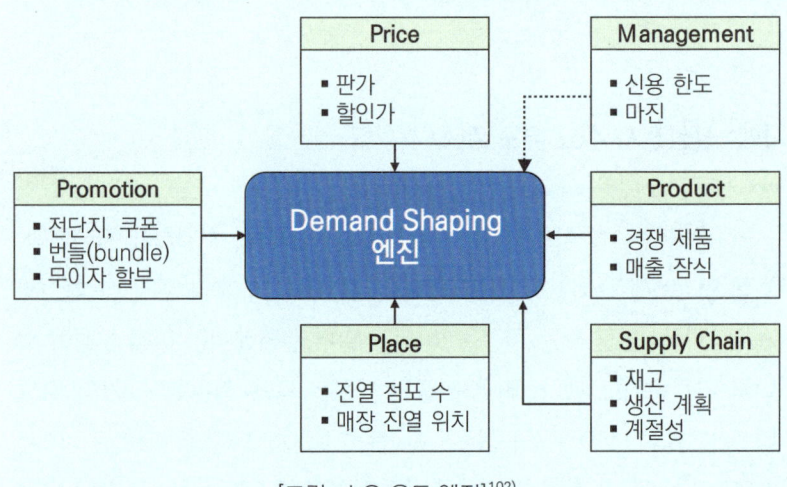

[그림: 수요 유도 엔진][102]

이런 고민에서 2007년 1월 미국 뉴저지에서 삼성전자 수요 유도 프로젝트가 시작되었다. 과거 데이터를 분석했다. [그림: 수요 유도 엔진]에서 보듯이, 마케팅의 4P인 Product(제품), Place(장소), Price(가격), Promotion(판촉)과 공급망의 각 인자별로 수요에 미치는 영향을 계량화했다. 예를 들어, 가격 할인 쿠폰을 뿌리면 매출이

---

[102] 서병교, 삼성전자 북미총괄 Demand Shaping 프로젝트 사례, 삼성SDS 챔피언 Day 발표, 2007.12.14

5% 증가하고, 매장의 진열 위치를 명당 자리로 옮기면 3%의 매출 증가 효과가 있다는 식의 인과관계를 모델링했다.

마케팅 전문가가 아니어도 마케팅 전략을 쉽게 구사하게 되었다. 실무 담당자들이 여러 가지 시나리오를 만들고, 시뮬레이션을 통해 최적의 시나리오를 선택하고, 결정한 시나리오대로 실행한 후 곧바로 마케팅 효과를 분석했다.

당시 삼성전자 북미 총괄의 절체절명의 과제인 TV 시장 점유율 일등을 달성했다. 총괄 사장은 수요 유도 시스템은 마케팅의 강력한 무기라며, 수요 유도를 중심으로 영업 마케팅 조직을 정비하고 R&R(Role and Responsibility, 역할과 책임)을 재정의하라고 지시했다. 삼성전자의 주 거래 유통 회사인 **베스트 바이**의 토드 실링은 삼성이 SCM의 업계 표준을 정의하는 제조 회사라고 격찬했다.[103]

이 프로젝트는 2007년 11월 삼성전자 경영 혁신 우수 사례로 은상을 수상했다.

3.11 주문 관리 (order management)

3.11.1 할당(allocation)

영업이 팔겠다고 예측한 수량을 토대로 공급 계획을 수립한다. 이 공급

---

103) "Samsung is the manufacturer who defines SCM industry standard.", Todd Schilling, 2007

계획을 바탕으로 고객의 주문을 만족시킬 수 있는지 판단한다. 판매가 잘 되지 않는 시기나 재고가 충분히 많은 제품은 주문을 입수하자마자 납기를 제시해도 별 문제가 없다. 하지만 판매가 잘되는 제품은 수요 대비 공급량이 부족하곤 하다. 이런 시기에는 영업 부서나 담당자가 부족한 물량을 서로 먼저 확보하려고 경쟁하게 된다. 심한 경우에는 가공의 매출을 만들어서 인기 제품을 빼돌리기도 한다. 직급이 높거나 목소리 큰 사람이 먼저 재고를 찜하기도 한다. 이런 걸 방치하면 안 된다. 부족한 공급량을 영업 부서/담당자들에게 합리적인 기준으로 할당해야 한다.

어떻게 할당하는 것이 합리적인가? 회사 전체의 이익을 우선하는 원칙을 세우고 명확한 운영 기준을 만들어야 한다. 이것이 **할당 원칙**(allocation policy)이다. 각 제품별로 수요에 대응하는 총 공급 가용량이 **ATP**(Available To Promise)다. ATP는 수요에 대해 공급하겠다고 약속하는 수량이다. 이 ATP를 영업 조직이나 담당자별로 할당한 것이 **AATP**(Allocated ATP)다. 할당 ATP라는 뜻이다. ATP를 AATP로 할당하는 기준은 다양하다.

(1) 가장 흔하게 사용하는 방식은 예측했던 수량에 비례해서 할당하는 것이다. **예측치 비례(per committed) 방식** 또는 **공정 분배(fair share) 방식**이라고도 부른다. 가령 제품 A를 영업1팀은 100 박스, 영업2팀은 200 박스 판매하겠다고 예측했으나 ATP가 150 박스밖에 되지 않는 경우를 가정하자. ATP 150 박스를 영업1팀과 2팀에 100 : 200으로 할당하는 것이 예측치 비례 방식이다. 즉 영업1팀에게 50 박스, 2팀에게 100 박스를 팔 수 있도록 할당하게 된다. 예측을 하지 않은 영업 담당자에게 공급 물량을 할당하지 않는 **예측 없는 할당 금지(no forecast, no allocation) 원칙**은 판매 예측을 열심히 하게끔 하는 긍정적인 영향을 미친다.

(2) 영업 부서나 담당자별 등급에 따라 할당하는 것도 가능하다. **등급별 할당(member rank) 방식**이다. 예컨대 핵심 B2B 고객을 담당하는 영업1팀의 등급을 일반 B2C 고객을 담당하는 영업2팀보다 높게 설정한다. 앞 예시에서 ATP 150박스를 일단 등급이 높은 영업1팀에 먼저 할당한다. 영업1팀이 100 박스를 원하니 150 박스 중 100 박스를 1팀에 할당하고, 남는 50 박스를 영업2팀에 할당한다.

(3) 미리 정해둔 **배분 비율대로 할당**하는 방식도 있다. 고정 비율 할당 방식이다. 앞의 예시에서 영업1팀과 영업2팀의 배분 비율을 60 : 40으로 사전에 정했다고 가정하자. 그러면 ATP 150 박스의 60%인 90 박스를 영업1팀에, 40%인 60 박스를 영업2팀에 할당한다.

할당 원칙에 대한 몇 가지 예시를 살펴봤다. 이 밖에도 매우 다양한 방식의 할당 원칙이 있다. 회사마다 제품이나 업종이 다르고 고객의 특성도 다양하므로 각 기업의 상황에 맞는 할당 방식을 구사하면 된다.

3.11.2 납기 약속 (order promising)

B2C 고객을 대상으로 하는 편의점이나 마트 같은 오프라인 매장에서는 대부분의 고객이 구매한 후 제품을 가져가므로 따로 납기를 약속할 필요가 없다. B2C는 온라인 주문인 경우에도 납기를 제시하지 않는 경우가 많다. B2B는 다르다. 대부분의 B2B 고객은 언제까지 배송해 달라고 요구한다. 주문을 받자마자 납품하기보다 언제까지 납품하겠다는 날짜를 제시한다. 이것이 **납기 약속**이다.

고객의 주문에 대응하여 납기를 제시하는 방식이 납기 약속 원칙(order promising policy)이다. 납기 약속 원칙의 기준을 정하기 위해 고려해야 할 것이 몇 가지 있다. 우선 고객의 요구 납기일을 반드시 준수해야 하는지 또는 지연 배송도 가능한지를 고려해야 한다. 고객이 요구하는 수량 전량을 한꺼번에 배송해야 하는지 또는 일부 수량인 부분 배송도 가능한지를 감안해야 한다.

몇 가지 납기 약속 원칙을 살펴보자.

(1) **전량 납품 원칙**은 고객이 요구하는 수량 전체를 한꺼번에 납품하는 방식이다. 찔끔찔끔 납품하는 부분 납품은 허용되지 않는다. 요구 납기일을 지키지 못하더라도 전량을 한 번에 납품해야 한다.

(2) **정시 납품 원칙**은 고객의 요구 납기일에 딱 맞춰 납품하는 방식이다. 대신 고객이 원하는 수량을 모두 납품하지 못하는 것은 허용한다. 요구 납기일에 맞춰 납품 가능한 수량만큼 납품하면 된다.

(3) **전량 정시 납품 원칙**은 고객이 원하는 전체 수량을 요구 납기일에 딱 맞춰 납품하는 방식이다. 수량이 부족해도 납품할 수 없고 날짜를 맞추지 못해도 납품할 수 없다. 원하는 수량 모두를 정시에 납품하는 것만 허용하는 까다로운 납기 약속 원칙이다.

(4) **ASAP(As Soon As Possible) 납품 원칙**은 물량이 있는 대로 곧바로 납품하는 방식이다. 고객이 원하는 모든 수량을 한꺼번에 납품하지 못하더라도 요구 납기일에 가능한 일부 수량이라도 먼저 납품한다. 부족한 나머지 수량은 요구 납기일 이후에 준비되는 대로 납품한다.

어떤 납기 약속 원칙을 적용해야 하는가? 고객별로 원하는 방식이 다양하고 회사의 대응 역량도 다르며 각각의 납기 약속 원칙별로 발생하는 비용과 노력에도 차이가 많으므로 충분히 검토해서 결정해야 한다. 한가지 원칙을 모든 제품이나 모든 고객에게 일괄 적용할 필요는 없다. 각 고객별로 원하는 선호도에 따라 정하면 된다. 제품이나 시기별로 상이할 수도 있고, 심지어 각 주문별로 서로 다른 납기 약속 원칙을 적용할 수도 있다.

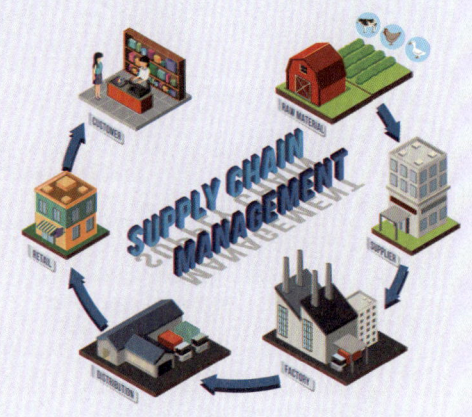

1조 클럽 도전하는 중견 기업을 위한
삼성 SCM 노하우

IV

4. 재고 관리 (Inventory Management)

4.1 재고냐 결품이냐

4.2 재고에 대한 관점

4.3 재고 유형

4.4 재고 관리 주요 지표

4.5 재고 파악

4.6 재고 보충 (inventory replenishment) 원칙

4.7 재고는 누구 책임?

4.8 재고 감축

제4장 공급망

4. 재고 관리 (Inventory Management)

4.1 재고냐 결품이냐

4.1.1 재고(inventory)

앞에서 수요 측면에 대해 다루었다. 공급 측면으로 넘어가기 전에 재고에 대해 잠깐 살펴보자. 재고에 대한 이해가 부족하면 공급 계획을 제대로 세우기 어렵다. 재고는 무엇이고, 왜 생기며, 꼭 필요한 건지, 없어도 되는 건지?

수요와 판매를 예측하고, 생산 계획과 판매 계획을 수립하며, 계획에 따라 실행한다. 계획에 딱 맞춰 생산하고 생산한 만큼 판매한다면 완벽한 상태가 된다. 현실은 계획했던 만큼 생산하지 못하는 경우도 있고, 계획대로 팔지 못하는 경우도 흔하다.

생산했으나 아직 판매되지 않은 것이 재고다. SCM에서 '예측 → 계획

→ 실행'의 결과가 재고라는 모습으로 나타난다. 만들어서 팔고 남은 것이 재고다. 유통 회사인 경우에는 사서 팔다가 남은 게 재고다. 좀 더 정확하게 표현하면, **생산 또는 구매한 후 판매하기 전 상태가 재고**다.

방대하고 복잡한 공급망이 잘 운영되는지 한눈에 파악하기 쉽지 않다. 공급망에서 물품, 돈, 정보가 복잡하게 오고 간다. 잘 운영되는 공급망은 물이 흐르듯 원활하게 움직인다. 비효율적인 운영이나 낭비 요소가 있으면, 물이 고여 제대로 흐르지 않듯이, 재고가 쌓이게 된다. **재고는 공급망의 현황을 드러내는 바로미터이고 경영 상태를 보여주는 시금석**이다.

▎사례: 에쓰푸드 재고 및 상미 기간 관리

식품 업계는 유통 기한, 소비 기한을 매우 중요하게 관리한다. **유통 기한**은 제품을 소비자에게 판매할 수 있는 기한이다. 이 기한이 지난 제품을 팔면 안 된다. 하지만 유통 기한이 조금 지난 음식을 먹어도 전혀 문제가 없다. 판매 가능한 시점을 명시하는 유통 기한과 달리 섭취 가능한 소비 기한을 따로 규정할 필요가 생겼다.

2023년부터 소비 기한 제도가 시행되었다. **소비 기한**은 규정된 보관 조건에서 소비해도 안전에 이상이 없는 기한이다. 예를 들어, 우유의 유통 기한은 10~14일 정도 되지만, 개봉하지 않은 우유를 냉장 보관하면 소비 기한은 45일이나 된다.

유통 기한, 소비 기한뿐만 아니라 상미 기간이라는 매우 중요한 개념이 있다. **상미 기간**(賞味期間)의 사전적인 의미는 제품의 품질 변화가 거의 일어나지 않아 제품을 맛있게 먹을 수 있는 기간, 즉 제품의 맛이 그대로 유지되는 기간이다.

실제 식품업계에서는 상미 기간이 제조 회사가 유통 회사에 납품하는 조건으로 사용되고 있다. 유통 기한이 10일인 우유를 예로 들어보자. 제조일자가 5월 1일이다. 유통 기한은 5월 11일이다. 오늘이 5월 10일이라면 유통 회사 입장에서는 이 우유를 납품받고 싶을 리가 없다. 하루 만에 판매하지 못하면 폐기해야 하기 때문이다. 그러니 유통 회사는 우유의 상미 기간을 6일이나 7일로 정할 가능성이 높다. 즉 5월 1일 생산한 우유를 5월 7일이나 5월 8일까지 납품받고 그 이후에는 납품받지 않는다는 원칙을 세울 것이다.

유통 기한이 충분이 남아 있다고 안심하고 있다가는 상미 기간을 놓칠 가능성이 높다. 유통 기한은 제조할 때 결정된다. 제품별 냉동, 냉장, 상온 등 보관 방식에 따라 유통 기한이 정해진다. 상미 기간은 유통 회사마다 요구하는 기간이 다를 수 있다. 유통 기한이 동일하더라도 고객사 방침에 따라 상미 기간이 많이 남아 있을 수도 있고 충분하게 남아 있지 않을 수도 있다. 제품을 유통 회사에 납품하면 유통 회사 담당자들이 검수할 때 상미 기간이 충분한지를 꼼꼼하게 살핀다. 상미 기간이 충분히 확보되지 않은 제품은 당연히 납품이 거절된다.

선입선출 원칙을 잘 지켜야 한다. 만약 어제 납품한 소시지의 유통 기한이 10월 20일인데 오늘 납품하는 소시지의 유통 기한이 10월 15일이라면 심각한 문제가 발생한다. 납품받은 소시지를 모두 반품하는 까칠한 유통 회사도 있다. 제품별 유통 채널별로 유통 기한과 상미 기간 관리를 철저하게 해야 한다.

햄, 소시지 등 육가공 전문 회사인 **에쓰푸드**는 유통 기한과 상미 기간 관리를 매우 엄격하게 한다. 2022년 유통 기한과 상미 기간을 관리하는 시스템을 개발하여 제품별, 채널별, 상온/냉장/냉동 보관 조건별 유통 기한과 상미 기간 현황을 상세하게 모니터링한다. 매일 아침에 제품별 수량과 상미 기간 잔여 일자를 영업, 제조, 물류, SCM 등 사내 핵심 부서에 공지한다.

재고 관리를 제대로 하지 못하면 손실이 발생한다. 과다 재고도 문제고, 과소 재고도 문제다. 아까운 제품을 폐기해야 하거나 결품이 생긴다.

4.1.2 결품(out-of-stock)

재고가 부족하여 수요를 충족하지 못하는 것이 결품이다. **결품**에 관한 연구 중 제일 방대한 것은 미국 콜로라도 대학교 토머스 그룬 교수팀의 연구다.

| 연구: 결품 실증 분석 집대성

2002년 미국 콜로라도대학교의 그룬 교수 등은 결품에 관한 광범위한 실증적 연구를 수행했다. 이들은 기존의 52개 연구 결과를 집대성했다. 18개월에 걸쳐 세계 29개국 661개 점포에서 32개 품목에 대해 7만 1,000명의 소비자를 조사했다.[104] 소비재(FMCG) 산업의 평균 결품률은 8.3%였다. FMCG(Fast-Moving Consumer Goods)는 회전율이 높은 소비재를 일컬으며 CPG(Consumer Packaged

---

104) Thomas W. Gruen, Daniel S. Corsten, Sundar Bharadwaj, Retail Out-of-Stocks: A Worldwide Examination of Extent Causes and Consumer Responses, Grocery Manufacturers of America, 2002, https://www.supplychain247.com/images/pdfs/GMA_2002_Worldwide_OOS_Study.pdf

Goods)라고도 한다. 비누, 세제, 화장지, 기저귀 따위의 주로 비내구적인 일상 생활용품을 통칭한다.

이 연구는 결품이 발생할 때 즉 찾는 제품이 매장에 없을 때, 소비자들의

31%는 다른 점포로 가서 구매하고,
26%는 다른 브랜드 제품을 구매하고,
19%는 같은 브랜드의 크기나 모양이 다른 대체재를 구매하고,
15%는 나중에 그 점포를 재방문하여 그 제품을 구매하고,
9%는 아예 구매하지 않는다고

밝혔다. 결품으로 인한 손실은 평균적으로 매출액의 3.9%였다.

4.1.3 재고 대 결품: 결품이 재고보다 세 배 고통

고객의 수요를 정확하게 예측하기는 쉽지 않다. **과소 예측**한 경우에는 고객의 주문에 대응하지 못하고 **결품**이 발생한다. **과다 예측**한 경우에는 **재고** 때문에 비용이 발생하고 때로는 폐기 비용이 발생할 수도 있다. 재고 관련 비용은 다른 조건이 동일하다면 MTS 방식이 제일 크고 이어서 ATO, MTO, ETO 순이다.

결품을 감수할 것인가, 재고를 떠안을 것인가? 결품도 문제고 재고도 문제다. 재고와 결품 사이에 적절한 균형을 잡고 싶지만, 둘 간의 경중을 따지기 쉽지 않다. 굳이 따지자면 대부분의 경영자들은 재고의 문제보다 결품의 문제를 더 크게 인식한다. **손실 회피 성향** 때문이다. 사람들은 "이미 소유하고 있는 것에 대한 깊은 애착"을 가지고, "얻을 것보다 잃어버릴 것에 더 집착"하며, "상실에 대한 두려움"이 커서 "때로 옳지 못한 결정"을 내

리기도 한다는 행동경제학 이론과 일맥상통한다.[105]

　업종, 제품, 고객 관계, 판가, 원가, 제조 리드타임 등 많은 변수에 따라 다르겠지만 대략 **결품이 재고보다 3배 정도 고통**스럽다.[106] "사람들은 무언가를 포기해야 할 때, 동일한 것을 얻었을 때 느끼는 기쁨보다 두 배로 큰 상실감을 느낀다"는 행동경제학의 실험 결과가 있다. 비슷하다.[107]

　재고는 지금 당장은 회계 장부에 자산으로 잡힐 뿐만 아니라 나중에 팔면 된다는 희망이 있으므로 덜 고통스럽다. 결품은 고객이 기다려주지 않으면 지금 당장 판매 실기로 인한 1차 손실이 발생한다. 결품 때문에 고객이 경쟁사 제품을 살 수도 있다. 이적 행위다. 2차 손실이다. 배가 아프다. 배고픈 건 참아도 배 아픈 건 못 참는 심리 때문에 재고보다 결품의 고통이 훨씬 심하다. 많은 기업이 결품을 피하기 위해 재고를 감수한다. 그러다가 때로는 감내할 수 없을 정도의 과잉 재고로 인해 어려움을 겪기도 한다.

4.1.4 PSI (Production, Sales, Inventory)

　생산량(production quantity)에서 판매량(sales quantity)을 뺀 나머지가 재고(inventory)다. 'P – S = I'이므로, 흔히 **PSI**라고 부른다. PSI는 SCM에서 매우 중요하게 모니터링하는 항목이다. 유통인 경우에는 생산량 대신 구매량(procurement quantity)인데, 이때도 'P – S = I'가 적용된다.

---

[105] 댄 애리얼리, 상식 밖의 경제학, 장석훈 옮김, 청림출판, 2008, pp.192–193
[106] 식자재 등 신선 제품은 재고의 부담이 매우 크다. 유통/물류 전문가인 강신길 전무는 CPG 업종의 경우 재고보다 결품의 고통이 4~5 배나 되고, 일부 미끼 상품인 경우에는 그보다도 더 크다고 한다. 인터뷰: 강신길, 2024.04.08
[107] 리처드 H. 탈러, 캐스 R. 선스타인, 넛지, 안진환 옮김, 웅진씽크빅, 2009, p.62

> Production - Sales = Inventory
> 생산 - 판매 = 재고
> 구매 - 판매 = 재고

기말 재고(EOH: End On Hand)는 기초 재고(BOH: Begin On Hand)에 당기 재고를 합한 값이다. 당기 재고는 당기 생산에서 당기 판매를 뺀 값이다. 아래 식으로 매일, 매주, 또는 매월 PSI 추이를 계산한다.

> EOH (기말 재고) = BOH (기초 재고) + P (당기 생산) - S (당기 판매)

[그림: PSI 그래프 예시]는 PSI 그래프를 아주 단순화하여 그린 예시다. 이 PSI 그래프는 생산 계획과 판매 예측치를 비교하며 미래의 재고 추이를 추정하는 데 요긴하게 활용된다. APS 솔루션을 도입한 회사라면 당연히 시스템을 통해 이 그래프를 볼 수 있다. APS 솔루션을 도입하지 않은 회사도 SCM팀 담당자들이 매주 또는 매월 PSI 그래프를 작성하여 경영진이 의사 결정에 활용하면 된다.

그림의 그래프는 주 단위 PSI 시뮬레이션 예시다. 현재(W0)는 재고가 0이다. 다음 주(W1)에는 500 대를 생산(P=500)하고 400 대를 판매(S=400)할 것으로 예측한다. W1의 주말 재고는 (500 - 400 = 100) 대가 된다. 그다음 주(W2)에는, 주초 재고 100 대로 시작하여 600 대를 생산하고 500 대를 판매할 것이니, W2 주말 재고는 (100 + 600 - 500 = 200) 대가 된다. 재고 수준은 이처럼 생산과 판매 추이에 따라 등락을 보인다. 7주 뒤(W7)에는 주말 재고가 0이 된다. 8주 뒤(W8)에는 생산 500 대, 판매 600 대가 예상되므로 0 + 500 - 600 = -100으로 재고가 부족할 것으로 예견된다. 결품이다. 8주 뒤 결품이 예상되므로 경영진은 미리 생산량을 증가시키는 의사 결정을 한다. 11주 이후에 재고가 빠른 속도로 증가할 것이므로 경영진은 미리 W11과 W12의 생산 계획을 줄이는 의사 결정을 내린다. 이처럼 PSI 그래프를 잘 활용하여 재고 과부족 현상을 예상함으로써 사전에 필요한 조치를 취해 재고를 적정 수준으로 유지한다.

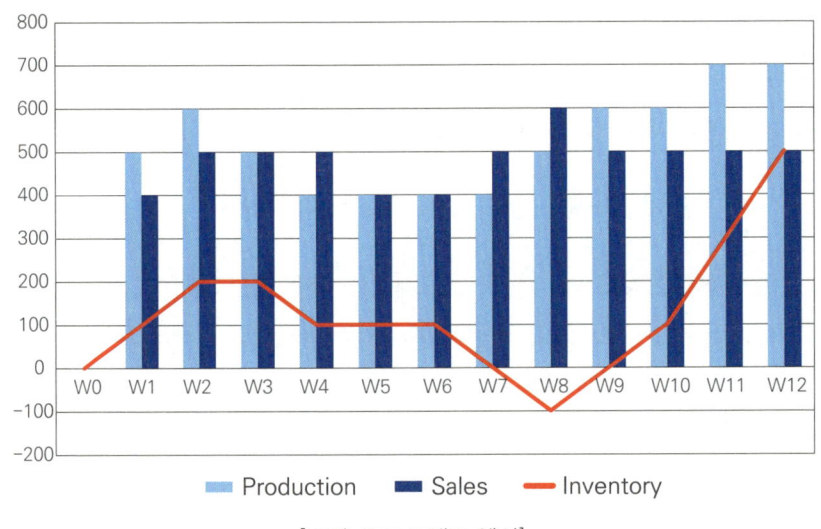

[그림: PSI 그래프 예시]

4.1.5 매출 인식 기준

만들거나 사서 팔고 남는 게 재고다. 판매하기 전에는 재고라는 형태로 존재하고, 판매한 후에는 더이상 재고가 아니다. 제품이 판매되는 시점, 회계상 매출이 발생하는 이 시점이 매우 중요하다. 매출이 발생하는 이 시점을 정하는 기준이 **매출 인식 기준**이다. 매출 인식 시점에 우리 회사 소유의 제품이 고객 소유로 소유권이 이전된다. 매출이 발생하는 시점에 회계상으로는 재고 자산이 매출액으로 변환된다.

판매 과정은 상당히 여러 단계를 거치는데 단순화하면 다음과 같다.
(a) 영업 사원이 고객으로부터 주문을 입수(수주)한다.
(b) 고객이 납품받기 원하는 요구 납기일을 지정한다.
(c) 입수한 주문 내용을 주문 시스템에 입력한다.
(d) 창고에서 제품을 출고한다.
(e) 제품을 실은 차량이 고객에게 도착한다.
(f) 고객이 도착한 제품을 검수하고 납품을 확인(고객 인수)한다.
(g) 납품 확인 정보를 시스템에 입력한다.
(h) 판매 대금을 입금(수금)한다.

국제간 거래인 경우에는 훨씬 복잡한 단계를 거친다.
(a) 수출항으로 출발한다.
(b) 수출항 야적장에 도착한다.
(c) 수출 통관 절차를 거친다.
(d) 선박이나 항공기에 선적한다.
(e) 선박/항공기가 출발(출항)한다.
(f) 선박/항공기가 도착지에 도착(입항)한다.
(g) 도착지 야적지에 하역한다.
(h) 수입 통관 절차를 거친다.
(i) 도착항에서 고객사까지 트럭이나 기차로 내륙 운송을 한다.
(j) 고객사 창고에 하차한다.

이렇게 여러 단계 중 어떤 것을 매출이 발생하는 시점으로 정해야 할까? 우리 회사는 매출 인식 기준을 무엇으로 정해야 하는가? 내수 거래인 경우 매출 인식 기준은 상품 인도 시점에 대해 고객과 합의하고 그 기준을 따르면 된다. 상품 인도 조건에 대해 명확한 기준을 합의하지 않은 경우에는 상거래 관행에 맞게 경영진이 매출 인식 기준을 정하면 된다. 매출 인식 기준은 고객별로 다를 수 있고, 제품별로 다를 수도 있다.

내수 거래에서는 앞의 (e) 제품을 실은 차량이 고객에게 도착(도착 기준)하는 단계 또는 (f) 고객이 도착한 제품을 검수하고 납품 확인(상품 인수 기준)하는 단계를 매출 인식 기준으로 많이 삼는다. 고객이 검수하고 나서 이상이 없으면 상품 인수증에 서명을 하는 경우가 많다. 이 인수증을 배송 증빙, 즉 **POD**(Proof of Delivery)로 사용한다. POD를 매출 인식 기준으로 정한 회사는 고객이 서명한 인수증이 회계 부서에 접수되는 순간 매출이 발생한 것으로 회계 장부에 기표하게 된다. 배송 기사가 인수증을 제때에 제출하지 않거나 분실하는 경우도 있기에 POD 대신 IOD를 매출 인식 기준으로 정하는 경우도 많다. **IOD**(Information of Delivery)는 고객이 인수증에 서명을 했다는 정보만 있으면 매출이 발생한 것으로 간주한다.

국제간 거래는 매출 인식 기준을 계약서에 명시된 인코텀스를 따르는 경우가 많다. 인코텀스(**Incoterms**: International Commercial Terms)는 말 그대로 국제 상거래 조건이다. **국제상공회의소**가 국제간 거래에서 상품 운송에 관한 책임과 운송비, 관세, 보험료 등을 누가 부담하는지에 관해 정한 규정이다. 수출 상품의 거래 조건이 FOB(Free On Board, 본선 인도)인 경우, 수출항 선박에 상품을 선적 완료한 순간을 매출 인식 기준으로 잡으면 된다. 매출 인식 기준은 Incoterms에 부합하게 정할 수도 있고, Incoterms와 다르게 정할 수도 있다.

공사 기간이 긴 건설업, 제조 기간이 긴 조선업, 운송 기간이 긴 국제 운송 물류 회사 등은 **진행 매출** 개념을 사용하기도 한다. 해상 운송을 하는 물류 회사를 예로 들어보자. 위탁받은 운송 업무가 4월 10일 출발해서 5월 10일 목적지에 도착한다고 하자. 전체 운송 기간 30일 중 3분의 2인

20일이 4월에 해당하고, 나머지 3분의 1인 10일이 5월에 해당한다. 이런 경우 매출액의 3분의 2는 4월 매출로 잡고, 3분의 1은 5월 매출로 잡기도 한다.

4.2 재고에 대한 관점

4.2.1 재고의 양면성: 실행의 결과이자 계획의 대상

앞에서 재고는 생산/구매 후 판매하기 전의 상태라고 했다. **재고는 실행의 결과**이기도 하고, **계획의 대상**이기도 한 양면성을 지니고 있다.

먼저 **실행의 결과** 관점에서 보자. 얼마나 팔 수 있을지 예측한 후 그 예측에 대응하는 생산 계획과 판매 계획을 수립한다. 계획한 만큼 생산하고 판매한다면 재고는 변동이 없다. 앞의 식

EOH (기말 재고) = BOH (기초 재고) + P (당기 생산) - S (당기 판매)

로부터 알 수 있듯이, 계획한 만큼 생산(P)하고 딱 그만큼 판매(S)한다면, 즉 P=S, 기말 재고는 기초 재고와 동일하다. 즉, 재고 증감이 없다. 만약 생산한 만큼 판매하지 못한다면, 즉 P>S, 재고가 증가하게 된다. 계획한 것보다 많이 판매하면 재고가 감소하게 된다. 계획대로 생산하고 판매하느냐 그렇지 못하느냐에 따라 재고량이 늘어나기도 하고 줄어들기도 한다. 실행의 결과로 남는 것이 재고다.

다음으로 **계획의 대상** 관점에서 살펴보자. 재고는 수요와 공급 사이에서 완충 역할을 한다. 계획을 수립할 때 수요와 공급의 불일치를 재고를 통해 극복하고 싶다. 앞의 [그림: PSI 그래프 예시]에서 7주 뒤(W7)에 재고

가 소진되고, 8주 뒤(W8)에는 재고가 부족할 것으로 예상된다. 7주 뒤 생산량을 400 대가 아니라 500 대로 증량하는 생산 계획을 수립한다. 그러면 7주 뒤에 기말 재고는 0이 아니라 100 대가 될 것이다. 재고가 증가하게 된다. 이 재고는 8주 뒤의 결품을 방지하기 위해 의도적으로 만든 재고다. 재고를 100 대 남길 것을 미리 계획한 것이다. 11주 뒤(W11)부터 재고가 급증할 것으로 예상되므로, W10의 판매 계획을 늘리거나 추가 판매가 어려운 경우 생산을 700 대에서 600 대나 500 대로 감소시키는 계획을 수립하게 된다. 계획적으로 재고를 감축하는 경우다.

공급망의 불확실성 때문에 발생하는 조달 차질이나 생산 차질에 대비하기 위한 안전 재고도 계획을 수립할 때 감안해야 한다. 이렇듯 재고가 계획의 대상이라는 측면에서 **재고 관리**와 **재고 계획**이라는 표현을 모두 사용한다. 재고 수준을 정하고 적정하게 관리하기 위한 전략을 세워야 하기 때문이다.

4.2.2 재고는 필요악(必要惡)인가?

재고는 필요악이라고 한다.[108] **재고는 수요와 공급 사이에서 완충 역할**을 한다. 예상하지 못한 차질이 발생해도 고객 수요에 대응할 수 있다. 재고의 순기능이다. 재고는 많은 역기능도 지니고 있다. 재고 때문에 보관하는 공간을 낭비하고, 자원인 장비와 인력을 낭비하고, 관리하는 데 시간을

---

108) 박성칠, SCM 경쟁력 향상을 위한 Supply Chain 프로세스 혁신, 시그마인사이트컴, 2007, p.138

낭비하고, 자금이 묶이기 때문에 돈을 낭비하게 된다.[109]

재고 자체가 악하거나 선한 것은 아니다. 어떻게 재고 관리를 하는지, 그 운영의 결과가 어떠한지에 따라 악하기도 하고 선하기도 하다. 계획대로 생산하고, 계획대로 판매하고, 계획대로 재고를 남기면 된다. 재고가 계획보다 지나치게 적거나 많으면 문제가 될 수 있다.

| 재고 순기능(順機能)

재고가 있으면 **수요/공급 변동에 대비**할 수 있다. 앞에서 다루었듯이 제품에 대한 수요를 정확하게 예측하기는 어렵다. 팔릴 것으로 예상하는 수량보다 조금 더 많은 제품을 재고로 확보한다면 **예측치 이상의 수요에 대응**할 수 있다.

계절성이 강하거나, 설이나 추석 또는 미국의 블랙 프라이데이 등 대규모 수요가 예상되는 경우에는 몇 개월 전에 미리 생산하여 비축한다. 예컨대 여름에 팔기 위한 에어컨을 겨울부터 생산하여 쌓아 두는 것을 **비축 재고**라 한다.

재고는 제조 **공정 간 흐름이 원활하도록 완충 작용**을 한다. 공정별 생산 능력이 상이한 경우 공정과 공정 사이에 물동의 흐름이 매끄럽지 않다. 전공정에서 나온 반제품이 후공정으로 투입되기 전에 대기하기도 하고, 전공정에서 지연이 발생하면 후공정에 투입할 반제품이 없어서 후공정 작업이 중단되기도 한다. 그래서 핵심 공정은 비록 전공정에서 지연이 발생해도

---

[109] 송준호, 김인호, 경영학원론, 법한, 2009, p.187

정상 작동하도록 반제품 재고를 충분히 쌓아 둔다.

  자재 재고는 **공급업체의 변동성에 따른 차질 발생 가능성을 회피**하는 데 도움을 준다. 공급업체의 변동성은 납품 일정 지연, 납품 물량 부족, 납품 자재 품질 불량 등 다양한 형태로 발생한다. 필요한 자재가 제때에 공급되지 않으면 생산에 차질이 발생한다. 그러니 대부분의 회사들이 필요로 하는 것 이상으로 충분히 많은 원부자재를 확보하곤 한다.

  재고는 **구매 비용을 절감**하는 데 도움을 준다. 예컨대 원자재나 부자재를 매주 일주일 분량만큼 구매하는 것보다 매달 한 달치를 한꺼번에 구매하는 게 훨씬 싸다.

  재고는 **원료 가격 변동에 대비**할 수 있게 한다. 원료 가격이 상승할 것으로 예견되는 경우 원료를 미리 구매하여 재고로 보유하면 자재비를 절감할 수 있다.

  로트 크기 차이에 기인한 재고도 있다. 설비나 공정은 기계적인 특성 때문에 로트 크기에 제약이 있다. 가령 생수는 6 통씩 포장하고, 계란은 12 개씩 포장하는 등의 제약이 있다. 도축업을 예로 들면, 채끝살은 소 한 마리에서 약 8 kg 정도 나온다. 채끝살 수요가 20 kg이라고 하자. 소를 두 마리 도축하면 4 kg이 부족하다. 반 마리를 더 도축해야 한다. 소를 반 마리만 잡을 수는 없다. 세 마리를 잡아 24 kg을 생산하고 4 kg의 재고를 남겨야 한다. **자투리 재고**다.

재고 역기능(逆機能)

  재고의 역기능에 대해 살펴보자. 제품이나 자재 재고 공히 창고에 안전하게 보관해야 한다. 창고라는 매우 중요한 자원을 낭비하게 된다. 보관을 위해 작업하는 **인력과 각종 장비를 낭비**한다. 냉장/냉동 품목인 경우 **전기세** 부담도 크다.

대표적인 **재무적 손실**은 운송비, 보관비, 입출고 하역비, 보험료 등 **물류 관련 비용**의 증가, 보관에 따른 **도난/파손**의 위험 증가, 제때에 판매하지 못해 발생하는 **폐기** 등이 있다. 재고의 폐해 중 직접적인 것이다.

재고가 많은데도 "재고는 자산이잖아", "나중에 팔면 되지"라며 한가한 생각을 하는 경영자가 아직도 있다. 재고는 대차대조표의 유동자산 항목에 재고자산으로 기표된다. 그러니 재고가 자산이라는 말이 맞긴 맞다. 하지만 나중에 확실히 팔려야 자산인 것이지, 창고에 계속 쌓여 있다가는 땡처리 되거나 폐기되기도 한다. 폐기 비용까지 부담해야 할 수도 있다.

재고는 **자금 흐름**에 악영향을 미친다. 예를 들어, 어떤 회사가 연간 매출이 5,000억 원인데 평균적으로 500억 원 정도의 재고를 보유하고 있다고 가정하자. 자산인 재고 500억 원을 300억 원으로 줄인다면 200억 원만큼 운전 자금이 늘어나는 효과가 생긴다. 금리가 4%라면 200억 원을 은행에 예금하기만 해도 연간 8억 원의 이자 수익이 생긴다. 만약 6% 이자율로 대출받은 돈 중 200억 원을 상환한다면 연간 12억 원만큼 이자 비용을 줄이게 된다. 이 회사의 MARR이 10%인 경우 2,000억 원 정도의 거액을 투자해야 얻을 수 있는 효과에 해당한다. MARR은 'Minimum Attractive Rate of Return' 또는 'Minimum Acceptable Rate of Return'의 약자다. 투자수익률의 최저 하한선이다. 신제품 개발, 신규 설비 투자, 신사업 개시 등 중요한 투자를 할 때 기대수익률이 MARR 이상이 되어야 투자하기로 의사 결정을 하는 중요한 잣대다.

재고가 많으면 가격 하락으로 인한 손실을 피하기 어렵다. 요즘은 기술 발전 속도가 워낙 빨라서, 자재/부품이나 제품의 가격이 빠르게 하락한다. IT 업종은 가격 하락 속도가 더 빠르다. 1년에 "메모리는 40~50% 이상,

컴퓨터는 30~40%" 정도 가격이 하락한다.[110] 완제품을 재고 상태로 오래 보관하게 되면 판가 하락으로 인한 손실을 피할 수 없다. 자재나 부품도 비쌀 때 많이 사서 재고로 보유하고 있으면 시간이 지남에 따라 자재 가격이 하락하여 원가 경쟁력이 훼손된다.

유통 재고가 많은 경우, 제조 회사는 유통 회사로부터 가격 보상 압박을 받기도 한다. **가격 보상**이란, 유통 회사가 제조 회사로부터 납품받아 재고로 보유하고 있는 제품의 가격이 하락할 때 납품받은 당시 가격과 하락한 가격 간 차액을 제조 회사가 유통 회사에 지급하는 제도다. 예를 들어보자. 어떤 유통 회사가 제조 회사로부터 냉장고 2,000 대를 단가 200만 원에 납품받았다. 열심히 영업 활동을 하여 1,200 대를 판매하고 800 대가 재고로 남아 있다. 이때 제조 회사가 냉장고 납품 가격을 5% 할인하여 납품 단가가 190만 원으로 하락하면 어떤 일이 생길까? 유통 회사는 재고로 보유 중인 냉장고를 10만 원씩 더 비싸게 매입한 셈이 되므로, 제조 회사에 재고 800 대에 대해 10만 원씩 보상하라고 요구한다. 800 대 × 10만 원/대 = 8,000만 원이다. 가격 보상 비용은 제품에 따라 매출액의 1% 미만에서부터 많게는 매출액의 7%가 넘은 사례도 있다.[111]

잘 팔리는 인기 있는 제품을 더 만들고 싶어도 그러지 못하는 경우가 많다. 필요한 자재나 부품이 없어서 그렇다. 그 자재를 인기 없는 제품을 만드는 데 이미 투입했기 때문이다. 즉 재고로 쌓여 있는 제품에 자재를 투입하지 않았더라면, 잘 팔리는 제품을 더 많이 생산할 수 있었을 것이다. **안 팔리는 제품의 재고 때문에 잘 팔리는 제품을 더 많이 만들지 못해 발생하**

---

110) 박성칠, 앞의 책, p.141
111) 서병교, Global Optimal을 위한 Supply Chain 재편, 삼성SDS CPIM 협회 Summer Session 발표, 2008.07.25

는 기회 비용이다.

제품 교체기에 기존 제품의 재고가 많으면 **신제품 출시**가 **지연**되기도 한다. 기존 제품의 재고가 많을 때 신제품이 출시되면 기존 제품에 대한 수요가 급감하든가 오히려 신제품에 대한 반응이 좋지 않을 수도 있다. 신구 제품 간 **카니벌라이제이션**(cannibalization) 현상이다. 그래서 경영진은 기존 제품의 재고를 모두 소진한 이후로 신제품 출시 시기를 늦추게 되는 악수를 두게 된다. 이러면, 신제품 개발의 핵심 경쟁력이 출시 기간인데, 기존 제품의 재고로 인해 신제품의 출시가 지연되는 폐해가 생긴다. 제품 전환 계획에 대해서는 「개발 관리」 편에서 자세하게 다룰 예정이다.

재고의 폐해 중 제일 심각한 것은 **재고가 문제를 감춘다는 점**이다. 차질이 발생해도 원활하게 돌아가도록 하는 완충 작용이 재고의 역할이라고 했다. 그 완충 기능 때문에 문제가 있어도 원활하게 돌아가니 어떤 문제가 있는지 미처 알아채지 못하게 된다. 즉, 재고는 **현장의 비효율적이고 낭비적인 요소를 숨기는 악영향**을 미친다. 박성칠 박사는 "완제품 재고로 인하여 시장의 변화에 둔감하고, 재공으로 공정 내의 설비 문제에 둔감해지고, 자재 재고로 인하여 협력업체와의 대응력이 약화된다. 재고는 기본적으로 완충 장치다. 완충 장치가 없어져야 문제가 드러나고 체질이 강화된다"라고 했다.[112]

---

112) 박성칠, 앞의 책, pp.142-143

4.3 재고 유형

4.3.1 다양한 이름의 재고

앞에서 제품이 생산된 후 판매되기 전까지의 상태가 재고라고 했다. 완제품 재고뿐만 아니라 원자재나 부자재도 제조 공정에 투입되기 전 상태가 재고다. 업종과 회사에 따라 부르는 명칭은 자재 재고, 부품 재고, 원료 재고 등 다양하다. 제조 공정에 투입됐으나 아직 완제품 형태로 생산 과정이 완료되지 아니한 것도 재고다. 공정 중 재고다. 재공 재고라고도 한다. 제조 단계별로 재고를 구분하면 세 가지 유형이 있다. 일종의 형태적 구분이다.

- **자재 재고** (raw material inventory)
- **재공 재고** (WIP: work-in-process inventory)
- **완제품 재고** (finished goods inventory)

완제품 재고도 공급망 중 어디에 위치하는지에 따라, 공장 재고, 생산 법인 창고 재고, 운송 중 재고, 판매 법인 창고 재고, 유통 재고, 매장 재고 등으로 세분할 수 있다. 형태적 구분의 일종인 **파이프라인 재고**는 프로세스 과정 중에 있는 재고다. 송유관 안에 있는 기름처럼 운영 중에 항상 존재하는 재고다. **운송 중 재고**가 대표적이다. 유통망에 깔린 재고도 파이프라인 재고의 일종이다. 제조 과정 중에 있는 것은 **재공 재고**라고 따로 구분해서 부르기도 한다. 이 재고는 물류/유통이나 공장 가동을 중단하지 않는 한 피할 수 없는 재고다. 파이프라인 재고는 공정이 길고 파이프라인에 체류하는 시간이 길수록 많으며, 공정이 단순하고 체류 시간이 짧을수록 적다.

재고를 용도나 특성에 따라 나누기도 한다. **안전 재고**는 수요의 불확실성과 공급의 변동성을 대비하기 위해 보유하는 재고다. 예기치 못한 원부자재 조달 차질, 생산 차질, 수요 증가 등에 대비하기 위한 재고. **완충 재고**라고도 한다. 뒤에 더 자세하게 다룰 예정이다.

주기 재고 또는 순환 재고는 주문 주기 동안 버틸 재고다. 만약 일주일에 한 번씩 자재를 주문한다면, 일주일 동안 사용할 만큼의 자재를 확보하고 있어야 한다. 주문 주기가 한 달이라면 한 달치 재고를 확보해 둬야 한다.

계절적 이유나 이벤트 등을 앞두고 미리 생산하여 비축하는 재고는 **비축 재고** 또는 **계절 재고**다.

파업, 분쟁, 원자재 가격 급등 등의 리스크에 대비한 **헤지(hedge) 재고**도 있다.

운전 재고는 생산과 판매에 차질을 주지 않고 일상적인 경영 활동을 원활하게 지속하기 위해 보유하는 적정 규모의 재고다. 정상 재고라고도 한다.

적정 규모를 벗어나서 쌓여 있는 재고는 **체화** 재고 또는 **체류** 재고다. 시간이 흘러도 잘 팔리지 않아 **부진** 재고가 되고, 유통 기한이 임박함에 따라 **불량** 재고, **악성** 재고가 된다. 수요 변화나 상품 가치 하락 등으로 정상적인 판매를 하지 못해 **사장** 재고, **불용** 재고가 되어 땡처리되거나 폐기되기도 한다. 이 밖에도 회사에 따라 다양한 명칭의 재고가 있다.

4.3.2 안전 재고 (safety stock)

앞에서 **안전 재고**는 수요의 불확실성과 공급의 변동성을 대비하기 위해 보유하는 재고라고 했다. 재고를 어느 정도 보유해야 안전할까? 재고 관리 교과서에 자세하게 나온다.

안전 재고는 이론적으로 다섯 가지 변수로 계산된다. 다섯 개 변수는 공급 변동성을 나타내는 리드타임의 평균(μ_L)과 표준 편차(σ_L), 수요 불확실성을 표현하는 수요의 평균(μ_D)과 표준 편차(σ_D), 서비스 수준 또는 결품률을 반영하는 안전 인자 k다. 안전 재고 S는

$$S = k\sqrt{\mu_L \sigma_D^2 + \mu_D^2 \sigma_L^2}$$

로 계산한다.[113]

안전 인자는 서비스 수준에 영향을 주는 요소다. **서비스 수준**은 수요를 충족시키는 확률이다.[114] 안전 인자 k는 결품 없이 수요를 만족시키는 확률의 '역 누적 분포 함수'이므로 정규 분포표에서 구하면 된다. 엑셀에서 제공하는 'normsinv' 함수로도 쉽게 구한다. 예컨대 서비스 수준을 90%로 유지하려면 안전 인자 k는 normsinv(90%) = 1.2816이 된다. 수요가 μ +1.2816σ 이하일 확률이 90%라는 의미다. 안전 인자 k가 클수록 결품이 줄어들고 서비스 수준은 높아진다.

실제 현실에서는 이 계산식 대신 다른 방식을 쓰는 경우도 있다. 일례로

$$S = (1-\alpha) \times \mu_L \times \mu_D$$

는 앞에 나왔던 다섯 개의 변수 중 공급 리드타임의 평균(μ_L)과 수요의 평균(μ_D) 두 개는 그대로 사용한다. 두 변수의 곱 즉 ($\mu_L \times \mu_D$)는 리드타임

---

113) Wikipedia, https://en.wikipedia.org/wiki/Safety_stock
114) 재고가 부족하여 수요에 대응하지 못하는 확률이 **결품률**이므로, 서비스 수준은 (1 - 결품률)과 같다. 서비스 수준을 영어로 'probability of no stockout' 즉 '결품이 생기지 않을 확률'이라고 표현하기도 한다. 서비스 수준이 90%라면 결품률이 10%이고, 서비스 수준이 95%이면 결품이 발생할 확률이 5%라는 뜻이다.

기간 중에 팔릴 것으로 예상되는 수요다. 세번째 변수 α는 **예측 정확도**다. 이론적인 계산식에 쓰였던 변수 중 공급 리드타임의 표준 편차(σ_L), 수요의 표준 편차(σ_D), 안전 인자 k, 이 세 개의 변수가 예측 정확도(α) 하나로 단순화되었다. 예측 정확도가 공급 변동성(σ_L), 수요 불확실성(σ_D), 서비스 수준 또는 결품률을 반영하는 안전 인자 k를 모두 반영한 결과이기 때문에 이렇게 단순한 계산식을 선호하는 기업도 있다. 수식에서 알 수 있듯이, **안전 재고량은 예측 역량에 반비례**한다. 예측 역량이 부족하여 정확도가 낮으면 많은 안전 재고가 필요하고, 역량이 뛰어나 예측 정확도가 높으면 안전 재고를 조금만 보유해도 된다.

이 밖에도 회사마다 특성에 맞게 다양한 방식으로 안전 재고를 계산한다. 안전 재고를 최대 수요와 평균 수요의 차이로 정하는 경우도 있다. 수식으로 표현하면, (하루 최대 수요 × 최대 공급 리드타임) - (하루 평균 수요 × 평균 공급 리드타임)이 된다. 이 방식은 최대 수요를 정하기 쉽지 않다는 현실적인 어려움이 있다.

예시: 안전 재고 계산

어떤 제품이 하루 평균 500 박스 판매되고 (μ_D=500), 표준 편차가 100 박스라고 (σ_D=100) 하자. 또 공급 리드타임 평균이 10일이고 (μ_L=10), 표준 편차는 1일이라고 (σ_L=1) 하자. 안전 인자 k는 목표 서비스 수준을 90%로 하는 경우 'k = normsinv(90%) = 1.2816'이다.

먼저 $S = k\sqrt{\mu_L \sigma_D^2 + \mu_D^2 \sigma_L^2}$ 계산식으로 안전 재고를 구하면

$$S = 1.2816 \times \sqrt{10 \times 100^2 + 500^2 \times 1^2} = 758.18 \text{ 박스}$$

이다. 서비스 수준을 95%로 높이려면 k=1.6449이므로 973.11 박스, 99%로 높이려면 1,376.29 박스, 99.9%로 높이려면 1,828.21 박스를 안전 재고로 보유해야 한다.

    수식에서 알 수 있듯이, 공급 리드타임의 표준 편차(σ_L)나 수요의 표준 편차(σ_D)가 클수록 안전 재고량은 증가한다. 가령 리드타임의 산포가 두 배로 늘어나서 표준 편차(σ_L)가 2일이고 수요의 불확실성도 두 배로 커져 표준 편차(σ_D)가 200 박스라면, 90% 서비스 수준을 유지하기 위한 안전 재고는

$$S = 1.2816 \times \sqrt{10 \times 200^2 + 500^2 \times 2^2} = 1,516.35 \text{ 박스}$$

이다. 758.16 박스의 두 배로 늘게 된다.
    다음으로 $S = (1-\alpha) \times \mu_L \times \mu_D$ 계산식으로 안전 재고를 구해보자. 열흘 동안 하루 평균 500 박스이므로, ($\mu_L \times \mu_D$ = 10일 × 500 박스/일 = 5,000 박스)다. 즉,

$$S = (1-\alpha) \times 5,000$$

가 된다. 예측 정확도가 0%라면, 즉 (α=0)인 경우, 위 식에서 안전 재고 S = (1-0) × 5,000 = 5,000 박스다. 정확도가 50%라면 2,500 박스, 70%라면 1,500 박스, 80%라면 1,000 박스, 90%라면 500 박스만 있으면 된다. 만일 예측 정확도가 100%라면, 즉 (α=1)인 경우, 위 식에서 S = 0이다. 정확도가 100%이니, 항상 완벽하게 예측한다는 뜻이고, 완벽한 예측이므로 안전 재고를 보유할 이유가 없다. 상당히 직관적이고 실용적인 계산 방식이다. 이 계산식은 공급 리드타

임이 긴 경우보다 짧은 경우에 사용하는 게 좋다.

경영자는 고민한다. 안전 재고를 많이 보유해도 여전히 안전하지 않기 때문이다. 얼마나 많은 재고를 쌓아야 안전할까? 100% 안전할 수는 없다. 결품을 허용하지 않는다는 말은 서비스 수준이 100%라는 뜻이다. 서비스 수준 100%는 정규 분포 그래프에서 누적 확률이 1이라는 뜻이다. 무한대의 재고가 필요하다. 불가능하다. 높은 서비스 수준을 위해서는 많은 재고라는 대가를 치러야 한다. 경영자는 결정해야 한다. 어느 정도의 결품을 감내할 것인지, 안전 재고를 얼마나 보유할 것인지 정해야 한다.

4.4 재고 관리 주요 지표

재고를 파악하니, 가령 2만 박스라고 가정하자. 그 정도면 많은가, 적은가? 얼마만큼의 재고를 보유해야 하는지 **적정 재고**에 대한 기준이 필요하다. 재고 수준을 나타내는 대표적인 지표는 재고량, 재고 금액, 재고 일수, 재고 회전율이 있다. 그 외 재고 정확도, 결품률, 재고 보유 비용, 재고 폐기율 등의 지표도 있다.

4.4.1 재고량과 재고 금액

가장 간단하게 측정하는 지표가 **재고량**이다. 재고량은 어느 특정 시점의 재고로 측정할 수도 있고, 기초 재고와 기말 재고의 평균으로 측정하기도 한다. 재고량은 완제품, 반제품, 원부자재 등 제조 단계별로 파악하기도 한다. 보관 위치에 따라 공장 재고, 생산 법인 창고 재고, 판매 법인 창고 재고 등으로 구분하여 파악하기도 한다. 손 안에 확보하고 있는 보유 재고뿐만 아니라 도착 예정 재고나 운송 중 재고 등으로 나눠 파악하기도 한다.

품목이 다양한 경우에는 전체 재고를 수량으로 파악하는 게 적절하지 않을 수 있다. 식빵, 케이크, 양말, 신발 등은 단가 차이가 크므로 총재고를 수량보다는 금액으로 집계하는 게 편하다. **재고 금액**은 각 SKU별 수량에 단가를 곱하여 계산한다. 이 단가는 판매 단가를 쓸 수도 있지만, 판가보다는 **매출 원가**를 사용하는 경우가 흔하다. 재고는 아직 매출이 발생하지 않은 상태이므로 판가보다는 원가 기준, 매출액보다는 단위당 매출 원가를 사용하는 게 좀 더 자연스럽다.

4.4.2 재고 일수(日數)

재고량이나 재고 금액은 재고 수준의 절대적인 크기를 나타낸다. 지금 보유 중인 재고로 며칠 정도 버틸 수 있는지도 궁금하다. 이 상대적인 크기가 **재고 일수**다.

예를 들어보자. 어떤 제품의 재고가 50 톤 있다. 이 제품은 하루에 평균 10 톤씩 생산된다고 가정하자. 재고 50 톤은 하루 10 톤씩 5일간 생산해야 하는 분량이다. **생산 기준 재고 일수**는 5일이다. 공장에 문제가 생겨도 5일간 버틸 수 있다는 의미다. 판매 기준으로도 계산해보자. 만약 이 제품이 하루에 평균 5 톤씩 팔린다면 재고 50 톤은 10일 동안 판매할 수 있는 분량이다. **판매 기준 재고 일수**는 10일이다.

앞의 일평균 생산량과 일평균 판매량은 과거 특정 기간의 평균치를 사용한다. 대개 과거 4주 또는 8주 기간의 평균을 많이 사용한다. 평균치를 정할 때 과거 실적도 중요하지만 미래 예측도 중요하다. 과거 4주 실적과 미래 4주 예측을 단순 평균 또는 가중 평균해서 사용하는 경우도 많다.

4.4.3 재고 회전율 (inventory turnover)

재고 회전율은 재고가 매출로 전환되는 속도를 측정하는 지표다. 재무제표의 매출 원가를 평균 재고 금액으로 나눈 값이다.[115] 평균 재고 금액은 기초 재고 금액과 기말 재고 금액의 평균값을 사용한다. 예컨대 기초 재고가 30억 원, 기말 재고가 50억 원인 경우, 평균 재고 금액은 40억 원이다. 만약 연간 매출 원가가 1,460억 원이라면 재고 회전율은 36.5다.

재고 회전율 = 1,460억 ÷ 40억 = 36.5

평균 40억 원의 재고가 1년에 36.5 회전한다는 뜻이다. 1년이 365일이므로 36.5 회전은 10일에 1 회전한다는 의미다. 1 회전에 해당하는 10일이 재고 일수다. 평균 재고 금액 40억 원은 10일치 판매 분량이다. 그래서

재고 회전율 = 365 ÷ 재고 일수
재고 일수 = 365 ÷ 재고 회전율

---

115) 매출 원가 대신 매출액을 평균 재고 금액으로 나누기도 한다.

관계가 성립한다. 일반적으로 재고 회전율이 높을수록 좋다.[116]

4.4.4 재고 정확도

재고 정확도는 장부상 재고와 실물 재고가 어느 정도 일치하는지를 측정하는 지표다. 장부상 재고 또는 시스템상 재고와 실제 현장의 재고는 이론적으로는 정확하게 일치해야 한다. 정보와 실물이 일치해야 하므로 **정물일치**(情物一致) 원칙이라고 한다.

도난, 파손, 자연 감모 등의 이유로 실물 재고가 장부상 재고보다 적은 경우가 많다. **선입 선출 (先入先出) 원칙**을 지키지 않아 곡식이 썩는 폐해는 조선왕조실록에도 나온다. 태종때다. 의정부는 창고에 보관한 곡식이 썩는 원인으로 (1) 곳간이 부실하여 지붕이 새고 바닥이 습한 것과 (2) 새 곡식과 묵은 곡식을 분간하지 않고 섞어 쌓는 것을 들었다. 전국의 창고에 감독관을 파견하여 "만일 곳간이 부실하여 썩고 손실되었거나, 새 것 묵은 것을 섞어 쌓은 자가 있으면" 죄를 물어야 한다고 건의했고, 태종은 바로 시행하라고 지시했다.[117] 현장 운영 담당자가 입출고 수량이나 보관 위치를 잘못 기표하여 발생하는 오차도 있다. 그래서 주기적으로 **재고 실사** 작업을 한다.

---

116) 한국경제연구원이 우리나라 상장 기업의 재고 회전율을 분석했더니 2008년부터 2018년까지는 대략 9.5~11 회였다. 그러다가 2019년 이후 8~9 회로 급격하게 하락하였다. 참고로 한국경제연구원은 재고 회전율을 (매출액 ÷ 평균 재고 자산)으로 계산했다. 한국경제연구원, 법인세법 개정안 통과가 시급한 5가지 이유, 2022.12.07, https://www.fki.or.kr/main/news/statement_detail.do?bbs_id=00034789&category=ST
117) 태종실록 18권, 태종 9년 7월 17일 정해 2번째 기사 1409년, https://sillok.history.go.kr/id/kca_10907017_002

재고 실사는 얼마나 자주해야 하나? 회사마다 다르다. 사업의 특성과 보관 물품의 물성에 따라 다르다. 창고가 크지 않고 재고량이 많지 않으며 고가의 물품인 경우에는 한두 달에 한 번씩 실사를 하는 것이 좋다. 수많은 품목을 상온, 저온, 냉동 등 다양한 온도대로 보관하고 있는 대형 창고인 경우에는 실사 작업을 자주 하기 어렵다. 전체 재고에 대한 실사 작업을 마치는데 며칠 걸린다. 규모가 큰 회사는 일주일 이상 걸리기도 한다. 실사 작업 중에는 입출고를 하지 못하니 주말이나 야간에 실사를 하는 경우도 많다. 전체 재고 실사는 1년에 한두 차례 정도 한다.

평소에는 **사이클 카운팅**을 한다. 일부 제품이나 창고의 일부 보관 구역에 대해서 매일, 매주, 또는 매달 돌아가며 소규모로 실사하는 방식이다. 예컨대 이번 주 수요일에 SKU 1과 2를 실사하고, 다음 주 수요일에는 SKU 3과 4를 조사한다. 실사 대상이 소규모이고 작업 시간이 길지 않으므로 입출고 업무를 중단할 필요가 없다.

| 예시: 재고 실사

물류 전문가이자 문학가인 천동암 박사의 소설 『물류부장 오달수의 하루: 일본편』에 재고 실사에 대한 내용이 나온다.[118] 인수 합병한 일본 회사는 제품 보관을 외부 삼자 물류 회사에 위탁하고 있다. 본사의 물류 담당 오달수 부장은 일본으로 출장간다. 장부상 재고와 물류 회사가 운영하고 있는 창고의 실제 재고가 일치하는지 실사 작업을 하기

---

118) 천동암, 물류부장 오달수의 하루 - 일본편, 가산출판사, 2016, pp.58-60, p.64

로 한다. 재고 실사를 위해 이틀간 영업을 중단한다.

　실사 작업은 동일한 창고에 대해 세 차례로 나눠 수행한다. 1차는 물류 회사가 자체적으로 조사한다. 2차와 3차는 오 부장의 실사A팀과 실사B팀이 각각 수행한다. 두 실사팀은 독립적으로 실사한다. 동일한 재고에 대해 세 번 실사를 하는 셈이다. 세 차례 조사한 수량에 차이가 있으면 물류 회사, 실사A팀, 실사B팀이 공동으로 재고를 조사하여 최종 수량을 합의한다. 최종 실사 결과에 대해 물류 회사와 실사팀이 서명한다. 이 서류가 나중에 시스템 재고와 차이나는 물량에 대해 보상을 요구하는 근거가 된다.[119]

4.5 재고 파악

　재고를 파악하는 방법에 대해 살펴보자. 재고는 IT 시스템을 활용하면 거의 실시간으로 매우 정확하게 파악 가능하다. 재고에 대한 종합적인 정보는 ERP 시스템에 있다. 자재 재고, 재공 재고, 완제품 재고, 운송 중 재고 각각에 대한 상세한 현황은 해당 전문 솔루션에 있다.

(1) **자재 재고**에 대한 세부 정보는 구매 관리 시스템인 PMS(Procurement Management System)나 SRM(Supplier Relationship Management)을 통해 파악한다. 자재 재고를 WMS(Warehouse Management System)로 관리하기도 한다.

---

[119] 이것은 천동암 박사가 실제로 재고 실사하는 방식이다. 인터뷰: 천동암 대표, 더코어, 2024.08.23

(2) **재공 재고**는 MES(Manufacturing Execution System)를 활용하면 공장별 라인별 공정별로 어떤 자재나 반제품이 얼마나 체류 중인지 실시간으로 알게 된다.
(3) **완제품 재고**는 WMS를 활용하여, 어느 제품이 언제 얼마나 입고되었고 창고 내 어느 위치에 보관되어 있는지 파악한다.
(4) **운송 중 재고**는 TMS(Transportation Management System)를 통해 언제 어디에서 어디로 얼마나 이동 중인지 안다.

4.5.1 리틀의 법칙 (Little's law)

재고 관리 전문 솔루션을 도입하지 않아 IT 시스템의 도움을 받기 어려운 경우에는 리틀의 법칙을 활용하면 된다. 이 법칙은 산업공학에서 연구하는 분야 중 대기 이론에 관한 획기적인 연구 성과다. 대기 이론은 얼마나 많은 사람이 올지, 줄 서는 사람이 얼마나 많을지, 얼마나 긴 시간 동안 줄을 서야 할지, 대기 시간을 줄이려면 서비스 창구를 몇 개로 만드는 게 적정한지 등을 연구한다.

MIT의 존 리틀 교수는 1961년 발표한 논문에서 고객수(L)는 도착률(λ)과 체류 시간(W)의 곱이라고 밝혔다.[120] 이것이 나중에 '**리틀의 법칙**'으로 불리면서 유명해졌다.

$$L = \lambda W$$

---

120) John D. C. Little, A Proof for the Queuing Formula: L = λW, Operations Research, Vol. 9, No. 3, 1961.06, pp.383-387

마트, 콜센터, 식당, 은행 등 서비스 업종뿐만 아니라 제조 업종에도 많이 적용되어 온 이론이다. IT 시스템의 도움을 받지 못하는 경우, 리틀의 법칙을 활용하여 재고량과 재고 일수를 계산하는 방법을 살펴보자.

| 예시: 재공 재고 계산

재공 재고 계산에 활용하는 예시다.

> 리틀 교수의 또 다른 논문에 나와 있는 반도체 공장의 웨이퍼 사례다.[121] 어떤 반도체 공장에서는 매일 평균 1,000 장의 웨이퍼가 공정에 투입된다. 이 공장의 제조 리드타임은 45일이다. 공정 중에 있는 웨이퍼 재고는 몇 장일까? 리틀의 법칙에 따라 계산하면,
> 재공 재고(L) = 투입률(λ) 1,000 장/일 × 제조 리드타임(W) 45일
> 즉, 45,000 장이다.

| 예시: 재고 일수 계산

> 창고를 방문하여 보관 중인 제품을 세어보니 재고량(L)이 1,000 장이다. 공장에서 하루 평균 200 장씩 생산하여 창고로 보낸다. 즉, 도

---

[121] John D. C. Little, Stephen C. Graves, Chapter 5 Little's Law, D. Chhajed, T. J. Lowe (eds.), Building Intuition: Insights From Basic Operations Management Models and Principles, Springer Science+Business Media, LLC, 2008, pp.81-100

착률(λ)이 '200 장/일'이다. 평균 체류 기간(W)은 얼마일까?

리틀의 법칙에 따라 (L = λW)이므로, (W = L ÷ λ)이다. 따라서

$$평균\ 체류\ 기간(W) = \frac{재고량(L)\ \ 1000\ 장}{도착률(λ)\ \ 200\ 장/일} = 5일$$

이다. 즉 재고 일수는 5일이다.

| 예시: 채권 회수 기간 계산

리틀의 법칙을 재무 분야에 적용한 예를 살펴보자.

어떤 회사의 매출액이 3,650억 원/년이고 매출 채권이 300억 원이다. 이 회사의 평균 채권 회수 기간은 며칠일까? 리틀의 법칙에 따라,

$$채권\ 회수\ 기간(W) = \frac{매출\ 채권(L)\ 300억\ 원}{매출액(λ)\ 3,650억\ 원/년} \times 365일/년 = 30일$$

이다. 평소에 흔히 하는 방식으로 계산해 보자. 매출 채권 회전율은 매출액 3,650억 ÷ 매출 채권 300억 = 12.17이다. 연간 12.17 회전이므로, 평균 회수 기간은 365일 ÷ 12.17 = 30일이다. 같은 결과다.

4.6 재고 보충 (inventory replenishment) 원칙

재고가 부족하면 보충해야 한다. 유통 회사라면 재고가 부족할 때 제조

회사에 구매 주문을 낸다. 제조 회사는 완제품 재고가 부족할 때 영업 부서가 제조 부서에 생산을 요청한다. 사내 거래로 치면 영업 부서가 제조 부서에 주문을 내는 셈이다. 원자재나 부자재 재고가 부족하면 공급사에 구매 주문을 한다. 중앙 창고에서 지역 창고로 물품을 옮기는 것도 일종의 재고 보충이다.

언제 얼마나 보충하는지를 정하는 방식은 다양하다. 보충 시기에 따라 정기 보충 방식과 수시 보충 방식으로 나눌 수 있다. 보충 수량에 따라 정량 보충 방식과 변량 보충 방식으로 나눌 수 있다.

정기 보충 방식은 일정한 주기로 재고를 보충하는 방식이다.[122] 예컨대 매주 월요일 보충하는 것이 정기 보충 방식이다. 정기 보충 방식은 수요 불확실성이 크고 보충 주기가 긴 경우에는 재고 부족 현상이 발생할 수도 있다.

수시 보충 방식은 보유 중인 재고량이 일정 수준 이하로 떨어질 때 보충하는 방식이다. 그 일정 수준이 **ROP**(Re-Oder Point, 재주문점)다. 재주문점은 통상 공급 리드타임 동안의 평균 수요량에 안전 재고를 더하여 계산한다. 예컨대 하루 평균 수요량이 200 개이고 공급 리드타임이 3일이며 안전 재고가 500 개라면 ROP는 1,100 개다.

$$\text{ROP} = 200 \text{ 개/일} \times 3\text{일} + 500 \text{ 개} = 1{,}100 \text{ 개}$$

실시간으로 재고 현황을 살피다가 재고가 1,100 개로 떨어지면 보충 주문을 내면 된다.

---

[122] 보충 주기(period)가 일정하므로 POQ(Periodic Order Quantity), fixed time period system, fixed order interval model(정기 주문 간격 모형), fixed order period system(정기 발주 체계), P-모델 등으로 부르기도 한다.

과거에는 실시간으로 재고 현황을 파악하기 쉽지 않았기 때문에 일정한 주기로 재고를 점검했다. 점검 주기도 1개월이거나 빨라야 일주일 정도였다. 그러니 정기 보충 방식을 선호했다. 요즘은 IT 시스템이 발전하여 재고 현황을 실시간으로 파악할 수 있다. 재주문점도 곧바로 계산한다. 수시 보충 방식을 쓰기 편해졌다.

다음은 보충량에 따라 나뉘는 정량 보충 방식과 변량 보충 방식에 대해 살펴보자. 보충량을 흔히 **ROQ**(Re-Order Quantity, 재주문량)라고 부른다.

정량 보충 방식은 항상 일정한 수량만큼 보충하는 방식이다.[123] 보충량을 계산하는 방식 중 제일 유명한 것이 **EOQ**(Economic Order Quantity, 경제적 주문량)다. 재고 보유 비용과 주문 비용을 모두 감안하여 전체 재고 비용을 최소로 하는 주문량이 경제적 주문량이다. 연간 수요량을 D, 단위당 주문 비용을 S, 단위당 연간 재고 유지 비용을 H로 표기하면, EOQ는 $\sqrt{2DS \div H}$이다.[124] EOQ 계산식은 몇 가지 가정에 바탕을 두고 있다. 가령 완제품 수요나 원부자재 소요량이 일정하고 균일하며, 생산 능력이 무한대이므로 원하는 만큼 얼마든지 공급 가능하며, 공급 리드타임이 0이라 발주하면 즉시 도착한다는 비현실적인 가정을 한다.[125] EOQ 계산식을 맹목적으로 적용하지 말고, 각 기업의 보충량을 정하는 데 참고하는 정도로만 활용하는 게 좋다.

변량 보충 방식은 보충량이 일정하지 않고 수요 흐름에 맞게 변동하는 방식이다. 대개 목표 재고 수준을 정해두고 보충량을 계산한다. 목표 재고 수준에는 안전 재고도 포함된다. 보충할 수량, 즉 재주문량은 목표 재고 수

---

123) 보충량(quantity)이 일정하므로, FOQ(Fixed Order Quantity), 정량 발주 체계(fixed order quantity system), 고정 주문량 체계, Q-모델 등으로 부른다.
124) 안영진, 유영목, 21세기 기업 경쟁력강화를 위한 생산운영관리, 박영사, 1999, pp.442-444
125) 인하대학교 물류산학협력센터, 물류학원론, 서울경제경영출판사, 2009, p.330

준에서 보유 중인 재고를 뺀 수량이다.

재고를 보충할 때 고려해야 하는 제약 중에 **MOQ**(Minimum Order Quantity, 최소 주문량)란 게 있다. 한 번에 주문할 수 있는 최소 수량이다. 예컨대 영업 부서가 제조 부서에 생산해 달라고 요청할 때 로트 크기 따위의 생산 공정 제약 때문에 일정 수량 이상으로만 생산하는 경우가 많다. 공급사에 발주할 때, MOQ보다 적은 수량으로는 주문을 받지 않는 공급사가 많다. MOQ를 감안하여 보충 전략을 세워야 한다.

4.6.1 ABC 분석: 선택과 집중

취급하는 품목이 많은 경우 자주 사용하는 기법이 **ABC 분석**이다. 모든 품목이 다 중요하다고 해서 동일한 중요도로 보고 같은 노력을 기울일 수는 없다. 이런 경우 흔히 적용하는 80 대 20 기준을 활용한다. 예를 들어, 재고 가치나 중요도가 전체의 80%에 해당하는 매우 중요한 품목들을 A등급, 그다음 15%에 해당하는 품목들을 B등급, 나머지 5%인 품목들을 C등급으로 정한다.

A등급 품목에 대해서는 상시적으로 엄격하고 정확하게 재고 수준을 점검하고 가장 높은 관심을 기울인다. 재고 보충은 적은 수량으로 자주 한다. C등급 품목에 대해서는 주기적인 관심을 기울인다. 재고 보충은 이따금씩 많은 수량으로 보충한다. B등급 품목은 A와 C등급의 중간 정도로 관심을 기울인다.[126]

---

126) 안영진, 유영목, 앞의 책, p.561

4.7 재고는 누구 책임?

재고는 누구 책임인가? 바꿔 말하면 누가 관리해야 하는가? 귀책사유를 살펴서 정하면 된다. 먼저 재고와 관련된 프로세스를 명확하게 정해야 한다.

앞에서 살펴봤듯이 계획이 확정되기까지 순서는 "수요 예측 → 판매 예측 → 공급 계획(안) → 수요 측과 공급 측의 합의 → 공급 계획과 판매 계획 확정"이다. 또 "합의 계획 = 공급 계획 = 판매 계획"이라고도 했다. 영업, 마케팅, 제조, 구매, 개발, 물류, 재무 등 수요 측과 공급 측이 합의한 단일 계획이 확정되면 그 계획에 맞게 각 부서별로 실행을 하게 된다. 실행 결과가 계획과 일치한다면 아무 문제없다. 계획대로 실행하지 못하면 실적에 차질이 발생하게 된다.

예상했던 것보다 더 많은 재고가 생기는 첫 번째 이유는 **판매 부진**이다. 계획했던 것보다 덜 판 원인은 무엇일까? 수요를 과다 예측하는 경우와 경쟁사를 과소평가하는 경우다. 둘 다 예측 주체의 책임이다. 주로 영업이 예측 주체이니 **영업 부서가 재고에 대한 책임**을 진다. 이 두 가지는 예측 역량이 부족하기 때문에 발생한다. 지속적으로 **예측 역량을 높이는 노력**을 기울여야 한다.

예상했던 것보다 더 많은 재고가 생기는 두 번째 이유는 **과다 생산**이다. 계획했던 것보다 더 많이 만들기 때문이다. 제조 부서가 생산 계획보다 더 많이 생산하면 재고가 발생한다. 이 재고는 **제조 부서가 책임**져야 한다. 당일 생산 목표를 일찍 달성한 경우 다음 날 예정된 물량을 미리 당겨서 생산하기도 한다. 어떤 제품을 계획한 만큼 모두 생산하면 다음 제품을 생산하기 시작해야 하는데 한가지 제품을 계속 생산하기도 한다. 작업 변경에 따른 비가동 시간을 줄여 기계 설비 효율을 높이겠다는 생산 담당자 재량이

야기하는 재고다. 최근에 많이 줄어들기는 했으나 여전히 이런 관행을 보이는 회사가 많다. **정품**을 **정시**에 **정순**으로 **정량**만큼 생산하도록 프로세스를 명확하게 하고 반드시 지키도록 엄격하게 통제해야 한다.

세 번째 이유는 **반품**이다. 판매했던 제품이 반품되는 예기치 않은 경우가 있다. 일시적으로 계획보다 많은 재고가 발생한다. 품질 검사를 제대로 하지 않아 불량품이 납품되었을 수도 있다. 제조나 품질 담당 부서의 책임이다. 운송 중에 제품의 변질이나 파손이 발생하는 경우에는 물류 부서가 책임진다. 그 외 귀책 사유를 명확하게 밝히기 어려운 이유나 납득하기 어려운 사유로 고객이 반품하는 경우에는 고객 관리를 담당하는 영업 부서가 책임진다.

재고가 이슈인 회사 중에는 재고 감축을 위해 **재고 실명제**를 적용하는 회사도 있다. 재고를 발생시킨 책임을 져야 하는 사람이나 조직을 명시한다.[127] 실명제를 시행하면 실무자들이 소극적인 입장을 취하게 되거나 부서 간 협업이 어려워지는 부작용이 나타나기도 한다. 재고 책임이 무섭다고 덜 만들다가 결품이 발생하면 그 책임은 또 누가 져야 할까? 결품 실명제도 도입해야 할까? 부분의 최적화가 전체 최적화를 저해하는 격이다.

재고를 100% 완벽하게 통제하려면 각 부서가 계획대로 실행하면 된다. 구매 부서는 조달 계획대로 발주하여 생산에 차질이 생기지 않도록 자재를 입고하면 된다. 제조 부서는 생산 계획대로 만들면 된다. 물류 부서도 운송 계획대로 실어 나르면 된다. 영업 부서도 판매 계획대로 팔면 된다. 이렇게 모든 부서가 한 치의 오차 없이 계획대로 실행하면 과잉 재고 때문에 걱정할 일이 없다.

---

127) 박성칠, 앞의 책, p.144

4.8 재고 감축

4.8.1 재고에 대한 인식: 애플과 삼성전자

애플의 CEO인 팀 쿡(Tim Cook)은 재고를 증오했다. 과도한 재고가 회사의 재정을 좀먹는다는 이유로 재고를 악한 것으로 묘사했다. 재고 관리를 낙농 사업처럼 관리해야 한다고 강조했다. 그는 애플에 합류한 지 7개월 만에 재고를 30일치에서 단 6일치 물량으로 줄였다.[128]

윤종용 **삼성전자** 전 부회장은 재임 시 『뉴스위크』와 인터뷰에서 초밥이든 휴대전화든 상하기 쉬운 상품은 속도가 핵심이고, 생선도 하루나 이틀 지나면 가격이 떨어진다며, 횟집과 디지털 산업이나 재고는 해롭고 속도가 전부라고 강조했다.[129]

4.8.2 사례: 디에스이트레이드 서비스 부품 재고 감축

자동차나 가전 제품 등이 고장나서 서비스 기사를 부르거나 수리점을 찾아 간다. 하필 고장난 그 부품이 없어서 수리하는데 오래 걸린다고 한다.

---

[128] 린더 카니, 팀 쿡: 애플의 새로운 미래를 설계하는 조용한 천재, 안진환 옮김, 다산북스, 2019, pp.125-128
[129] Interview - CEO Yun, Digital Masters - Inside story: How South Korea's Samsung rose from also-ran to leader of the worldwide race to digitize your life, Newsweek, 2004.10.11

4. 재고 관리 (Inventory Management)

부아가 돋는다. 그 회사 제품을 다시는 사지 않겠다고 다짐한다.

제품을 판매한 회사는 고장에 대비하여 서비스 부품을 미리 재고로 보관하고 있어야 한다. 어떤 부품을 얼마나 보관해야 할지 예측하기 쉽지 않다. 재고가 부족하면 수리 기간이 길어져 소비자 불만이 높아지고 제품이나 기업 이미지가 나빠지며 재구매로 이어지지 않아 손실이 발생한다. 재고를 너무 많이 보유하면 나중에 폐기해야 하니 손실이다. 서비스 거점(depot) 간 재고 불균형 때문에 발생하는 손실도 있다. 예컨대 핸드폰 액정을 교체해야 하는데, 신탄진 거점에 재고가 없다면 인근 대덕 거점으로부터 퀵 서비스로 전달받아야 한다. 돈도 아깝고 시간도 아깝다. 국제적인 사업을 하는 경우에는 서비스 자재의 권역간 재고 불균형 문제가 더욱 심각하다. 여차하면 비행기로 부품을 날라야 하기 때문이다.

서비스 부품에 대한 수요 예측은 완제품에 대한 수요 예측보다 훨씬 더 어렵다. 언제 어디에서 어떤 부품이 몇 개나 고장날지 예측하기 쉽지 않다. 완제품은 단종하고 나면 더 이상 얼마나 팔릴지 예측할 필요가 없다. 부품은 완제품을 단종한 이후에도 언제 어느 부품이 고장날지 여러 해 동안 꾸준히 예측해야만 한다.

이 어려운 과제에 도전하여 솔루션을 개발하고 실제 현장에 적용하여 효과를 거둔 사례가 있다. 디에스이트레이드 박수열 대표와 인터뷰한 결과를 정리했다.[130]

---

130) 인터뷰: 박수열 대표, 디에스이트레이드, 2024.03.20

D사는 트랙터와 컴바인 등 농기계 제조 전문 기업이다. 자율 작업 농기계와 로봇에 대한 연구도 매우 활발하게 하고 있다. D사는 전국에 17개의 부품 공급 대리점과 23개의 서비스 센터가 있다. 대구와 당진 등 전국 7개 서비스 거점에 5만여 종의 서비스 부품을 보관하고 있다. 해외 법인을 지원하기 위한 별도의 전용 창고도 있다.

일손이 부족한 농촌 특성상 장비 의존도가 매우 높다. 트랙터나 콤바인 같은 핵심 농기계가 고장날 때 즉시 수리하지 않으면 농사에 큰 차질이 생긴다. 그러니 고장에 대비한 서비스 부품을 필요한 수량 이상으로 충분히 많이 보관해 왔다. 대부분 부품 창고가 적재 공간이 부족할 정도로 과잉 재고 상태였다. 공급이 부족하고 수요가 많은 일부 부품은 담당자들이 서로 먼저 확보하려고 과다 예측하는 관행도 있었다.

이 문제를 해결하기 위해 SCM 전문 컨설팅 회사인 **디에스이트레이드**(DS-eTrade)가 나섰다. 현황을 분석한 후 먼저 프로세스를 재정의하고 부서별 역할과 책임을 조정했다. 이어 디에스이트레이드의 DSIO(Demand Supply Inventory Optimization) 솔루션을 적용했다.

DSIO의 **수요 예측** 모듈은 전통적인 통계 모형뿐만 아니라 최첨단 인공 지능 기법과 최적 알고리듬 추천(pick best) 기능까지 장착하고 있다. 언제 어떤 부품이 얼마나 필요할지 예측하기 위해 이 모듈을 사용했다. 이어서 최적 재고 수준을 산출하고 부품의 공급 특성을 감안한 ROP(Re-Oder Point, 재주문점)를 계산하기 위해 DSIO의 **목표 재고 시뮬레이션** 모듈을 적용했다. 마지막으로 발주 전략, 발주 주기, 발주량을 결정하기 위해 **발주 시뮬레이션** 모듈을 활용했다.

솔루션 도입의 효과는 컸다. D사는 서비스 부품 재고를 2개월치나 줄였다. 재고 금액은 13% 감소했고, 적기 공급률은 15% 포인트 증가했다. 수작업으로 발주량을 계산하느라 거의 매일 잔업을 하던 부품공급팀도, 일상적인 업무는 시스템을 통해 해결하고, 납기 임박 등 일부 예외 상황 대응에 집중할 수 있게 되었다.

4.8.3 재고 감축 방안: 지속적 개선

재고를 흔히 빙산에 비유한다. 눈에 보이는 것보다 수면 아래 감춰진 것이 훨씬 크다는 점에서 '재고 빙산의 일각'이라는 표현도 쓴다. 재고를 바닷물에 비유하기도 한다. 물이 많으면, 즉 재고 수준이 높으면 "그 속에 있는 온갖 바위들을 숨긴다. 바위는 바로 문제로 지적되는 기계 고장, 늦은 배달, 작업자의 나쁜 성과, 긴 생산 준비, 큰 로트 크기(대량 생산), 품질 변동, 부정확한 규격 등"을 상징한다. "바위를 제거하기 위해서는 우선 바위를 노출시켜야 하고, 또 이러한 바위를 노출시키기 위해서는 수면을 낮추어야" 한다.[131] 수면 아래 감추어진 암초는 쉽게 보이지 않는다. 암초에 부딪히면 배가 난파될 수도 있다. 보이지 않기 때문에 더 위험하다.

문제를 은닉하는 재고의 역기능 때문에 **볼보건설기계코리아** 석위수 대표는 "**재고(在庫)는 죄고(罪庫)**"라고 강조했다.[132] **삼성코닝** 대표이사였던 송용로 사장은 "재고 과다는 부실이다. 재고를 가지고 있는 한 업무 스피드

---

131) 송준호, 김인호, 경영학원론, 범한, 2009, p.187
132) 김용석, '재고는 죄고' 볼보 창원공장이 목표 세우면 세계공장 표어가 된다, 동아일보, 2009.11.06

를 낼 수 없다. 업무 스피드 손실은 측정할 수 없을 정도로 크다"며 생산을 중지할지라도 재고를 감축하라고 했다.[133]

재고를 줄여 체질을 개선하는 방법으로 **지속적 개선** 방식이 효과적이다.
(1) 재고 수준을 약간 줄인다. 아무 문제가 없으면 조금 더 줄인다.
(2) 문제가 노출된다. 제일 큰 암초가 제일 먼저 노출된다. 공급망에서 제일 약한 고리다.
(3) 이 제일 약한 고리의 문제 원인을 파악한다.
(4) 해결 방안을 찾아서 적용한다.

이 문제가 해결되면 다시 (1)단계로 돌아가서 재고를 더 줄이는 개선 과정을 반복한다. 끊임없이 재고 문제를 지적하고, 재고 줄이는 일을 지속적으로 강조하는 게 경영자의 책무다.

4.8.4 Just-in-Time vs. Just-in-Case

도요타는 자재 재고를 최소화하기 위해 린 생산 방식과 JIT(Just in Time) 체계를 도입했다. **JIT는 원부자재가 필요한 순간에 딱 맞춰 도착되도록 공급사의 납품을 통제하는 방식**이다. 적시 생산 방식 또는 적기 생산 시스템 등으로 불린다. 미리 구매하여 재고로 쌓아 두는 게 아니고 필요한 순간에 납품받는다. 도요타는 이 JIT 방식으로 엄청난 원가 경쟁력을 가질 수 있었다.

---

133) 송용로, 삼성코닝 DIM사업부 재고 현황 및 감축 대책 회의, 2005.11.07

JIT에 대한 비판도 많다. 인천대 송상화 교수의 지적은 따갑다. 그는 "**완성품 제조업체에 있어야 할 재고가 단지 부품 협력업체로 옮겨갔을 뿐**"이고 "완성품 제조업체의 재고는 최소로 유지되고 있지만 결국 그 재고는 사라진 것이 아니라 부품 협력업체가 모두 부담하는 형태"라고 했다.[134] 공급망 전체로 보면 어딘가에 재고가 쌓이고 누군가는 고통을 감내하고 있다. 부품 재고 부담을 힘 있는 제조업체가 힘없는 부품 공급 업체에 전가하는 방법으로 JIT를 악용할 소지가 있다.

더군다나 지난 수십 년간 교과서처럼 신봉했던 이 **JIT 방식이 리스크에 매우 취약**하다는 게 드러났다. 지진, 해일, 홍수, 화산 폭발뿐만 아니라 코로나19 같은 전염병, 러시아와 우크라이나 간 전쟁, 미국과 중국 간 패권 경쟁 등 다양한 이유로 글로벌 공급망이 마비되는 일이 자주 일어나고 있다. 박종훈 기자가 지적했듯이, JIT 방식으로 매우 효율적으로 운영하던 기업일수록 더 큰 고통을 겪어야 했다. 글로벌 공급망을 구성하고 있는 수십 개의 나라 중에서 한 나라에만 문제가 생겨도 전체 공급망이 마비될 수 있는 위험한 구조인 게 드러났다.[135]

| 사례: 2021년 반도체 부족으로 자동차 생산 중단

2021년 **도요타, 제너럴 모터스** 등 많은 자동차 회사가 공장 가동을 멈췄다. 차량용 반도체를 확보하지 못했기 때문이다. 코로나19 발발

---

134) 애넌쓰 아이어, 스리다르 세샤드리, 로이 배셔, 토요타 SCM, 송상화 옮김, 푸른물고기, 2010, p.18
135) 박종훈, 자이언트 임팩트, 웅진씽크빅, 2022, p.57

초기 자동차 회사들은 수요가 급감할 것으로 예상하고 자재와 부품 특히 반도체 주문량을 줄이거나 주문을 취소했다.

자동차 수요가 빠른 속도로 회복되었다. 다시 반도체를 주문했지만 반도체 제조 회사에 물량이 없었다. 재택 근무나 화상 회의 등으로 PC 수요가 폭발적으로 증가했고, PC 제조 회사와 데이터 센터 등 다른 업종의 회사들이 반도체 재고를 모두 소진했기 때문이다. 자동차 한 대를 만들 때 많게는 1,000 개 이상의 반도체를 사용한다. 한 개라도 없으면 자동차를 출고할 수 없다. 자동차 회사들은 기다릴 수밖에 없었다.

자동차 제조 회사들은 거의 대부분 JIT 방식을 취하고 있었다. 코로나 초기에 성급하게 반도체 주문을 취소해버렸던 그들은 반도체가 다시 공급될 때까지 버틸 만한 재고가 없었다. 자동차 산업은 코로나 기간 동안 수천억 달러가 넘는 매출 손실을 입었다.[136]

지금은 JIT 방식처럼 효율만 중시하다가는 난감하게 될 수 있다. 만약의 경우(case)에 대한 충분한 대비를 하는 **JIC(Just In Case)** 방식도 많이 채택하기 시작했다. 불확실성에 대응하기 위해 더 많은 재고를 보유해야 한다. 대표적인 것이 앞에서 다룬 안전 재고 개념이다.

---

136) 크리스 밀러, 칩워, 노정태 옮김, 부키, 2023, p.37, pp.533-534

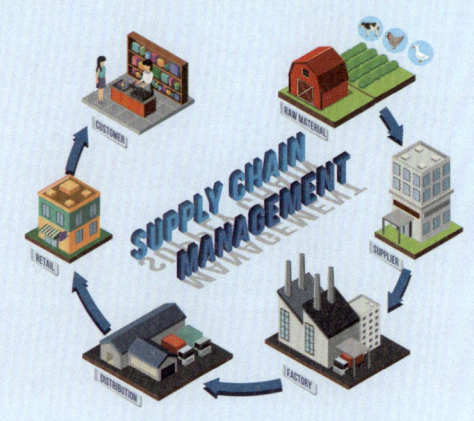

1조 클럽 도전하는 중견 기업을 위한 삼성 SCM 노하우   V

5. 생산 관리 (Production Management)

5.1 공급 계획 (supply plan, master plan)
5.2 생산 계획 (production plan)
5.3 계획 수립
5.4 제조 실행 관리
5.5 생산 관리 핵심 지표
5.6 확정 생산 체제

제5장 　　　　　　　　　　　　　　　　　　　　　○ 공급망

5. 생산 관리 (Production Management)

5.1 공급 계획 (supply plan, master plan)

앞에서 계획을 수립하기 위한 출발점인 수요 예측과 판매 예측에 대해 살펴보았다. 수요를 파악했으니 공급 측면에서 대응하기 위한 계획, 즉 **공급 계획**을 수립해야 한다. 협의의 공급 계획은 원부자재를 공급받기 위한 자재 조달 계획만을 뜻하거나 완제품을 어떻게 만들겠다는 생산 계획만을 뜻한다. 이 책에서는 공급 계획을 넓은 의미로 사용한다.

공급 계획은 영업이 팔겠다는 제품을 어떻게 공급할 것인지에 대한 원부자재 조달, 생산, 물류, 개발을 포함한 계획이다. 공급 계획을 **MP**(Master Plan)라고 부르는 회사도 많다.[137] 이 공급 계획에 맞춰 제조 부서뿐만 아

---

137) APS 솔루션 중 i2 Technologies의 제품을 사용하는 회사는 솔루션 모듈 이름을 따라 SCP(Supply Chain Plan)라고 부르기도 한다.

니라 구매, 물류, 개발 등 여러 부서가 각자 맡은 업무를 계획대로 수행해야 영업이 계획했던 만큼 제때에 판매할 수 있다.

우선 제조 부서에서는 어떤 제품을 어느 공장에서 어느 설비를 사용하여 언제까지 얼마나 만들지에 관한 **생산 계획**을 세운다.[138] 생산 계획과 더불어 필요한 원자재나 부자재를 언제 어느 공급처로부터 얼마나 조달할지 **조달 계획**을 수립한다. 제품을 어디에 얼마나 보관하고 언제 어디에서 어디로 어떻게 운송할지 **물류 계획**을 수립한다. 만약 신제품인 경우에는 연구 개발 일정과 품질 테스트 및 출시 관련 **개발 계획**을 감안한다. 이렇게 여러 부서의 일사불란한 활동이 어우러져 공급 계획이 수립된다.

이 공급 계획은 아직 최종 공급 계획이 아니고 공급 계획 초안이다. 앞에서 다뤘던 "수요 예측 → 판매 예측 → 공급 계획(안)"의 흐름에서 수요 측의 예측(forecast)에 대응한 공급 측의 화답(reply), 대응(response) 방안, 즉 **RTF(Return to Forecast)** 초안인 셈이다. 이 공급 측의 안을 수요 측과 협의한다.

자재 부족, 생산 능력 부족 등의 이유로 원하는 제품을 원하는 수량만큼 공급하지 못하는 경우도 비일비재하지만 수요 측이 원하는 물량 이상으로 공급할 수 있는 경우도 많다. 잘 팔리는 제품은 대개 공급이 부족하고, 공급이 잘되는 제품은 잘 안 팔린다. 머피의 법칙인가?

수요 측과 공급 측이 충분히 협의하여 어떤 제품을 얼마만큼 공급할지 합의해야 한다. 많은 기업이 S&OP 회의 같은 공식적인 합의 과정을 거친다. S&OP에 대해서는 뒤에서 자세하게 다룰 예정이다.

수요 측과 공급 측이 합의하여 확정한 계획, 즉 합의 계획이 전사 단일

---

138) 생산 계획을 MPS(Master Production Schedule)라고 부르기도 한다. 박규삼, 유석규, SCM 혁신과 생산계획, 바른북스, 2022, p.145

계획이다. 마케팅 따로, 영업 따로, 생산 따로, 구매 따로, 물류 따로, 재무 따로 조직별로 서로 다른 숫자로 계획을 세우면 안 된다. 사내 모든 부서가 동일한 숫자의 단일 계획에 따라 운영되어야 한다. 이 단일 계획이 공급 관점에서는 **공급 계획**이고, 영업 관점에서는 **판매 계획**이고, 전사 관점에서는 **실행 계획**이다.[139] 즉, "합의 계획 = 공급 계획 = 판매 계획 = 실행 계획"이다. 앞에서 정리했듯이, 예측에서부터 계획이 확정되기까지 순서는 "수요 예측 → 판매 예측 → 공급 계획(안) → S&OP 회의: 수요 측과 공급 측의 합의 → 공급 계획과 판매 계획 확정"이다.

> 공급 계획 = 판매 계획 = 전사 단일 계획

이제 **공급 부서는 합의한 공급 계획대로 반드시 공급해야 하고, 영업 부서는 약속한 판매 계획대로 반드시 팔아야 한다**. 영업/마케팅, 생산, 구매, 재무/회계 등 모든 부서가 합의한 이 계획은 **꼭 달성해야 하는 목표이고 꼭 지켜야 하는 약속**이다.

5.2 생산 계획 (production plan)

앞에서 "공급 계획 = 판매 계획"이라고 했는데, 이것과 생산 계획은 같은 것인가? 공급 계획과 생산 계획은 용어는 비슷하지만 의미는 상이하다. 공급 계획은 기존에 확보하고 있는 재고로 대응하든가 재고가 부족하면 신

---

139) 실행 계획은 회사나 조직에 따라 '경영 계획', '사업 계획', '주간 계획', '월간 계획', '실행 목표' 등 다양한 명칭으로 부른다.

규로 생산해서라도 수요를 맞춰주겠다는 계획이다. 이미 생산해서 재고로 확보하고 있는 수량과 신규로 생산해서 제공하겠다는 수량을 모두 합한 수량이 공급 계획 수량이다. **생산 계획**은 어느 제품을 언제 어느 공장/라인에서 얼마나 생산할 것인지를 정하는 계획이다. 생산 계획 수량에는 재고로 확보하고 있는 수량이 포함되지 않는다. 공급 계획은 광의의 MP고, 생산 계획은 협의의 MP다.

가령 영업이 100 개를 팔겠다고 하고, 지금 **재고**가 30 개 있으니 신규로 70 개를 생산하는 계획을 수립한다고 가정해보자. 신규 생산 70 개가 생산 계획이다. **공급 계획**은 보유 재고 30 개와 신규 생산 70 개를 합한 100 개다. 재고는 공장 또는 생산 법인이 보유하고 있는 재고, 영업 권역 또는 판매 법인이 보관하고 있는 재고, 공장에서 판매 법인으로 이동 중인 운송 중 재고를 모두 포함한다.

> 공급 계획 = 재고 (on-hand + in-transit) + 생산 계획

만약 재고가 충분하다면 어떨까? 어떤 제품에 대한 수요가 100 개인데 이미 확보하고 있는 재고가 150 개라면 보유 재고량이 충분하므로 추가로 생산할 필요가 없다. 공급 계획은 100이고, 생산 계획은 0이다.

5.3 계획 수립

과거에는 SCM 플래너라고 하는 계획 수립 담당자들이 수작업으로 계획을 수립했다. 다루는 제품과 자재가 많아지고, 공정이 복잡해지며, 고려해야 하는 제약 조건이 까다로워지니, 수작업으로 계획을 세우기 어려워졌

다. 최근에는 APS 솔루션을 활용하는 기업이 점점 많아지고 있다.

5.3.1 공급 계획 수립의 입출력 요소

공급 계획을 수립할 때 고려하는 **입력** 요소는 매우 다양하다. 몇 가지 예를 들면,
(1) 고객으로부터 입수한 확정 주문과 예측, 수요에 대한 우선순위 등 **수요** 정보
(2) 각 거점별로 보관 중인 완제품 재고, 운송 중 재고, 공장별 라인별 재공 재고, 원자재와 부자재 재고, 안전 재고 수준 등 **재고** 정보
(3) 제품에 대한 자재 명세서, 원자재, 부자재, 포장재 등에 대한 조달 **리드타임**
(4) 제품 생산을 위한 공정 순서, 각 공장별, 라인별, 설비나 장비별 생산 능력,[140] 수율, 로트 크기, 제조 리드타임, 우선순위 정보 등 **생산 제약** 정보
(5) 영업 계층, 우선순위, 할당 원칙, 납기 약속 원칙 등 **영업 방침**
(6) 각 거점 간 운송 리드타임을 포함한 유통 경로(BOD: Bill of Distribution), 운송 수단별 적재 가능량 및 운행 일정, 국제간 운송이 필요한 경우에는 항차 등 **물류** 정보
(7) 계획 수립 구간, 계획 시간 단위, 선행 생산 허용 구간, 지연 생산 허용 구간 등 **시간적 제약**

---

140) '생산 능력'은 특정 기간에 생산할 수 있는 최대 수량이다. 흔히 시간당 생산량이나 일별, 주별, 월별 생산량으로 나타낸다. 안영진, 유영목, 앞의 책, p.259

등 수많은 기준 정보와 제약 조건이 있다.
　계획 수립의 **결과**는
　(1) **공급 계획**
　(2) 공급 계획이 수요보다 부족한 경우, **부족 사유**(short reason)
　(3) 제품 믹스, 제품별 **작업 지시**
　(4) **출하 계획**
　(5) **자재 조달 계획** 및 발주 제안
　(6) 설비별 **생산 능력 할당**, 자원 부하
　(7) 계획된 재고 수준
　(8) **PSI**(Production, Sales, Inventory) 계획
등 공급망 운영에 필수적인 정보다.

5.3.2 수요 우선순위 (priority)

　수요는 크게 주문과 예측으로 구성된다. **주문**은 우리 회사 상품을 구입하겠다는 고객의 구매 주문이다. **예측**은 아직 고객으로부터 주문을 받지는 않았으나 미래에 팔 수 있을 것으로 예상하는 수요다. 주문이나 예측 활동의 주체는 대개 영업이나 마케팅 등 판매 업무를 담당하는 부서다.
　영업이 제시한 주문과 예측 물량만으로는 성에 차지 않을 수 있다. 영업이 제시한 수요가 충분하지 않을 때 어떻게 해야 하나? 마음에 들지 않는다고 예측치를 더 높이라고 윽박지를 수도 있다. 하수(下手)다. 영업 부서와 충분히 협의한 이후에도 수요가 원하는 수준에 미달하면 영업의 의견을 존중하는 게 좋다. 영업이 고심하여 제시한 예측치를 경영자가 임의로 변경하는 것은 바람직하지 않다. 자기 의견이 묵살되어도 아무렇지도 않은

영업 담당자가 몇이나 될까? 내가 예측한 숫자는 꼭 달성해야 한다는 강한 책임감이 있다. 경영자가 제시한 숫자는 그런 책임감이 없다. 그저 달성하기 위해 애쓰는 시늉이나 할 것이다. 더군다나 영업 담당자 자신이 전문가인데 자신의 예측이 틀리고 비전문가인 경영자의 예측이 맞으면 기분 좋을 리가 없다. 영업이 제시한 예측치를 존중하는 게 경영자의 기본 덕목이다.

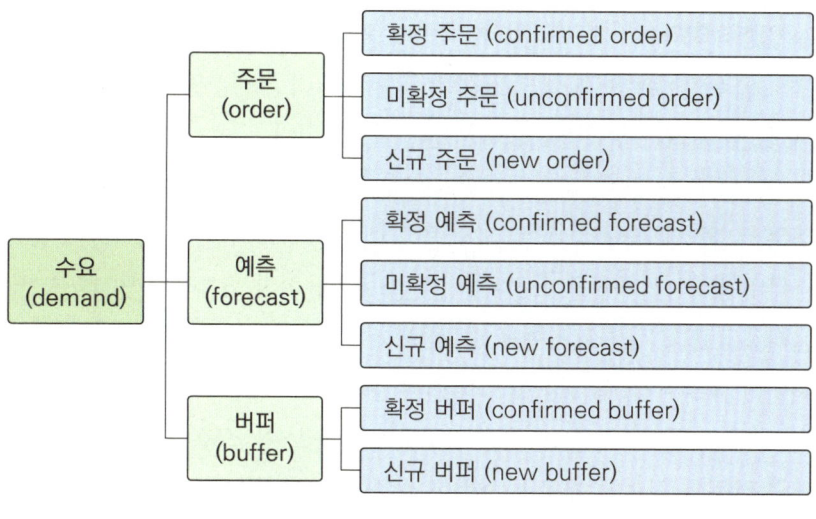

[그림: 수요 유형]

그럼에도 경영진은 좀 더 팔 수 있을 것으로 판단한다. 재무, 제조, SCM 팀 등의 경영진은 설비 가동률을 높여 제품 단위당 원가를 낮추고 싶기도 하고 또 물량 공세를 펴서 시장 점유율을 높이고 싶기도 하다. 어떻게 해야 하나? 영업의 의견을 묵살하지 않으면서도 추가로 더 생산하자는 전략적 결정을 내리고 싶다. 이렇게 추가로 더 생산하고 싶은 수량이 **버퍼**(buffer) 수요다. SCM 플래너가 버퍼 수요를 감안하여 계획을 수립한다. 요약하면 [그림: 수요 유형]에서 보듯이 수요의 세 가지 유형은 주문, 예측, 버퍼다.

주문과 예측은 영업이 책임지고 버퍼는 경영진이 책임진다. 합리적이다.

수요 중에서도 어떤 수요를 먼저 대응하는지 우선순위가 필요하다. **수요 우선순위**다. 자재나 자원이 부족하여 모든 수요를 다 충족하지 못하는 경우에는 우선순위가 높은 수요부터 공급하는 계획을 수립한다. 대개 고객으로부터 입수한 주문에 제일 높은 우선순위를 부여하고, 예측을 두 번째, 버퍼를 제일 낮은 우선순위로 정한다. '**주문 ≫ 예측 ≫ 버퍼**' 순으로 정하는 게 일반적이다.[141] 예외도 있다. 예컨대 중요도가 높지 않은 일반 고객으로부터 입수한 주문보다 핵심 고객에 대한 예측이 우선순위가 더 높은 경우다. B2B 사업이 주력인 기업에서 흔히 볼 수 있다.

주문을 확정 주문, 미확정 주문, 신규 주문으로 좀 더 세분해보자. **확정 주문**은 예컨대 지난주 또는 그 이전에 이미 수주하여 공급 계획을 확정한 주문이다. 공급 계획을 확정했을 뿐만 아니라 이미 고객에게 언제까지 납품하겠다고 납기를 제시했을 수도 있다. **미확정 주문**은 이미 수주했으나 지난번 계획 수립 때 확정하지 못한 주문이다. 계획을 확정하지 못한 이유는 자재나 자원 부족 등의 이유로 주문에 대응할 수 없었기 때문일 것이다. **신규 주문**은 이번에 새로이 수주한 주문이다. 우선순위는 대개 확정 주문을 제일 먼저, 그다음 미확정 주문, 마지막으로 신규 주문 순으로 정한다. 예외도 있다.

예측도 주문과 마찬가지로 확정 예측, 미확정 예측, 신규 예측으로 나눌 수 있다. **확정 예측**은, 지난번 계획 수립할 때 이미 했던 예측에 대해, 공급할 수 있다고 계획을 세웠던 예측이다. **미확정 예측**은 이미 예측했던 수요인데 지난번 계획 수립 때 공급 가능한지 확정하지 못했던 예측이다. **신규**

---

141) 기호 '≫'는 우선순위를 나타내며, 'A ≫ B'는 A가 B보다 선호된다는 뜻이다.

예측은 이번에 새롭게 예측한 수요다. 우선순위는 확정 예측을 제일 먼저, 그다음 미확정 예측, 마지막으로 신규 예측 순으로 정하는 게 보통이다. 업종이나 지역에 따라 기준을 달리할 수도 있다.

버퍼 수요는 어차피 버퍼이므로 기존에 있던 버퍼인지 신규인지 구분하지 않고 그냥 '버퍼 수요' 하나로 묶어서 다루는 경우가 많다. 굳이 확정 버퍼와 신규 버퍼로 나눈다면, 확정 버퍼에 더 높은 우선순위를 둔다.

앞에서 설명한 수요 우선순위를 간략하게 정리하면 다음과 같다.

- 주문 ≫ 예측 ≫ 버퍼
- 확정 주문 ≫ 미확정 주문 ≫ 신규 주문
- 확정 예측 ≫ 미확정 예측 ≫ 신규 예측
- 확정 버퍼 ≫ 신규 버퍼

미확정 주문과 확정 예측 중에서 어떤 것을 더 중요하게 다뤄야 할까? 정답이 없다. 업종이나 회사에 따라 우선순위가 다르기 마련이다. 경영진이 회사 상황과 경영 전략에 맞는 가장 합리적인 우선순위를 결정하면 된다. 주문을 예측보다 우선시하는 기업이라면 확정 주문 ≫ 미확정 주문 ≫ 신규 주문 ≫ 확정 예측 ≫ 미확정 예측 ≫ 신규 예측 ≫ 확정 버퍼 ≫ 신규 버퍼 순으로 정할 것이다. 계획의 일관성을 강조하는 회사라면 확정한 수요를 미확정 수요나 신규 수요보다 중시할 것이므로 확정 주문 ≫ 확정 예측 ≫ 미확정 주문 ≫ 미확정 예측 ≫ 신규 주문 ≫ 신규 예측 ≫ 확정 버퍼 ≫ 신규 버퍼 순으로 정할 수도 있다.

주문과 예측에 대한 우선순위뿐만 아니라 고객이나 제품 등 다른 많은 우선순위도 고려해야 한다.

(1) **고객 우선순위**: 고객사별로 서로 다른 우선순위를 부여한다.

(2) **판매 채널 우선순위**: 직영점, 할인점, 양판점, 대형 마트, 편의점, 홈쇼핑 등 다양한 채널에 대해 우선순위를 부여한다.

(3) **판매 권역이나 영업 조직 우선순위**: 미주 영업팀, 구주 영업팀, 영업 1/2/3팀 등 조직에 대한 우선순위를 부여하기도 한다.

(4) **제품 우선순위**: 동일한 자재를 사용하고 동일한 설비를 거치는 제품들에 대해 우선순위를 둔다.

(5) **공장이나 생산 라인 우선순위**: SKU A는 1공장에서 우선적으로 생산하고 만약 생산 능력이 부족한 경우에는 2공장에서, 만약 2공장도 생산 능력이 충분하지 않으면 3공장에서 생산하는 등의 방식으로 우선순위를 부여하기도 한다.

(6) **실행력에 따른 우선순위**: 수요 예측 정확도나 판매 계획 정확도가 높은 조직에 더 높은 우선순위를 부여하는 경우도 있다.

이러한 다양한 우선순위 부여 기준을 회사 여건에 맞게 적용하면 된다. 한정된 자원을 어디에 우선적으로 할당하는지를 인텔의 사례로 알아보자

▎사례: 인텔 DRAM 회사에서 마이크로프로세서 회사로 변신

인텔은 1968년 메모리 반도체 생산 회사로 출범했다. 1980년대 초 일본 업체들과 벌였던 반도체 치킨 게임에서 대규모 적자가 발생하여 회사가 존폐 위기에 몰렸다. 경영진은 전체 연구개발비의 3분의 2를 쏟아붓던 DRAM에 대한 투자를 중단했다. 때늦은 의사 결정이었다. 천만다행히 생산 라인 등 자원 할당은 돈 안 되는 DRAM이 아니라 이미 마이크로프로세서에 집중되어 있었다.

경영진이 지시하기도 전에 당시 주력 제품인 DRAM이 아니라

> 1971년 우연히 개발한 마이크로프로세서에 생산 자원이 집중된 것은 어떤 이유일까? 인텔의 **자원 할당 기준**은 **웨이퍼 당 총 마진**이었다. **웨이퍼 마진이 높은 제품을 먼저 생산**하는 것이 운영 원칙이었다. DRAM의 가격이 급락함에 따라 웨이퍼당 마진이 감소했다. 마이크로프로세서는 경쟁이 치열하지 않아 마진이 높았다. 경영진이 시시콜콜 시키지 않아도 현장 관리자는 당연히 마진이 높은 마이크로프로세서에 생산 자원을 최우선적으로 할당했다. 비록 연구개발비는 DRAM에 집중되었으나 생산 자원은 마이크로프로세서에 집중되었던 것이다.
>
> 인텔은 마이크로프로세서 기업으로 탈바꿈하는 데 성공했다. "인텔의 놀라운 전략 이동은 고위 경영진 내에서 계획된 의도적 전략의 결과가 아니라 자원을 할당하는 중간 관리자들의 일상적인 결정에서 비롯된 결과"였다.[142]

5.3.3 공급 계획 수립

공급 계획은 수요에 대한 공급의 대응 방안이다. 앞에서 설명한 수요의 우선순위에 따라 공급이 가능한지 계획을 세운다. 공급 측면에서 먼저 가용 재고와 운송 중 재고로 수요에 대응 가능한지 검토한다. 만약 재고로 모든 수요를 대응할 수 있다면 신규로 생산하는 계획을 수립할 필요가 없다. 재고만으로는 모든 수요를 대응하기 어려운 경우에는 신규로 생산하는 계획을 세운다.

---

[142] 클레이튼 M. 크리스텐슨, 마이클 레이너, 성장과 혁신, 딜로이트컨설팅코리아 옮김, 세종서적, 개정판, 2021, pp.296-297

예를 들어보자. [그림: 공급 계획 예시]에서 주문 20 개와 순 예측 80 개를 합친 총 수요, 즉 판매 예측은 100 개다.

> 판매 예측 = 주문(order) + 순 예측(netted forecast)

수요는 100 개인데 가용한 재고 20 개와 운송 중 재고 10 개를 합쳐도 30 개밖에 되지 않으므로, 70 개를 추가로 생산해야 한다. 자재가 부족하든가 생산 능력이 충분하지 않아 70 개가 아니라 60 개만 생산 가능하다고 가정하자. 이 60 개를 생산하는 생산 계획을 세운다. 100 개의 수요에 대해 가용 재고 20 + 운송 중 재고 10 + 생산 계획 60 = 90 개를 공급하겠다는 공급 계획이 나온다. 이 90 개의 공급 가용량이 RTF(Return to Forecast)다.

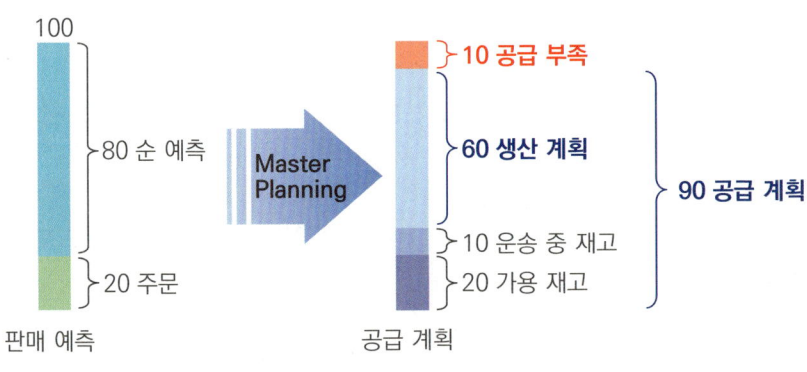

[그림: 공급 계획 예시]

수요에 대한 공급 계획의 비율이 공급 계획률이다.[143] 판매 예측이 100 개이고, 공급 계획이 90 개 이므로, 공급 계획률은 90%다.

$$공급\ 계획률 = \frac{공급\ 계획}{판매\ 예측} \times 100\%$$

공급 계획은

$$공급\ 계획 = 재고(on\text{-}hand + in\text{-}transit) + 생산\ 계획$$

이다. 총 수요 100 개 중 90 개는 공급 가능한데, 10 개는 공급하지 못한다. 이 부족분 10 개를 공급 부족(shortage)이라고 표현한다. 판매 예측과 공급 계획, 생산 계획, 공급 부족 사이의 관계는

$$\begin{aligned}공급\ 부족\ (shortage) &= 판매\ 예측 - 공급\ 계획\\ &= 판매\ 예측 - 재고 - 생산\ 계획\end{aligned}$$

이다.

사례: VF 일단위 공급 계획

VF는 1899년 미국에서 창립된 의류 신발 제조 회사다. 노스 페이스(The North Face), 팀버랜드(Timberland), 밴스(Vans), 잰스포트

---

143) 공급 계획률을 RTF 비율 또는 RTF 충족률이라고 부르는 회사도 있다. 엄밀한 의미에서 'RTF가 수요 또는 예측(forecast)을 충족하는 비율'이므로 'RTF의 수요 충족률' 또는 'RTF의 예측 충족률'이라는 표현이 더 정확하다.

(JanSport), 이스트팩(Eastpak) 등의 브랜드로 우리나라에도 많이 알려진 기업이다. 상장된 의류 회사 중에서 세계 최대 기업이다.[144] 2023 회계연도에 매출 116억 달러, 순이익 13.9억 달러를 달성했다.[145]

1990년대 후반부터 SCM을 담당하는 전담 부서를 두고 수요 예측, 공급 계획, 납기 약속 전문 솔루션인 i2 솔루션을 구축했다. 2000년대 초까지만 해도 대부분의 기업들은 한 달에 한 번 계획을 수립하고 실행하는 월 단위 체제로 운영되었다. 주 단위 운영 체제는 일부 소수의 선진 기업들이나 시범적으로 운영하던 때였다.

VF는 그 당시 이미 주 단위 수요 예측, 일 단위 공급 계획 체제를 매우 잘 운영했다. 매일 밤에 판매, 생산, 재고 실적을 취합하고 수요 우선순위에 따라 다음 날 공급할 물량에 대한 공급 계획을 수립하여 현장에 배포했다.

5.3.4 생산 계획 수립

과거에는 주 단위나 일 단위로 모든 제품에 대해 복잡한 제약 사항을 모두 반영하여 계획을 수립하기 쉽지 않았다. 그래서 계층적인 방식으로 계획을 수립했다. 장기적인 측면에서 **연 단위**로 제품 라인 레벨에서 계획을 수립했다. 이어서 중기적인 측면에서 **월 단위**로 주요 제품군 레벨에서 계획을 수립했다. 단기적인 측면에서 **주 단위**로 SKU 레벨에서 계획을 수립했다.[146]

---

144) Wikipedia, https://en.wikipedia.org/wiki/VF_Corporation
145) VF Corp., Annual Report – Fiscal Year 2022, https://www.vfc.com/investors
146) 안영진, 유영목, 21세기 기업 경쟁력강화를 위한 생산운영관리, 박영사, 1999, pp.257-259, p.471

오늘날은 거의 대부분의 회사가 공급망 계획 수립 전문 솔루션인 APS 시스템을 활용하여 생산 계획을 수립한다. SKU 레벨에서 매주 또는 매일 복잡한 제약 조건을 모두 반영한 최적 생산 계획을 세우는 게 쉬워졌다. 생산 계획에서 다루는 범위는 자재 조달에서부터 인력 투입 계획까지 매우 넓다. 완제품 수요로부터 재고 계획을 세운다. 반제품 및 원부자재에 대한 소요량을 산출하고 조달 계획을 세운다. 생산 공정 순서를 결정하고 생산 라인에 투입할 인력 계획도 세운다. 생산에 관련된 일련의 계획을 통해 품질, 수량, 원가, 일정을 확정한다.[147]

▍사례: VMS솔루션스 골판지 생산 계획 수립[148)149]

가전 제품, 라면, 사과 등을 담는 박스는 대부분 골판지로 만든다. 골판지는 재활용하기 쉽다. 친환경적이다. "골판지 원료의 약 90%는 재활용한 고지(古紙)를 쓴다. 원지 제조 회사에서 고지를 물에 풀어 불순물을 제거하고 압축 건조하는 공정으로 골판지 원지를 생산한다. 이 원지를 골판지 원단 회사가 가져와 골판지 겉면과 골심지 등으로 가공한다. 이 원단을 붙이고 용도에 맞게 절삭하는 과정까지 끝내야 골판지 박스가 된다.

골판지 산업은 부피에 비해 단가가 비교적 낮은 특성상 원료 및 완

---

147) 타나카 카즈나리, 고객 만족을 실현하는 생산관리 매뉴얼, 홍성수 옮김, 새로운제안, 2020, p.85
148) 인터뷰: 유석규 박사, VMS솔루션스 전략사업본부, 2023.06.22
149) 박규삼, 유석규, SCM 혁신과 생산계획, 바른북스, 2022, pp.359-367

제품 시장 모두 내수 의존도가 절대적으로 높은 편이다."[150] 골판지는 부피가 크고, 습기에 취약하며, 고객 주문이 단납기라는 특성을 지닌다. 골판지 제조 공정에 생산 계획 수립 솔루션을 적용한 사례가 있다. **VMS솔루션스**는 생산 계획 특히 실시간 시뮬레이션을 통한 최적 스케줄링에 강점을 지닌 솔루션을 보유하고 있다. 이 회사의 유석규 박사와 인터뷰한 내용을 토대로 작성한 사례를 살펴보자.

제조 회사나 유통 회사는 제품을 포장하기 위해 골판지가 필수적이다. 제품 생산이 완료되고 품질을 검사하여 합격한 제품을 박스에 담아 포장한 후 출하해야 하는데, 박스를 보관할 장소가 부족하다. 대부분의 공장은 포장 및 출하 구역이 매우 협소하기 때문에, 부피 큰 골판지를 대량으로 보관하기 어렵다. 하루치 또는 서너 시간 출하할 분량만큼의 포장 박스를 소량으로 빈번하게 주문하게 된다. 전형적인 MTO(Make to Order) 생산 방식이다. 고객으로부터 주문을 받은 이후에 생산에 착수한다.

온라인 택배 박스 시장은 B2C 성격을 갖고 있으며, MTS(Make to Stock) 방식으로 예측 생산하기도 한다. 골판지 수요를 예측한 다음 생산하여 창고에 보관하고 고객이 주문할 때까지 기다려야 한다. 습기에 취약한 골판지 특성상 장기간 보관하기 어렵다.

다품종, 소량, 단납기라는 골판지 제조 공정의 특성상 최적 생산 계획을 수립하기 쉽지 않다. APS 전문 솔루션이 필요하다. D사는 우리나라의 대표적인 골판지 제조 회사다. 이 회사는 주로 기업 고객을 대상으로 MTO 방식으로 공장을 운영하고 있다. D사도 생산 계획을 수

---

150) 민경진, 권혁홍 대양그룹 회장…'골판지 외길'로 50년 장수기업 일구다, 한국경제, 2021.06.15

립하는 데 어려움이 많았다. D사의 복잡한 계획 수립 업무를 지원하기 위해 VMS솔루션스가 나섰다.

VMS솔루션스는 생산 계획 수립 솔루션을 골판지 제조 공정에 적용했다. 영업 담당자가 고객 주문을 입수하여 생산 계획 담당자에게 전달하면 생산 계획 담당자는 고객 중요도, 주문량, 수익성 등을 고려하여 주문 우선순위를 정한다. 골판지 유형, 원지 종류, 원단의 폭 등을 고려하여 생산 효율이 저해되지 않도록 생산 계획을 수립한다. 골판지 골 유형이 바뀌면 설비를 교체해야 한다. 예를 들어 A골을 생산하다가 B골로 바꾸려면 설비를 교체하는 데 1시간 이상 걸린다. 생산 계획을 수립할 때 작업 변경 시간을 최소로 줄여 생산 효율을 높이는 것이 관건이다. 골판지 골 유형뿐만 아니라 원지 교체, 인쇄기의 색상 교체 등의 작업 변경도 최소화하도록 계획을 수립해야 한다.

VMS 솔루션을 도입하기 전에 D사의 영업 담당자들은 서로 자기 고객의 주문이 더 중요하다고 하며 먼저 생산 계획에 반영해 달라고 주장했다. 초기에는 주로 목소리 큰 영업 담당자가 수주한 주문부터 처리하곤 했다. 점차 주문 우선순위에 대한 원칙을 세워야 한다는 공감대가 생겼다. 주문량이 많은 대형 유통 회사를 담당하는 영업 사원의 주문에 높은 우선순위를 부여했다. 소규모 과수 농가를 담당하는 영업 사원은 물량이 많지 않아 우선순위에서 밀리다 보니 고객에게 납기를 약속하기 어려웠다. 주문을 받았으나 언제 납품할 수 있을지 기약이 없었다. 급한 마음에 생산 계획 담당자에게 따로 부탁을 하기도 했다. 생산 라인 옆에 서서 지켜보다가 잠시 빈 슬롯이 나면 자기 주문을 끼워 넣기도 했다. 그러다가 새치기 당한 다른 영업 사원과 싸우기도 했다.

VMS 솔루션을 도입한 이후 D사의 생산 계획 준수율은 95% 이상으로 획기적으로 높아졌다. 솔루션을 통해 수립한 생산 계획에 대해

유관 부서가 합의했다. 합의한 계획대로 생산되기 시작했다. 영업 담당자들은 자신의 주문이 언제 생산될지 시스템으로 확인하고 고객에게 납기를 제시할 수 있게 되었다. 영업 담당자끼리 싸울 일도, 영업과 SCM팀이 싸울 이유도 사라졌다. 부서 간 갈등이 줄어들어 서로 이해하고 배려하는 기업 문화가 생겼다. 퇴근 시간이 빨라졌고 직원들의 업무 만족도가 높아졌다. 작업 변경 시간을 최소화하고 생산 효율을 극대화하는 계획을 수립하기 시작함에 따라 자투리로 낭비되는 원지가 10~20% 감소했다.

5.3.5 위탁 생산

생산을 회사 내부에서 할 수도 있고, 외부의 협력회사를 통해 위탁 생산할 수도 있다. 위탁 생산은 영어로는 아웃소싱(outsourcing)이다. 생산 계획을 수립할 때 외부 협력회사를 활용한다면 아웃소싱하는 물량에 대한 외주 생산 계획도 포함하는 게 좋다.

▮ 사례: 애플이 폭스콘을 선호하는 이유

애플의 생산 기지로 유명한 **폭스콘**은 전형적인 아웃소싱 전문 제조 회사다. 애플이 폭스콘에 제품 조립을 맡기는 이유는 무엇일까? 값싼 노동력 때문이라고 생각하는 사람들이 많다. 더 큰 이유는 폭스콘의 유연성 때문이다. "폭스콘이 누리는 성공의 열쇠는 값싼 노동력이 아니라 그 기업 특유의 유연성이다. 폭스콘 복합단지에는 수십만 명의 근로자가 거주하기 때문에 회사는 언제든 수많은 근로자를 밤샘 작업에 동원할 수 있다. 폭스콘은 임시직 근로자를 수만 명까지 신속하게 고용할 수 있고, 필요가 다 하면 또 신속하게 해고"할 수 있다.[151]

2007년 최초의 스마트폰인 아이폰을 출시할 때 일화가 있다. 설계 초기부터 액정 화면의 소재로 플라스틱을 사용하기로 했었다. 스티브 잡스는 시제품을 직접 들고 다녔다. 그러다가 주머니에 넣어둔 아이폰에 스크래치가 생겼다. 그는 플라스틱 소재를 강화 유리로 교체하라고 지시했다. 출시를 불과 6주 남긴 시점이었다.

몇 주가 지난 어느 날 한밤중에 유리 액정이 폭스콘에 도착했다. 회사는 기숙사에서 자고 있는 8,000여 명의 노동자를 깨워 차와 비스킷을 주고 곧바로 조립 작업을 시작했다. 며칠 뒤부터 아이폰을 하루 1만 대씩 생산했다.[152]

5.3.6 계획 수립 솔루션 활용

실제 현장에서 계획을 수립하는 과정은 매우 복잡하다. 계획을 수립할 때 안전 재고, 로트 크기, 수율 등 많은 제약 조건을 고려해야 한다. 제품도 많고 생산 공장도 여러 개이고 제조 공정도 매우 복잡하다. 수작업으로 효과적인 공급 계획을 수립하는 데 한계가 있다. 복잡한 제약 조건을 다 고려하기 어렵기 때문이다.

---

151) 린더 카니, 팀 쿡: 애플의 새로운 미래를 설계하는 조용한 천재, 안진환 옮김, 다산북스, 2019, pp.139-140
152) 문휘창, 애플, 오바마 부탁에도 아이폰 中 생산 고수한 이유, 동아비즈니스리뷰, Issue 2, 2013.04

5. 생산 관리 (Production Management)

전문 솔루션인 APS 시스템이 필요하다. APS는 최적의 실행 가능한 생산 계획을 수립하기 위해, 선형 계획법 같은 최적화 알고리즘을 많이 사용한다. 시뮬레이션 기법이나 발견적 기법(heuristics)을 활용하기도 한다. 최근에는 생산 계획 수립 엔진에 AI를 적용한 솔루션도 등장했다.

▎사례: 뉴로코어 AI 활용한 APS 솔루션

뉴로코어(Neurocore)의 NEMO APS 365는 강화 학습 기법을 적용했다. **강화 학습**(reinforcement learning)은, 지도 학습이나 비지도 학습과 달리, AI가 답한 결과에 합당한 보상(reward)을 제시하여 인공 지능이 스스로 학습하는 방식이다.

시뮬레이터가 생산 현장의 제약 사항이나 상태(state)를 생성한다. 이 조건에서 AI가 생산 계획을 수립한다. 납기 준수율이나 설비 가동률 등이 높은 생산 계획에 더 많은 보상을 주어, AI가 더 좋은 생산 계획을 수립할 수 있도록 스스로 학습한다.

강화 학습으로 스케줄링하는 뉴로코어의 기술은 특허를 취득했다. 세계 유수의 APS 솔루션 전문 기업들도 아직 연구 단계인데, 뉴로코어는 이 솔루션을 이미 출시하여 생산 현장에 적용하고 있다. 이 회사 윤영민 대표는 세계적인 바이오 의약품 회사인 S사, 반도체 소재를 제조하는 S사, 골판지 등 포장재를 생산하는 T사 등이 이 솔루션을 도입하여 성과를 거두고 있다고 한다.[153]

---

153) 인터뷰: 윤영민 대표, 뉴로코어, 2024.07.02

5.4 제조 실행 관리

계획이 확정되면, 계획대로 실행해야 한다. 제조 실행 단계에서 핵심은 제조 현장이 계획대로 차질 없이 돌아가는지 지속적으로 모니터링하는 것이다. 옛날에는 제조 실행을 작업반장이 칠판이나 화이트보드에 적어가며 관리했다. 요즘은 규모가 매우 작은 회사도 대부분 엑셀이나 간단한 시스템으로 생산일보를 관리한다. 어느 정도 규모 이상의 기업은 **MES**(Manufacturing Execution System)를 구축하여 체계적으로 관리한다.

MES를 통해 생산, 품질, 설비 측면에서 제조 역량을 높일 수 있다.

(1) 생산 측면에서 원부자재 투입부터 완제품 출하까지 전 **공정**이 계획대로 실행되는지 실시간으로 파악한다. **재공 재고**를 정확하게 파악한다.

(2) **품질** 측면에서 라인별 공정별 품질 현황을 실시간으로 확인한다. **로트 추적** 기능을 통해 제조나 품질 이슈에 대해 신속하게 원인을 파악하고 조치를 취한다. 고객사가 실시하는 품질 감사에 쉽게 대응할 수 있다.

(3) 설비 측면에서 각 **설비별 효율, 수율, 가동 현황**을 곧바로 파악한다. 고장이나 수리 이력, 소모품 관리도 쉽게 한다.

MES는 구축하는 데 오랜 시간이 걸리고 많은 자금이 투입된다. 구축 이후 운영 단계에서도 제조와 IT 전담 인력을 할당하여 지속적으로 관리해야 한다. 전형적인 MES 시스템을 구축하는 대신 CCTV를 활용하여 제조 현장을 관리하는 사례도 있다.

5.4.1 사례: 코너스 CCTV를 활용한 철도 차량 제조 공정 관리

　철도 차량을 제조하는 공정은 길고 복잡하다. 수많은 단계를 계획대로 차질 없이 실행하지 못하면 납품 일정을 지키지 못할 수도 있다. 납품 일자를 맞추지 못하면 거액의 지체상금을 부담해야 한다. 계약 금액이 큰 경우 지체상금이 하루 1억 원에 달하기도 한다.

　통상 제조 현장은 일 단위로 공정을 관리한다. 오늘 생산에 대한 계획 대비 실적의 차이를 오늘 저녁 또는 다음 날 오전에 파악하게 된다. 차질이 발생하면 하루 이틀 만에 복구한다. 철도 차량의 제조 공정은 중후장대한 특성 때문에 하루 이틀 차질이 발생하면 복구하는 데 며칠 또는 몇 주가 걸리기도 한다. 열차는 길이가 20 미터나 되고 반제품의 무게도 몇 톤에 달한다. 이런 육중한 반제품이 조립 공정 순서를 지키지 않은 채 핵심 설비를 먼저 차지하고 나면 작업을 중지하고 원위치시키는 것이 쉽지 않다. 계획대로 실행하는 것이 매우 중요하다.

　생산 공정이 계획대로 진척되는지 확인하기 위해 MES가 필요하다. MES 구축에 소요되는 시간과 비용이 부담스럽다. 더군다나 철도 차량 제작은 컨베이어 벨트 형태의 연속 생산 방식이 아니고 잡샵(job shop)이라고 부르는 개별 조립 방식이다. 연속 생산 방식에 적합한 상용 MES를 구축하기도 까다롭고 철도 차량 제작 공정을 관리하기도 쉽지 않다.

　사물 인터넷 및 디지털 트윈 솔루션 회사인 **코너스(Corners)**는 전형적인 MES를 구축하는 대신 **CCTV로 제조 공정을 관리**하기로 했다.

이 회사의 최장원 박사와 인터뷰한 결과를 정리했다.[154]

코너스는 철도 차량 생산 현장에 CCTV를 설치하고 현장 상황을 실시간으로 모니터링했다. 인공 지능(AI: Artificial Intelligence)에게 차체, 차량 바닥, 지그 등 핵심 자재와 설비의 형상을 미리 학습시켜 **AI가 CCTV 영상을 인식**해서 어떤 공정에서 어떤 작업이 진행되고 있는지 실시간으로 파악하게 했다. 관리자들은 계획대로 정해진 순서대로 작업이 이루어지는지, 계획 대비 지연되고 있는지 각 공정의 진척도를 실시간으로 파악했다. 필요한 경우에는 즉각 대응 조치를 취했다.

현장에서 바코드를 인식하는 등 실시간으로 데이터를 취합하지 않으면 아무리 훌륭한 MES를 구축해도 무용지물이 된다. **CCTV는 작업 현장에서 데이터를 입력하는 수고를 덜 수 있어서 활용도가 높다.**

CCTV를 활용함으로써 안전사고를 예방하거나 사고 발생 즉시 상황을 파악하고 신속하게 조치할 수 있는 부가적인 효과도 있다. 작업 현장은 물건이 떨어지거나 작업자가 쓰러지는 등 여러 가지 안전사고가 발생할 수 있는 장소다. AI가 CCTV 영상을 실시간으로 분석하여 사고를 인식하고 즉시 경보를 발령할 수 있다.

---

154) 인터뷰: 최장원 박사, 코너스 연구소장, 2023.04.13

5.4.2 스마트 팩토리 (smart factory)

| 사례: 현대차 싱가포르 글로벌 혁신 센터[155)156)]

> **현대자동차**가 꿈꾸는 미래형 스마트 팩토리의 핵심 기술이 집결된 싱가포르 글로벌 혁신 센터를 살펴보자. 이 센터는 로봇을 활용한 최첨단 스마트 팩토리 테스트 베드다. 자동차 제조는 전통적으로 컨베이어 방식이 지배적이다. 현대자동차는 첨단 기술을 활용하여 과감하게 **셀(cell) 방식**을 도입했다.
> 컨베이어 벨트 대신 자동 이송 장치인 AGV(Automated Guided Vehicle)가 차체를 옮기고, 자율 주행 로봇인 AMR(Autonomous Mobile Robot)이 필요한 부품을 나른다. 로봇이 조립 상태에 대한 품질 검사를 담당한다.

자동차 업계와 달리 식품 제조 공정에 스마트 팩토리를 구축하는 것은 생각처럼 간단하지 않다. 스마트 팩토리를 구축하기 위해서는 프로세스를 표준화하고 재설계하여 기준 정보를 정비해야 한다. 그렇게 하지 않고 기존 프로세스를 그대로 둔 채 시스템만 도입해서는 실패한다.

흔히 **UOM(Unit of Measure)**이라고 부르는 측정 단위를 명확하게 하는 것도 신경을 많이 써야 한다. 가령 달걀은 발주나 입고할 때는 단위가 '개'인데 배합할 때는 '그램'으로 환산해야 한다. 제품별로 자재 명세서를

---

155) HMG 저널 운영팀, 사람과 로봇의 이상적인 조화, 현대자동차그룹, 2023.11.21, https://www.hyundai.co.kr/story/CONT0000000000122242
156) 노정동, 현대차그룹, 싱가포르에 컨베이어벨트 없는 '꿈의 공장' 지었다, 한국경제, 2023.11.21

작성하는 것도 거의 레시피 수준으로 상세하게 규정해야 한다. 기존 관행에 익숙한 직원들의 거센 저항을 극복하는 것도 어려운 과제다.

I 사례: 고피자 AI 활용한 품질 검사[157) 158)]

피자는 배고플 때 바로 먹기에는 요리 시간이 길고, 간단하게 끼니를 때우기에는 너무 비싸며, 혼자 먹기엔 양이 많은 음식이다. 맥도날드 햄버거처럼 기다리지 않고 먹을 수 있고 가격도 저렴한 일인용 피자는 없을까? 임재원 대표의 이런 고민이 **고피자**가 출범한 배경이다.

빠르고 저렴하고 작은 피자가 어떻게 가능할까? 피자 요리 시간 15~20분 중 오븐에서 굽는 데 8분이 소요된다. 임 대표는 화덕을 활용했다. 자동으로 회전하고 온도를 조절하는 화덕인 고븐을 개발하여 고열로 3분 만에 피자를 구울 수 있었다. 도우도 한 차례 초벌구이를 한 파베이크를 사용하여 밀가루를 반죽하고 성형하는 복잡한 과정을 없앴다.

---

157) 고피자, https://gopizza.kr/brand/goglobal
158) 이규열, DBR Case Study: '고피자(GOPIZZA)'의 스케일업 전략 – 3분 만에 구워내는 1인용 화덕피자! AI로 품질 관리하며 글로벌 입맛 유혹, 동아비즈니스리뷰, Issue 2, 2022.08

5. 생산 관리 (Production Management)

[사진: 고피자 화덕 고븐(Goven)]159)

임재원 대표는 300만 원짜리 중고 트럭을 개조한 푸드 트럭을 끌고 2016년 3월 서울 여의도 밤도깨비 야시장에 진출했다. 4,900 원짜리 1인 화덕 피자는 대성공을 거두었다. 이어 2018년 서울 대치동에 한 평짜리 첫 매장을 낸 이래, 2019년 인도를 필두로 싱가포르, 인도네시아, 홍콩 등 해외로 진출했다. 2023년 10월 기준으로 세계 7 개국에서 200여 개의 매장을 운영하고 있다.

매장 수가 증가함에 따라 품질 이슈가 발생하기 시작했다. 본사가 개발한 메뉴와 상이한 모양의 피자가 판매되기도 했다. 해외 매장의 피자는 품질 관리가 쉽지 않았다. 대부분의 프랜차이즈 사업과 마찬가지로 조리 과정을 표준화하고 매뉴얼을 배포하고 꾸준히 교육했다. 직원들이 대개 6개월에서 1년 사이에 퇴사했다. 빈자리를 메울 후임자에게 고작 2주 동안 교육을 시키고 현장에 투입하다 보니 문제가 생겼다.

임 대표는 AI 기술을 활용했다. 주방에 AI 스마트 토핑 테이블을 설치했다. AI 기술이 피자에 어떤 토핑을 얼마나 올려야 하는지 알려줘

---

159) 고피자, https://gopizza.kr/brand/howwemake

숙련도가 낮은 직원도 쉽게 피자를 만들 수 있다.[160] 토핑의 정확도를 실시간으로 분석하여 균질한 품질의 피자를 만들 수 있게 되었다.

[사진: 고봇 스테이션][161]

로봇 팔 '고봇'을 도입했다. [사진: 고봇 스테이션] 참조. 로봇은 도우를 성형하고, 피자를 자르고, 소스를 뿌리고, 식지 않도록 온열 장치로 옮기는 역할을 담당한다.[162] 로봇의 용도를, 사람을 대체하는 것보다, 사람을 돕는 것으로 활용했다.

---

160) 조광현, 고피자, 국내 외식 브랜드 최초 '싱가포르 창이 국제공항' 입점, 매일경제, 2023.10.10
161) 고피자, https://gopizza.kr/brand/howwemake
162) 이규열, 최호진, 토핑 AI, 소스 뿌리는 로봇… 3분만에 피자 '뚝딱', 동아일보, 2022.09.07

5.5 생산 관리 핵심 지표

앞에서 다루었던 생산 관리에 관련된 핵심 지표를 다시 정리해보자. 계획에 관련된 공급 계획률, 실행 결과에 관련된 생산 계획 준수율, 판매 계획 준수율, 판매 예측 정확도에 대해 좀 더 살펴보자.

5.5.1 공급 계획률

먼저 공급 계획률은 영업이 팔겠다는 판매 예측 대비 얼마나 많이 공급할 것인지를 측정한다. 계획의 품질을 나타내는 지표다.

$$공급\ 계획률 = \frac{공급\ 계획}{판매\ 예측} \times 100\%$$

공급 계획률이 100%에 미달한다는 뜻은 수요에 공급이 충분하게 대응하지 못한다는 의미다. 앞에서 살펴보았듯이 **공급 부족 이유**는 다양하다. 대표적인 이유 몇 가지를 살펴보자.

(1) **자재 부족**. 원자재나 부자재가 부족하면 수요를 맞추기에 충분한 수량을 생산하지 못한다. 이것은 어느 부서 책임일까? 충분한 분량의 자재를 확보해두지 않은 구매 부서 탓일까? 일차적으로는 구매 부서 책임이다. 하지만 현실은 그렇게 단순하지 않다. 자재를 충분하게 보유하고 있더라도 영업의 판매 예측이 평소보다 훨씬 많으면 공급 부족이 되기 때문이다. 평소보다 훨씬 많이 팔 것으로 예측한 영업의 잘못일까? 그렇지 않다. 영업은 시장의 수요를 정확하게 파악하여

공급에 전달했으니 잘못이 없다. 자재가 충분하지 않아 공급이 부족한 것은 한두 부서의 책임일 수도 있고 회사 전체의 공동 책임인 경우도 많다.

(2) **생산 능력 (production capacity) 부족**. 수요를 맞출 만큼 충분한 생산 능력을 확보하지 못한 경우에도 공급 계획률이 100%에 미달한다. 이것은 어느 부서 책임일까? 생산 능력을 충분히 확보하고 있지 못한 제조 부서의 책임일까? 앞의 자재 부족 사유와 마찬가지로 이것도 공동 책임이다.

(3) **납기 촉박**. 공급 리드타임보다 고객 요구 납기일이 너무 이르면, 수요를 맞추지 못한다.

(4) **기준 정보 오류**. 자재 명세서, 수율, 공정 순서 같은 필수적인 기준 정보가 잘못되거나 누락되어 공급 계획을 수립하지 못할 때도 있다. 각각의 기준 정보를 관리하는 부서 책임이다.

공급 계획률에 영향을 미치는 요인이 이렇게 다양하므로 공급 계획률을 한두 부서를 평가하는 지표로 사용하면 안 된다. 공급 계획률은 회사 전체의 실력을 드러낸다. CEO와 경영진에 대한 지표다.

5.5.2 생산 계획 준수율

생산 계획 준수율은 생산 계획 대비 생산 실적을 비교하는 지표다.

$$\text{생산 계획 준수율} = \left(1 - \frac{|\text{생산 실적} - \text{생산 계획}|}{\text{생산 계획}}\right) \times 100\%$$

생산 계획 준수율이 100%가 되지 않는 것은 계획보다 더 적게 생산했기 때문일 수도 있고 계획보다 더 많이 생산했기 때문일 수도 있다. 더도 말고 덜도 말고 딱 계획만큼 생산해야 준수율이 100%다. 제품 전체 총량만 맞춘다고 100%가 되는 건 아니다. 각각의 SKU별로 계획 대비 실적이 모두 일치해야 한다.

| 예시: 생산 차질 원인

생산 차질에는 수많은 원인이 있다. 먼저 계획보다 덜 생산한 이유를 살펴보자.

(1) **자재 부족**. 계획을 수립할 때 원부자재가 충분할 것으로 예상하고 공급 계획과 생산 계획을 확정했으나 실행 시점에 자재가 부족한 경우다. 이를테면 보관 중인 자재가 파손되거나 분실되거나, 발주 냈던 자재가 도착 예정 시기에 맞춰 도착하지 않을 수 있다. 공급사가 자재를 늦게 보냈거나, 운송 회사가 배송을 지연했기 때문일 수도 있다. 수입 자재인 경우 통관 지연이 원인일 수도 있다. 자재가 때맞춰 도착했으나 입고 검사에서 품질 불량을 발견하기도 한다.

(2) **고장**. 제조 라인의 설비가 고장 나거나 오작동으로 계획대로 생산하지 못하는 경우가 있다.

(3) **사고**. 정전이나 화재 같은 사고로 가동이 중단되는 경우가 있다. 작업자 사고로 생산에 차질이 발생하는 경우도 있다.

(4) **재해**. 풍수해가 대표적이다. 태풍, 홍수, 지진, 한파 등으로 작업 차질이 발생하는 경우가 있다.

(5) **수율 저조**. 하이테크, 바이오, 화학, 식품 업종 등은 예상했던 것보다 수율이 낮아서 차질이 발생하기도 한다. 투입 원재료나 복잡한 공정이 수율에 영향을 주기 때문이다.

(6) **출시 지연**. 신제품인 경우에는 출시 일정이 지연되어 수요를 맞추지 못하는 경우도 있다. 출시 초기 불량이나 원하는 정도의 수율이 나오지 않아 발생하는 차질도 있다.

(7) **품질 불량**. 계획대로 생산하긴 했으나, 품질 검사에서 불합격하여 계획에 미달하는 경우도 있다.

(8) **기타**. 폐수 탱크 용량이 부족하거나 전염병 발생 등 방역 이슈로 조업을 중단하는 경우도 있다. 외주 임가공 업체가 차질을 빚기도 한다. 이 외에도 제조 현장에는 차질이 발생하는 수많은 이유가 있다.

생산 차질은 일차적으로 제조 부서가 책임진다. 위에서 살펴보았듯이 차질의 원인이 모호하거나 제조 부서가 아니라 다른 부서나 회사 외부의 원인인 경우도 있다. 그렇다고 해서 이것도 공동 책임으로 해야 할까? 복합적인 원인이 있긴 하나 **생산 계획 준수율에 대한 관리 책임을 제조 부서에 부여**하는 게 일반적이다.

다음으로 계획보다 더 많이 생산하는 경우다. 예상했던 것보다 수율이 높아서 초과 생산하는 등 일부 예외를 제외하면 계획보다 더 많이 생산하는 것은 제조 부서 책임이다. 생산 계획은 제조 부서가 영업, 구매, 물류, 재무 등 다른 부서와 합의한 '공급 계획 = 판매 계획'에 바탕을 둔 계획이다. 이 계획을 따르지 않고 **제조 부서가 임의로 추가 생산을 하는 것을 엄격히 금지**해야 한다. 제조 전통이 강한 기업 중 일부는 아직도 제조 부서가 독단적으로 판단하고 제멋대로 생산하기도 한다. 그런 기업에서 SCM이 제대로 작동할 리 없다.

5.5.3 SCM 역량: 판매 예측 정확도는 대표이사 성적

공급 계획률에 영향을 미치는 요인은 매우 다양해서 공급 계획률이 회사 전체의 실력을 드러낸다고 했다. 판매 예측 정확도 역시 그러하다. 판매 예측 정확도는 **회사 전체의 실력**을 드러내기 때문에 판매 예측 정확도를 예측 업무를 담당하는 특정 부서만을 평가하는 지표로 사용하면 안 된다. **판매 예측 정확도는 CEO와 경영진에 대한 지표**다. 대표이사가 흔히 "비가 와도 내 책임, 눈이 와도 내 책임"이라고 할 때의 그런 의미의 책임이다.[163]

[그림: 예측~계획~실행]은 판매를 예측하고, 생산 계획을 수립하며, 공급 계획과 판매 계획을 확정하고, 계획대로 생산하여, 계획대로 판매하는 일련의 과정을 나타낸다.

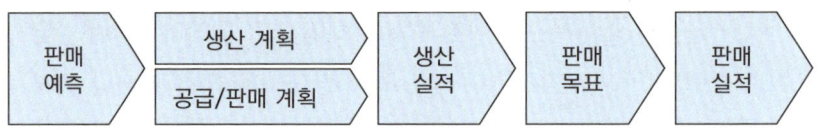

[그림: 예측~계획~실행]

| 예시: SCM 점수: 90점 × 80점 × 70점 = 50점

SCM 역량이 우수한 걸로 알려진 제조 회사의 실제 지표를 측정했다. 공급 계획률은 90%, 생산 계획 준수율은 80%, 판매 계획 준수

---

163) 『사장의 일』의 저자 '하마구치 다카노리'는 "눈이 내리는 것도 내 책임이다"고 했다. 하마구치 다카노리, 사장의 일, 김하경 옮김, 쌤앤파커스, 2013, p.23

율은 70%이다. 평균 80 점이다. 나쁘지 않다. 그래도 판매 예측 정확도는 50%밖에 되지 않는다. 총점이 50 점, 반타작이라고? 왜 그런지 따져보자.

[그림: SCM 역량]은 판매 예측에서부터 생산 계획을 수립하고 공급 및 판매 계획을 확정한 후 판매 실행까지 전 과정을 나타낸다. 그림에서 영업이 100 개 팔겠다고 하는데 공급 계획률이 90%이므로 공급 계획 = 판매 계획 = 90 개다. 공급 계획 = 판매 계획 = 90 개인데 보유 재고가 없다고 가정하면 생산 계획은 90 개다. 이 회사의 생산 계획 준수율이 80%이므로 생산 실적은 72 개다. 비록 판매 계획이 90 개이지만 생산 실적이 72 개밖에 되지 않으므로 판매 목표는 72 개다. 이 회사의 판매 계획 준수율이 70%이므로 판매 실적은 50 개다. 판매 예측 100 개 대비 판매 실적이 50 개이므로 판매 예측 정확도는 50%다.

정리하면, 공급 계획률이 90%이고 생산 계획 준수율은 80%이며 판매 계획 준수율이 70%인데 회사 전체 SCM 운영 실력인 판매 예측 정확도는 50%에 불과하다.

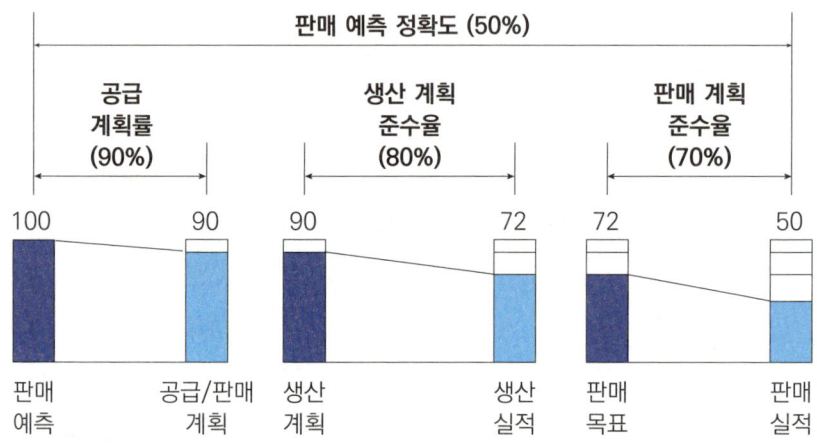

[그림: SCM 역량]

    만약 공급 계획률이 80%, 생산 계획 준수율이 70%, 판매 계획 준수율이 60%인 회사라면 어떨까? 판매 예측 정확도는 34%밖에 되지 않는다. 세 번 중에 한 번 적중하는 셈이다. 그래도 회사는 돌아간다. 당연하다. 임직원들이 온몸으로 막아내고 있기 때문이다. **판매 예측 정확도는 회사 전체의 SCM 운영 실력**을 나타낸다. 공급 계획률과 마찬가지로 판매 예측 정확도 역시 CEO와 경영진에 대한 지표다. 20, 30점짜리 회사를 40점 → 50점 → 60점으로 역량을 높이려면 몸빵에 의존할 게 아니라 **계획대로 실행하는 프로세스**가 자리 잡아야 한다. 확정 생산 체제다.

5.6 확정 생산 체제

5.6.1 확정 기간

앞에서 예측을 하는 이유는 계획을 수립하기 위해서라고 했다. 계획은 왜 세울까? 실행하기 위해서다. 계획을 세웠으면, 그 계획대로 실행해야 한다. 계획 따로, 실행 따로? 지키지도 않을 것이라면 왜 계획을 수립하나? 계획을 세우면 반드시 그 계획을 준수하기 위해 노력해야 한다. 예상하지 못했던 큰 문제나 피치 못할 중대한 사정이 생기면 계획을 수정하기도 하지만 계획을 변경하는 데는 큰 비용이 든다. 계획을 변경하기 어렵도록 제한하는 구간과 계획을 쉽게 바꿀 수 있도록 허용하는 구간을 미리 설정해 두는 게 좋다.

컨설팅 회사인 **올리버 와이트(Oliver Wight International)**는 계획 변경 구간을 [그림: 확정 기간]처럼 세 개로 나눈다. **고정 구간**은 가능한 한 기존 계획을 유지하도록 설정된 구간이다. 이 구간은 계획을 변경하기에 너무 촉박하고 또 변경에 큰 비용이 수반된다. **가변 구간**은 자유롭게 계획을 변경할 수 있는 구간이다. **제한 구간**은 고정 구간과 가변 구간의 중간 구간이다. 이 구간은 경우에 따라 계획을 변경할 수도 있으나 어느 정도 변경 비용이 발생한다. 고정 구간과 제한 구간에서 수요를 마음대로 바꾸면 공급이 따라가기 어려우므로 가능한 한 수요를 공급 제약에 맞추는 게 좋다. 가변 구간에서는 수요에 맞춰 공급을 준비한다.

[그림: 확정 기간][164]

콜린 크럼의 책을 참고하여 고정, 제한, 가변 구간별 특성을 [표: 확정 기간 특성]으로 정리했다.[165] 먼저 수요 측면에서 살펴보자. **고정 구간**은 이미 고객 수요에 대한 SKU 레벨의 수량과 납품 일정까지 확정되어 있다. 기존 계획을 유지해야 한다. **제한 구간**은 수요 총량은 확정되어 있으나 제품 믹스는 변경할 수 있다. 수요 변동에 대해 제품 믹스를 바꿔 대응하는 융통성을 발휘하면 된다. 납품 일정을 조정할 수도 있다. **가변 구간**은 수요를 확정하지 않기 때문에 계획을 변경해도 괜찮다.

공급 측면에서 고정 구간은 자재도 이미 구매했고 생산도 완료했거나 착수했기 때문에 계획을 바꾸기 어렵다. 제한 구간은 아직 생산에 착수하지 않은 상태이므로 계획 변경에 대응할 수 있는 약간의 여지가 있다. 가변 구간에서는 얼마든지 계획을 변경할 수 있다.

---

164) Colleen Crum with George E. Palmatier, Demand Management Best Practices: Process, Principles and Collaboration, J. Ross Publishing, Inc., 2003, p.81, p.206
165) Colleen Crum, 앞의 책, pp.80-92, pp.206-207

[표: 확정 기간 특성]

구 분		고정 구간	제한 구간	가변 구간
수요	수요량	수량 확정	총량 확정	미(未)확정
	제품 믹스	변경 불허	변경 허용	변경 허용
	납품 일정	확정	변경 가능	미(未)확정
공급	자재	구매 완료	구매 약속	미(未)발주
	생산	완료 또는 착수	미(未)착수	미(未)착수
	제약	강한 제약	약한 제약	무(無)제약
계획 변경 비용		고(高)	중(中)	저(低) 또는 무(無)
예시		일 단위 0-21일	주 단위 4-16주	월 단위 5-24개월

당초 수립했던 계획대로 실행하지 못하고 계획을 바꾸어야 하는 불가피한 경우 고정 구간의 계획 변경 비용은 매우 높다. 제한 구간의 변경 비용은 조금 덜 높다. 가변 구간의 계획 변경 비용은 없거나 있더라도 높지 않다. 표 마지막 줄에 각 구간에 대한 예시 기간을 표시했다. 이 기간은 기업마다 다르다. 자재 공급사에서부터 고객사로 이어지는 공급망에서 회사가 처한 상황에 따라 기간이 상이하다.

5.6.2 확정 생산 체제 의미

확정 생산 체제는 확정 구간 내의 계획을 변경하지 않고 그대로 생산하는 방식이다. 이 원칙을 견지하지 않으면 공급망의 가시성과 안정성을 확보할 수 없다. **정시, 정량, 정순** 생산 원칙을 지켜야 한다. 제조 현장의 선행 생산, 초과 생산, 생산 순서 변경, 계획에 없는 생산 등 고질적인 관행을 모두 금지해야 한다.

| 사례: 삼성 3일 확정 생산 체제

삼성전자는 2000년대 중반 3일 확정 체제를 도입했다. 2010년대 후반에 이르러 TV 등 가전 제품은 2일, 일부 핸드폰 제품은 1일로 확정 구간을 지속적으로 단축하여 효과를 보고 있다.[166]

어떻게 운영되는지 확정 기간이 3일인 경우를 예로 들어 살펴보자. 오늘(D), 내일(D+1), 모레(D+2)의 3일 구간은 확정 기간이다. **확정 기간**에는 생산 계획을 변경하지 않고 그대로 실행한다. 매일 글피(D+3)에 대한 생산 계획을 확정한다. 그림에서 오늘이 1월 10일이라면, 오늘부터 모레(1/12)까지 3일은 이미 계획이 확정되어 있다. 오늘(1/10)은 글피인 1월 13일에 대한 생산 계획을 확정한다. 다음 날인 1월 11일이 되면 1월 14일에 대한 생산 계획을 확정한다.

신규 주문을 입수하면 어떻게 해야 할까? 3일 확정 체제라면 3일간의 확정 기간 중에 반영하면 안 된다. 이 그림을 예로 들어 오늘이 1월 10일인데 오후에 긴급 주문을 입수한다면 이 주문에 대한 생산은 언제 해야 할까? 오늘이 1월 10일이므로 1월 12일까지 계획은 이미 어제 확정했었고, 오늘 아침에 1월 13일에 대한 계획도 확정했다.

---

166) 노경목, 삼성전자 '1일 SCM 혁명' … 제조업체 중 세계 유일, 한국경제, 2018.01.28

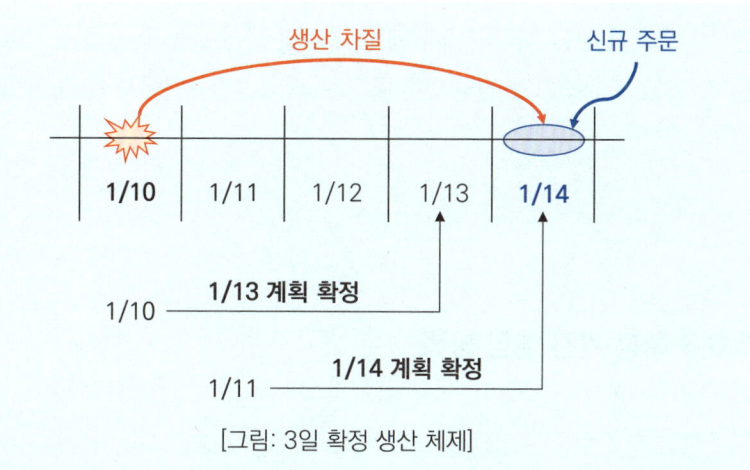

[그림: 3일 확정 생산 체제]

그러니 오늘 오후에 입수한 주문은 내일 아침인 1월 11일에 계획을 수립할 때 고려한다. 가장 빠른 날인 1월 14일에 생산하는 계획으로 반영할 수 있다.

만일 계획대로 생산하지 못하면 어떻게 해야 할까? 1월 10일 A제품을 100 박스, B제품을 200 박스 생산하기로 계획했다가 만일 A제품을 70 박스밖에 생산하지 못하는 경우가 생기면 어떻게 해야 할까? A제품을 계획보다 적게 생산할 수밖에 없으니 대신 B제품을 30 박스 더 생산하여 230 박스를 만드는 건 어떨까? 확정 생산 체제에서는 이런 **임의 생산**이 엄격하게 **금지**된다. 1월 10일은 어쩔 수 없이 A제품 70 박스, B제품 200 박스를 생산한다. A제품 생산 차질이 30 박스 발생한다. 대신 1월 11일이 되어 1월 14일에 대한 생산 계획을 확정할 때 A제품 차질분 30 박스를 생산하도록 계획에 반영한다.

확정 생산 체제는 규칙과 프로세스대로 실행하는 체제다. 차질이 생기면 원인을 찾아 해결하고 재발을 방지하기 위해 규칙이나 프로세스를 보완하면 된다. 확정 생산 체제가 정착되면 내부의 생산 효율과 공급 능력이 향상된다. 외부의 고객사와 원부자재 공급사, 외주 생산 협력사 등의 신뢰를 높일 수 있다.

5.6.3 확정 기간 설정 방법

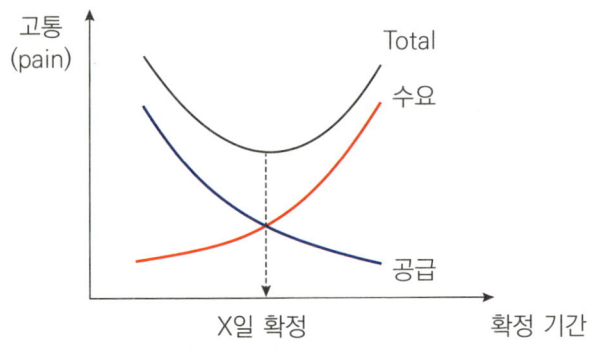

[그림: 확정 기간 설정][167]

확정 기간을 얼마로 정해야 할까? 영업은 확정 기간이 짧은 걸 선호할까 긴 걸 선호할까? 생산은 어떨까? 구매는? [그림: 확정 기간 설정]에 나와 있듯이, 일반적으로 **영업**은 확정 기간이 길면 장사하기 어렵다고 불만을 표출한다. 시황이 시시각각 변하고 고객이 구매 의사를 수시로 바꾼다

---

167) 서병교, 확정 기간 설정 방법, 2006.01.18

며 확정 기간을 없애 달라거나 최소 기간으로 줄여달라고 한다. 영업, 마케팅 등 수요 측은 확정 기간이 길어짐에 비례하여 고통의 강도가 증가하기 때문이다.

제조는 확정 기간이 짧으면 고통스러워한다. 정해진 공정에 따라 물 흐르듯 생산하는 게 생산 효율이 가장 높다. 제조 리드타임이 길거나 복잡한 공정을 거치는 제품인 경우에는 확정 기간이 충분히 길지 않으면 작업 변경이 잦아진다. 잦은 작업 변경은 제조 원가의 상승으로 이어진다.

구매는 제조보다 더 긴 확정 기간을 원한다. 원부자재에 대한 안전 재고를 매우 많이 보유하지 않으면 단납기 수요에 대응하기 어렵다. 원가 상승으로 경쟁력이 낮아진다. 즉, 공급 측은 확정 기간이 길어질수록 반비례하여 고통의 강도가 감소한다.

일반적으로 **공급망의 상류**로 갈수록 **확정 기간이 긴 것을 선호**한다. 변화에 대응하려면 여유 있는 시간이 필요하기 때문이다. **공급망의 하류**로 갈수록 **확정 기간이 짧은 것을 선호**한다. 확정 기간이 긴 회사보다 **확정 기간이 짧은 회사가 시장 대응력이 훨씬 높다**. 경쟁력이 더 높다는 의미다.

확정 기간을 설정하기 위해서는 수요 측과 공급 측의 입장을 모두 헤아려야 한다. [그림: 확정 기간 설정]에서 보듯이, 수요 관점의 고통의 크기와 공급 관점의 고통의 크기를 감안하여 회사 전체의 고통의 수준이 최소인 확정 기간을 설정해야 한다. 수요 측은 회사 내부 영업 조직뿐만 아니라 고객사의 구매 조직이 느끼는 고통과 경쟁 회사의 대응력도 고려해야 한다. 마찬가지로 공급 측도 회사 내부의 제조나 구매 조직뿐만 아니라 우리 회사에 납품하는 공급사의 역량도 고려해야 한다.

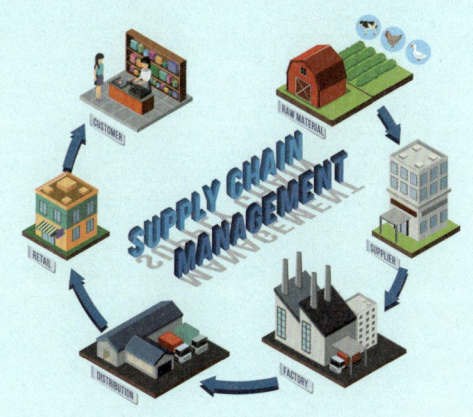

1조 클럽 도전하는 중견 기업을 위한
삼성 SCM 노하우   **VI**

6. 구매 관리 (Procurement Management)

6.1 자체 제조 또는 외부 구입 (make or buy)

6.2 구매량 산정

6.3 구매 관리 핵심 영역

6.4 가치 공학 (value engineering)

6.5 구매 전담 조직

6.6 공급사 협업

6.7 구매 성과 지표

제6장

공급망

6. 구매 관리 (Procurement Management)

구매는 원가를 결정하고, **원가는 손익을 결정**한다. 구매비 1 원 절감하면 이익이 1 원 증가한다는 표현을 자주 한다. 매출액이 3,000억 원이고, 재료비가 1,500억 원이며, 영업이익이 150억 원인 회사의 예를 들어보자. 영업이 고생해서 매출액을 10% 즉 300억 원 더 늘리면, 다른 조건이 동일하다면, 영업이익은 15억 원 증가한다. 만약 구매 부서가 1,500억 원의 재료비를 1%만 절감해도 영업이익은 15억 원이나 증가한다. 재료비를 2% 절감하면, 영업이익은 30억 원 증가한다. 굉장한 효과다.

밝은 면만 있는 게 아니다. 만약 원부자재 가격이 5% 인상되면, 영업이익이 75억 원 감소한다. 이익이 반토막 난다. 심각해진다. 구매의 중요성을 잘 나타낸다.

6.1 자체 제조 또는 외부 구입 (make or buy)

회사가 필요로 하는 것을 내부에서 만들지(make) 아니면 외부에서 구입할지(buy)는 경영자가 결정해야 하는 핵심 주제다. 바로 'make or buy' 결정이다. 유통 회사는 제품을 외부에서 구입하는 게 당연하다. 제조 회사는 일부는 외부에서 구입하고 완제품과 일부 부품이나 반제품은 직접 생산한다. 약 200년 전에 데이비드 리카르도(David Ricardo)가 비교 우위 이론을 들어 국가간 무역을 설명했다. 기업간 거래도 비슷하다. 일반적으로 경쟁 우위 역량을 보유한 것은 직접 만들고, 그렇지 않은 것은 외부에서 구매하는 게 경쟁력에 도움이 된다. 어떤 것은 직접 만들고 어떤 것은 구입해야 하나?

MIT의 찰스 파인 교수와 대니얼 휘트니 박사가 연구한 유용한 결과가 있다. 이들은 품목 특성과 내부 역량을 바탕으로 [그림: 외부 조달 결정 기준]을 만들었다.[168] 우선 품목의 기술적 특성에 따라, 분해하기 용이한 **모듈(module) 구조**인지 분해하기 어려운 **통합(integral) 구조**인지 나눈다. 조직 내부 역량은 품목에 대한 지식을 외부 공급사에 **의존**하는 경우와 품목에 대한 자체 **생산 능력**(production capacity)이 충분하지 않아 외부에 **의존**하는 경우로 나눈다.

---

168) Charles H. Fine, Daniel E. Whitney, Is the Make-Buy Decision Process a Core Competence?, Research Paper, MIT Center for Technology, Policy, and Industrial Development, 1996.02, p.21

	공급사에 지식 의존	공급사에 생산 능력 의존
모듈 구조	II 잠재적 위험 공급사가 부품에 대한 전문성 보유 공급사가 경쟁사로 바뀔 가능성 高	IV 최적의 조달 기회 여러 공급사 활용 가능 핵심 역량에 집중 가능
통합 구조	I 최악의 조달 상황 부품에 대한 이해도 부족 재작업 등으로 통합에 많은 시간 소요	III 외부 조달 가능 부품을 통합할 수 있는 지식 보유 경쟁사가 동일 부품을 확보하더라도 경쟁 우위 유지 가능

[그림: 외부 조달 결정 기준]

Ⅰ사분면과 Ⅱ사분면은 부품에 대한 기술적인 지식이 부족한 경우다. 이런 경우에는 외부 조달이 그리 바람직하지 않다. 부품이 통합 구조이고 부품에 대한 전문 지식을 공급사에 의존하는 Ⅰ사분면에 속할 때 외부에서 조달하는 것은 최악이다. 조달한 부품과 다른 부품을 통합하는 데 많은 시행착오를 거칠 가능성이 높기 때문이다. Ⅲ사분면과 Ⅳ사분면은 부품에 대한 전문 지식을 보유하고 있으나 생산 능력이 부족한 경우다. 이 경우에는 외부에서 조달한다. 부품이 모듈 구조인 Ⅳ사분면이 외부 조달에 최적이다.

이 표는 품목의 기술적 특성과 내부 역량의 두 개 차원으로 구성되어 있다. 나중에 파인 교수는 클락 속도와 공급사의 수라는 두 개 차원을 더 추가한 복잡한 의사 결정 프레임을 제시했다.[169] 참고로 클락 속도는 제품의 진화 발전 속도, 프로세스 처리 속도, 조직 운영 속도 등 경영의 속도를 의미한다.

---

169) Charles H. Fine, Clockspeed: Winning Industry Control in the Age of Temporary Advantage, Perseus Books, 1998, p.170

6.1.1 크랄직 매트릭스 (Kraljic matrix)

맥킨지 컨설턴트였던 피터 크랄직이 구매 관리에 관해 발표한 것을 [표: 크랄직 매트릭스]에 요약했다.[170] 구매의 중요도와 공급 시장의 복잡도를 기준으로 품목별 구매 특성을 구분한 것이다. **구매의 전략적 중요도**는 제품별 부가 가치, 총 비용 중 원자재 비율, 수익성에 미치는 영향도 등을 고려한다. **공급 시장의 복잡도**는 공급 희소성, 기술 발전 속도, 대체 자재 여부, 진입 장벽, 물류비, 물류 복잡성, 독과점 여부 등을 감안한다.

[표: 크랄직 매트릭스]

구매 중요도		공급 시장 복잡도 저	공급 시장 복잡도 고
고	Ⅱ	**자재 관리** **지렛대 (leverage) 품목** 상용품, 사양품 가격 요인 중시 다수의 로컬 공급사 주로 분산 구매	Ⅳ **공급 관리** **전략 (strategic) 품목** 희소 고부가가치 자재 장기 공급 안정성 중시 글로벌 공급사 통합 구매
저	Ⅰ	**구매 관리** **비핵심 (noncritical) 품목** 상용품, 일부 사양품 기능적 효율성 중시 로컬 공급사 분산 구매	Ⅲ **소싱 관리** **병목 (bottleneck) 품목** 주로 사양품 가격 요인, 단납기 중시 글로벌 공급사, 신기술 보유 업체 분산 구매, 중앙집중식 조정

Ⅰ 사분면은 공급 시장 복잡도와 구매 중요도가 모두 낮은 **비핵심 품목**을 다루는 협의의 **구매 관리** 영역이다. 구매하는 물품은 대개 상용품이고 로

---

170) Peter Kraljic, Purchasing Must Become Supply Management, Harvard Business Review, Sep.-Oct. 1983, pp.109-117

컬 공급사로부터 구매한다. 자동 발주, 자동 검수 등 구매 업무를 단순화하여 비용을 절감해야 하는 영역이다.

Ⅱ사분면은 공급 시장 복잡도는 높지 않으나 구매 중요도가 높은 **지렛대 품목**을 다루는 **자재 관리** 영역이다. 구매 물품은 상용품과 사양품이 섞여 있으며 다수의 로컬 공급사로부터 구매한다. 구매 금액이 크므로 여러 공급사들이 경쟁 입찰하도록 하고 구매력을 활용하여 단가를 낮춰야 하는 영역이다. 대체품을 찾는 노력도 필요하다.

Ⅲ사분면은 공급 시장 복잡도가 높고 구매 중요도는 낮은 **병목 품목**을 다루는 **소싱 관리** 영역이다. 구매 물품은 주로 사양품으로 글로벌 공급사나 신기술 보유 업체로부터 구매한다. 구매 금액 비중이 높지는 않으나 제때에 조달하지 못하면 심각한 차질을 야기할 수 있는 병목 품목이다. 안정적인 공급처를 확보해야 한다. 장기적으로 대체품을 발굴하여 리스크를 줄여야 한다.

Ⅳ사분면은 공급 시장 복잡도와 구매 중요도가 모두 높은 **전략 품목**을 다루는 **공급 관리** 영역이다. 희소 물품, 고부가 가치 자재를 안정적으로 공급받기 위해 주로 글로벌 공급사로부터 구매한다. 핵심 기술력을 보유한 공급사와 장기적인 전략적 제휴 관계를 맺는 것도 좋다.

6.2 구매량 산정

내부에서 생산할 것과 외부에서 구매할 품목을 정하고 나면 각 품목별로 언제 얼마나 구매해야 하는지 구매량을 산정해야 한다. 이를 위해 자재 명세서가 필수적이다. 자재 명세서에 따라 자재 소요 계획을 수립하게 된다.

6.2.1 자재 명세서 (BOM: Bill of Material)

자재 명세서(BOM: Bill of Material)는 어떤 제품에 어떤 자재가 얼마나 투입되는지를 일목요연하게 보여준다. 상위 품목 한 단위를 만드는데 하위 품목 몇 단위가 필요한지를 나타낸다. [그림: 자전거 BOM 예시]는 자전거를 구성하는 자재에 대한 단순화한 BOM을 보여준다. 자전거 한 대는 핸들 1 개, 바퀴 2 개, 페달 2 개, 안장 1 개 등 여러 부품으로 구성된다. 바퀴 한 개는 테 1 개, 허브 1 개, 바큇살 32 개, 타이어 1 개로 이루어져 있음을 나타낸다.

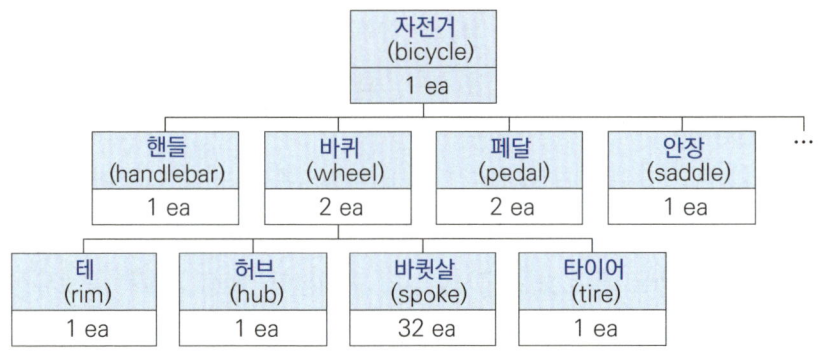

[그림: 자전거 BOM 예시]

실제 제조 현장에서는 이것보다 훨씬 복잡한 BOM을 사용한다. 자동차, 선박, 항공기 등은 매우 많은 부품이 쓰인다. 일례로 **보잉**은 전 세계 545개 공급업체로부터 생산된 132,500 개의 부품을 사용한다.[171] 보잉 747

---

171) 강석호, 공학기술과 경영, 박영사, 2015, p.87

급의 대형 항공기에는 600만 개의 부품이 필요하다.[172] 2023년 5월 25일 성공적으로 발사된 누리호는 약 37만 개의 부품으로 만들어졌다.[173] 식품 업계는 마치 레시피(recipe) 같은 BOM을 사용하기도 한다. 이를테면 멸치볶음을 제조하는 BOM은 멸치 200 그램, 물엿 50 그램, 설탕 20 그램 등으로 구성된다.

BOM은 그 용도에 따라 약간씩 다른 표현이 혼용되고 있다. **제조 BOM**은 **M-BOM**(Manufacturing BOM)이라고도 하며, 주로 생산 과정에 사용한다. 가공 및 조립 공정을 관리하는데 사용한다. **개발 BOM** 또는 **설계 BOM**은 설계 개발 과정에서 주로 사용하며 **E-BOM**(Engineering BOM)이라고도 한다. **계획 BOM**은 수요에 따른 생산 계획을 수립하고 공정 순서를 관리하는 용도로 사용하며, **P-BOM**(Planning BOM)이라고도 한다. **서비스 BOM**은 제품을 수리하거나 유지 보수하기 위해 필요한 BOM이다.

구매 업무에 활용하는 **구매 BOM**도 있다. 자재나 부품을 납품하는 공급사, 조달 리드타임, 대체 자재 등에 관한 정보를 포함한다. 동일한 기능을 하는 자재가 여러 개인 경우, 가격이나 공급사와의 관계에 따라 우선순위를 부여하고, **대체 BOM**(alternate BOM)으로 표현한다.

6.2.2 자재 소요 계획 (MRP)

자재 소요 계획(MRP: Material Requirement Plan)은 적시에 필요한

---

172) 문지웅, 매일 전세계 4000편 운항 델타항공 본사를 가다, 매일경제, 2023.05.09
173) 김유대, '37만 개 부품의 하모니'…누리호 연속 성공의 숨은 주역들, KBS뉴스, 2023.06.03

자재를 공급하기 위한 계획이다. 앞에서 살펴보았듯이 제품에 대한 수요로부터 생산 계획을 확정한다. 각 제품별 생산 계획과 BOM에 의거하여 언제 어떤 자재가 얼마나 필요한지 소요량을 계산한다. 이어서 자재별로 재고를 파악한다. 소요량 대비 재고가 충분하지 않으면 추가로 구매할 수량을 결정하고 구매 발주를 낸다. 각 자재나 부품을 공급하는 회사별 조달 리드타임을 감안하여 원하는 시기에 도착하도록 주문한다.

MRP는 수작업으로 수행하기 어렵다. 자재가 많고 BOM이 복잡한 경우에는 자동화된 IT 시스템이 필요하다. 요즘은 거의 대부분의 ERP 솔루션이 MRP 기능을 포함하고 있다. ERP 시스템을 활용하면 복잡한 MRP 업무를 쉽게 처리할 수 있다.

6.3 구매 관리 핵심 영역

구매 영역 중 조달 구매와 개발 구매는 제품 수명 주기 관점에서 나뉜다. 조달 구매는 양산 단계의 구매 활동이고, 개발 구매는 신제품 개발 단계의 구매 활동이다.

6.3.1 조달 구매

조달 구매는 주로 양산 단계의 구매 업무를 일컫는 표현이다. **양산 구매**라고도 한다. 생산에 필요한 원료나 부품을 원하는 시간에 원하는 수량만큼 조달하는 업무다. 정품 정량이 정시에 납품되도록 관리하는 게 조달 구매의 핵심이다. 조달에 문제가 생기면 생산에 지장을 주고 이어 영업 차질을 빚을 수 있기 때문에 조달 구매는 매우 중요하다.

어느 회사 구매 부서에 갔더니 구매 담당자들이 전화기를 붙들고 언성 높여 싸우고 있다면 과연 무슨 일이 생긴 걸까? 조달 이슈가 심각하고 여차하면 생산 차질을 빚을 수도 있는 위험한 상황일 수 있다. 납품 기일이 지연되었거나 품질 불량이 발견되었을 수도 있다. 담당자가 악다구니를 하고 있다면 공급사의 착오로 다른 자재가 납품되는 따위의 어처구니없는 일이 발생했을 가능성도 있다.

6.3.2 개발 구매

구매 업무의 제일 표면에 있으며 눈에 잘 띄는 영역은 조달 구매다. 원가 경쟁력에 영향을 주는 측면에서는 개발 구매가 훨씬 더 중요하다. 원가의 대부분이 신제품 개발 단계에서 결정되기 때문이다. 개발 단계와 설계 단계에서 결정되는 원가 비중은 70~80%[174] 또는 80~90%[175]에 달한다. 설계 단계에서 원가의 85% 이상이 결정되고, 테스트 단계를 지나면 원가의 95% 수준까지 결정되기도 한다.[176]

개발 구매는 최적의 제품을 생산하기 위해 신제품 개발 단계에서 어떤 사양의 원료나 부품을 사용할지 결정한다. 구매 부서가 제품 개발 부서와

---

174) 조영호, 10%의 설계가 80%의 원가를 결정한다, 화성신문, 2021.06.21, https://www.ihsnews.com/39375
175) 최병현, 원가기획(Target Costing)의 성공포인트, LG주간경제, 1996.07.04, p.38
176) 김길중, 설계단계에서 원가절감을 위한 PAIC 제안에 관한 연구, 서경대학교 대학원 경영학과 박사학위 논문, 2016.02, p.1, p.12

협업하여 자재의 가격과 품질, 공급사의 안정성을 고려하여 자재와 공급사를 선정한다.

개발 구매의 목적은 제품 개발 초기 단계에 구매 담당자나 해당 공급사에 신제품의 품질이나 제조 용이성 등에 관한 의견을 제안하도록 해서 그것을 설계에 반영하여 제조 원가를 내리는 것이다.[177] 구매를 통해 원가를 절감하려면 양산 단계가 아니라 제품 개발 단계에서부터 구매 전문가들이 개발 과정에 참여해야 한다. 구매가 조기에 참여하므로 **EPI**(Early Procurement Involvement)라고 표현한다. 사내 구매 전문가뿐만 아니라 공급사를 개발 초기에 참여시키기도 한다. 공급사가 조기에 참여하는 것은 **ESI**(Early Supplier Involvement)다. 개발 단계 초기부터 부품 공급사가 참여하여 공동으로 연구하는 것은 기술이 중요한 첨단 제품을 개발하는 경우에 자주 볼 수 있다.

6.3.3 전략 구매

전략 구매는 기업 전체의 총 비용을 절감하고 리스크를 줄이기 위한 구매 활동이다. 영업이나 제조가 필요로 하는 재료나 부품을 조달하는 정도의 소극적인 의미가 아니라 기업의 경쟁력을 높이기 위한 능동적이고 적극적인 활동을 뜻한다. "구매 부문이 경영 전략이나 상품 전략에 참가하여 전사적인 관점에서 조달 계획을 수립하고 실행"함으로써 기업 전체의 비용을

---

177) 스가마 쇼지, 돈 잘 버는 회사들이 선택한 구매 관리 테크닉 95, 서혜영 옮김, 비즈니스맵, 2008, p.216

절감하고 이익을 극대화하는 활동이다.[178]

전략 구매 활동은
(1) 재료나 부품 시장의 기술 동향을 파악하고
(2) 품목 관리(category management) 전문성을 높이며
(3) 전 세계에서 우수한 공급사를 발굴(global sourcing)하고
(4) 최적의 공급사를 선정하여 계약에 대해 협상(negotiation)하고
(5) 통합 구매로 원가를 절감하며
(6) 구매 실적 분석(spend analysis)을 통해 공급사를 평가하고 개선 방안을 도출하고
(7) 공급사와 공동으로 기술을 개발하거나 전략적 제휴를 맺는 상생 협력 활동 등을 포함한다. 이런 전반적인 활동을 전략적 구매 활동이라고 표현하기도 한다. 원가 절감과 관련된 활동으로 국한된 협의의 전략 구매와 구별하여 광의의 전략 구매라고 한다.

앞에서 조달 구매와 개발 구매는 제품 수명 주기와 관련하여 구분한 것이라고 했다. 전략 구매는 약간 다르다. 전략 구매는 말 그대로 경쟁력을 높이는 전략 무기로서 구매를 활용한다는 의미다

6.3.4 MRO (Maintenance, Repair, and Operating)

제조 과정에 투입하는 원자재, 부자재, 부품, 반제품 등은 아니지만 기업 운영에는 많은 소모품이 필요하다. 윤활유, 전선, 벨트, 프린트 용

---

178) 스기마 쇼지, 앞의 책, p.218

지, 종이컵 등 회사에 따라 다양한 종류가 있다. 이런 종류의 구매품을 MRO(Maintenance, Repair, and Operating) 자재라고 표현한다. 구매 분야의 핵심 관리 영역은 아니지만 최근 들어 그 중요성이 커지고 있다. MRO 자재는 구매 비용은 크지 않지만 구매 건수는 매우 많다. 원가 절감 대상이다.

6.3.5 발주 최적화

팔란티어(Palantir Technologies)는 데이터에 기반한 의사 결정을 지원하는 빅 데이터 플랫폼이다. 팔란티어라는 명칭은 톨킨의 소설 『반지의 제왕』에 나오는 천리안 수정 구슬의 이름에서 따왔다. 팔란티어는 초기에 미국 CIA의 벤처 캐피털 담당 조직인 **인큐텔**로부터 200만 달러를 투자받기도 했다.[179] 이후 미국 FBI, 국가안전보장국, 해병대 등 군과 정보 관련 기관을 고객사로 확보했다.[180] 팔란티어의 고담 플랫폼을 활용하여 2011년 오사마 빈 라덴의 은신처를 파악한 것으로 유명하다. 위성 사진, 통신 기록, 금융 거래 정보, CCTV, SNS 등 다양한 정형/비정형 데이터를 종합하여 정확한 위치를 파악했다.

팔란티어 파운드리는 기업용 플랫폼이다. 팔란티어 파운드리 플랫폼을 활용하여 성과를 거둔 사례를 살펴보자.

---

179) Wikipedia, https://en.wikipedia.org/wiki/Palantir_Technologies
180) 고재연, 테러 없는 세상을 위한 다크나이트를 꿈꾸다, 팔란티어, 한국경제, 2021.10.07

사례: 팔란티어(Palantir) 발주 최적화

굴지의 석유 회사인 **BP**는 2023년 기준 전 세계에서 매일 약 230만 배럴의 석유를 생산한다.[181] 원유의 품질은 지하에 있는 석유를 빨아들이는 속도에 영향받는다. BP는 고품질의 원유를 생산하기 위한 최적의 속도를 찾기 위해 **팔란티어** 파운드리 플랫폼을 도입했다. BP의 CFO는 2012, 2013년에 배럴당 14 달러였던 원유 채굴 원가를 2023년 6 달러 이하로 절감했다고 밝혔다.[182] BP는 하루 3만 배럴을 추가로 생산했고, 연간 수억 달러의 추가 매출을 달성했다.[183]

발전소, 댐, 대규모 공장 등을 짓는 건설업이나 유조선, 컨테이너선, 유람선 등 대형 선박을 건조하는 조선업처럼 설계(engineering), 조달(procurement), 시공(construction)이 핵심인 산업이 EPC 산업이다. EPC 산업은 철, 시멘트 등 핵심 자재에 대한 발주 시점을 정하는 게 매우 중요하다. 자재를 너무 일찍 발주하면 작업에 투입할 때까지 보관하고 있어야 한다. 보관할 장소가 필요하고 보관비도 많이 들고 자연 감모가 발생하기도 한다. 너무 늦게 발주하면 핵심 공정에 투입할 자재가 없어 전체 공정이 지연될 수 있다. 노동자 투입 시기를 정하는 것도 매우 중요하다.

EPC 회사는 팔란티어 파운드리 플랫폼을 적용하여 E(설계)-P(조달)-C(시공) 전 공정에 걸친 데이터와 작업 일정을 유기적으로 연결한다. 작업 진척 현황을 한눈에 파악하게 된다. **자재를 발주할 최적 시**

---

181) BP, https://www.bp.com/en/global/corporate/what-we-do/bp-at-a-glance.html
182) Antonio Linares, Palantir Q1 2023 ER Digest, Investment Ideas, 2023.05.20, https://www.investmentideas.io/p/palantir-q1-2023-er-digest
183) Palantir, Palantir Foundry for Energy, https://www.palantir.com/offerings/energy/

> **점과 인력을 투입할 최적 시기**를 실시간으로 결정한다. 자재 변경에 따른 원가 변동을 시뮬레이션하는 것도 훨씬 용이하다.

6.4 가치 공학 (value engineering)

6.4.1 가치 공학 개념

과거에는 구매 원가를 절감하는 방식이 단순했다. 공급사의 영업 담당자를 불러서 단가를 낮추라고 요구하는 게 일반적이었다. 점잖은 말로 요구하다가 안 되면 어음 결제 기간을 늘리겠다, 물량을 줄이겠다, 공급사를 바꾸겠다는 식으로 윽박지르곤 했다. 이러한 원가 절감이 **CR**(Cost Reduction)이다. 단어 자체는 가치중립적이지만 그 단어가 포장하고 있는 실체인 원가 절감 방식은 그리 슬기롭지 않다. 원가 절감이라고 쓰고 갑질이라고 읽는다.

요즈음에는 가치 공학(VE: Value Engineering)이 각광받고 있다. 가치 공학에서 말하는 가치(V: Value)는 원가(C: Cost) 대비 기능(F: Function)의 비율, 즉 V = F ÷ C이다. 가치를 높이기 위해서는 원가를 줄이고 기능을 늘리는 활동에 집중해야 한다. **가치 공학**은 "기능에 필요한 최소의 원가를 제시하고 개선 절감함으로써 고객에게 제품이나 서비스의 최대 가치를 제공"하는 활동이다.[184] 이경배 박사는 비용 절감이 아니라 원가

---

184) 김길중, 설계단계에서 원가절감을 위한 PAIC 제안에 관한 연구, 서경대학교 대학원 경영학과 박사학위 논문, 2016.02, p.2

절감, **품질 저하 없이 원가를 절감**하는 것이 가치 공학의 지향점이라고 강조한다.[185]

▎사례: 가치 공학

손욱 전 삼성종합기술원장이 경험한 사례다. 1979년 이탈리아에서 온 구매 전문가가 삼성이 만드는 압축기 3분의 1을 사겠다고 하며 터무니없이 싼 가격을 요구했다. 삼성이 거절하자 그 전문가가 "압축기 원가 구조를 분석해 보니 제일 많이 차지하는 게 구리라면서 삼성이 사는 것보다 30% 싸게 공급하는 회사를 소개해주겠다. (중략) 구리 말고 다른 원자재도 글로벌 소싱을 통해 지금보다 더 싸게 조달해주겠다"고 제안했다.

손욱 전 원장은 그 구매 전문가의 "노트를 들여다보니 압축기 가격, 원가 구조, 부품·소재 가격은 물론 관련 글로벌 소재 기업 리스트가 죽 망라돼 있더군요. 이 모두를 조합해낸 가격 시뮬레이션도 다 적혀 있었고요. 아, 이 사람은 우리보다 삼성을 더 잘 알고 있구나 싶어서 충격을 받았습니다. 당시 우리는 그저 '깎아 달라, 안 된다'며 입씨름을 벌이던 수준이었거든요"라고 회고했다. 가치 공학의 좋은 사례다.[186]

---

185) 이경배, 비즈니스 디지털 레볼루션, 클라우드나인, 2023, p.279
186) 허문명, 경제사상가 이건희, 동아일보사, 2021, pp.291-292

6.4.2 원가 절감 방식

많은 회사가 다양한 원가 절감 활동을 하고 있다. 경쟁 입찰은 거의 모든 회사가 적용하고 있는 가장 흔한 방식이다. IBM, 애플, 노키아, 삼성 등 글로벌 기업들은 다양한 원가 절감 방식을 활용하고 있다.

- **지출 분석**: 제품/서비스별, 부서/조직별, 자재/부품별, 공급사별 정확한 사용 실태와 원가 구조를 분석한다.
- **공정 혁신**: 회사 내부 공정/기술 혁신을 통해 새로운 소재/자재와 제조 공법을 개발한다.
- **공동 개발**: 개발 단계에서부터 공급사와 함께 자재나 부품을 연구 개발한다.
- **원류 품질 관리**: 원부자재나 부품의 원류인 1차, 2차, 또는 3차 공급사에 대해 상시적으로 품질 관리를 한다.
- **공급사 기술 지원**: 공정이나 기술 전문가를 공급사에 파견하여 공급사의 공정/기술을 개선하여 원가를 절감한다. 예를 들어, 삼성전자는 협력사를 지원하는 전담 조직인 상생협력아카데미를 두고 20년 이상 실무 경력을 갖춘 70여 명의 상생 컨설턴트가 협력사를 지원한다.[187]
- **2차 공급사 변경**: 1차 공급사의 원부자재를 변경하거나, 2차 또는 3차 공급사를 변경하여 1차 공급사의 원가를 절감한다.
- **통합 구매**: 사업부별, 제품/부서별, 지역별로 개별 구매하지 않고 전사적으로 필요한 자재를 모아 일괄 발주한다.
- **자동 발주/검수**: IT 시스템을 활용하여 원료/부품의 소요량을 정확하

---

187) 노우리, 협력사 208곳에 '삼성 DNA'…'생산성 30% 뛰었죠', 서울경제, 2023.03.23

게 산출함으로써 필요 시점에 자동으로 구매 발주하고 입고 검수도 자동화한다.
- **구매 대행 활용**: 전 세계의 원료, 자재 공급망에 관한 지식과 공급사에 관한 정보를 가진 구매 전문 회사를 통한 최적 구매를 한다.

6.5 구매 전담 조직

과거에는 구매 담당 부서 명칭이 주로 구매팀 또는 조달팀이었다. 요즘에는 업무 특성에 따라 전략구매팀, 개발구매팀, 상생협력팀, 리스크관리팀 등으로 세분화되고 있다. 구매의 전략적 의미와 중요성을 인식한 기업 중에는 **CPO**(최고구매책임자)를 두는 곳도 있다.

구매 전문성을 키우기 위해서는 **품목 관리**가 매우 중요하다. 과거에는 제품별, 사업부별, 협력사별 구매 조직을 운영했다. 최근에는 기구물, 배터리, 모터 등 품목별 구매 전문가를 양성하는 게 대세다. 품목별 전담 조직이 품목별 차별화된 구매 전략으로 성과를 내는 사례가 많다. 일례로 **볼보**는 구매 금액 5억 8,000만 달러의 10%가 넘는 6,000만 달러를 절감했다.[188]

---

188) 이지은, 품목별 '맞춤형 구매전략'을 세워라, 동아비즈니스리뷰, 2008년 10월 Issue 2

6.5.1 삼성의 구매 관리 원칙

삼성은
(1) 공급회사와 공존공영 (생산 계획 정보 공유)
(2) 협력회사 기술 지원 (기술 지도 요원 파견)
(3) 엄격한 평가 (삼성 관계사도 다른 협력회사와 동일한 기준)
(4) 철저한 부정 감사 (거래 정지 조치)

를 강조한다.[189] 구매는 업무 특성상 유혹에 노출되기 쉽다. 그래서 구매 부서장을 일정 기간이 지나면 타 부서로 보내기도 한다.

6.6 공급사 협업

우리 회사의 경쟁력은 우리 회사 혼자만의 경쟁력이 아니다. 우리 회사의 경쟁력은 우리 회사가 속한 공급망의 경쟁력에 의존한다. 우리 회사가 속한 **공급망 전체의 경쟁력은 그 공급망의 가장 약한 고리에 의해 결정**된다. 시곗줄이나 목걸이를 잡아당기면 제일 약한 고리가 먼저 끊어지는 것과 마찬가지다. 그 약한 고리는 공급망의 하류에 있는 대형 유통 회사나 대형 제조 회사보다는 상류에 있는 중소 공급 회사일 가능성이 높다. 우리 회사가 속한 공급망의 상류, 즉 우리 회사에 원료/재료나 부품을 납품하는 1차 공급사 또는 2차, 3차 공급사의 경쟁력이 우리 회사의 경쟁력에 매우

---

189) 김성홍, 우인호, 이건희 개혁10년, 김영사, 2003, pp.118-125

큰 영향을 준다. 공급사와의 관계를 잘 관리해야 한다.

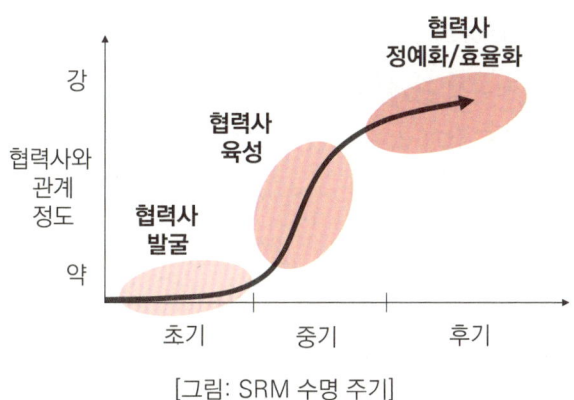

[그림: SRM 수명 주기]

공급사와 협업 관계를 현명하게 관리하는 것이 앞에서 언급했던 **SRM**(Supplier Relationship Management)이다. [그림: SRM 수명 주기]는 공급사를 발굴해서 원료나 부품을 조달받다가 거래를 마칠 때까지 전 기간을 나타낸다. 이 그림은 수명 주기 전체에서 공급사와 맺는 관계의 변천을 보여준다. 초기에는 공급사를 발굴하는 데 주안점을 둔다. 본격적인 거래 관계가 진행됨에 따라 가치 공학 등의 활동을 통해 공급사의 역량을 높이는 활동을 공동으로 수행하기도 한다.

공급사가 끊임없는 혁신 활동으로 기술력을 높이고 원가를 절감하지 못해 경쟁에 밀리면 거래를 종료한다. 원부자재 공급사뿐만 아니라 제조/물류/판매 협력사와 관계도 마찬가지이므로, 그림에는 협력사라고 표현했다.

공급사와의 관계 유형을 정하고 공급사를 평가하는 것은 상대적으로 복잡하기 때문에 이 책에서는 간단하게 개요만 언급하겠다. 공급사의 **전략적 중요도**는 앞에서 소개했던 **크랄직 매트릭스**를 활용하여 비핵심 품목, 지렛대 품목, 병목 품목, 전략 품목으로 구분한다. 우리 회사와 공급사의 상호 **관계 매력도**는 양사 모두 혜택이 큰 관계, 우리 회사가 더 큰 혜택을 얻는 관계, 공급사가 더 이익인 관계, 양사 모두 그리 도움이 되지 않은 관계로 나눈다. 네 가지 전략적 중요도와 네 가지 관계 매력도를 조합하여 공급사 관계 유형을 전략적 관계, 협업 관계, 거래 중심 관계로 나눈다. 이어서 각 공급사별 관계 유형과 각 공급사에 대한 평가 결과를 보고 거래를 지속할지 중단할지 판단한다.

6.6.1 VMI (Vendor Managed Inventory)

 VMI(Vendor Managed Inventory, 공급사 관리 재고)는 벤더(vendor)가 재고(inventory)를 관리(manage)하는 방식이다. 우리 회사 창고에 있는 자재에 대한 재고 관리의 주체가 우리가 아니라 공급사라는 뜻이다. 통상적인 자재 조달 방식으로는 우리 회사가 공급사에게 어떤 자재를 어느만큼 언제까지 우리 회사 자재 창고로 납품하라고 요청한다. 그러면 공급사는 그 자재를 우리 회사 창고로 보낸다. 자재가 일단 우리 회사 창고에 도착한 이후에는 그 자재에 대한 관리 주체가 우리 회사다. 그 자재 재고가 남아도 우리 책임이고 부족해도 우리 책임이다.

 VMI는 운영 방식이 많이 다르다. 우리 회사가 관리하는 자재 창고 내부의 일정 공간을 공급사가 쓸 수 있도록 할당한다. 그 공간에 공급사는 우리 회사가 필요로 하는 자재를 충분하게 보관한다. **우리 회사 창고에 보관 중인 이 자재에 대한 관리 주체는 공급사**다. 자재에 대한 소유권이 우리 회사가 아니라 공급사에 있다. 아직 매입–매출이 발생하지 않은 상태이기 때문이다. 이렇게 우리 창고에 보관된 자재를 우리 회사가 필요한 시기에 필요한 양만큼 가져다 사용하면 된다. 별도로 구매 발주하고 납품 배송할 필요가 없다. 이 납품 활동은 운송 리드타임이 0이다. 이미 자재 창고 내부에 도착해 있기 때문이다. 이 납품 활동으로 자재에 대한 소유권만 공급사에서 우리 회사로 이전된다. 공급사 관점에서는 매출이 발생하고, 우리 회사 관점에서는 매입이 발생한다. 이게 VMI 방식이다.

  VMI 방식으로 운영하면 누가 이익일까? 공급받는 회사인 '갑'과 공급하는 회사인 '을' 중에서 누가 이익일까? VMI 방식을 통해 갑은 자재 조달 리드타임을 0으로 만들 수 있다. 엄청난 경쟁력이다. 그러면 을은 갑의 경쟁력 강화를 위해 일방적으로 희생하는 걸까? 그렇지 않다. 을은 VMI를 통해 안정적인 거래처를 확보하는 혜택이 있다. 또한 미래 수요에 대한 가시성을 사전에 확보한다. VMI 방식을 효율적으로 운영하기 위해 갑이 어떤 원료나 부품을 언제 얼마나 사용할 것인지에 대한 납품 예정 정보를 미리 을에게 알려주어야 하기 때문이다. 갑이 제공한 납품 예정 정보에 따라 VMI 창고에 보관 중인 자재는 일정 기간이 경과하면 소유권이 을에서 갑으로 이전된다. 매출이 발생한다. 관행이다. 그래도 VMI 협상을 할 때 이런 기준을 계약서에 명시해두는 것이 좋다.

6.6.2 구매 예술화

| 삼성 구매 예술화[190]

이건희 삼성그룹 전 회장은 "**구매의 예술화**란 말은 내가 직접 만들

---

190) 김성홍, 우인호, 이건희 개혁10년, 김영사, 2003, pp.118-119

6. 구매 관리 (Procurement Management)

어낸 것이다. (중략) 조립 양산업은 원가의 80~85 퍼센트가 구매 원가이므로 협력 업체를 지도, 육성해 질을 높여야만 경쟁력을 높일 수 있다."고 했다. 그는 또 **사업의 성패는 구매 단계에서 이미 결판이 난다**고 해도 과언이 아니라며 구매를 예술의 수준으로 끌어올리라고 했다.[191] 구매 예술화란 표현을 "조달만 하는 단순한 구매가 아니라 협력업체에게 베풀면서 도움받는 관계 구축을 통해 양질의 부품을 싸게 신속히 구매하는 예술의 경지까지 끌어올려야 한다는 의미"로 사용했다.

이 회장이 1993년 도쿄 회의에서 "상품에 대한 지식으로 무장해 협력업체를 교육시키고 자금과 기술력을 제공해 관련된 수십 개 협력회사를 높은 차원으로 끌어올리는 것이 우리가 하는 조립업이라는 업의 개념이다. 부품을 만드는 수십, 수백 개 협력업체를 잘 키우는 일, 이것이 바로 **장인의 예술화**다. 협력업체를 등쳐서 싸게 사는 것, 잔재주 부리는 것, 우리만 덕 보자는 것은 예술이 아니다. 협력업체가 살아갈 수 있도록 기술도 키워주고, 자금도 도와주는 게 예술"이라고 강조했다.[192]

1989년 11월 11일 이건희 전 회장은 협력회사 사장들을 삼성 본관으로 초청하여 오찬을 했다. 이때 이 전 회장은 "협력회사 사장님들이 최고급 승용차를 타야 하고, 삼성에 들어오면 그 회사 사장 차 옆에 주차할 수 있어야 한다. 우리의 움직임을 이해하고 준비하려면 삼성의 중역도 쉽게 접근할 수 없는 개발실까지 들어갈 수 있어야 한다"고 했다.

---

191) 허문명, 경제사상가 이건희, 동아일보사, 2021, p.289
192) 허문명, 앞의 책, p.293

> "구매가 예술 차원으로 승화돼야 한다는 이 회장의 '구매 예술화'는 결국 협력회사와 한몸이 되라는 의미였다."[193]

I 삼성전자 협성회

삼성전자는 우수한 협력회사들로 구성된 협력회사협의회가 있다. **협성회**라고 줄여 말한다. 협성회는 1981년 출범했다. 삼성전자의 우수 협력회사들이 정보 교환, 공동 기술 개발 등 상호 발전을 위해 설립했다. 출범 당시 39 개사였는데 2023년 208 개사로 늘었다. 협성회 208 개 회원사들의 매출은 연간 약 70조 원에 달하고 고용 인력은 29만 명이 넘는다.[194]

6.6.3 공급사 선정 원칙

기존 공급사와 거래를 중단하거나 새로운 공급사를 선정하는 것은 매우 중요한 의사 결정이다. 기업 내외부에 복잡한 이해관계가 얽혀 있다. 엄격한 기준과 원칙이 없으면 부작용이 생기거나 부정이 발생할 수도 있다. 삼성전자가 공급사를 선정하는 원칙에 대해 알아보자.

---

193) 김성홍, 우인호, 앞의 책, p.120
194) 김준엽, 삼성전자, 4년 만에 상생협력데이 개최… 협성회와 42년 동행, 국민일보, 2023.03.23

I 사례: 삼성전자 공급사 선정 원칙[195]

삼성전자 권오현 전 회장은 공급사를 선정하는 세 가지 원칙을 정했다.
(1) 누구도 제시하지 못했던 신기술이고 우리 회사에 활용될 가능성이 있는 회사를 선정한다.
(2) 물량 증가가 필요할 때 기존 협력사가 공급을 충분히 해줄 능력이 부족한 경우에는 신규 업체를 추가한다.
(3) 기존 업체 중에서 기술 부족 혹은 관리 부재로 지속적인 품질 문제나 공급 차질이 발생하면 기존 공급 회사를 신규 회사로 대체한다.

이렇게 명확한 원칙을 세워 두니, 불필요한 회의뿐 아니라 구매와 관련된 사고도 대폭 감소했다.

I 사례: 리 앤 펑 30/70 규칙

리 앤 펑(Li & Fung)이 공급사를 선정하는 원칙에 대해 알아보자. 리 앤 펑은 의류, 장난감, 생활용품 등을 생산하는 회사다.[196] 2010년대 초 전성기에는 전 세계 70여 개의 조달 사무소를 통해 1만 5,000개 이상의 제조 회사와 협력하여 수백억 달러의 매출을 올렸다. 자체 공장은 단 한 개도 소유하지 않은 채 공급업체와 고객을 조정하는 역할만 수행하면서 매년 20억 벌이 넘는 의류를 생산했다. 지퍼는 한국,

---

195) 권오현, 초격차: 리더의 질문, 쌤앤파커스, 2020, pp.95-96
196) Wikipedia, https://en.wikipedia.org/wiki/Li_&_Fung

단추는 중국, 실은 말레이시아에서 조달하고, 염색은 인도에서 하며, 파키스탄에서 완제품을 생산한 후 미국으로 납품하는 식으로 매우 복잡한 글로벌 공급망을 운영한다.[197] **글로벌 소싱**이 리 앤 펑의 핵심 역량이다. 누구든 요청만 하면 원자재 조달에서부터 디자인, 염색, 생산에 이르기까지 모든 것을 대행할 업체들을 찾아 원하는 의류를 만들어 준다.[198]

공급사가 우리 회사에 100% 의존하기를 바라는 회사가 많다. 삼성이 대표적이다. 삼성은 협력업체 중 여러 회사와 거래하는 업체는 빨리 정리하고, 비용이 다소 더 들더라도 삼성만 전담하는 협력업체를 선호했다. 협력사를 통해 기술이 유출될 것을 우려했기 때문이다.

리 앤 펑은 공급사가 리 앤 펑에 100% 의존하는 것을 달가워하지 않는다. "공급업체들을 소유하지 않으면서도 그들이 플랫폼 네트워크에서 이탈하지 않고 최선을 다하도록 만들기 위해서는 적절한 수준의 일감을 보장해 줘야 한다. 느슨한 네트워크다. 리 앤 펑은 이를 위해 **'30%보다 많게, 그러나 70%보다는 많지 않게'**라는 **'30/70 규칙'**을 만들었다. 최대한의 협력을 이끌어내기 위해서는 공급업체 생산능력의 30% 이상을 활용하되 유연성 보장과 학습을 격려하기 위해 70% 이상은 요구하지 않는다."[199]

---

197) 이지영, 홍콩에서 태동한 세계 최대 무역회사 리앤펑(Li & Fung), KOTRA, 2013.04.12
198) 함유근, 채승병, 빅데이터, 경영을 바꾸다, 삼성경제연구소, 2012, p.113
199) 이우창, 공장없는 의류업체 '리앤펑'…'플랫폼' 비즈로 연 18조원 매출, 한국경제, 2011.09.29

사례: ASML 공급사 납품 원칙

　반도체 업계의 수퍼 을로 유명한 ASML의 공급사 관리 원칙에 대해 알아보자. 네덜란드의 **ASML**은 EUV(Extreme Ultraviolet Lithography, 극자외선 노광 장비)를 만드는 독보적인 기술을 보유한 세계적인 반도체 장비 공급 회사다. 1984년 ASM과 필립스의 합작으로 출범했다. 삼성전자, SK하이닉스, TSMC, 인텔 같은 굴지의 반도체 회사도 ASML의 EUV가 없으면 초미세 공정의 제품을 만들 수 없다.[200]

　EUV는 무게가 180 톤, 높이가 4~5 미터나 되고, 일 년에 고작 30~40 대 밖에 생산되지 않는다. TSMC, 삼성전자 등 세계적인 왕갑 회사들도 EUV를 사려면, 돈 싸들고 ASML에 가서 번호표를 뽑고 기다려야 한다. 2022년 11월 인텔은 최신형 EUV 6 대를 대당 약 6,000억 원에 구매하기로 했다. 납품은 2~3년 뒤인 2024년 말 또는 2025년 초로 예상한다.[201]

　ASML은 매출의 10% 이상을 연구개발비로 사용하며, 그 중 50% 이상을 공급사에 지원한다. ASML은 거의 5,000 개의 1차 공급사로부터 30만 개 이상의 부품을 납품받고 있다. 이 ASML도 리스크 분산을 위해 '**한 회사로부터 매출의 3분의 1 이상을 공급받지 않는다**'는 원칙을 견지하고 있다.[202]

---

200) Wikipedia, https://en.wikipedia.org/wiki/ASML_Holding
201) 이광영, ASML 韓서 첫삽 뜬날, 인텔 '대당 6000억' 차세대 EUV 장비 싹쓸이, 조선일보, 2022.11.16
202) 김용식, '슈퍼 을' ASML, 한국일보, 2022.08.02

6.6.4 공급사 계층도

어떤 제품에 어떤 자재가 얼마나 투입되는지를 일목요연하게 보여주는 것이 **자재 명세서**다. 이에 대해서는 앞에서 살펴보았다. 상위 품목 한 단위를 만드는 데 하위 품목 몇 단위가 필요한지를 나타낸다. 이와 비슷하게, 어느 회사가 어느 회사에 무엇을 납품하는지를 보여주는 것이 **공급사 계층도**다.[203] 1차 공급사, 2차 공급사, 3차 공급사 등의 관계를 그래프 형식으로 나타낸 것이다. 자재나 부품을 공급하는 공급사 사이의 납품 관계 구조도인 셈이다.

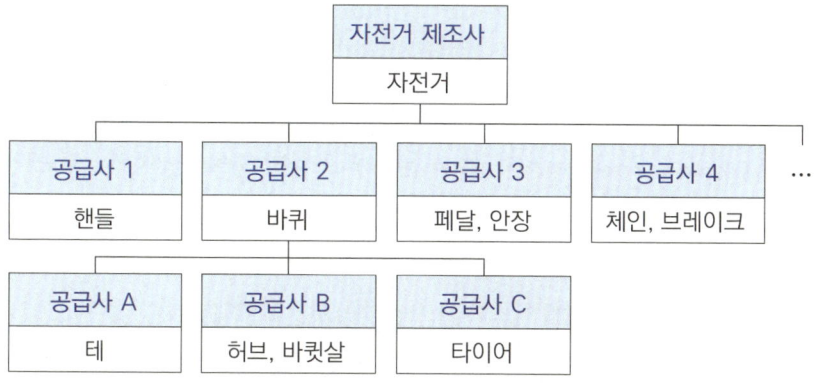

[그림: 자전거 공급사 계층 예시]

[그림: 자전거 공급사 계층 예시]는 자전거 제조사 관점에서 1차 공급사는 핸들을 공급하는 공급사 1, 바퀴를 납품하는 공급사 2, 페달과 안장을 제공하는 공급사 3 등이 있다. 공급사 2에 납품하는 2차 공급사는 공급사

---

203) 공급사 계층도를 영어로 assembly tree, supplier tree, 한글로 부품 계통도, 조립 구조도 등으로 부르기도 한다.

A, B, C가 있음을 보여준다.

공급사 계층 관리는 각 자재에 대해서 1순위 주 공급사뿐만 아니라 2순위 공급사, 3순위 공급사 등에 관한 정보도 관리한다. 거래 중인 공급사뿐만 아니라 그 공급사를 대체할 수 있는 후보 공급사에 관한 정보도 관리한다. 거래 중인 공급사에 이슈가 발생할 때 즉각 대체 공급사로부터 자재를 납품받기 위한 목적이다.

| 사례: 삼성전자 대체 공급사 파악

삼성전자는 공급사 리스크 관리를 매우 철저하게 한다. 주요 부품에 대해 공급사 계층도를 준비하여 리스크에 대비한다. 공급사의 현황, 자재 정보, 단가 정보, 운송 수단, 운송 리드타임 등을 관리한다. 주요 자재를 납품하는 공급사에 대해서는 대체 가능한 후보 공급사들을 사전에 파악하고 시스템으로 관리한다.

만약 어떤 공급사에 이슈가 발생하면, 시스템을 통해 그 공급사가 납품하는 자재를 공급할 수 있는 대체 공급사 후보를 찾는다. 구글 맵을 활용하여 후보 공급사들의 위치를 확인한다. 후보 공급사별로 운송 거리와 예상 도착 시간을 비교하고 최적 공급사를 선정하여 자재를 주문한다. 삼성이 공급사 리스크에 대비하는 방식이다.

우리 회사와 협력하고 있는 자재 공급 회사나 외주 임가공 협력사 등에서 발생한 문제가 우리 회사로 번지지 않도록 수시로 세심하게 살펴야 한다.

6.7 구매 성과 지표

구매 분야에서 전통적으로 중시하는 성과 지표 세 가지는 QCD다. **QCD**는 품질(quality), 원가(cost), 납기(delivery)를 뜻한다. 이 핵심적인 세 가지에 기술(technology)과 대응력(responsiveness) 두 가지를 추가하여 **TQRDC**를 지표로 하기도 한다. 최근에는 ESG(Environmental, Social, and Governance) 관점에서 환경(environment) 관련 항목을 추가하여 **TQRDCE** 여섯 가지 지표를 측정하는 곳도 있다. 개발 구매 분야는 출시 기간을 측정하기도 한다.

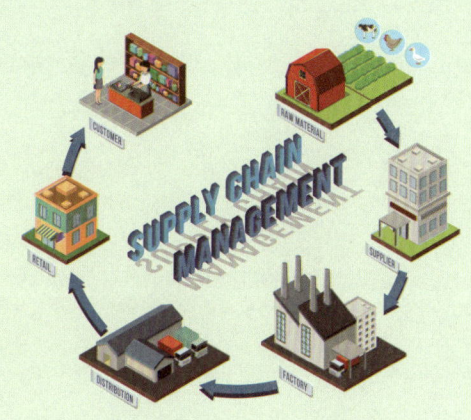

1조 클럽 도전하는 중견 기업을 위한
삼성 SCM 노하우   VII

7. 물류 관리 (Logistics Management)

7.1 물류 개념: 시공의 제약 대응

7.2 물류 영역

7.3 운송(運送)

7.4 보관 및 물류 센터

7.5 물류 효율화

제7장   공급망

7. 물류 관리 (Logistics Management)

7.1 물류 개념: 시공의 제약 대응

물류는 **시공(時空)의 제약**에 대응하기 위한 활동이다. **공간의 차이를 극복**하려면 물품을 현재 위치에서 그 물품을 필요로 하는 장소로 운송해야 한다. **시간의 차이를 극복**하려면 물품을 현재 시점에서 그 물품을 필요로 하는 미래 시기까지 보관해야 한다. 보관은 고요함(靜) 속에서 **물량**과 **물성**을 보존해야 한다. 운송은 움직임(動) 속에서도 물량과 물성을 보존해야 한다. 동중정(動中靜)이다. 운송과 보관이 물류의 핵심 역할이다. 운송과 보관 측면에서 살펴보면 물류는 인류가 출현한 초기부터 시작되었다. 사냥하거나 채집한 것을 옮기고 나중에 먹기 위해 보관하는 게 물류다.

경영 활동으로서의 물류, 사업으로서의 **물류**는 "고객의 요구를 충족시키기 위한 목적으로 발생지에서 소비지까지 원자재, 중간재, 완제품 및 관

련 정보의 흐름과 저장이 효율적이고 비용 효과적으로 이루어지도록 계획, 실행, 통제하는 프로세스"다.[204] 물류라는 용어의 유래와 영어 로지스틱스 (logistics)의 기원은 인하대 민정웅 교수의 『미친 SCM이 성공한다』[205]와 인하대 권오경 교수의 블로그[206]에 잘 정리되어 있다.

물류의 가장 핵심적인 기능인 **운송**과 **보관**뿐만 아니라, **하역, 포장, 정보, 유통 가공**의 여섯 가지가 물류 활동의 6대 기능이다.[207] 유통 가공은 대량 포장의 해체, 소량으로 나누는 소분, 단순한 수준의 가공이나 조립, 라벨 부착, 몇 개 품목의 합포장 등 제조 단계 이후인 유통 단계에서 수행하는 부가 가치 증진 활동이다. 위에서 물류 활동을 통해 물량과 물성을 보존해야 한다고 했는데, 예외적으로 유통 가공은 물성이나 물량의 변화를 통해 부가 가치를 높인다. **VAS(Value-Added Service)**라고 표현하기도 한다.

물류에 대한 중요성은 상적 유통인 상류와 물적 유통인 물류가 구분되면서 본격적으로 대두되었다. **상물분리**다. 우리나라 물류업 1세대인 서병륜 로지스올 회장은 "인터넷 전자상거래 방식이 정착되면 상류는 광속도로 해결될 것이며, 남아 있는 미해결의 과제는 물류가 될 것이다. 따라서 상물일체형의 유통 방식은 설 땅을 잃고 사라져버릴 것이다. (중략) 이러한 이유로 물류가 더욱 중요한 분야로 등장할 것으로 보인다. 상거래가 광속도가 되면 물류 흐름의 속도가 기업 경쟁력의 척도가 되기 때문"이라고 하며 십

---

204) 인하대학교 물류산학협력센터, 물류학원론, 서울경제경영출판사, 2009, p.13
205) 민정웅, 앞의 책, pp.60-67
206) 권오경, 물류학 이야기: 물류인가? 로지스틱스인가?, 2022.01.03, https://blog.naver.com/solomon50/222611339022
207) 인하대학교 물류산학협력센터, 물류학원론, 서울경제경영출판사, 2009, p.21

여 년 앞을 내다보고 물류의 중요성을 강조했다.[208]

7.2 물류 영역

7.2.1 조달~공급~판매~배송 물류

물류는 [그림: 물류 영역]에서 보듯이, 물동의 흐름 관점에서 크게 조달 물류, 공급 물류, 판매 물류, 배송 물류, 회수/반품 물류, 서비스 물류로 나뉜다.

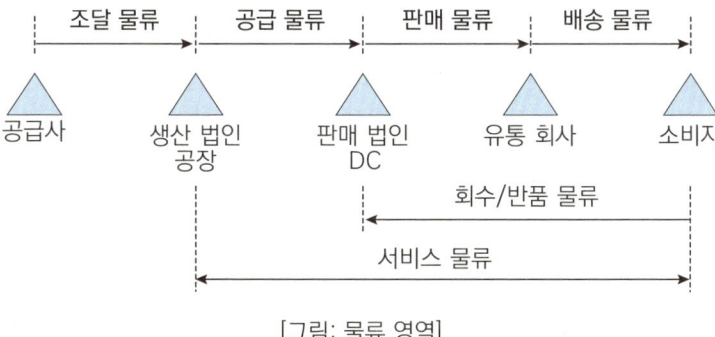

[그림: 물류 영역]

(1) **조달 물류**: 외부 공급사로부터 구매한 원료나 부품을 우리 회사로 가져오는 물류다.

---

208) 서병륜, 물류의 길, 삼양미디어, 2008, pp.213-214

(2) **공급 물류**: 우리 회사 공장 또는 생산 법인에서 만든 완제품을 우리 회사의 판매 법인 또는 DC(Distribution Center, 유통 센터)로 운송하는 물류다.

(3) **판매 물류**: 우리 회사의 판매 법인 또는 유통 센터에 보관된 완제품을 외부 고객사로 보내는 물류다.

(4) **배송 물류**: 제품을 고객사의 점포나 소비자에게 보내는 물류다.

이상의 네 가지 물류는 공급망 상류에서 하류로 흐르는 물류다. 정물류 또는 순물류라고 부르기도 한다.

(5) **회수/반품 물류**: 판매했던 제품을 판매 법인이나 유통 거점으로 돌려보내는 물류다. 정물류와 반대 방향인 하류에서 상류로 움직이므로 **역물류**다.

(6) **서비스 물류**: 단순 회수가 아니라 고장 수리 또는 교체 등의 목적으로 회수하고 수리 완료 후 다시 배송하는 물류다.

회수/반품 물류와 서비스 물류를 따로 구분하지 않고 하나로 합쳐 반품 물류 또는 역물류라고 하기도 한다.

(7) **프로젝트 물류**: 조달 물류에서 서비스 물류까지 여섯 가지 물류 영역은 정형화된 프로세스에 의해 지속적이며 반복적으로 수행된다. 이와 성격이 상이한 물류가 있다. 특정한 임무를 수행하기 위해 정해진 기간 동안 일회성으로 수행되는 물류다. 프로젝트 물류다. 발전소를 건설하기 위한 자재나 장비를 건설 현장으로 운송하거나, 인공위성을 발사대로 이송하는 등 대형 중량 화물을 운송하는 것을 예로 들 수 있다. 프로젝트 물류를 흔히 물류의 종합 예술이라고 표현한다.

조달, 공급, 판매, 배송 물류는 따로 사례를 들어 설명할 필요가 없을 정도로 일상적으로 접하는 물류 영역이다. 역물류와 프로젝트 물류에 대해서는 몇 가지 사례를 살펴보자.

7.2.2 역물류(逆物流, reverse logistics)

글로벌 시장 분석 기관 그랜드 뷰 리서치는 2022년 세계 역물류 시장 규모를 6,690억 달러, 약 851조 원으로 추산했다. 2023년은 7,040억 달러에 달하고, 연평균 5%씩 지속 성장할 것으로 전망한다.[209]

미국인들은 매년 11월 마지막 주 금요일인 블랙 프라이데이부터 크리스마스 연휴까지 약 한 달 동안 엄청나게 쇼핑한다. 소매업체들은 연매출의 약 70%를 이 한 달 기간에 판매한다.[210] 이렇게 많은 제품이 판매되다 보니 반품 물량도 엄청나다. 미국의 온라인 구매 반품은 오프라인 구매 반품보다 세 배 이상 높다. 의류는 온라인 쇼핑의 단골 반품 품목이다.[211] 온라인 소비자들은 구매 당시 확신이 없어서, 서로 다른 크기와 색상을 가진 동일 제품을 여러 개 주문하기 때문에 반품률이 높다.[212] 물류 전문 기업인 **UPS**는 반품 수량이 제일 많은 1월 2일을 **국가 반품의 날**로 지정했다. 2021년 말부터 처리한 반품이 6,000만 건이 넘었고, 2022년 1월 2일 하루 최대 200만 건의 반품을 처리해야 했기 때문이다.[213]

많은 기업의 정물류는 정형화, 체계화되어 있고 투자도 많이 하여 어느 정도 효율적으로 운영되고 있다. 역물류는 상대적으로 정형화하기 어렵고 체계적으로 처리하기도 어려워 아직 제대로 투자가 이뤄지지 않은 영역이다.

고객 특히 최종 소비자 관점에서 역물류를 들여다보자. 일반 소비자가 온라인으로 구입한 제품을 반품하는 과정을 생각해보자. 구매한 회사에 전

---

209) 신주희, 반품 처리도 '기술'… 배송 늘수록 '역물류'가 왜 주목받을까, 헤럴드경제, 2023.06.13
210) 김찬송, [미국현장 리포트] 편리한 반품이 초래한 역설, 내일신문, 2022.06.28
211) 김태언, 크리스마스가 남기고 간 상처? 美유통업계 반품문제 골머리, 아주경제, 2019.12.29
212) 이선영, 美온라인 쇼핑목은 지금 '반품과의 전쟁 중', 서울이코노뮤니스, 2019.12.30
213) 김찬송, [미국현장 리포트] 편리한 반품이 초래한 역설, 내일신문, 2022.06.28

화하여 반품을 승인받고, 박스나 테이프를 사서 포장을 하고, 우체국이나 편의점 택배 코너로 찾아 가서 직접 부치든가 아니면 물류 회사에 연락하여 반품할 물건을 실으러 오라고 예약해야 한다. 요즘은 이러한 일련의 과정이 상당히 간소화되고 많이 개선되었다. 그럼에도 여전히 번거롭고 불편하다. 시간도 아깝고 돈도 아깝다.

불편함이 있는 곳에 사업 기회가 있다. 반품 과정이 지닌 불편함과 낭비 요소를 역으로 활용하여 사업의 핵심 경쟁력으로 전환한 사례가 있다. 스티치 픽스와 와비 파커다. 이 두 사례는 마케팅 전문가인 윤미정 박사의 저서 『빅데이터는 어떻게 마케팅의 무기가 되는가』에 상세하게 정리되어 있으므로 여기서는 간략하게 소개한다.

▌사례: 스티치 픽스 (Stitch Fix)

온라인 패션 전문점인 **스티치 픽스**는 AI 알고리듬과 전문 스타일리스트가 고객에게 잘 어울릴 만한 옷을 추천한다.[214] 고객은 그중에서 마음에 드는 다섯 벌을 선택한다. 고객은 배송된 다섯 벌을 착용해보고 사흘 안에 원하는 걸 선택한다. 선택하지 않은 옷은 반품하면 된다. 반품 비용은 무료다.[215]

---

214) Zeus Kerravala, 월마트부터 스티치픽스까지… AI 활용한 리테일 사례 4선, CIO Korea, 2020.04.21
215) 윤미정, 빅데이터는 어떻게 마케팅의 무기가 되는가, 클라우드나인, 2020, pp.175-180

| 사례: 와비 파커 (Warby Parker)

온라인 안경점 **와비 파커**는 온라인으로 접속한 고객의 취향에 맞는 안경테를 추천한다. 고객은 자신이 원하는 안경테 다섯 개를 선택한다.[216] 선택한 안경테를 고객에게 배송한다. 고객은 다섯 개의 안경테를 5일 동안 착용해보고 그중에서 마음에 드는 것을 고른다. 나머지 안경테는 반품한다. 왕복 배송비는 무료다.[217] 고객이 부담 갖지 않고 편리하고 자유롭게 반품하도록 하여 사업 경쟁력을 높였다.

반품은 소비자들도 처리하기 귀찮고 불편한 영역이며, 기업 입장에서도 골칫덩어리다. 반품을 처리하려면 반품받은 물품을 보관할 창고가 필요하고, 반품 사유를 파악해야 하며, 반품된 물품을 분류한 후 합당한 처리를 해야 한다. 당연히 많은 인력과 비용이 필요하다. 이런 돈 안 되는 일을 하느니 그냥 폐기하는 회사도 있다.

버버리는 2017년 향수, 의류 등 2,860만 파운드(약 420억 원) 규모의 재고 상품을 불태웠다가 비난을 받았다. **아마존**은 2018년 프랑스 물류 센터에 쌓아 뒀던 300만 점에 달하는 장난감, 주방 기구 등 재고를 매립장이나 소각장으로 보냈다. 최고 경영자 베이조스는 지구 환경 파괴범이란 비난을 받았다.[218]

일반적으로 "의류는 생산량의 70%만 출시된 해에 판매돼도 인기를 끌었다고 평가받는다. 백화점에서 판매되던 옷은 시즌이 지나면 아웃렛에서

---

216) Warby Parker, https://www.warbyparker.com
217) 윤미정, 앞의 책, pp.180-183
218) 박용선, 안소영, 아직도 소각하세요? 기부해 사회적 가치 실현, 조선비즈, 2020.12.08

판매되고, 출시된 다음 해부터는 직영 할인점과 자사몰에서 팔린다. 이 과정을 거치고도 판매되지 않은 3년 차 재고는 소각장으로 향한다."[219] '쓰레기 박사'로 유명한 자원순환사회경제연구소 홍수열 소장은 우리나라에서 생산되는 의류의 1%가 소각되고, 소각 비용은 1톤당 20만 원 정도라고 주장한다.[220]

이처럼 귀찮고 돈 안 되는 반품 관련 업무를 핵심 사업 영역으로 하는 회사도 있다. 해피 리턴즈, 리퀴디티 서비시즈, 옵토로 등이 불편함이 있는 곳에서 사업 기회를 찾은 회사들이다.

▌사례: 해피 리턴즈 (Happy Returns)[221]

2015년 설립된 미국의 **해피 리턴즈**는 반품 대행 기업이다. 소비자들이 반품할 물품을 들고 '리턴 바'라는 이름의 반품 센터로 찾아가면 환불받는다. 소비자는 포장할 필요가 없다. 반품할 제품을 들고 반품 센터로 가면 된다. 구매는 온라인으로 했지만 반품은 마치 오프라인 매장에서 구매한 것처럼 제품을 들고 반품 센터로 찾아가면 쉽게 반품 가능하다.

해피 리턴즈는 2021년 페이팔(PayPal)에 인수되었다가, 2023년

---

219) 안소영, 해체 후 재조립한 옷부터 진으로 변신한 맥주까지, 조선비즈, 2020.12.07
220) 박용선, 안소영, 앞의 기사, 2020.12.08
221) Happy Returns, https://happyreturns.com/

UPS에 인수되었다.[222] 2023년 기준 미국에 "9,000 개 반품 센터를 운영 중이며, 전체 미국인의 87%가 리턴 바로부터 10 마일 (약 16 km) 거리에 거주하고 있다."[223]

해피 리턴즈가 주로 온라인 유통 회사들의 반품 업무를 대행하는 서비스를 제공하는 데 비해, 리퀴디티 서비시즈는 반품받은 물품을 재판매하기도 하는 청산 전문 회사다.

사례: 리퀴디티 서비시즈 (Liquidity Services)[224]

미국의 **리퀴디티 서비시즈**(Liquidity Services)는 반품된 제품을 재분류하여 판매하는 청산 전문 기업이다. 과거에는 대형 유통 회사들이 판매 부진으로 오래 묵은 재고나 반품된 제품 중 공급 회사인 제조사에 보낼 수 없는 것을 매립하곤 했다. 리퀴디티 서비시즈는 유통 회사의 이런 물품을 잘 분류한 다음 2차 시장에 재판매한다.[225] 리퀴디티 서비시즈는 반품된 제품뿐만 아니라, 과잉 재고나 잉여 자산들도 매각할 수 있는 플랫폼이다.

---

222) Denny Jacob, UPS To Buy Reverse Logistics Specialist Happy Returns from PayPal, The Wall Street Journal, 2023.10.25, https://www.wsj.com/articles/ups-to-buy-reverse-logistics-specialist-happy-returns-from-paypal-9a3ac420
223) Happy Returns, https://happyreturns.com/blog/9000-return-bar-locations
224) Liquidity Services, 2022 Annual Report, https://investors.liquidityservices.com/static-files/1923021b-1d61-4939-9574-22a3d685ed9f
225) Liquidity Services, https://liquidityservices.com/case-studies/large-retailer-achieves-zero-waste-through-reverse-supply-chain-solution/

이 회사는 1999년에 창업했고 2006년 나스닥에 상장되었다. 2023년 9월 말 회계 결산 결과 연간 매출액은 3억 1,446만 달러, 순이익은 2,098만 달러였다.[226] 리퀴디티 서비시즈를 통해 매매가 이루어진 총 거래 금액은 12억 303만 달러였다.

사례: 옵토로(Optoro)[227]

반품 과정에서 긍정적인 경험을 한 소비자 중 97%는 재구매할 가능성이 높다.[228] 반품 과정에서 부정적인 경험을 한 소비자들의 95%는 그 유통 회사에서 재구매할 가능성이 낮다.[229] 소비자들의 반품 경험이 기업의 수익에 결정적인 역할을 한다. 2008년 창업한 **옵토로**는 반품 전문 기업이다. 주요 고객으로 이케아, 베스트 바이, 갭, 스테이플스 등이 있다.

옵토로 센터에서는 반품받은 제품을 상태에 따라 분류한다.
(1) 재판매를 위해 창고에 재보관하거나,
(2) 반품된 물품을 제조한 공급 회사로 반품하거나,
(3) 아웃렛으로 보내 할인 가격으로 판매하거나,
(4) 청산하여 현금화하거나,
(5) 자선 단체 등에 기부하거나,

---

226) Stock Titan, https://www.stocktitan.net/news/LQDT/liquidity-services-announces-fourth-quarter-fiscal-year-2023-4tkl6ruvyjfl.html
227) Optoro, https://www.optoro.com/
228) Optoro, https://www.optoro.com/delight-customers/
229) Optoro, https://www.optoro.com/returns-experience/

(6) 재활용 센터로 보낸다.

옵토로는 AI를 활용한 "반품 관리 소프트웨어인 옵티턴(Optiturn)으로 박스만 뜯은 제품, 수리가 필요한 제품 등 제품 상태를 신속하게 파악해 적합한 판매처를 결정한다."[230] 반품된 제품의 상태에 따라 가격도 결정한다.[231]

유통 회사는 반품된 제품을 최대한 신속하게 처리하여 재판매 가능한 상태로 만들고 싶어 한다. 일반적인 유통 회사가 반품받은 제품을 처리하여 재보관할 때까지 걸리는 시간은 평균 30일 이상이다. 옵토로가 처리하는 반품 제품의 95%는 하루밖에 걸리지 않는다. 옵토로는 반품된 제품을 유통 회사 창고로 보내기도 하고, 그 창고 공간이 부족하면 옵토로 소유의 창고에 보관하기도 한다. 옵토로 자체의 재판매 도매 장터를 통해 일반 소비자들에게 판매하기도 한다.

사례: 쿠팡 반품마켓

쿠팡의 반품마켓은 반품된 상품을 쿠팡이 직접 검수한 후 재판매하는 코너다. 이 반품마켓의 상품 카테고리는 가전, 패션, 인테리어, 식품, 생활용품 등 19개다.

검수는 포장 상태, 구성품 검수, 외관 상태, 작동 테스트의 4단계를 거친다. 검수를 마치고 미개봉, 최상, 상, 중의 4개 등급으로 판정을

---

230) 물류매거진, 효율적 역물류로 수익성 향상·ESG 경영 강화: AI 등 첨단기술에 기반 역물류 공급사슬 재편 기대, 2022.05.01, p.81
231) 신주희, 반품 처리도 '기술'… 배송 늘수록 '역물류'가 왜 주목받을까, 헤럴드경제, 2023.06.13

내린다. 반품마켓을 통해 판매되는 제품은 무료 배송, 30일 이내 반품, 가전 제품은 새 상품과 동일한 A/S 혜택을 보장한다.[232]

7.2.3 프로젝트 물류

│ 사례: 튀르키예 고대 유적 운송

튀르키예 남동부 하산케이프에 일리수 댐을 건설할 때다. 수몰 예정 지역에 있는 고대 유적을 몇 킬로미터 떨어진 공원으로 옮겨야 했다. 프로젝트 물류 경험이 풍부한 **CJ대한통운**의 중동 지역 자회사인 CJ ICM이 이 일을 맡았다.

프로젝트는 2017년 5월부터 2019년 12월까지 진행되었다. 무게 1,500 톤의 아르투클루 목욕탕, 무려 2,350 톤에 달하는 키즐라 모스크 등 초대형 유적을 무해체 방식으로 옮겼다. 총 23 개 유적의 무게를 합하면 1만 2,063 톤이었다. 고도의 기술이 없으면 수행할 수 없는 난이도가 매우 높은 프로젝트였다.

[사진: 제넬 베이 능 이송 장면]은 거대한 무덤을 옮기는 장면이다. 이 제넬 베이 능은 술탄의 아들인 제넬 베이가 1473년 전투 중에 사망한 뒤 묻힌 550년 된 유적이다. 무게가 1,150 톤에 달한다.

---

232) 신주희, 반품 처리도 '기술'… 배송 늘수록 '역물류'가 왜 주목받을까, 헤럴드경제, 2023.06.13

[사진: 제넬 베이 능 이송 장면][233]

[사진: 모스크 이송 장면]은 15세기 유적인 무게 1,700 톤의 엘 리스크 모스크를 통째로 이송하는 모습이다.

[사진: 모스크 이송 장면][234]

---

233) CJ Newsroom, CJ ICM, 터키 고대 유적 운송 프로젝트 성공, 2019.12.25, https://cjnews.cj.net/cj-icm-터키-고대-유적-운송-프로젝트-성공/
234) CJ Newsroom, CJ ICM, 터키 고대 유적 운송 프로젝트 성공, 2019.12.25, https://cjnews.cj.net/cj-icm-터키-고대-유적-운송-프로젝트-성공/

7.2.4 7대 물류 사업 분야

[그림: 물류 사업 분야]에서 보듯이 물류 영역에는 크게 일곱 가지 사업 분야가 있다.

(1) **물류 운영 사업**: 수송, 배송, 통관, 하역, 입고, 출고, 보관, 피킹, 포장, 주선, 도급 등 물류 실행 활동을 수행한다.

(2) **IT 및 컨설팅 사업**: 프로세스 혁신 및 시스템 구축에 관련된 사업이다. 물류 관련 대표적인 시스템은 운송을 관리하는 TMS[235], 창고를 관리하는 WMS[236], 포워딩을 관리하는 FMS[237] 등이다.

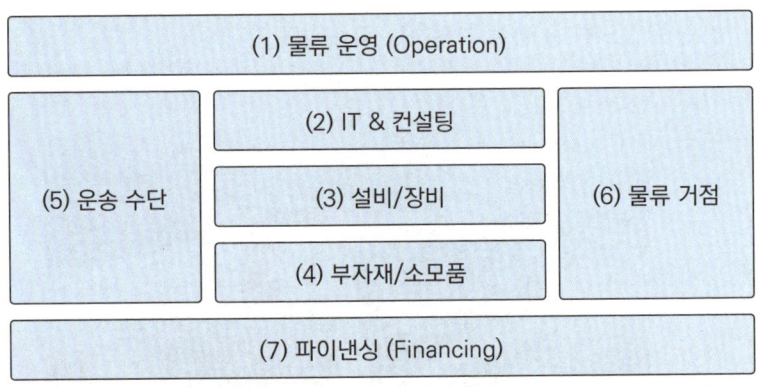

[그림: 물류 사업 분야]

---

235) Transportation Management System
236) Warehouse Management System
237) Forwarding Management System

(3) **설비/장비 사업**: AGV,[238] AMR,[239] 랙, 소터, 팰릿,[240] 컨테이너, 토트 등의 설비나 장비를 제작하고 설치하며 유지 보수한다.

(4) **부자재/소모품 사업**: 포장재, 완충재, 보냉재 등을 생산, 판매한다.

(5) **운송 수단 사업**: 선박, 항공기, 트럭, 바이크 등을 생산, 판매, 임대, 유지 보수한다.

(6) **물류 거점 사업**: 물류 센터, 항만, 공항, 야드 등 물류 거점을 설계하고 건설하거나 임대한다.

(7) **파이낸싱 사업**: 창고 건설, 설비/장비 설치 등 대규모 자금이 필요한 일에 자금을 투자한다. 물류업에서 돈을 버는 금융업이다.

7.3 운송(運送)

물류의 핵심 기능은 운송과 보관이다. **운송**은 "화물을 한 장소에서 다른 장소로 이동시키는 물리적 행위"다.[241] 공급망 측면에서 운송의 유형은 관점에 따라 매우 다양하다.

(1) 운송 양식에 따라 육상 운송, 해상 운송, 항공 운송, 복합 운송 등으로 구분한다. **육상 운송**은 트럭, 오토바이 등에 화물을 싣고 공공 도로를 통해 운송하는 **공로 운송**, 기차에 싣고 운송하는 **철도 운송**, 유류나 가스 등을 파이프라인을 통해 운송하는 **파이프라인 운송** 등으

---

238) Automated Guided Vehicle
239) Autonomous Mobile Robot
240) 영어 팰릿(pallet)을 현장 실무자들은 주로 팔레트/발레트, 파렛트/바렛트 따위로 발음한다.
241) 인하대학교 물류산학협력센터, 물류학원론, 서울경제경영출판사, 2009.08.27, p.67

로 세분한다. **해상 운송**은 화물을 선박에 싣고 운송하는 것이다. **항공 운송**은 비행기로 화물을 운송하는 것이다. **복합 운송**은 여러 가지 운송 수단을 연계하여 운송하는 방식이다. 예를 들어, 화물을 트럭에 싣고 항구로 가서 선박에 옮겨 싣고 도착항에 내린 다음 기차로 운송하는 것이 복합 운송이다.

(2) 화물 적재 방식에 따라 정형 운송과 비정형 운송으로 나눌 수 있다. **정형 운송**은 박스, 팰릿, 컨테이너 등 규격화된 용기에 담아서 운송하는 방식이다. **비정형 운송**은 규격화된 용기에 담기 어려운 철광석, 석탄, 곡물 같은 화물을 운송하는 방식으로 **벌크 운송**이라고도 한다.

(3) 적재율에 따라 구분하기도 한다. 한가지 화물을 컨테이너에 가득 채워 운송하는 것은 **FCL**(Full Container Load)이다. 소량이라서 한가지 화물로 컨테이너를 가득 채우지 못한 채 운송하는 것은 **LCL**(Less-than Container Load)이며 다른 화물과 혼적(합짐)하여 운송한다. 컨테이너 기준으로 FCL과 LCL을 나누듯이, 트럭을 기준으로는 FTL과 LTL을 나눈다. **FTL**(Full Truck Load)은 한가지 화물로 트럭을 가득 채워 운송하는 방식이다. **LTL**(Less-than Truck Load)은 소량 화물이라서 트럭을 가득 채우지 못하는 경우를 일컫는다. 마찬가지로 팰릿 기준으로는 **FPL**(Full Pallet Load)과 **LPL**(Less-than Pallet Load)로 나눌 수 있다. LCL, LTL, LPL 방식보다 FCL, FTL, FPL 방식이 화물 단위당 운송비가 훨씬 저렴하다. 적재를 잘하여 물류비를 절감하는 적재 최적화가 매우 중요하다.

(4) 그 외에도 다양한 운송 유형이 있다. 국경을 기준으로 나누면, **국내 운송**은 화물이 한 나라 안에서만 이동하는 것이고, **국제 운송**은 화물이 국경을 넘나드는 물류다. 운송 일정을 기준으로 구분하면, 정기 운송은 매일 10시라던가 매주 수요일 15시처럼 사전에 미리 정한

정기적인 일정에 따라 운송하는 방식이고, **비정기 운송**은 필요에 따라 수시로 운송하는 방식이다.

7.3.1 운송 혁명

19세기에 철도와 증기선이 도입되면서 교통 혁명이 시작되었다. 증기선의 출현으로 대서양을 건너 화물을 운송하는 비용을 95% 가까이 줄였으니 가히 운송의 혁명이라고 할 만하다.[242]

19세기 철도 괴담: 터널 속 질식사

조지 스티븐슨(George Stephenson)이 만든 최초의 철도는 1825년 영국 스톡턴에서 달링턴 사이 40 km 거리를 달렸다. 초기에는 철도에 대한 저항이 매우 강했다. 영국에서는 기차 앞 약 55 미터 정도 거리에서 말을 타고 달리며 나팔도 불고 '혐오스러운 물체'가 온다고 소리도 지르는 사람을 두기도 했다.

오스트리아의 철도 건설은 로스차일드(Rothschild) 가문이 주도했다. 큰 이권이 걸렸으므로 반대 세력의 음해가 극심했다. 일반인들의 저항도 강했다. 소위 전문가라는 사람들도 "인간의 호흡기는 시속 38

---

242) 데이비드 크리스천, 신시아 브라운, 크레이그 벤저민, 빅 히스토리, 이한음 옮김, 웅진씽크빅, 2022, p.536

킬로미터 이상의 속도를 견뎌낼 수 없으므로 폐가 파열되고 심장은 제자리를 지키지 못하고 떨어져 나갈 것이다. 여행자의 눈과 귀, 코와 입에서 피가 터져 나올 것이다. 54 미터 길이의 터널을 지나면 열차 안에 있는 승객들은 모두 질식할 것이며, 터널을 빠져나오는 열차는 운전사 없이 날뛰는 영구차가 될 것이다."는 식의 주장을 했다.[243]

일부 의사들도 가세했다. 인간의 신경은 이미 새로운 자극을 충분히 받았기 때문에 기차 여행의 스트레스를 받기라도 하면 완전한 정신착란에 빠진다고 경고했다. 열차 속도가 자살 충동을 일으킨다거나 여성의 경우에는 성적인 흥분 상태에 빠진다는 말도 있었다. 가히 '철도 괴담'이라 할 만하다.

20세기 항공 우편: 자살 클럽[244]

미국에서 비행기를 이용한 우편배달은 1911년에 시작되었다. 몇 년 간 시험 운행한 뒤 1918년 5월에 공식적인 항공 우편 서비스가 본격적으로 운영되었다.[245] 초기에는 많은 사고가 있었다. 항공 사고의 특성상 대부분은 치명적이었다. 당시 항공우편 조종사 모임을 "자살 클럽"이라고 부르기도 했다.

1918년 11월 18일, 안개가 자욱한 날 미국 롱아일랜드 벨몬트 공항에서 조종사 두 사람이 이륙을 거부했다. 당시 미국 우정국 부국장

---

243) 프레더릭 모턴, 250년 금융재벌 로스차일드 가문, 이은종 옮김, 주영사, 2009, pp.200-202
244) Richard Jensen, The Suicide Club, Historynet, 2017.05.04, https://www.historynet.com/airmail-pilots/?f
245) Wikipedia, https://en.wikipedia.org/wiki/Airmail

인 오토 프래거(Otto Praeger)는 "1분도 지체하지 말고 출발하라"고 지시했다. 조종사들은 할 수 없이 이륙했다. 하지만 너무 위험하다고 판단하고 곧바로 비행기를 착륙시켰다. 프래거는 즉시 두 조종사를 해고했다. 프래거에게 제일 중요한 것은 예정된 비행 일정을 엄수하는 것이었다. 날씨, 조종사, 비행기, 비행장 상태 등은 이유가 되지 않았다. 시계 제로 상황에서도 이륙해야만 했었다. 지시를 따르지 않는 조종사는 해고되었다.

형편은 해가 바뀌어도 개선되지 않았다. 15 건의 추락 사고가 발생했다. 두 명이 사망한 사고가 발생한 지 2주일 지난 1919년 7월 22일 안개 낀 날씨에 비행할 수 없다며 조종사들이 파업했다. 언론의 뭇매를 맞은 우정국이 항복하는 데는 일주일도 걸리지 않았다. 비행이 안전한지 아닌지를 더이상 워싱턴에 있는 공무원들이 책상에 앉아서 결정하지 못하게 되었다. 이후 사망 사고가 대폭 줄어들었다.

조종사들이 책상머리 관리자들에게 조수석에 동승하라고 강력하게 주장했다는 설도 있다. 묘안이다. 관리자들이 강풍이 불거나 안개 낀 위험한 날씨에 자기도 함께 타고 가야 할 비행기를 운항하라고 지시할 리가 없었을 것이다. 이 묘안으로 우정국 관리자들이 더이상 운항 여부를 결정하지 않게 되었다고 한다. 기록에 남아 있는 근거는 없다. 야사인가?

이후 조종사가 날씨를 보고 운항 여부를 판단했지만, 점점 전문성이 필요해졌다. 전문 기상학자들을 채용한 항공사가 있다. 델타 항공이다.

기상학자가 근무하는 델타 항공 운항 통제 센터[246) 247)]

1925년에 창립된 **델타 항공**은 하루 5,400 편 이상의 항공기로 세계 하늘을 누빈다. 델타 항공의 본사가 있는 미국 애틀란타에 운항통제센터(OCC: Operations Control Center)가 있다. OCC에는 약 500 명의 직원들이 교대로 24시간 365일 근무하고 있다. 항공편 편성, 비행 일정 관리, 기상 변화에 따른 대응, 항공기 지연이나 결항 상태 발생시 대체 항공기 확보 등의 업무를 수행한다. 승무원 할당 및 스케줄도 실시간으로 파악하고 조정한다. 항공기가 고장 나면 원격으로 정비하거나 부품 확보 방안을 찾는 일도 한다. 델타 항공의 두뇌인 셈이다.

특이하게도 OCC에는 기상학자들이 근무하고 있다. 기상학자들이 세계의 기상 상태를 예측하고 모니터링하고 분석하고 필요시 항공편을 변경하는 등의 조치를 취한다. 바람의 흐름 등 기상에 따른 연료 소모도 계산한다. 델타 항공은 기상학자를 직접 고용하고 있는 유일한 항공사다.[248)]

7.3.2 운송 경로

운송 경로는 운송 시간과 비용에 큰 영향을 미친다. 요즘은 대부분의 차

---

246) Wikipedia, https://en.wikipedia.org/wiki/Delta_Air_Lines
247) 문지웅, 매일 전세계 4000편 운항 델타항공 본사를 가다, 매일경제, 2023.05.09
248) 변종국, 역대급 실적 낸 델타항공의 두뇌 '운항고객센터', 동아일보, 2023.07.02, https://www.donga.com/news/Economy/article/all/20230702/120039496/1

에 내비게이션이 설치되어 있다. 스마트폰의 앱을 활용하기도 한다. 화물차는 일반 승용차와 처지가 다르다. 대형 트럭은 도로 폭이 좁은 곳에 진입할 수 없으므로 일반 내비게이션에 의존하다가는 낭패를 당할 수도 있다. **전기차**는 배터리 잔류량과 다음 충전소까지의 거리를 고려해야 하므로 경로 설정이 훨씬 복잡하다. 도착지가 한 곳이 아니라 여러 곳을 들러야 하는 경우, 어떤 경로로 운송하는지에 따라 전체 운송 시간과 비용에 차이가 크다. 최적의 운송 경로를 찾기 어렵다.

최적의 경로를 찾는 문제는 학계에서 오랫동안 연구해온 주제다. 영업하는 사람이 고객을 만나러 여러 곳을 방문해야 하는데 중복되지 않고 누락되지 않게 최단 거리로 이동하는 경로를 찾고 싶다. **외판원 문제**라고 한다. 외판원 문제는 수학적으로 매우 어려운 문제다.[249] 최적의 경로를 찾기 위해 고성능 컴퓨터를 동원하기보다 비록 최적은 아니더라도 충분히 효과적인 경로를 빠른 시간에 찾을 수 있는 휴리스틱 알고리듬을 장착한 솔루션을 많이 활용한다.

운송 경로 최적화 문제를 풀 때 출발지에서 도착지로 가는 정방향 경로만 고려하는 경우가 많다. 유통 센터에서 제품을 싣고 여러 매장에 배송하는 경우는 가장 짧은 거리를 이동하며 배송을 완료하는 경로를 찾으면 된다. 장거리 운송은 역방향 경로도 고려해야 한다. 운송을 마친 후 빈 차로 돌아오는 것보다 뭐라도 싣고 오는 것이 훨씬 수익이 좋다. 운송을 마치고 돌아오는 길에 화물을 싣고 오는 것이 **복화**(復貨, backhaul)다. 운송 경로를 짤 때 전체 거리, 시간, 유류대, 통행료 등을 최소로 하는 것 못지않게

---

249) 외판원 문제(TSP: Traveling Salesman Problem)는 수학적으로 'NP-hard'로 알려져 있다. 방문해야 하는 장소가 산술급수적으로 늘어나도, 문제 해결 시간은 기하급수적으로 증가한다. Wikipedia, https://en.wikipedia.org/wiki/Travelling_salesman_problem

복화율을 높이는 게 매우 중요하다.

| 페덱스(FedEx) 허브 앤 스포크 방식

운송 경로를 정하는 방식은 크게 포인트 투 포인트 방식과 허브 앤 스포크 방식이 있다. **포인트 투 포인트** 방식은 출발지와 도착지를 직접 연결한다. **허브 앤 스포크**(hub & spoke) 방식은 출발지에서 도착지로 직접 운송하는 게 아니고, 출발지에서 허브로 운송한 다음 허브에 모인 여러 물품을 분류한 후 허브에서 다시 도착지로 운송한다. 자전거 바퀴의 바큇살(spoke)이 중심(hub)에 모이는 것과 유사하기 때문에 허브 앤 스포크라고 표현한다.

델타 항공이 1955년 애틀랜타공항을 중심으로 항공 노선을 편성한 것이 최초의 허브 앤 스포크 방식이다.[250] 달라스에서 인디애나폴리스로 곧바로 가는 대신 달라스에서 애틀랜타로 가서 내린 다음, 인디애나폴리스로 가는 비행기로 갈아타는 방식이다.
항공 화물 운송에서는 **페덱스**가 허브 앤 스포크 방식으로 유명하다. 2000년에 개봉한 「캐스트 어웨이」는 물류 회사 직원으로 분한 톰 행크스가 탄 화물 항공기가 추락하게 되고 홀로 살아남은 그가 무인도에서 겪는 일을 묘사한 영화다.[251] 이 영화에 나오는 물류 회사가 바로

---

250) Delta Flight Museum, https://www.deltamuseum.org/exhibits/delta-history/first-in-the-air
251) Wikipedia, https://en.wikipedia.org/wiki/Cast_Away

페덱스다.

  페덱스가 설립되기 한참 전인 1965년에 미국 예일대학교 학생인 프레더릭 스미스(Frederick Smith)가 허브 앤 스포크 방식으로 특급 배송이 가능하다는 리포트를 제출했다. 이 리포트는 실현 가능성이 없다고 C 학점을 받았다. 스미스는 자신의 이론이 맞다는 확신을 가지고 1971년에 페덱스를 설립했다.[252]

  페덱스는 테네시주 멤피스 공항을 허브로 삼고 미국에 익일 배송 체계를 도입했다. 미국 각지에서 비행기에 화물을 싣고 저녁때 멤피스에 집결하여 화물을 내린 다음 야간에 도착지별로 분류한다. 분류한 화물을 각 도착지로 떠날 비행기에 싣는다. 화물을 실은 비행기가 다음 날 아침에 전국으로 출발한다. 이로 인해 익일 배송이 가능해졌다.

사례: 리비고(Rivigo) 릴레이 운송[253] [254]

  일반적인 트럭 운송은 트럭 기사가 트럭 한 대를 출발지에서 도착지까지 책임지고 운전하는 방식이다. 인도의 **리비고**가 활용하고 있는 릴레이 운송 방식은 트럭 한 대를 여러 명의 트럭 기사들이 번갈아 가며 운전하는 방식이다. 한국이라고 가정한다면, 박일건 기사가 서울에서

---

252) 허미담, C학점 받은 리포트로 성공 거둔 '페덱스'…'익일 배송' 서비스 도입한 이유는, 아시아경제, 2021.07.21
253) Tanmay Gawas, Business Model of Rivigo - Humanizing the Logistics, 2021.04.25, https://thestrategystory.com/2021/04/25/rivigo-relay-business-model/
254) 황정환, 인도 트럭 물류 유니콘에 베팅한 KB금융…아시아 플랫폼 투자 박차, 한국경제 마켓인사이트, 2019.10.10

트럭을 운전하여 대전으로 간다. 대전에 도착하면 박 기사는 그 트럭에서 내리고, 최이상 기사가 그 트럭을 끌고 대전에서 대구로 간다. 대구에 도착하면 최 기사는 내리고 윤삼주 기사가 대구에서 부산 구간을 운전한다. 트럭 기사가 매일 귀가할 수 있고, 운송 시간을 단축하며, 트럭 활용도를 높이는 이 릴레이 운송 방식에 대해 좀 더 자세하게 알아보자.

인도의 운송 인프라는 매우 열악하다. 트럭 운송업체는 200만 개나 되는데 대다수는 영세 업체다. 국토가 넓어 트럭 기사가 운송을 시작하면 며칠 또는 몇 주 동안 귀가할 수 없다. 트럭 기사의 고충이 매우 심하고 기사를 구하기도 쉽지 않다.

이 문제를 해결하기 위해 맥킨지 컨설턴트 출신들이 뭉쳤다. 이들은 릴레이 운송 모델을 구상하고 2014년 물류 스타트업인 리비고를 창업했다.

리비고는 대략 250 km 간격으로 거점을 만들었다. 거점 간 운송 시간은 약 5시간 정도 걸린다. 예를 들어보자. 뭄바이(Mumbai)에 살고 있는 트럭 기사 A는 아침 7시에 1번 트럭을 운전하여 사타라(Satara) 거점으로 출발하여 낮 12시에 사타라 거점에 도착한다. 고아(Goa)에 살고 있는 트럭 기사 B는 아침 7시에 2번 트럭을 끌고 사타라 거점으로 출발하여 12시에 사타라 거점에 도착한다. A와 B는 트럭을 바꿔 탄다. 즉, 기사 A는 B가 몰고 온 2번 트럭을 운전하여 다시 뭄바이로 돌아간다. 기사 B는 A가 몰고 온 1번 트럭을 운전하여 고아로 돌아간다. 결국 1번 트럭은 뭄바이에서 사타라를 들렀다가 고아로 이동하고, 2번 트럭은 고아에서 사타라에 왔다가 뭄바이로 이동한다. 트럭 기사 A는 아침에 뭄바이에서 출발했다가 저녁에 다시 뭄바이로 돌아오게 된다. 기사 B도 저녁에 가족들이 기다리는 집으로 돌아온다.

리비고는 다양한 정보 기술을 활용한다. 사물 인터넷 기술로 트럭의 위치를 실시간으로 추적하고 거점 도착 예정 시간을 정확하게 추정한다. 각 트럭에는 11 개의 센서가 부착되어 있다. 엔진, 연료, 타이어 등 트럭의 상태와 온도, 습도 등 운송 중인 화물의 현황을 실시간으로 모니터링한다. 트럭 기사들은 스마트폰 앱을 통해 인수인계하는 트럭과 화물의 상태에 대한 정보를 공유한다.

릴레이 운송이 원활하게 작동하도록 리비고는 정교한 알고리듬을 개발했다. 특허를 취득한 이 알고리듬은 운전 시간, 휴식 시간, 운전 행태, 연료 사용 등 다양한 변수를 고려하여 각 트럭에 최적의 기사를 할당한다. 이 릴레이 운송 방식을 통해 평균 4~6일이 소요되던 델리-방갈로 노선의 운송 시간이 44시간으로 줄어들었다. 사고율도 감소했다.

7.3.3 콜드 체인 (cold chain)

식품, 의약품 등 온도에 민감한 제품은 냉동 또는 냉장 상태를 유지해야 한다. 이를 취급하는 저온 유통 공급망이 콜드 체인이다. 식품의 경우 상온 제품은 대개 섭씨 15~25 도, 냉장은 0~10 도, 냉동은 영하 18 도 이하를 유지하는 것이 일반적이다. 제조 회사 → 물류 회사 → 유통 회사로 연결되는 콜드 체인에서 온도를 유지하는 기준이 계약서에 명시되는 경우가 많다. 이 온도 기준을 지키지 못하면 불이익을 받는다. 식품을 납품했다가 반품된 사례를 살펴보자.

사례: 항공사 기내식 납품

모 항공사에 기내식 식자재를 납품하는 식품 제조 회사가 있다. 2022년 5월 27일 아침 냉동 부리토 1만 2,000여 개를 4 개 팰릿(pallet)에 나눠 실은 트럭이 그 항공사 출발했다. 11시 30분 항공사에 도착했다. 고객사 검수 담당자가 온도 기준 미달로 반품 판정을 내렸다. 납품 검수 당시 온도는 섭씨 영하 10 도였다. 냉동 제품의 콜드 체인 온도 기준은 대개 섭씨 영하 18 도다. 그래도 영하 10 도 정도는 합격시키는 게 관례다. 온도 기준 미달로 반품되다니 무슨 이유일까?

이 식품 회사는 공장에서 생산한 부리토를 냉동 창고에 보관한다. 냉동 창고의 온도는 영하 25 도다. 냉동 창고에 보관할 때는 기준을 잘 지켰다. 배송 트럭이 정시에 도착했다. 부리토를 상차할 때 트럭 화물칸의 온도가 영상이었다. 트럭이 출발한 8시 46분에 자동 온도 기록 장치에 영상 5도라고 찍혔다. 상차 시점에 잠깐 콜드 체인이 깨어졌다. 반품 사유에 해당한다.

이 식품 회사는 물류 업무를 물류 전담 계열사에 맡기고 있었다. 그 계열사는 항공사에 배송하는 운송 업무를 J냉동이라는 하도급 운송사에 맡기고 있었다. 평소 고정적으로 항공사에 납품하는 차량을 운전하는 J냉동 소속 트럭 기사는 까다로운 온도 관리 기준을 잘 알고 있으므로 상차하러 창고로 갈 때 미리 냉동 장치를 가동하여 예냉(豫冷)을 한다. 하필 이날 그 기사가 운송할 수가 없어서 용차를 불렀다. 처음 온 용차 기사는 자세한 내막을 알지 못했기에 예냉 과정을 거치지 않았다. 수천만 원에 달하는 제품이 반품되었는데 누구 책임일까?

I 사례: 롱칭(荣庆, Rokin) 콜드 체인 관제

롱칭은 중국 최대 콜드 체인 물류 기업이다. 중국 산둥성 린이시에서 수확한 채소를 상하이로 싣고 가서 판매하던 장위롱과 장위칭 형제가 1985년 트럭 한 대로 운송 사업을 시작했다. 30여 년이 흘러 중국 전역에 48 개의 직영 터미널과 22 개의 물류 센터를 보유하고 로레알, 아디다스, 바스프, 듀퐁 등 글로벌 회사를 고객으로 확보했다.[255]

롱칭은 1,000 대가 넘는 자체 보유 차량과 주요 협력사 차량에 GPS를 장착하여 실시간으로 운송을 관제한다. 차량의 위치, 속도, 화물칸 온도를 실시간으로 파악하고 운전기사와 차량 내부를 영상으로 볼 수도 있다.

2015년 9월 **CJ대한통운**이 국민연금과 함께 롱칭을 인수했다. 약 71%의 지분을 인수한 가격은 4,550억 원이었다. 인수 당시 롱칭에 파견된 CJ대한통운 어재혁 부사장이 회고한 롱칭의 콜드 체인 관리 수준에 대해 들어보자. "지도상에 나타난 차량 모습의 아이콘을 클릭하자 그 차량의 현재 위치, 속도, 온도 등이 즉각 나타났다. 한번 더 클릭을 하자 차량 내부의 영상이 보이고 현재 운전하고 있는 기사 모습이 실시간으로 보였다. 중국에서 6년 넘게 많은 물류업체들을 만나 보았지만 이 정도로 운송 관제하는 모습을 본 적이 없었다. 이런 건 우리 CJ대한통운도 하지 못하고 있는 일이기에 내심 깜짝 놀랐다."[256]

2021년 2월 CJ대한통운과 국민연금은 7,338억 원에 롱칭을 매각

---

255) 손정우, CJ대한통운, 미래 밝은 이유 '명확한 방향성', 물류신문, 2016.05.19
256) 어재혁 부사장, CJ롱칭물류 시절 이야기 5, Facebook, 2023.05.01, https://www.facebook.com/jaehyuck.auh

> 했다.[257] 수익률이 대략 61% 정도다.

7.3.4 라스트마일 딜리버리 (last-mile delivery)

물류 운송의 마지막 구간을 흔히 라스트마일이라고 한다. 물류 거점에서 최종 고객에게 배송하는 구간이다. 음식 배달이 전형적인 라스트마일 딜리버리다.

과거 중국집에 음식을 주문하면 언제 도착할지 알 수 없었다. 주문한 지 20~30분 만에 도착하기도 하고 한 시간도 더 걸리기도 했다. 기다리다가 중국집에 전화해서 언제 도착하냐고 물어보면 대개 "방금 출발"했다고 답한다. 당연하다. 이미 출발했다고 하지 않으면 짜증이 난 고객이 주문을 취소할 게 뻔했다.

이미 출발했다니 꾹 참는다. 하릴없이 기다린다. 배달 직원이 늦어서 죄송하다며 군만두를 서비스로 준다. "이 집은 군만두가 맛있어"라며 맛있게 먹는다. 음식이 한참 늦게 도착하여 배가 꼬르륵거리니 뭘 먹어도 맛있을 수밖에. 다음에 또 그 중국집에 주문한다. 용서했거나 까먹었거나.

요즘 이런 식으로 운영하면 그 식당은 망할 것이다. 식당에서 지금 내가 주문한 음식을 만들고 있는지 아니면 나보다 늦게 주문한 다른 집 음식을 만들고 있는지 깜깜이 상태인 것은 요즘도 여전하다. 최근에는 기술이 발전하여 내가 주문한 음식이 어떻게 조리되는지, 언제쯤 배달될지 실시간으로 파악할 수 있다. 도미노 피자의 사례를 살펴보자.

---

257) 신재희, [Who Is?] 이재현 CJ그룹 회장, 비즈니스포스트, 2023.01.18, https://www.businesspost.co.kr/BP?command=article_view&num=303772

사례: 도미노 피자 AI 카메라로 조리 과정 확인

도미노 피자는 세계 85 개 나라에 1만 7,000여 개 이상의 점포를 보유하고 있다. 1960년 창업하여 30분 배달을 기치로 폭발적으로 성장했다. 2000년대 들어 치열한 경쟁 속에 실적이 나빠졌다. 과거 도미노는 피자를 만드는 것이 아니라 피자를 배달하는 것으로 자사의 비즈니스를 규정했었다.

2010년 패트릭 도일을 CEO로 영입했다. 도일은 빠른 배달도 중요하지만 피자가 맛있어야 한다는 철학을 가지고 있었다. 그는 본사 직원의 절반을 소프트웨어 기술자와 데이터 분석 전문가로 채용하여 IT 기술을 도입하고 주문과 배송 과정을 혁신했다.[258] 도일의 후임으로 2018년 CEO가 된 리처드 앨리슨(Richard Allison)은 "도미노 피자는 IT 기업"이라고 선언했다. 도미노 피자 10 판 중 6 판이 스마트폰 애플리케이션, 페이스북 메신저 등 디지털 플랫폼에서 주문이 이뤄졌기 때문이다.[259] 총 63 명으로 구성된 데이터 사이언스 팀이 AI 기술을 연구하고 있다.[260]

2019년 호주와 뉴질랜드의 매장 약 800 곳 주방에 AI 카메라를 설치했다. 돔 피자 체커 기술로 "주문에 대한 준비부터 조리 과정을 모니터링하는 센서와 카메라, AI 기술을 통합하여 피자를 조리하는 데에 재료가 적절하게 분배되었는지, 조리 과정에 문제가 없는지 확인"할

---

258) 이동은, 주문·배달 디지털화…FAANG보다 높은 주가 상승률, 식품외식경제, 2020.07.13
259) 김기정, 도미노피자는 IT기업…이제 AI가 주문받는 시대, 매일경제, 2018.11.14
260) Clint Boulton, 도미노피자의 데이터 과학 비밀 재료는… 'ML옵스', CIO Korea, 2021.05.06

수 있다.[261]

　AI 카메라는 치즈와 토핑이 고르게 뿌려졌는지 분석하여 잘못이 있으면 즉시 알람을 울려 다시 만들도록 했다. 과거에는 피자의 품질이 균일하지 않아 고객들로부터 맛이 좋지 않다거나 토핑이 부족하다는 등의 불만을 들었다. AI 카메라를 설치한 후 고객 만족도가 15% 이상 높아졌다.[262]

　피자를 구매한 소비자는 라이브 피자 트랙커 시스템을 통해 자신이 주문한 피자가 조리되는 과정을 실시간으로 확인할 수 있다. 품질 검사를 통과하지 못해 다시 조리하는지, 품질 검사에 합격하여 배송이 시작되었는지 알 수 있다.[263]

7.4 보관 및 물류 센터

7.4.1 물류 센터 유형

물류 센터는 그 기능에 따라 몇 가지 유형으로 구분한다.
(1) **보관 센터**(SC: Stock Center): 물품을 보관하는 장소다. 흔히 말하는 창고가 바로 전형적인 보관 센터다.

---

261) 이상근, [이상근박사의 물류이야기] 도미노피자의 CLV(Customer Lifetime Value)와 디지털화, 아웃소싱타임스, 2020.02.03
262) 최인준, 피자 품질 높인 AI… 직원들은 '감시 당하는 것 같아', 조선비즈, 2019.10.24
263) Byron Connolly, '피자 조리 과정 실시간 확인'… AI로 품질 테스트하는 도미노, CIO Korea, 2019.07.16

(2) **배송 센터**(DC: Distribution Center): 물품을 배송하는 장소다. 중앙의 대형 DC를 CDC(Central Distribution Center)로, 각 권역의 중소형 DC를 RDC(Regional Distribution Center)로 나누기도 한다.
(3) **풀필먼트 센터**(FC: Fulfillment Center): 단순 보관 기능뿐만 아니라 입고한 물품을 소분하고 다른 품목과 함께 최종 목적지로 배송하기 용이하도록 합포장 작업을 하는 장소다. DC가 화물을 입고한 형태 그대로 보관하는 것에 중점을 두는 장소인 데 비해, FC는 물품을 피킹하고 포장하여 고객의 주문을 정확하고 신속하게 충족시키는 것에 중점을 두는 장소다. 근래에 출현한 마이크로 풀필먼트 센터는 최종 소비자에게 최대한 빨리 배송하도록 도심지에 위치한 소규모 FC다.
(4) **환적 센터**(TC: Transshipment/Transfer Center): 뒤에서 다루는 크로스도킹처럼 여러 출발지에서 들어온 물품을 분류하여 여러 도착지로 보내는 장소다. 흔히 말하는 터미널이다. 약간의 보관 기능을 수행하기도 하지만 물품의 분류가 주 기능이다. 택배 허브 터미널도 일종의 환적 센터다.
(5) **복합 물류 센터**: 보관, 환적, 집배송 등 여러 기능을 모두 수행하는 장소다.

7.4.2 거점 최적화

거점의 위치를 정하는 것은 비단 물류 거점뿐만 아니라 생산 거점, 구매 거점, 연구 개발 거점, 판매 거점, 서비스 거점 등 다양한 영역에서도 매우 중요한 의사 결정 사항이다. 대응 속도, 비용, 인력 확보 등에 지대한 영향을 미친다. 한 번 입지를 결정하면 다른 곳으로 이전하기 쉽지 않으므로 잘 정해야 한다.

거점의 위치를 결정하는 것은 매우 복잡하다. 전형적인 전략적 의사 결정이다. **공급망 설계**와 **거점 최적화**는 앞에서 언급한 공급망 전략에서 다루어야 하는 핵심 과제다.

고객 대응력을 높이면서 동시에 물류비를 절감하려면 물류 거점을 어디에 몇 개를 두어야 하나? 물류 거점의 입지를 결정하는 데 고려해야 하는 요소는 (1) 공장, 연구소, 영업, 마케팅 등 사내 연관 부서와의 거리와 이동 시간/비용, (2) 시장 또는 고객사까지의 거리와 운송 시간/비용, (3) 자재 공급사로부터의 거리와 운송 시간/비용, (4) 도로, 기차역, 항구, 공항 등 교통 인프라 현황, (5) 인적 자원의 기술 수준 및 확보 용이성, (6) 전기, 에너지, 용수 등의 접근성, (7) 기타 세금, 환율, 규제, 정치적 안정성, 기후, 종교 등 환경 조건을 들 수 있다.[264]

| 사례: 아이허브(iHerb) 인천 GDC

미국의 **아이허브**(iHerb)는 영양제, 화장품, 식품 등 건강 제품을 판매하는 회사다. 흔히 직구라고 줄여 부르는 해외 직접 구매 서비스를 통해 한국, 일본, 홍콩, 싱가포르 등 아시아 지역에 많은 고객을 확보하고 있다. 아시아에 있는 고객이 주문할 때 미국에서 보관 중인 제품을 포장하여 보내면 도착할 때까지 약 1~2주 정도 걸린다. 시간도 오

---

264) 안영진, 유영목, 21세기 기업 경쟁력강화를 위한 생산운영관리, 박영사, 1999, pp.285-287

래 걸릴 뿐만 아니라 운송비도 비싸다.

국가 간 전자상거래 물량이 급격히 증가함에 따라 아이허브는 물류 거점을 아시아 지역으로 전진 배치하는 전략을 채택했다. 동아시아 권역에 대한 배송을 담당할 **GDC**(Global Distribution Center)를 한국에 세우기로 결정했다. 독자적으로 물류 센터를 건설하고 자체적으로 운영하는 대신, 2018년 인천에 있는 **CJ대한통운**의 물류 센터에 입주하고 운영도 CJ대한통운에 맡겼다.

아이허브는 미리 미국에서 대량의 상품을 배로 실어 인천 GDC 보세 구역에 보관한다. 주문이 들어오면 인천 GDC에서 제품을 포장하여 배송한다. 일본, 홍콩, 싱가포르 등 동아시아 권역에 대한 배송 시간이 과거 1~2주에서 2~3일로 단축되었다. 배송 비용도 크게 줄어들었다.[265]

최적 입지를 결정하기 위한 대표적인 과학적 방법이 수리 계획법 중 선형 계획법이다. 선형 계획법이든 비선형 계획법이든 매우 많은 가정을 하고 그 가정 위에 수학적인 모형을 세운다. 그 많은 가정이 모두 참일 가능성은 높지 않다. 감이나 운이 작용한다.

캐나다 맥길대학교 헨리 민츠버그 교수는 의도적 전략과 창발적 전략을 구분했다.[266] **의도적 전략**은 의도한 대로 실현된 전략을 뜻한다. 의식적, 체계적, 과학적인 분석을 통해 수립하는 전략이다. **창발적 전략**은 의도하지 않은 채 실현된 전략을 의미한다. 소 뒷걸음질 치다 쥐 잡는 격으로 비체계적이고 즉흥적이며 "사원들이 내리는 일상적인 작업 결정"으로 예기치 않

---

265) CJ Newsroom, '초국경 택배' 신시장이 뜬다 ⋯ CJ대한통운 발빠른 공략, 2022.12.13. https://cjnews.cj.net/초국경-택배-신시장이-뜬다-cj대한통운-발빠른/
266) Henry Mintzberg, James A. Waters, Of Strategies, Deliberate and Emergent, Strategic Management Journal, Vol. 6, 1985, pp.257-272

은 성공을 거두기도 한다.[267]

❙ 사례: 월마트 매장 입지 전략

월마트는 1962년 샘 월튼이 창업했다. 대형 매장은 인구 5만 명 이상의 상권에 적합하다는 당시 상식과 달리 인구 5,000명의 작은 도시 로저스에 1호점을 개점했다.[268] 이어서 2호점도 부근의 소도시에 개점했다.

파괴적 혁신 이론의 주창자로 유명한 클레이튼 크리스텐슨(Clayton M. Christensen) 박사는 "대도시가 아닌 소도시에 할인 매장을 건설하는 뛰어난 전략 덕분에 월마트는 경쟁 기업들을 따돌릴 수 있다"며 이것을 창발적 전략으로 성공을 거둔 대표적인 사례로 들었다.[269] 후발 주자인 월마트가 대도시에서 **케이마트**(Kmart) 같은 유통 강자들과 정면 승부를 벌였다면, 아마 오늘날의 월마트는 없을지도 모른다.

❙ 사례: 부지 확보에 대한 이건희 회장과 이재현 회장의 관점

거점의 위치가 중요한 것 못지 않게 거점의 크기도 매우 중요하다. 이건희 삼성그룹 전 회장은 부지는 항상 부족하다며 처음부터 충분히

---

267) 클레이튼 M. 크리스텐슨, 마이클 레이너, 성장과 혁신, 딜로이트컨설팅코리아 옮김, 세종서적, 개정판, 2021, p.291
268) Wikipedia, https://en.wikipedia.org/wiki/Walmart
269) 클레이튼 M. 크리스텐슨, 마이클 레이너, 앞의 책, p.292

넓은 공간을 마련하라고 주문했다. 특히 지하는 한번 파면 추가로 더 깊게 팔 수 없으니 착공할 때 깊이 파라고 했다. 건물을 짓고 나면 불과 몇 년 지나지 않아 공간이 부족했기에 초기 예상했던 면적보다 훨씬 더 넓은 공간을 확보하라고 강조했다.

CJ그룹의 이재현 회장과 관련된 일화도 살펴보자. 물류 센터를 지을 때 이 회장은 미래 수요 증가를 고려해서 부지를 정했는지 질문했다. 충분히 감안해서 잡았다고 답해도, 그 면적의 두 배를 확보하라고 했다.

고도 성장기를 겪으며 얻은 교훈일 것이다. 성장 속도가 둔화되는 시기나 지역 또는 업종인 경우에는 조심할 필요가 있다.

7.4.3 자동화 설비

물류 센터에서 사용하는 설비나 장비는 매우 다양하다. 화물을 이동하고 보관하고 분류하는 데 사용하는 다양한 설비와 장비를 **MHS**(Material Handling System)라고 통칭한다. 흔히 자동 창고라고 부르는 **AS/RS**(Automated Storage and Retrieval System)는 물품을 적치, 보관, 피킹하는 데 사용된다. 물품을 적치하거나 피킹하는 방식은 크게 두 가지다. (1) 사람이 물건이 있는 곳으로 찾아 가는 **PTG**(Person-to-Goods) 방식과 (2) 사람은 가만히 있고 물건을 사람이 있는 곳으로 옮기는 **GTP**(Goods-to-Person) 방식이다. GTP 방식의 자동화 설비 중 대표적인 것이 **AGV**(Automated Guided Vehicle, 자동 이송 장치)다. AGV 중에 유명한 키바 로봇 사례를 살펴보자.

아마존이 인수한 키바(Kiva)[270]

키바 시스템즈는 2003년 믹 마운츠가 창업했다. 그가 조사해보니, 전자상거래 회사가 창고에서 근무하는 노동자들에게 지급하는 돈의 3분의 2는 그저 걸어 다니는 일에 쓰였다. 사람이 물건을 찾고 옮기느라 창고 내부 여기저기를 돌아다니는 대신, 로봇을 사용하여 생산성을 높이고 원가를 줄이자는 게 그의 창업 아이디어였다.

[사진: 아마존 키바][271]

---

270) 브래드 스톤, 아마존 언바운드, 전리오 옮김, 퍼블리온, 2021, pp.435-437
271) 사진은 2011년 10월 미국 필라델피아에서 개최된 SCM 전문가 모임인 CSCMP(Council of Supply Chain Management Professionals) 연례 행사에서 선보인 키바 로봇을 촬영한 것이다.

키바 로봇의 크기는 가로 61 cm, 세로 76 cm, 높이 46 cm이고, 모양은 로봇 청소기를 닮았다. 키바는 초속 1.3 미터로 움직이며, 소형 로봇은 약 450 kg, 대형 로봇은 1,400 kg까지 옮긴다. 자그마한 로봇이 물건이 적재된 랙을 통째로 옮긴다.

키바는 물류 센터 운영비를 20 퍼센트 절감하는 등 물류 생산성을 높이는 데 핵심적인 역할을 했다.[272] 아마존은 2012년 3월 키바를 7억 7,500만 달러에 인수했다. 아마존은 키바를 신규 고객에게 더 이상 판매하지 않았다. 갭, 스테이플스, 델, 오피스디포, 월그린스 등 기존 고객사에 대한 서비스도 하나씩 계약을 종료했다. 남들이 키바를 활용하여 경쟁력을 높이는 꼴을 보고 싶지 않았을 것이다. 키바는 아마존 전용 로봇이 되었고 2015년 회사 이름을 **아마존 로보틱스**로 바꾸었다.

엑소텍(Exotec) 스카이팟(Skypod)

엑소텍은 2015년 프랑스에서 설립된 스타트업이다. 키바가 랙을 통째로 옮기는 데 비해, 엑소텍의 스카이팟은 토트 단위로 옮긴다. 또한 키바는 창고 바닥에서 수평으로 이동하는 데 비해, 스카이팟은 수평 이동뿐만 아니라 수직으로도 이동한다.

엑소텍은 기업 가치가 20억 달러에 달하는 유니콘이다. CNBC는 매년 파괴적 혁신 기술을 보유한 50 개 기업을 선정하는데, 엑소텍을

---

272) 박정준, 나는 아마존에서 미래를 다녔다, 한빛비즈, 2019, p.178

2023년 11 위, 2024년에는 10 위로 선정하였다.[273] 엑소텍은 2023년 포스코DX와 파트너십을 체결하고, 한국 시장에 진출했다.[274]

최근 보관, 이송, 분류 등의 업무를 수행하는 설비/장비가 쏟아져 나오고 있다. **Geek+**, **랩투마켓**, **모비어스앤밸류체인** 등 첨단 기술을 탑재한 제품은 물류 현장뿐만 아니라 제조 현장에서도 널리 활용되고 있다. 자율주행 로봇, 사람과 로봇이 협업하는 협동 로봇, 로봇이 사람을 졸졸 따라다니는 추종형 로봇도 흔히 볼 수 있다.

사례: CJ대한통운 곤지암 메가 허브[275]

물품을 분류하는 대표적인 설비는 소터다. 소터는 컨베이어 벨트 위에서 이동하는 물품을 인식하여 목적지별로 분류한다.

CJ대한통운의 곤지암 메가 허브의 면적은 축구장 40 개보다 더 큰 9만 750 평이다. 2~4층은 약 3만 5,000 평의 대형 풀필먼트 센터가 있다. 1층과 지하 1층에 위치한 택배 허브 터미널은 택배 물동을 모아 배송지별로 분류하는 초대형 분류 센터다. 컨베이어 벨트 길이를 모두

---

[273] CNBC, These are the 2024 CNBC Disruptor 50 companies: See the full list of startups riding the AI wave, 2024.05.14, https://www.cnbc.com/2024/05/14/exotec-cnbc-disruptor-50.html
[274] 김기태, 포스코DX, 국내외 물류자동화 시장 공략 확대, 영남일보, 2023.07.11
[275] CJ Now, 아시아 최대 택배 인프라 기반 '창고혁명', 2020.05.08, https://www.cj.net/cj_now/view.asp?bs_seq=14448

합치면 42 km가 넘는다. 마라톤 코스 거리다.

이곳 풀필먼트 센터에 보관 중인 제품인 경우, 자정까지 주문하면 다음 날 택배로 배송된다. 크로스 벨트 소터를 통해 전국의 서브 터미널로 보낼 물품을 분류한다. 하루 170만 박스를 처리할 수 있다.

자동화 설비는 물동량 처리 용량을 늘리기 쉽지 않다. 물류 센터 내부 레이아웃을 바꾸고, 설비를 증설하고, 장비를 추가 구입해야 하기 때문이다. 돈도 많이 들고 시간도 오래 걸린다. 설과 추석, 미국의 블랙 프라이데이, 중국의 쌍십일(双十一) 등 피크 시즌에는 평소 대비 수 배에서 수십 배의 물량이 몰린다. 이 시기에만 잠깐 자동화 설비의 용량을 늘리고 시즌이 끝난 후 다시 원상 복구하고 싶지만 그게 쉽지 않다. 외려 자동화되지 않은 곳이라면 물량이 급증하는 시기에 임시직 작업자를 추가로 투입해서 더 많은 물량을 처리할 수 있다. 역설적이다.

자동화 설비에 대한 과신이나 맹신은 매우 위험하다. **자동화의 저주**를 조심해야 한다.[276] 자동화로 인해 일자리를 잃게 된 사람들의 원한이 사무쳐 고장이 발생한다는 공포 영화 얘기가 아니다. 물량이 급증하고 시간이 촉박할 때, 신기하게도 평소에 멀쩡하게 잘 작동하던 설비 장비가 말썽을 부린다. **설비 종류가 다양하고 사용하는 시스템이 복잡할수록 고장날 가능성이 높다.** 표준화를 통해 오작동 발생 가능성을 낮추는 게 중요하다.

---

276) 서병교, Smart Logistics 추진 사례, IT담쟁이연대 월간 세미나, 2023.02.23

CJ대한통운 자동화 설비 통신 표준 프로토콜 특허

　물류 센터에는 소터, AGV, AMR, 미니로드 등 많은 설비가 있다. 이 다양한 종류의 장비/설비는 WMS와 끊임없이 통신하며 정보를 주고받는다. 새로운 설비를 도입할 때마다 그 설비와 WMS를 연결하는 인터페이스를 개발해야 한다. 한 종류의 WMS만 사용하는 기업도 있겠지만, 여러 지역에 많은 창고를 보유한 기업은 여러 종류의 WMS를 사용하기도 한다. 각각의 WMS마다 설비들과 통신하는 인터페이스를 개발해야 한다.

　간단한 셈을 해보자. 한 종류의 WMS를 사용하고 있는 회사에 설비 종류가 10 가지라면 10 개의 인터페이스 프로그램이 필요하다. WMS가 두 종류라면 20 개의 인터페이스가 필요하다. WMS가 세 종류로 늘어나면 30 개의 인터페이스가 필요하다. 이 회사에 새로운 설비가 도입되면 세 종류의 WMS와 통신하기 위해 세 개의 인터페이스 프로그램을 개발해야 한다. 일반화하면, [그림: 자동화 설비 통신 표준 프로토콜]의 왼쪽 WMS와 설비 간 개별 인터페이스에 나와 있듯이, M 종류의 WMS와 N 종류의 설비를 연결하기 위해서는 M×N 개의 인터페이스 프로그램이 필요하다. 인터페이스 프로그램이 복잡할수록 장애가 발생할 가능성이 높다.

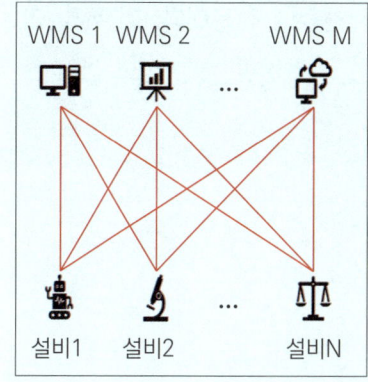 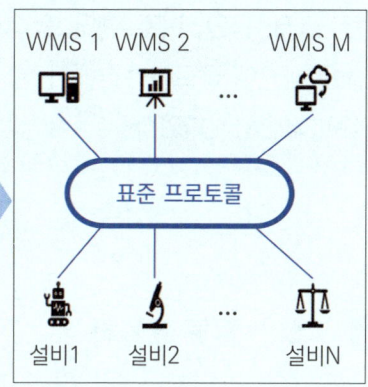

[그림: 자동화 설비 통신 표준 프로토콜]

    WMS와 설비 간 통신 프로토콜을 표준화하면 인터페이스 프로그램 개수를 M+N 개로 획기적으로 줄일 수 있다. WMS와 설비를 직접 연결하는 대신 WMS와 설비 사이에 통신 레이어를 하나 두면 된다. [그림: 자동화 설비 통신 표준 프로토콜]의 오른쪽 표준 프로토콜을 통한 인터페이스에 나와 있듯이, 이 중간 레이어는 WMS와 설비 간 통역 역할을 한다. 세 종류의 WMS와 중간 레이어 사이에 필요한 인터페이스 프로그램은 3 개다. 마찬가지로 중간 레이어와 10 종류의 설비 사이에는 10 개의 인터페이스 프로그램만 있으면 된다. 인터페이스 프로그램 총 개수는 3+10 즉 13 개면 충분하다. 새로운 WMS가 도입되면 인터페이스 프로그램 한 개만 개발하면 된다. 새로운 설비가 도입되어도 인터페이스 한 개만 개발하면 된다. 정리하면, M 종류의 WMS와 N 종류의 설비를 연결하기 위해서는 M+N 개의 인터페이스 프로그램이 있으면 충분하다.

    CJ대한통운은 2019년 설비와 WMS 간 통신 프로토콜을 표준화하고 특허로 등록했다.[277] 이 자동화 설비 통신 표준 프로토콜을 동탄, 양지, 용인, 여주, 백암 등의 물류 센터에 적용했다. 이 특허 기술은 나중에 국토교통부에서 운영하는 국가 물류 통합 정보 센터 홈페이지에 공개되었다.[278] [279]

7.5 물류 효율화

물류비는 제품, 업종, 지역, 시기 등에 따라 편차가 크다. GDP 대비 국가 물류비는 우리나라는 12.4% (2002년), 미국은 8.7% (2002년), 일본은 9.5% (1998년) 정도다. 기업의 매출액 대비 평균 물류비는 우리나라는 9.9% (2003년), 미국은 9.44% (2000년), 일본은 5.45% (2001년), 유럽은 5.8% (1995년) 수준이다.[280] 대략 매출액의 10% 정도를 물류비로 지출하는 셈이다.

대부분의 회사는 조달 물류비보다 공급 물류비나 판매 물류비가 훨씬 많다. 조달 물류비가 크지 않은 이유는 원재료나 부품을 구매할 때 운송을 공급사에 맡기기 때문이다. 구매 원가에 물류비가 포함되어 있다. 조달 물류비 비

---

277) 발명자: 권도훈, 문회권, 민사역, 서병교, 이기종 물류 자동화 설비의 통합 관리 방법 및 시스템, 출원인: 씨제이대한통운(주), 특허 정보 검색 서비스 키프리스, 2019.08.28, http://www.kipris.or.kr/
278) 석한글, CJ대한통운, 자체 개발 물류 설비 통신 프로토콜 오픈소스화 스마트 물류 지원, 물류신문, 2023.03.06
279) 신재희, [Who Is?] 강신호 CJ대한통운 대표이사, 비즈니스포스트, 2023.05.10, https://www.businesspost.co.kr/BP?command=article_view&num=314701
280) 인하대학교 물류산학협력센터, 물류학원론, 서울경제경영출판사, 2009, pp.8-9

중이 낮아 보인다. 착시 현상이다. 포스코처럼 철광석이나 무연탄 등을 해외에서 직접 실어 오는 회사는 조달 물류비가 판매 물류비보다 더 많다.

물류비는 크게 운송비, 보관비, 하역비 등으로 구분한다. 일반적으로 운송비가 보관비보다 훨씬 크다. 우리나라에서는 운송비가 보관비보다 두 배 이상이다.

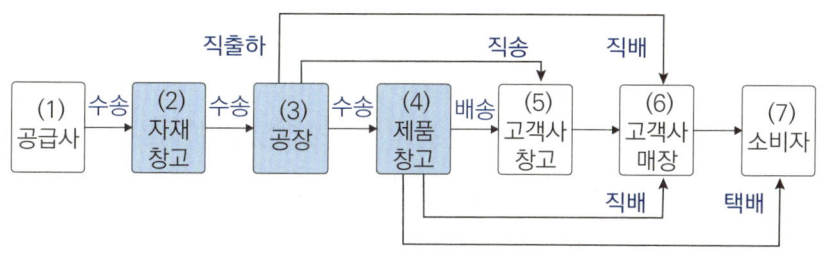

[그림: 운송 유형]

[그림: 운송 유형]은 운송을 유형에 따라 세분한 것이다. 운송은 크게 수송과 배송으로 나뉜다. **수송**은 주로 대량의 물품을 대형 운송 수단에 적재하여 운송하는 것을 일컫는다. 주로 거점 간 장거리 간선 운송이다. 대부분 단일 상차, 단일 하차 방식이다. 그림의 '(2)자재 창고'에서 8 톤, 15 톤 등 대형 트럭에 원자재를 가득 싣고 '(3)공장'으로 이동하는 것이 대표적인 수송이다.

배송은 상대적으로 소량의 물품을 중소형 운송 수단에 싣고 한 곳 이상의 도착지에 나누어 보내는 것을 일컫는다. 주로 권역 내 단거리 운송이다. 단일 상차, 다수 하차 방식이 많다. 배송 중에 '(7)소비자'의 자택이나 사무실 등 지정한 장소로 배송하는 것을 **택배**라고 따로 구분하기도 한다.

'(3)공장'에서 생산한 완제품을 '(4)제품 창고'로 보내 보관하고 있다가 고객사로부터 주문을 받은 후 고객사로 보내는 게 일반적이다. 제품 창고를 거치지 않고 '(3)공장'에서 직접 고객사로 보내는 것이 **직출하**다. 직출하는 '(5)고객사 창고'로 보내는 **직송**과 '(6)고객사 매장'으로 보내는 **직배**로 구분하기도 한다. '(4)제품 창고'에서 '(5)고객사 창고'를 거치지 않고 '(6)고객사 매장'으로 보내는 것도 직배다.

'(5)고객사 창고'와 '(6)고객사 매장' 사이에 표시되지 않은 숨겨진 물류비가 더 있다. 납품 대행비와 2차 물류비다. 먼저 **납품 대행비**를 보자. 고객사와 납품 계약을 할 때 고객사 창고까지만 배송하는 조건이라면 고객사 창고에서 고객사 매장까지 배송하는 것은 신경 쓰지 않아도 된다. 고객사 매장으로 납품하기로 계약을 하면 물류 업무가 매우 많아지고 물류비도 엄청나게 증가한다. 예컨대 편의점 고객사와 납품 계약을 맺을 때 전국의 수천 개 편의점 점포별로 배송하는 것으로 계약을 하면 물류 관리 업무를 감당할 수 없다. 그래서 나온 것이 편의점 본사 창고까지만 배송하고, '(5)편의점 창고'에서 '(6)편의점 매장'까지 배송하는 것은 그 편의점 고객사의 물류를 대행하는 3PL(삼자 물류 대행사)에 의뢰하는 방식이다. 이때 편의점 물류를 대행하는 3PL에게 지급하는 돈이 납품 대행비다.

또 다른 숨겨진 물류비는 **2차 물류비**다. 2차 물류는 편의점 물류 사례로 보면, 편의점 본사 창고에서 편의점 개별 점포까지 배송하는 업무다. 앞에서는 개별 매장까지 배송하는 것을 3PL이 수행한다고 봤다. 고객사 중에는 매장으로 배송하는 2차 물류 업무를 3PL에 맡기지 않고 직접 수행하는 고객사도 있다. 이런 경우, 고객사는 2차 물류비 명목으로 제품 납품 가격에서 일부 금액을 차감해 달라고 요구한다. 이 금액을 따로 물류비 항목으로 집계하지 않고 할인된 납품 가격으로 장부에 기재하면 물류비가 감춰지게 된다. 매출액을 축소하고 원가 구조를 왜곡하는 부작용인 셈이다.

7.5.1 물류비 요율 체계

물류비를 정확하게 책정하려면 수송, 배송, 보관, 하역 등 각각의 세부적인 물류 활동에 대해 정확한 원가를 알아야 한다. 물류 전문가를 확보하지 못한 많은 중소 중견 기업들은 물류비를 제대로 관리하지 못하고 있다. 하는 수 없이 매출액의 일정 비율을 물류비로 계상한다. 회계 처리하기 쉽다는 장점을 빼고는 단점투성이 방식이다. 이런 원시적인 방식으로는 물류 활동별(activity-based) 원가 절감 기회를 찾을 수 없다. 열심히 노력해서 매출을 늘려봐야 물류비도 덩달아 늘어나므로 규모의 경제를 통한 물류비 절감 효과가 전혀 없다. 판가 인상을 해도 물류비가 비례적으로 증가하므로 수익 개선 효과가 훼손된다.

물동급은 물류비를 활동 기준에 부합하게 책정하는 방식이다. (1) 운송비 요율에 대한 물동급 방식을 살펴보자. 고정 차량인 경우 주로 월대(월정액)로 정한다. 가령, 1 톤 트럭 대당 한 달에 300만 원씩 지급하는 방식이다. 임시 용차를 쓰는 경우에는 톤급과 거리를 감안하여 '톤km' 당 금액이나 속칭 '탕발이' 방식인 건별로 금액을 계약하기도 한다. 운송비 중 택배비는 박스 당 금액으로 정하는 게 관행이다. (2) 보관비는 대개 보관 공간과 보관 기간에 비례한다. 예컨대, 평당 매월 3만 원이라든가, 팰릿(pallet) 당 매월 2만 원 등으로 계약한다. (3) 입출고 작업은 주로 팰릿 당 금액이나 박스 당 금액으로 정한다. 포장비는 대부분 박스 당 금액으로 정한다.

7.5.2 크로스도킹(cross-docking)으로 물류비 절감

물류는 움직일 때도 돈(운송비)이 들고, 멈춰 있어도 돈(보관비)이 든다.

실을 때도 돈(상차비)이 들고, 내릴 때도 돈(하차비)이 든다. 창고에 입고할 때도 돈이 들고, 출고할 때도 돈이 든다. 꼼짝할 때도 돈이 들고, 꼼짝하지 않아도 돈이 든다. 숨만 쉬어도 돈이 들고, 숨을 쉬지 않아도 돈이 든다. **시간이 흐르면 돈이 든다.** 시계 바늘이 재깍재깍할 때마다 10 원, 20 원, 30 원. 물류비를 줄이려면, 시간을 멈춰야 한다.

시간을 멈출 수는 없으니, 물류 활동 가짓수를 줄이고 물류 활동을 수행하는 시간을 단축해야 한다. 운송 단계를 줄여 물류비를 절감하기 위해 직송과 직배를 추진한다. 운송을 줄이고, 보관을 줄이고, 상하차를 줄여서 물류비를 절감하는 대표적인 방법이 **크로스도킹(cross-docking)**이다.

월마트는 크로스도킹 방식으로 경쟁사였던 **케이마트** 대비 압도적인 경쟁력을 확보한 것으로 유명하다.[281] 일반 창고의 주목적은 물품을 보관하는 것이다. 이와 달리 크로스도킹은 물품이 들어오면 신속하게 분류해서 보관하지 않고 물품을 곧바로 내보내는 것이 주목적이다. 크로스도킹 센터의 업무 흐름을 살펴보자.

(1) 물품을 실은 트럭이 센터에 도착하여 하차 도크(dock)에 접안한다.
(2) 트럭에서 물품을 내린다.
(3) 하차한 물품을 분류하여 도착지 방면의 상차 도크쪽으로 보낸다.
(4) 빈 트럭이 상차 도크에 접안하여 물품을 싣는다.
(5) 트럭은 상차한 물품을 싣고 목적지로 출발한다.

일반적인 창고는 위 (3)의 과정이 훨씬 복잡하고, 비용도 많이 들고, 리드타임도 상당히 길다. 일반 보관 창고의 경우를 예로 들어보자.

(3-1) 하차한 물품을 창고 내부에 적치한다.

---

281) 데이빗 심치-레비, 필립 카민스키, 에디스 심치-레비, 물류 및 공급 체인 관리, 3판, 김태현, 문성암 공역, 한국맥그로힐, 2008, p.280

(3-2) 출고될 때까지 며칠 또는 몇 주 동안 보관한다.

(3-3) 출고 지시가 내리면 피킹한다.

(3-4) 상차 도크로 보낸다.

일반 창고의 이런 복잡한 과정을 단순하게 처리하는 크로스도킹 센터가 훨씬 높은 경쟁력을 갖는 게 당연하다. 일반적인 유통 창고를 DC(Distribution Center)라고 하는 데 비해, 크로스도킹 센터는 XC(Cross-docking Center) 또는 TC(Transshipment Center, Transfer Center)라고 표현한다.

7.5.3 자율 주행

운송비를 절감하기 위해 자율 주행에 대한 관심이 높다. 자율 주행 차량은 이미 세계 여러 지역에서 활용되고 있다. 최근에는 자율 주행 선박에 대한 연구가 진행 중이다. HD현대 계열사인 **아비커스**(Avikus)는 2022년 자율 운항으로 초대형 LNG 운반선을 미국에서 한국까지 이동시켰다.[282] **삼성중공업**은 2023년 대형 컨테이너 수송선을 거제도에서 대만까지 자율 운항하는 데 성공했다.[283]

---

282) 변종국, 김재형, 현대重 '자율주행 선박' 세계 첫 태평양 횡단, 동아일보, 2022.06.03, https://www.donga.com/news/Economy/article/all/20220602/113768292/1
283) 한영대, 모형선으로 시작해 대형 컨선 자율운항 성공…중국이 못 따라할 '완전 무인화' 꿈, 헤럴드경제, 2024.04.03, https://biz.heraldcorp.com/view.php?ud=20240403050733

7.5.4 삼자 물류 (3PL)

　상거래의 두 당사자는 판매하는 측과 구매하는 측이다. 상거래 계약서에 흔히 '갑'과 '을'로 표현한다. 상거래 당사자 간 역학 관계에 따라 구매자가 갑이고 판매자가 을이 되기도 하고, 반대로 판매자가 갑이고 구매자가 을이 되기도 한다. 제품에 대한 상거래는 제품의 이동, 즉 물류 활동을 수반한다. 상류와 물류가 분리되지 않은 상태라면 판매자가 제품을 구매자에게 날라 주든가, 또는 구매자가 판매자로부터 제품을 실어 오든가 해야 한다. 거래 당사자가 물류 활동의 주체다.

　물류가 점점 더 복잡해짐에 따라 거래 당사자가 물류를 직접 수행하는 대신 제3자에게 물류 업무를 위탁하는 경우가 흔해졌다. 상거래 당사자인 갑이나 을이 아니라 제3자(第三者, the third party)가 물류를 수행하는 것이 **삼자 물류(3PL**: Third Party Logistics)다. 물류 회사가 제공하는 물류라는 서비스를 화주가 이용한다. 화주와 물류 회사 사이의 계약을 통한 거래이므로, **계약 물류(CL**: Contract Logistics)라고도 한다.[284] 당사자 물류가 아니면 제3자 물류다.

　제3자 물류의 이러한 의미를 제대로 이해하지 못한 많은 사람들이 3자 물류를 설명하기 위해 1자 물류, 2자 물류라는 표현을 사용하기도 한다. 3자 물류가 외부 물류 전문 기업에 물류 업무를 위탁하는 것이므로, 1자 물류는 기업 내부의 물류 전담 부서의 전담 인력이 직접 물류 활동을 수행하는 것이고, 2자 물류는 물류 업무를 전담하는 자회사를 설립하여 그 자회사에 물류 업무를 위탁하는 것이라고 구분한다. 3자 물류라는 개념을 제대

---

[284] 권오경, SCM 이야기: 3자 물류, '3PL' 개념 이해하기, 2022.02.20, https://blog.naver.com/solomon50/222652639318

로 알지 못하고 사용하는 억지스러운 표현이다.

갑과 을은, 제3자가 아니라, 상거래 당사자다. 사내 물류 전담 부서가 수행하는 물류는 1자 물류가 아니라 당사자 물류다. 상물일체형 물류다. 물류 전문 자회사가 수행하는 물류는 2자 물류가 아니라 모회사와 자회사 사이에 계약을 통해 물류라는 서비스를 거래하는 것이므로 3자 물류의 일종이다.

심지어 4자 물류라는 말을 만들어낸 용감한 컨설팅 회사도 있다. 인천대 송상화 교수의 글을 인용하면, "4자 물류 개념은 1996년 앤더슨컨설팅에서 '자체 리소스와 역량, 기술, 그리고 외부 물류 서비스 기업의 서비스를 통합해 복잡한 공급망을 설계하고 운영하는 서비스'로 정의한 개념이 널리 통용되고 있다. 기존의 3자 물류 서비스는 개별 물류 기능의 아웃소싱에 초점을 맞추고 있지만 4자 물류 개념은 물류 아웃소싱에 컨설팅, IT 등을 포함해 화주 기업의 다양한 물류 서비스 요구 사항을 통합적으로 만족시키는 방향으로 범위가 확장되었다."[285] 이러다가는 5자 물류, 6자 물류, 7자 물류 등 막 나간들 누가 말릴 수 있을까?

7.5.5 물류 BPO (Business Process Outsourcing)

화주가 물류 인력을 직접 고용하고, 창고를 건설하거나 임차하여 직접 운영하고, 트럭을 구입하여 직접 운송하는 등 모든 물류 업무를 직접 수행하는 것은 비효율적일 수 있다. 일반적으로 물류비를 절감하기 위해 물류

---

285) 송상화, 디지털 기반 비자산형 물류산업의 시대가 온다, 물류 트렌드 2023, 미래물류기술포럼 & 한국해양수산개발원 엮음, 비욘드엑스, 2022, p.143

업무를 3PL에 위탁하는 방법이 많이 사용된다.

▮ 사례: 삼성SDS 물류 BPO 사업

삼성전자는 한때 세계 수천 개의 물류 회사를 활용했다. 물류 회사를 선정하기 위한 입찰, 수천 개 물류 회사와 계약 체결, 물류비 내역 확인, 대금 정산 등 그 어느 하나 쉬운 일이 없었다. 물류 업무를 전담하는 직원이 수백 명에 달했다.

삼성전자는 물류 관련 업무를 대행하는 단일 접점으로 **삼성SDS**를 선정한 후 물류 업무를 삼성SDS로 이관했다. 이를 통해 공급망 전체에 대한 가시성을 높일 수 있었다. 물류 관리 체계가 단일화되어 물류 업무가 아주 단순해졌다. 비주력 업무인 물류를 외부에 위탁함으로써 연구, 개발, 제조, 판매 등 주력 업무에 핵심 역량을 집중할 수 있게 되었다.

삼성SDS는 삼성전자의 일부 권역을 대상으로 물류 BPO(Business Process Outsourcing) 사업을 개시했고, 이후 삼성전자 전 권역의 물류를 위탁받았다. 이어서 삼성전기, 삼성SDI 등 그룹 내 관계사 물류로 사업 범위를 확산했으며, 나중에는 삼성그룹 이외 다른 외부 회사들의 물류 사업도 맡게 되었다. 삼성SDS의 물류 BPO 사업의 매출 규모는 2012년 수천억 원으로 시작하여 10년이 지난 2022년에는 약 11조 원에 달했다.[286]

---

286) 정호준, 'IT·물류 모두 성장' 삼성 SDS, 지난해 역대 최대 매출 기록, 매일경제, 2023.01.269

7.5.6 물류 경쟁력

　물류 경쟁력의 핵심은 고객에게 저비용(**cost leadership**) 고효율의 더 싸고 더 편리한 서비스(**service leadership**)를 제공하는 데 있다. 잡지에 인터뷰했던 내용을 역(逆)인용하겠다. "과거 물류가 표준화되고 규격화된 획일적 서비스 중심이었다면, 미래 물류는 개별 회사의 특별한 요구와 소비자 한 사람 한 사람에게 딱 맞춤형으로 제공하는 **개인화, 특화 서비스**가 급증할 것"이다.[287] "과거에는 물류 경쟁력이 창고, 트럭, 배, 인력, 설비 등에 있었는데, 지금은 **IT가 핵심 경쟁력**이 되었다. (중략) 창고가 크다거나 배나 트럭이 많다고 이기는 게임이 아니라, 초격차 역량을 담은 IT라는 새로운 무기를 장착한 회사가 이기는 변곡점의 시기이다."[288]

---

[287] 대한산업공학회, 매거진 인물: 서병교 메쉬코리아 전략사업본부장, IE 매거진, 2020 가을호, 제27권 제3호, 2020.09.30, pp.6-9
[288] 이애자, Interview: CIO/CISO Leader CJ대한통운 서병교 상무, Journal of ICT Leaders, Vol. 10, 2019년 여름호, pp.100-105

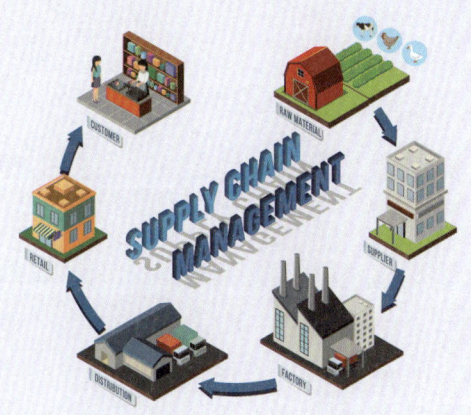

1조 클럽 도전하는 중견 기업을 위한 삼성 SCM 노하우 VIII

8. 개발 관리 (R&D Management)

8.1 개발 리드타임 (time to market)
8.2 연구 개발 의사 결정 기본 원칙
8.3 제품(SKU) 수
8.4 상품 정예화
8.5 단종 기준
8.6 제품 전환 계획 (PTP: Product Transition Planning)

제8장
8. 개발 관리 (R&D Management)

공급망

8.1 개발 리드타임 (time to market)

연구 개발의 핵심은 품질과 납기다. 품질은 자존심이고 납기는 생명이라는 말이 있다. 둘 다 매우 중요하다. 품질 좋은 제품을 만들더라도 경쟁사보다 출시가 늦으면 안 된다. 자동차는 개발 리드타임이 매우 길다. 자동차 설계는 보통 출시 36개월 전부터 시작한다. 생산하기 18개월 전까지는 설계가 확정되어야 한다. 설계 단계에서는 완성차의 외관 및 기능 설계뿐만 아니라 부품에 대한 설계도 동시에 이루어진다.[289] 의류 패션 업계 사례를 살펴보자. 옷 만드는 개발 리드타임은 약 6개월이다.

---

[289] 애넌쓰 아이어, 스리다르 세샤드리, 로이 배셔, 토요타 SCM, 송상화 옮김, 푸른물고기, 2010, p.64

8.1.1 사례: 자라(Zara) 개발 리드타임[290] [291] [292]

의류업계는 신제품을 출시하는데 보통 6개월 정도 걸린다. 6개월 뒤에 고객들이 어떤 스타일의 옷을 좋아할지 예측하기 쉽지 않다. 과소 예측하면 결품이 발생하고, 과다 예측하면 재고가 발생한다. **자라**는 개발 리드타임이 15일밖에 안 된다.[293] 6개월 뒤의 미래를 예측하는 것보다 보름 뒤에 얼마나 팔릴지 예측하는 게 훨씬 쉽다. 엄청난 경쟁력이다.

의류 패션 업계의 선두 주자인 자라는 아만시오 오르테가(Amancio Ortega)가 1975년에 설립했다. 자라는 스페인 북서부에 있는 다국적 기업 **인디텍스**(Inditex)의 대표적인 브랜드다. 인디텍스는 2022 회계연도에 매출액 325억 6,900만 유로, 순이익 41억 3,000만 유로를 달성했다.[294]

2023년 1월 기준 전 세계 96 개국에 약 3,000 개의 매장을 보유하고 있다.[295] 이런 거대 기업 자라가 제품을 디자인하고 생산해서 매장에 진열할 때까지 15일밖에 걸리지 않는 비결은 무엇일까?

---

290) Inditex, https://www.inditex.com/
291) Martin Roll, The Secret of Zara's Success: A Culture of Customer Co-creation, 2021.11, https://martinroll.com/resources/articles/strategy/the-secret-of-zaras-success-a-culture-of-customer-co-creation/
292) Lauren Eggertsen, All the Zara 'Secrets' I Learned While Visiting the Brand's Headquarters, Who What Wear, 2019.10.23, https://www.whowhatwear.com/zara-headquarters-press-trip
293) Lauren Frayer, The Reclusive Spanish Billionaire Behind Zara's Fast Fashion Empire, NPR, 2013.03.12
294) Inditex, Annual Report 2022, https://static.inditex.com/annual_report_2022/en/
295) Wikipedia, https://en.wikipedia.org/wiki/Zara_(retailer)

700명 이상의 디자이너들이 매일 판매 정보, 매장에서 들어오는 고객과 영업 사원들의 반응, 최신 트렌드 등을 참고하여 신제품을 디자인한다. 특이하게도 디자인팀은 생산팀과 같이 공장이 있는 본사 건물에서 근무한다. "다섯 손가락은 공장에 닿아 있고, 다섯 손가락은 고객에 닿아 있어야 한다"는 창업자 오르테가의 철학이 녹아 있는 방침이다.[296]

디자이너들이 영감을 얻는 원천은 패션쇼뿐만 아니라 현대 미술, 건축, 조각, 인스타그램, 길거리 스타일, 보그 같은 잡지 등 매우 다양하다. 디자인팀은 대학교 캠퍼스나 클럽 등을 정기적으로 방문하여 젊은 패션 리더들이 어떤 옷을 입고 있는지 살핀다. 스페인에 있는 본사 디자인팀은 웹캠으로 연결된 모니터를 통해 뉴욕, 상하이 등 패션을 선도하는 도시를 관찰하기도 한다. 트렌드팀은 패션쇼에 가는 대신 블로거나 고객의 의견에 귀를 기울인다.

어떤 스타일의 옷을 만들지 아이디어가 확정되고 나면 제작 단계로 들어간다. 패턴메이커(patternmaker, 모형 제작자)에게 디자인을 넘긴다. 패턴메이커들은 디자이너의 꿈을 현실로 만드는 수십 년 경력의 전문가다.

세계 각지의 공급사들과 협업한다. 2022년 기준 1차 공급사는 1,729개이고 그중 49%는 스페인, 포르투갈, 모로코, 튀르키예 등 본사에서 가까운 곳에 위치한다.[297] 시시각각 유행이 변하고 수요에 대한 불확실성이 큰 패션 아이템은 파일럿 테스트가 필요하므로 스페

---

[296] Kasra Ferdows, Michael A. Lewis, Jose A.D. Machuca, Rapid-Fire Fulfillment, Harvard Business Review, 2004.11
[297] Inditex, Annual Report 2022, https://static.inditex.com/annual_report_2022/en/

인 내 12개 직영 공장과 북부 포르투갈이나 튀르키예에서 생산한다. 티셔츠처럼 상대적으로 장기적이며 안정적인 수요를 보이는 표준 디자인 제품은 생산 비용을 낮추기 위해 모로코, 튀르키예, 아시아 등에 있는 협력사를 활용한다. 자라의 생산 전략은 자체 제조와 외주 생산을 조합한 메이크 앤드 바이(make and buy) 전략이다.

본사에는 15개의 스튜디오가 있다. 각 스튜디오는 사진 기사와 스타일리스트 등으로 팀이 구성되어 있다. 하루에 약 20개 정도를 촬영한다. 자라는 광고를 하지 않는 것으로 유명하다. 광고비 지출은 매출액의 0.3%에 지나지 않는다.[298]

생산이 완료된 모든 의류는 스페인의 유통 센터로 이동한다. 그곳에서 품질을 검사하고 분류하고 태그를 붙이고 트럭에 싣는다. 니트나 티셔츠 등은 접어서 박스에 담는다. 재킷 등은 행거에 걸린 상태로 분류하고 운송한다. 유럽 지역에 있는 매장에는 트럭으로 배송한다. 24시간 이내 배송한다. 미주, 아시아 등 원거리는 배가 아니라 비행기로 운송하므로 대부분 48시간 이내에 매장까지 배송한다.[299] 압도적인 속도다.

자라는 고객으로부터 들어오는 정보를 매우 빠르게 디자인에 반영한다. 2015년에 있었던 일이다. 일본 도쿄의 한 매장에 한 여성이 핑크색 스카프를 찾았다. 매장에 핑크 스카프가 없어서 팔지 못했다. 우연히 캐나다 토론토의 한 매장에서도 한 고객이 핑크 스카프를 원했다. 샌프란시스코, 프랑크푸르트 등 다른 곳도 핑크 스카프를 찾는 손

---

[298] Sahar Nazir, How does Zara survive despite minimal advertising?, Retail Gazette, 2019.01.22
[299] 민정웅, 미친 SCM이 성공한다, 영진닷컴, 2014, pp.249-250

님이 있었다. 제품이 없어서 하나도 팔지 못했다. 7일 후 핑크 스카프 50만 장이 전 세계 자라 매장에 진열되었고 3일 만에 매진되었다. 고객이 원하는 제품에 대한 정보가 본사 디자인팀에 즉시 전달되었고 자라가 빠른 공급망을 가동했기 때문에 가능했다. 자라 왕국은 "**고객이 원하는 것을 제공하라**"와 "**그것을 그 어느 누구보다도 더 빨리 제공하라**"는 두 가지 기본 규칙 위에 건설되어 있다.

  자라는 소량의 옷을 생산하여 희소성을 높인다. 자라의 강점은 많은 스타일의 옷을 제작한다는 점이다. 1년에 약 1만 2,000 종류의 제품, 4억 5,000만 벌을 생산한다. 2014년부터 RFID 기술을 도입하여 매장의 판매 추이와 재고를 실시간으로 파악한다.[300] 매장은 일주일에 두 번씩 보충 주문을 낸다. 한꺼번에 대량의 주문을 내는 대신 소량을 자주 주문하는 전략을 구사한다. 물류 비용은 높지만 재고가 거의 없다. 출시한 제품에 대한 고객의 반응이 좋지 않은 경우에도 재고 폐기 비용이 크지 않다. 잘 팔리는 제품은 더 많이 생산하여 매장으로 보낸다. 출시한 첫 주에 잘 팔리지 않은 제품은 매장에서 빼고 추가 주문을 취소하며 디자인을 바꿔 다시 출시한다.

  자라는 한 번 만든 제품을 리바이벌하지 않는다. 매장에서 마음에 드는 옷이 보이면 즉시 사야지, 그렇지 않고 나중에 사겠다고 미루면 품절되어 살 수 없게 된다. 더군다나 매장 진열 기간도 짧다. 한 제품이 고작 3~4주 정도만 매장에 머무르도록 하는 원칙을 고수한다. 이렇게 높은 회전율은 소비자들로 하여금 더 자주 매장을 방문하도록 유인한다.

---

300) Wikipedia, https://en.wikipedia.org/wiki/Zara_(retailer)

> 자라의 SCM 특징은 **단납기, 다품종, 소량, 다빈도** 등이다. (1) 개발 리드타임이 짧다. (2) 스타일이 다양하다. (3) 소량을 출시한다. (4) 자주 출시한다. (5) 운송 시간이 짧다. (6) 매장 진열 기간이 짧다. (7) 고객 반응에 즉각 반응한다. 한마디로 요약하면 빠른 속도다.

8.1.2 사례: 삼성전자 선진 제품 비교 전시회

기술 확보에 진심인 삼성그룹의 이건희 전 회장은 기술 확보를 위해 합작, 제휴, 인력 스카우트를 중시했다. 그는 첨단 산업은 시간 산업이라며 경쟁사보다 앞서 기회를 선점하라고 강조했다.[301] 삼성전자의 선진 제품 비교 전시회에 대해 살펴보자.

> **삼성전자**는 선진 제품 비교 전시회를 통해 자사 제품과 선진 제품을 적나라하게 비교하고 개선점을 찾는 노력을 해왔다. 이 행사는 이건희 삼성그룹 전 회장이 신경영을 주창했던 1993년 처음 개최했었다. 이후 매년 또는 격년으로 개최하다가 코로나 팬데믹 때 일시 중단되었으나 2023년 7월 3일 5년 만에 재개되었다.[302]
>
> 핸드폰, TV, 냉장고, 세탁기 등 삼성 제품과 경쟁 회사 제품을 나란히 전시하고 강약점을 비교한다. 전시회에 가보면 자사 제품과 타사 제품을 분해하여 내부 구조와 핵심 부품의 차이를 한눈에 파악할 수

---

301) 김성홍, 우인호, 앞의 책, pp.169-175
302) 장민권, 삼성, 경쟁사 제품 현미경 분석... 5년만에 '비교 전시회' 연다, 파이낸셜 뉴스, 2023.07.03

있다. 임직원들의 의견을 취합하여 개선점을 도출하고 신제품 개발에 반영한다.

8.2 연구 개발 의사 결정 기본 원칙

모든 연구 개발 과제에 대해 경영진이 일일이 개입하여 판단하기 쉽지 않다. 어려운 연구 분야의 경우에는 판단과 의사 결정에 일관된 원칙을 견지하지 못할 가능성도 있다. 권오현 삼성전자 전 회장이 삼성종합기술원에 제시한 연구 개발 과제의 적합성을 판단하는 기준과 의사 결정을 내리는 원칙을 참고할 만하다.

8.2.1 사례: 삼성종합기술원 연구 개발 의사 결정 원칙[303]

삼성종합기술원은 원천 기술을 연구 개발하는 조직이다. 이곳에서 개발한 기술을 삼성그룹 내 여러 회사로 이관한다. 이관받은 계열사는 이 기술을 상품화하고 사업으로 실현한다. 원천 기술을 연구하다 보니 논문 발표만을 위한 연구, 연구 그 자체를 위한 연구 등 사업에 직접적인 도움이 되지 않는 연구를 하는 경우도 많았다.

권오현 삼성전자 전 회장이 삼성종합기술원장을 겸임했을 때다. 연

---

303) 권오현, 초격차, 쌤앤파커스, 2018, pp.141-144

구 과제를 구조 조정해야 했다. 연구를 지속할 과제와 중단할 과제를 결정해야 했다. 연구 과제로 수행할 만한 가치가 있는지에 대한 명확한 기준을 세워야 했다. 권 전 회장이 수립한 연구 개발에 대한 의사 결정의 대원칙과 세부 원칙을 살펴보자.

대원칙은 연구 과제의 사업성이다. "지금 수행하고 있는 연구 주제가 결실을 맺고 구체화되었을 때 삼성그룹의 어느 특정 회사가 그것을 가지고 사업을 할 수 있는지, 혹은 새로운 분야의 창업이 가능한지 여부"에 따라 연구를 할지 말지 결정한다는 원칙이다. 이 원칙은 "기업의 연구는 이익 창출을 위한 수단"이어야 한다는 철학에서 나왔다. 돈 버는 데 도움이 되지 않는 연구는 중단하겠다는 의지의 표명이다.

세부 원칙으로 연구 과제로 선정할 만한 자격을 갖추었는지에 대한 세 가지 기준을 발표했다.

(1) 아직 존재하지 않고, 아직 가질 수 없는(not available and not accessible) 기술: 이런 기술은 세상에서 유일무이(absolutely unique)하고 어느 누구도 시도하지 않았던 연구, 즉 **독보적인 기술**을 확보하는 연구이므로 적극 지원한다.

(2) 이미 존재하고 있지만, 우리가 확보하지 못하고 있는(available and not accessible) 기술: 많은 경쟁 회사들도 연구하고 있는 분야다. **경쟁 우위**를 점하는 과제이므로 적극적으로 지원한다.

(3) 지금 존재하고 있고, 어디서나 쉽게 구할 수 있는(available and accessible) 기술: 그럴지라도 **기존 제품이나 기술을 대체**(replace)할 수 있는 기술은 연구를 지원한다.

이 세 가지 원칙에 따라 전체 연구 과제의 "3분의 2에 해당하는 연구 프로젝트를 중단시키고 해당 인력을 다른 부서로 이동 배치"했다.

8.2.2 사례: 구글의 70/20/10 규칙

구글의 연구 개발 투자 원칙도 참고할 만하다. 우리 회사는 구글과 업종이 다르다며 도외시하기보다 우리 업종, 우리 회사에 적합한 자원 배분 비율을 정하고 의사 결정에 적용하면 도움이 될 것이다.

> **구글**은 투자 자원의 70%는 **핵심 사업**에, 20%는 **최근에 개발된 것**에, 나머지 10%는 **신제품**에 할당한다는 원칙을 가지고 있다. 이 원칙으로 핵심 사업에 자원의 70%를 투자하고, "믿음직하고 유망한 분야"에도 20%를 투자하며, "미친 것 같은 아이디어"에도 10%를 지원한다.[304]

8.2.3 사례: 구글 20% 시간 원칙

구글의 20% 시간 원칙도 참고할 만하다.

> **구글**의 엔지니어들은 업무 시간의 20%를 자신이 원하는 연구에 쓸 수 있다. 하루 8시간 근무한다면 20%인 약 1시간 반 정도를 자신의 정규 업무 이외 별도의 연구에 쓸 수 있다. 이것은 위에 나온 70/20/10 규칙과 다른 원칙이다. 위의 70/20/10 규칙은 회사 전체 투자 자원을 어떤 과제에 어떻게 배분할 것인지에 관한 원칙이다. 반면 20% 시간은 각 개인의 근무 시간 중 20%를 다른 연구에 쓸 수 있

---

304) 에릭 슈미트, 조너선 로젠버그, 앨런 이글, 구글은 어떻게 일하는가, 박병화 옮김, 김영사, 2014, p.320

도록 하는 원칙이다.

"20%의 시간은, 종종 야간이나 주말에 일어난다는 점에서 사실상 120%의 시간과 같다."[305] 근무 시간 중에 1시간 반 정도를 다른 연구에 사용해도 된다고 했더니 자기가 좋아하는 일을 하려고 오히려 한두 시간씩 잔업을 하더라는 얘기다. 이 20% 시간을 활용하여 개발된 서비스로 지메일, 구글 뉴스, 자동 완성 기능인 구글 서제스트, 지능형 개인 비서 역할을 하는 구글 나우 등이 있다.

8.3 제품(SKU) 수

포드자동차가 1908년 '모델 T'를 출시했을 때 SKU는 검은색 자동차 한 종류밖에 없었다. 헨리 포드는 "어떤 고객이나 원하는 색상의 차를 가질 수 있다, 검은색이기만 하다면."이라고 말했다.[306] 20세기 초에 순박한 사람들이 많았던 시기여서 무사했지, 요즘 이런 말장난을 했다가는 온갖 악플 세례와 불매 운동에 시달릴 것이다.

애플은 스티브 잡스가 복귀한 후 40여 개에 달하는 PC 제품을 단 네 가지 모델로 단순화하는 조치를 취했다. 일반용 데스크톱과 전문가용 데스크톱, 일반용 노트북과 전문가용 노트북, 이렇게 네 가지 모델만 만들어 팔겠

---

305) 에릭 슈미트, 조너선 로젠버그, 앨런 이글, 앞의 책, p.325
306) "Any customer can have a car painted any color that he wants so long as it is black.", Wikiquote, https://en.wikiquote.org/wiki/Henry_Ford

다고 선언했다. 강력한 반대가 있었지만 잡스는 밀어붙였다.[307]

8.3.1 최적 제품 수

SKU 수, 즉 제품 종류가 많은 게 좋을까, 적은 게 좋을까? 영업, 마케팅 등 고객 접점에 있는 부서는 제품 가짓수가 많은 걸 선호한다. 다양한 고객의 다양한 요구를 만족시키려면 제품 종류가 많을수록 좋다. 제품뿐만 아니라 서비스 상품도 마찬가지다.

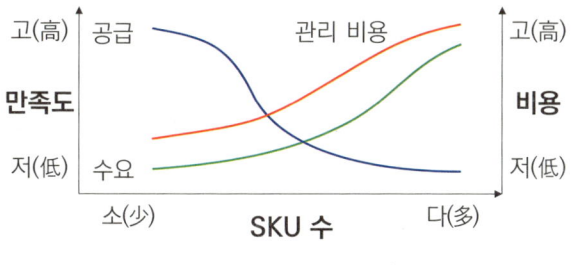

[그림: 최적 SKU 수][308]

[그림: 최적 SKU 수]에서 알 수 있듯이, 수요 측은 SKU 수가 적을 때는 만족도가 낮다가 SKU 수가 증가함에 따라 만족도가 증가한다. 제조, 구매, 물류 등 공급 측은 **SKU가 많아질수록 관리하기 복잡하고 생산성도 떨어지므로 만족도가 낮아진다.** 수요 측과 공급 측의 입장이 상충된다. 회사의

---

307) 린더 카니, 팀 쿡: 애플의 새로운 미래를 설계하는 조용한 천재, 안진환 옮김, 다산북스, 2019, p.111
308) 서병교, SCM 101 세미나, 에쓰푸드, 2021.12.02

관리 비용은 그래프에서 알 수 있듯이 SKU 수에 비례하여 증가한다. 수요 측과 공급 측의 입장을 감안하고 또 관리 비용도 고려해서 회사 전체 관점에서 최적의 SKU 수를 정해야 한다.

8.3.2 일종일품(一種一品, one-of-a-kind)

산업혁명 이전에는 가내 수공업 방식으로 생산을 했다. 당연히 개별 제품이 제각각 달랐다. 비슷하긴 해도 똑같지는 않았다. 세상에 하나뿐인 물건이었다. 한 종류에 한 제품인 **일종일품(一種一品, one-of-a-kind)** 체제였다. 가격이 높을 수밖에 없었다.

산업화 시대에 테일러의 과학적 관리법과 포드주의 등의 영향으로 표준화, 분업화가 이루어졌다. 이른바 **대량 생산, 대량 소비** 체제가 되었다. 포드자동차의 모델 T처럼 **소품종 대량 생산**이다. 제품 단가가 매우 낮았다.

이후 FMS(Flexible Manufacturing System, 유연 생산 시스템)의 도움으로 고객들의 다양한 요구 사항을 어느 정도 반영할 수 있게 되었다. **다품종 소량 생산** 체제가 되었다.

제조 기술의 발전과 생산성 혁신 활동으로 **대규모 맞춤형** 체제로 바뀌었다. 단가를 크게 높이지 않은 채 개별 고객의 특화된 요구에 맞춤형으로 생산할 수 있게 되었다.

이 추세로 가면 다시 일종일품 체제가 될 가능성이 높다. 과거 단가가 비쌌던 시절의 일종일품이 아니라 저렴한 비용으로 실현할 수 있는 일종일품이 될 것이다.

8.4 상품 정예화

8.4.1 SKU 육분면(六分面)

매출액과 수익성을 기준으로 제품을 평가할 수 있다. 가로축을 매출액, 세로축을 이익률로 하여 그래프를 그린다. 평균 매출액보다 적거나 큰 경우, 수익성이 평균 이익률보다 낮거나 높은 경우를 기준으로 4분면을 만든다. 수익성을 좀 더 세분해보자. 수익성이 평균 이익률에 미달하는 SKU 중에서 이익률이 플러스인 SKU, 즉 이익이 나는 제품과 이익률이 마이너스인 SKU, 즉 손실이 나는 제품을 구분하면 총 6분면(六分面)이 된다. **SKU 육분면**이다.

[그래프: SKU 육분면]의 왼쪽에 있는 I, II, III 육분면에 속하는 SKU는 매출액이 평균에 미달하는 제품이다. 오른쪽의 IV, V, VI 육분면에 속하는 SKU는 평균 매출액보다 더 많이 팔리는 제품이다. 그래프의 위쪽에 있는 III과 IV에 속하는 SKU는 이익률이 제품 전체 평균 이익률보다 높은 **고수익 제품**이다. I, II, V, VI에 속하는 SKU는 **저수익 제품**이다. I과 VI에 속하는 SKU는 팔아도 손실이 나는 제품들이다.

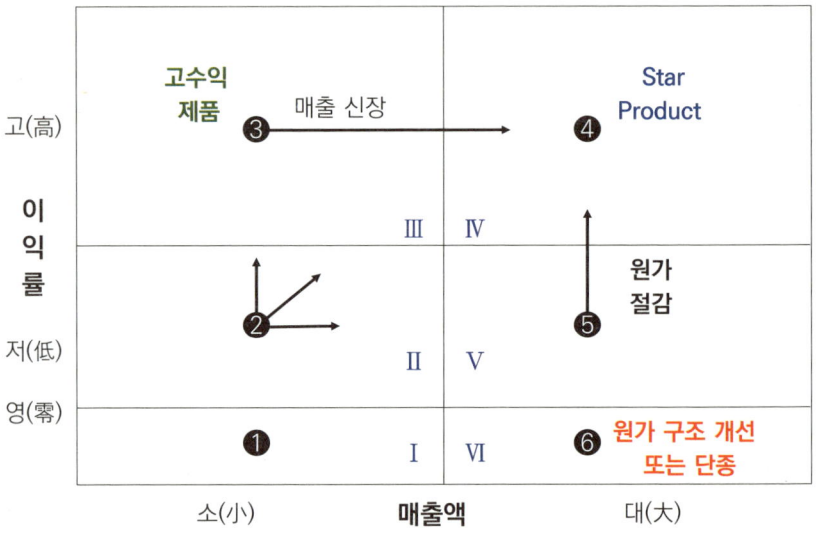

[그래프: SKU 육분면][309]

　이 그래프에서 오른쪽 상단 IV에 속한 SKU가 제일 바람직하다. 팔리기도 많이 팔리고 수익성도 높기 때문이다. **스타 제품**이다. 그 왼쪽의 III에 속하는 제품은 수익성은 높으나 매출액이 평균에 미달한다. 매출을 늘려야 한다.

　V에 속하는 제품은 매출은 평균 이상인데 이익률이 평균에 미달한다. 원가 절감 등의 방법을 통해 수익성을 높여야 한다.

　II에 속하는 제품들은 매출액도 크지 않고 이익률도 높지 않다. 몇 가지 전략을 구사할 수 있다. (1) 원가 절감 등을 통한 수익성 개선 활동으로 III 육분면으로 올라가는 전략, (2) 매출 신장을 통해 V 육분면으로 옮겨가는

---

309) 서병교, SCM 101 세미나, 에쓰푸드, 2021.12.02

전략, (3) 매출과 이익 두 마리 토끼를 한꺼번에 개선하여 곧바로 IV 육분면으로 이동하는 전략이다.

남은 I과 VI에 속한 제품들은 적자 제품이다. 손해나는 제품이다. 전략적인 판단이 필요하다. 출시 초기 제품은 적자를 감수하는 경우가 많다. 오래된 제품인데도 적자인 경우도 있다. 미끼 상품이거나 끼워 팔기 용도의 제품은 전략적으로 적자를 감수하기도 한다. 특별한 이유 없이 적자인 제품을 계속 유지할 필요는 없다. 수익성을 개선하는 활동을 해도 개선되지 않으면 과감하게 단종한다.

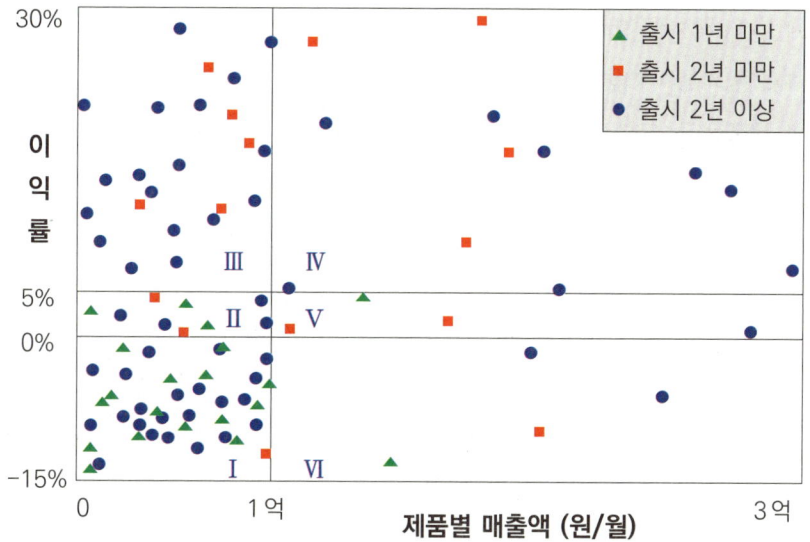

[그래프: SKU 육분면 예시]

회사 전체 제품을 대상으로 SKU 육분면 그래프를 그려보자. [그래프: SKU 육분면 예시]는 어떤 회사의 제품을 대상으로 그래프를 그려본 것이다. 전체 SKU는 100 개, SKU 당 월 평균 매출액은 1억 원, 평균 영업이익률은 5%다. 출시 시점을 기준으로 삼각형은 출시 1년 미만인 제품들, 사각형은 출시 1~2년 사이, 원형은 출시된 지 2년 이상인 제품을 나타낸다. 이 그래프를 통해 각 제품에 대해 매출 드라이브를 걸지, 원가 절감을 통해 수익성을 개선할지, 단종할지 등 합당한 전략을 세운다.

8.4.2 SKU 육분면과 제품 수명 주기

[그림: 제품 수명 주기]는 어떤 제품이 출시되어 판매되다가 단종될 때까지 SKU 육분면 위에서 어떤 행보를 보이는지 추이를 나타낸다. 통상 제품 출시 초기에는 매출도 크지 않고 수익성도 좋지 않아 I 육분면에 속한다. 이 제품을 신속하게 오른쪽 상단의 IV 육분면으로 이동시키기 위해 경영진은 보통 두 가지 전략을 고려한다.

(1) **매출 확대 전략**: 빠른 속도로 매출을 늘려서 손익분기점을 넘기려는 전략이다. 그림에서 I에서 VI으로 이동하고, 다시 V에서 IV로 상승하는 전략이다. 반시계 방향으로 움직이게 된다.

(2) **수익성 개선 전략**: 이 전략은 물량을 확대하기 전에 먼저 수익 구조를 탄탄하게 하는 전략이다. 그림에서 I에서 II, III으로 이익률을 높이는 데 집중한다. 시계 방향으로 움직이게 된다.

1조 클럽 도전하는 중견 기업을 위한 삼성 SCM 노하우 | 321

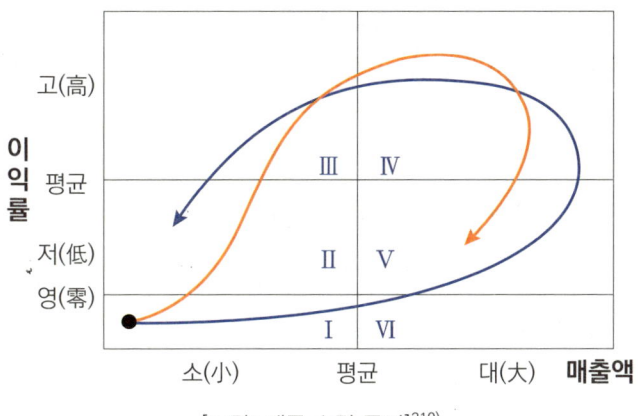

[그림: 제품 수명 주기][310]

 수명 주기에 따라 육분면상에서 움직이는 궤적은 제품별로 상이하다. I에서 II로 갔다가 IV로 옮겨 갈 수도 있고, 출시 초기에 VI에서 시작하여 II로 이동할 수도 있다.

8.5 단종 기준

 언제 단종해야 하는가? **단종 기준**은 회사마다 상이하다. 이익률이 낮은 제품, 매출량이나 매출액이 크지 않은 제품은 어느 회사나 단종 후보로 우선적으로 고려한다. 앞의 [그래프: SKU 육분면 예시]에서 I과 VI 육분면에 있는 제품들이 단종 후보 1순위다. 그중에서 출시 첫해인 제품들은 시간을 갖고 판매 추

---

310) 시병교, SCM 101 세미나, 에쓰푸드, 2021.12.02

이를 좀 더 파악할 대상이다. I과 VI 육분면에 있는 제품 중에 출시 2년차 또는 그 이상 오래된 제품들은 특별한 사유가 없으면 단종 후보 1순위가 된다.

8.5.1 사례: 삼성전자 제품 단종 기준

    영업은 SKU가 많을수록 고객의 요구에 대응하기 쉽다. 생산, 구매, 개발, 물류 등은 잘 팔리지도 않고 소량으로 생산하는 제품들이 눈엣가시다. 단종 기준을 명시적으로 규정한 회사도 있으나 그렇지 않고 그때 그때 필요에 따라 단종 의사 결정을 내리는 회사도 많다.

    권오현 삼성전자 전 부회장은 **제품 정리 원칙**을 미리 만들어두라고 조언한다. 매출, 이익, 생산 물량이 미리 정해둔 적정 수준을 만족시키지 못하면 무조건 단종한다는 원칙을 만들고 그대로 시행한다. 만약 단종하면 안 되는 특별한 사정이 있는 경우에는 그 안건만 처리하는 회의를 하면 되니, 쓸데없는 논쟁을 할 필요도 없고 시간도 절약할 수 있다.[311]

과거 8주간 판매 실적이 없거나 미래 판매 예측이 0인 제품, 즉 **판매 부진 제품**은 단종 후보다. 과거 4주간 생산 실적이 없는 **생산 부진 제품**도 단종 후보다. 과거 8주 누계 매출액 하위 20%, 매출 원가 상위 20%, 또는 누계 이익 하위 20% 등 다양한 기준을 적용할 수 있다.

단종 의사 결정은 월 또는 분기 단위로 주기적으로 하는 게 좋다. 뒤에 다룰 S&OP(Sales and Operations Planning) 회의의 중요 의제다.

---

311) 권오현, 초격차: 리더의 질문, 쌤앤파커스, 2020, pp.95-96

8.5.2 사례: 삼성전자 제품 수명 주기에 따른 SCM

제품 수명 주기는 일반적으로 도입기, 성장기, 성숙기, 쇠퇴기의 4단계로 나뉜다. 각 단계별로 SCM의 핵심 관리 포인트가 있다. [그림: 제품 수명 주기에 따른 관리 항목]은 제품 수명 주기에 따라 핵심적으로 관리해야 하는 항목들을 보여준다. **삼성**이 관리하고 있는 항목 중 출시 관련 여섯 개 항목, 단종 관련 다섯 개 항목을 예시로 나타냈다.

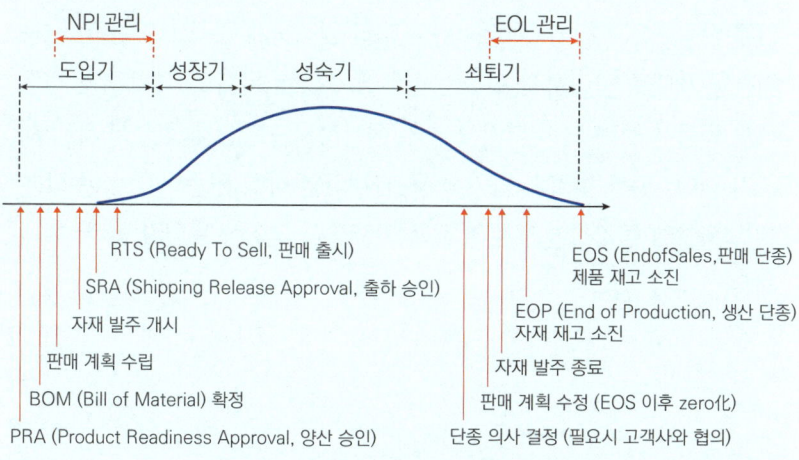

[그림: 제품 수명 주기에 따른 SCM 항목]

신제품 출시(NPI: New Product Introduction) 전에 먼저 **양산 승인**(PRA: Product Readiness Approval)을 한 후 BOM을 확정한다. 이어서 출시 일정에 맞춰 판매 계획을 수립하고, 자재를 발주한다. 최종적으로 **출하 승인**(SRA: Shipping Release Approval) 단계를 거친 후 **판매 출시**(RTS: Ready to Sell)하게 된다.

자재 구매 관리를 제대로 하지 못하면 자재가 늦게 도착하여 출시 일정을 지키지 못한다. 신제품에 투입할 자재를 사전에 미리 구매 발주해야 한다. 만약 그 자재 공급사가 처음으로 거래하는 회사인 경우에는 충분한 여유 시간을 확보해야 한다. 그 공급사가 제시하는 물류 리드타임보다 더 걸릴 수 있고, 납품받은 자재가 품질 미달로 제조 라인에 투입하지 못할 수도 있기 때문이다.

제품을 **단종**(EOL: End of Life)하기로 의사 결정했다면, 판매 계획을 수정하고, 자재 발주 종료, **생산 단종**(EOP: End of Production), **판매 단종**(EOS: End of Sales) 시점을 엄격하게 관리해야 한다. 단종 일정을 제대로 관리하지 못하는 경우에 생기는 문제 중 대표적인 것은 생산 단종 시점이 되어 더이상 추가 생산하지는 않는데 여전히 자재 재고가 남아 있는 경우다. 만약 공용 자재라면 아직 단종되지 않은 다른 제품 생산에 투입하면 되는데 전용 자재라면 더이상 용처가 없다. 폐기해야 할 수도 있다.

8.6 제품 전환 계획 (PTP: Product Transition Planning)

제품 전환은 기존 제품을 단종하고 후속 신규 제품을 출시하는 것이다. 사전에 치밀하게 계획하고 실행하지 않으면 심각한 차질이 발생한다. 어떤 제품이 쇠퇴기로 접어들면 구제품을 언제까지 판매하고 신제품을 언제 출시할지 최적의 시기를 정해야 한다. **PTP**(Product Transition Planning, 제품 전환 계획)는 신구 제품 전환기에 부실 재고를 최소화하고 매출을 극대화하기 위한 계획이다.

[그림: 제품 전환]은 구제품이 신제품으로 전환되는 모습을 보여준다. 왼쪽 그림처럼 기존 구제품의 매출이 감소하는 속도에 맞춰 신제품을 출시하고 판촉 활동을 하면, 오른쪽 그림처럼 구제품 매출과 신제품 매출을 합한 총 매출이 일정 수준을 유지한다.

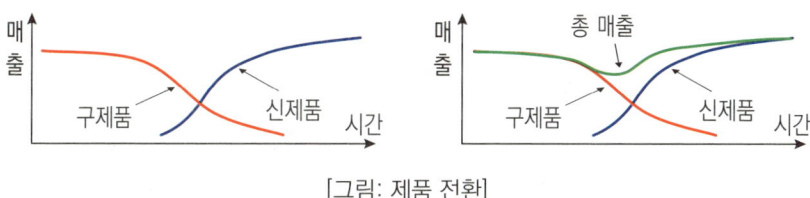

[그림: 제품 전환]

[그림: 제품 전환 차질 예시]는 신구 제품 간 전환이 원활하지 않아 발생하는 문제를 보여준다. 이 그림은 신제품 출시가 계획했던 일정보다 지연된 상태를 나타낸다. 그림 왼쪽처럼 구제품은 일정대로 단종되었는데 신제품 출시가 늦어지면 그림 오른쪽처럼 매출에 심각한 차질이 발생한다. 시장에 팔 제품이 없는 공백기가 나타난다. 경쟁사 제품이 시장을 잠식하게 된다. 구제품을 너무 일찍 단종해도 마찬가지로 차질이 생긴다.

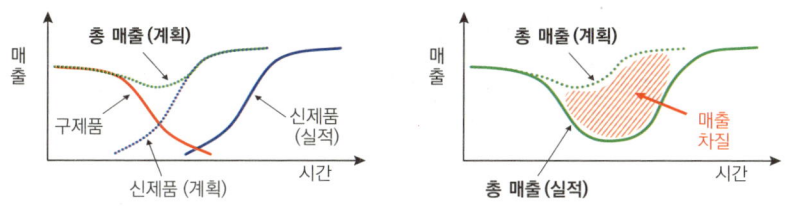

[그림: 제품 전환 차질 예시][312]

---

312) 이보형, Product Transition Planning (발표 자료), 2005.09.28

당초 계획했던 일정보다 구제품 단종이 늦어지거나 신제품 출시가 빨라지면 신구 제품 간에 경쟁이 발생한다. **신구 제품 간 시장 잠식 현상**이다. **카니벌라이제이션**이다. 제품 전환 관리를 잘하지 못해 발생한 차질 사례를 알아보자.

8.6.1 사례: 가전 제품 전환 차질[313]

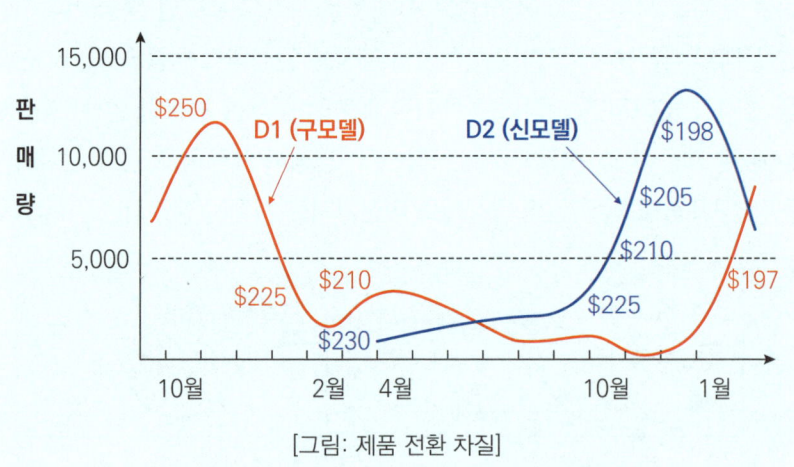

외국 시장 사례다. 모 가전 회사는 대당 250 달러인 제품을 매주 약 1만 대씩 판매하고 있다. 기존 모델 D1은 4개월 뒤인 다음해 2월에 차기 모델 D2로 대체될 예정이다.

[그림: 제품 전환 차질]

---

313) 익명화(sanitize)하기 위해 판매 단가, 판매 수량 등을 일부 변경했다.

[그림: 제품 전환 차질]에 표현되어 있듯이, D2 출시가 2개월 지연되었다. D2 출시 계획에 맞춰 D1의 판매를 5,000 대 수준으로 줄이고 있던 차에 D2 출시가 지연되니 심각하다. 어떨 수 없이 D2가 출시될 때까지 D1의 매출을 유지해야 한다. D1의 판매는 이미 4,000 대, 3,000 대, 2,000 대 수준으로 떨어지고 있다. 할 수 없이 D1의 판가를 10% 할인하여 225 달러로 내렸어도 판매는 2,000 대 수준에서 횡보했다. 판가를 210 달러로 더 낮춰 간신히 3,000 대 정도로 판매를 늘렸다. 신모델 출시 지연으로 출혈이 매우 크다.

4월이 되어 드디어 신모델인 D2가 출시되었다. 출시 가격은 대당 230 달러로 책정되었고 판매량은 1,000 대 수준이다. 5월, 6월이 되어도 D2의 판매가 증가하지 않고 2,000 대 수준이다. 아직 단종되지 않은 구모델 D1이 신모델 D2의 판매 증가를 방해한 것이다. 카니벌라이제이션이다. 이 각축전이 거의 6개월 동안 지속되었다. 심각하다.

신모델 D2의 판매를 늘리기 위해 10월에 가격을 225 달러로 낮추니 판매량이 약간 증가했다. 판가를 210 달러로 더 낮추니 판매량이 더 늘어났다. 이어서 205 달러, 198 달러로 판가를 지속적으로 인하했다. 드디어 판매량이 1만 3,000 대가 되었다. 고통스러운 판가 인하 과정을 겪었기에 손익이 엉망이다.

구모델 D1이 아직도 살아 있다. 어이없다. 가격도 197 달러다. 신모델과 구모델 가격 차이가 1 달러밖에 되지 않는다. 설상가상이다. 또 한 번 카니벌라이제이션이 발생한다. 구모델 D1의 판매가 8,000 대로 증가했다. 대신 신모델 D2의 판매는 6,000 대로 감소했다. 폭망했다. 신구 모델 간 제품 전환이 실패했다.

1조 클럽 도전하는 중견 기업을 위한
삼성 SCM 노하우   IX

9. S&OP (Sales and Operations Planning)

9.1 S&OP 개념
9.2 S&OP 회의: 생판(生販)이냐 판생(販生)이냐
9.3 실시간 시스템 활용하는 S&OP
9.4 S&OP 체질화 노하우

제9장

공급망

9. S&OP (Sales and Operations Planning)

9.1 S&OP 개념

앞에서 경영은 "**예측 → 계획 → 실행 → 점검 → 예측 → …**"을 하는 연속 과정이라고 했다. 이른바 PDCA, 즉 Plan(계획) → Do(실행) → Check(점검) → Act(조치)' 사이클과 같은 개념이다. 계획을 세우고 실행하고 나면 끝나는 게 아니다. 계획했던 대로 실행되었는지 결과를 점검한 다음 차이가 발생했으면 원인을 찾고 계획을 조정하여 다음 사이클로 나아간다. 이번 사이클의 계획과 실행을 연동시킨다. 이어서 이번 사이클의 실행과 그다음 사이클의 계획을 연동시킨다. 이리하여 완결형 구조를 이룬다.

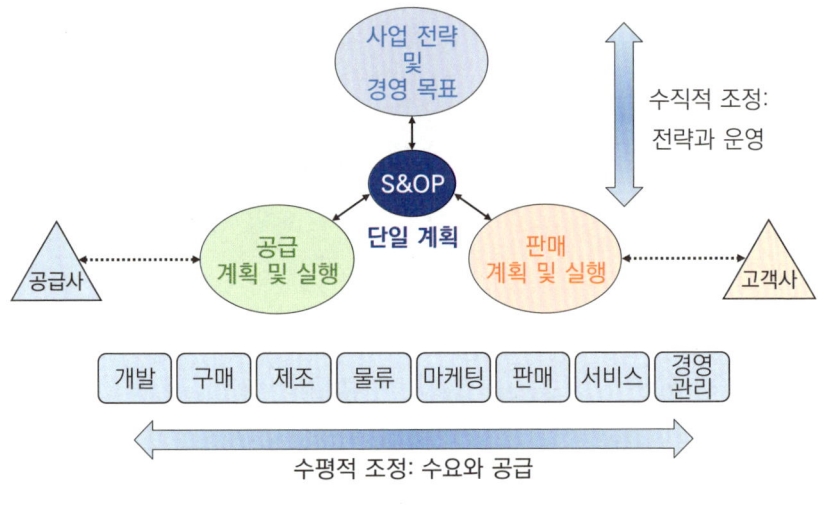

[그림: S&OP 개념]

이것이 S&OP(Sales and Operations Planning)다. S&OP는 [그림: S&OP 개념]에 나와 있듯이, 기업 전체의 경영 목표를 달성하기 위해 판매/공급 계획과 실행을 통합한 완결형 프로세스다. 간략히 말하면, **S&OP는 수요와 공급의 불일치를 해소하는 의사 결정 프로세스**다. 좀 자세히 표현하면, **S&OP는 경영 목표를 달성하기 위해 영업과 운영이 계획 수립과 변경에 합의하여 전체 최적화를 추구하는 의사 결정 프로세스**다.[314]

수평적 조정은 공급사에서 고객사에 이르기까지 공급망 전체를 물 흐르듯(seamlessly) 일관되게 연동시키는 것이다. 영어 seam은 솔기, 이음

---

314) 2000년대 초 삼성SDS가 삼성전자에서 수행한 '국내영업 수요관리 최적화' 프로젝트가 우리나라에서 'S&OP'라는 명칭을 내건 최초의 프로젝트였다. 당시 S&OP 파트를 담당했던 임익순 책임컨설턴트는 S&OP를 "기업의 목표인 수익 달성을 위해, 부문 최적화가 아닌 기업 전체 최적화 관점의 판매 목표 및 손익 달성을 위한 계획의 통합과 변경 사항에 대한 즉시 대응을 모색하는 완결형 프로세스"라고 했다.

매라는 뜻이다. 천을 이어 붙여 옷을 만들 때 이음매가 두툼하면 매무새가 곱지 않다. 마찬가지로 부서와 부서 사이, 조직과 조직 사이에 솔기가 없으면 마찰이 없어 업무 수행이 원활하다. 기업 내부의 개발, 구매, 제조, 물류, 마케팅, 판매, 서비스 등 각 부서의 최적화가 아니라 기업 전체의 최적화를 추구해야 한다. **영업**과 **마케팅**은 시장과 고객의 수요를 파악하고, **제조**는 수요에 맞출 수 있도록 생산하며, **구매**는 생산에 투입할 원부자재를 차질 없이 조달하고, **물류**는 계획대로 보관하고 운송하며, **개발**은 일정에 맞게 출시해야 한다.

수직적 조정은 상위 단위의 전략 및 계획과 하위 단위의 전략 및 계획을 일관되게 연동시키는 것이다. 전사의 경영 목표를 달성하도록 각 사업부의 사업 계획을 편성하고, 사업부의 계획을 달성하도록 사업부 산하 팀별/파트별 세부 계획을 수립한다. 중장기 사업 전략에 부합하도록 단기 운영 계획을 수립한다. 즉, 중장기, 연간, 분기, 월간, 주간, 일 단위 계획을 연동시킨다. 하향식 분할(top-down disaggregation)과 상향식 병합(bottom-up aggregation)을 능수능란하게 구사해야 한다.

9.2 S&OP 회의: 생판(生販)이냐 판생(販生)이냐

요즘은 S&OP라는 말을 널리 사용하지만 2000년대 초만 해도 우리나라에서는 S&OP라는 표현이 흔하지 않았다. 그렇다고 해서 당시에 S&OP 회의가 없었느냐? 그렇지 않다. 그때도 있었다. 그 시절에는 "우리나라에는 (1) 생판 회의를 하는 회사, (2) 판생 회의를 하는 회사, (3) 회의를 안 하는 회사의 세 종류가 있다"는 우스갯소리를 하곤 했었다. 생판 회의를 한다고 일컫던 회사는 전통적으로 생산의 목소리가 큰 회사들이었다. 판생 회의를 하는 곳은 판매, 즉 영업/마케팅의 입김이 센 회사들이었다. 회의를 안 하는 회사는 실제로 회의를 하지 않는다기보다 실적 점검 회의, 월간 경영 회의, 전략 마케팅 회의 등 다른 명칭의 회의체를 가진 회사들이다.

 S&OP 회의는 그 이름에서 알 수 있듯이 세일즈(sales)와 오퍼레이션즈(operations)가 모여 하는 회의다. **세일즈**는 영업, 마케팅 등 고객 접점의 판매 측 부서다. 그렇다면 **오퍼레이션**은 어떤 부서인가? 영어 오퍼레이션의 사전적인 의미는 운영, 활동이다. 기업의 오퍼레이션은 기업이 제대로 운영되도록 하는 활동을 의미한다. 회사를 움직이는 거의 대부분의 부서를 망라한다. S&OP의 오퍼레이션은 사내 많은 부서 중에서 영업, 마케팅 등 판매 측 부서를 제외한 나머지 부서를 뜻한다. 가장 대표적인 오퍼레이션 부서는 제조 부서로 협의의 오퍼레이션이다. 제조 부서 이외에도 구매, 물류, 개발 등 다양한 부서들이 오퍼레이션에 포함된다. 재무/회계, 인사, 법무 등의 부서도 오퍼레이션에 포함하는 경우가 많다. 이런 부서들은 대개 경영 관리나 경영 지원이라는 이름으로 따로 구분된다. 간접 부서라는 의미다. 직접적인 책임을 지우기 어렵다. 책임은 적고 권한은 크다.

9.2.1 S&OP 회의 안건

 S&OP 회의에서 무엇을 논의하는가? [그림: S&OP 회의 안건]에서 보듯이, S&OP 회의는 제품, 수요, 공급, 재무에 관한 내용을 다룬다. 또한 그때그때 상황에 따라 일부 안건이 추가되기도 한다.

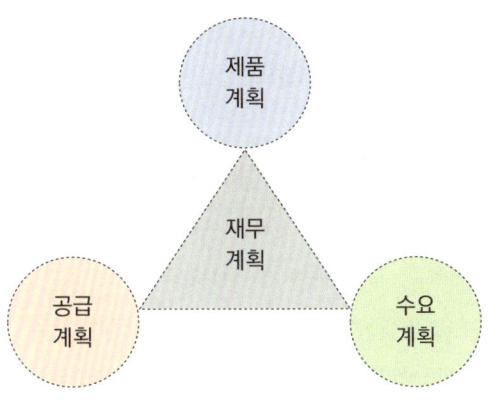

[그림: S&OP 회의 안건]

(1) **제품 계획 점검**: 신제품 출시 계획을 점검하고 일정대로 개발이 진행 중인지 점검한다. 차질이 있으면 원인을 파악하고 대책을 수립한다. 신제품 출시로 대체될 구제품과 기존 제품 중 팔림새가 둔화된 제품 등을 대상으로 단종할 제품을 선정하고 단종 계획을 수립한다.

(2) **수요 계획 점검**: 시장 수요와 영업의 판매 계획을 점검한다. 시장 수요가 증가하는지 감소하는 추세인지 살피고 경쟁사 동향 등을 파악한다. 지난번 회의 때 확정한 계획대로 판매되었는지 점검한다. 판매에 차질이 있다면 원인이 무엇인지 따지고 차질분을 만회하기 위한 대책을 논의한다.

(3) **공급 계획 점검**: 판매 계획을 만족시키기 위해 수립된 생산 및 공급 계획을 점검한다. 계획대로 생산되었는지, 차질이 있다면 원인을 파악하고 원인별 대책을 수립한다. 마찬가지로 원부자재도 계획대로 조달되었는지, 물류도 일정대로 운송되었는지 확인한다.

(4) **재무 계획 점검**: 생산/판매 계획을 바탕으로 추정된 재무 계획을 점검한다. 경영 계획대로 성과가 났는지 검토하고, 차질이 발생했거나

예상되는 경우에는 대책을 수립한다. 재무 계획 차질에 대한 대책을 논의하다 보면 앞의 제품 계획, 수요 계획, 공급 계획을 모두 조정해야 할 수도 있다.

재무 계획은 회사마다 부르는 명칭이 약간씩 다르다. 전사가 합의하고 최고경영진이 승인한 연간 매출, 원가, 손익, 투자, 인력 등에 대한 계획이 **경영 계획**이다. 향후 3~5년 또는 5~10년 뒤를 겨냥한 중장기 경영 계획을 세우는 기업도 많다. 연간 경영 계획을 (1) 시간별로는 분기, 월 또는 주 단위로 세분하고, (2) 상품별로는 제품이나 사업군별로 세분하고, (3) 조직별, 지역별로 잘게 나누어 관리한다. 이렇게 세분한 것을 **실행 계획**이라고 표현하기도 한다. 이렇게 합의하고 확정한 경영 계획보다 좀 더 도전적인 목표를 세워 **도전 계획**으로 따로 관리하기도 한다. 경영 계획을 달성하기 어려우면 **비상 계획**을 수립하기도 한다.

9.2.2 S&OP 회의 참석자

S&OP 회의에 누가 참석해야 하는가? S&OP 회의 참석자는 회의 안건에 따라 다르다. 주간 S&OP 참석자와 월간 또는 분기 단위 S&OP 회의 참석자는 상이하기 마련이다. **주간 S&OP** 회의 때는 **임원, 팀장, 실무자** 등이 주로 참석한다. **월간이나 분기 S&OP** 회의 때는 **CEO, CFO, CTO, CIO, 각 사업부장 또는 사업본부장 등 경영진**들이 참석한다. 채용 관련 안건이 있을 때는 **인사** 부서가 참석하고, 신제품 출시 관련 안건이 있을 때는 **개발** 부서와 **마케팅** 부서가 참석한다.

S&OP는 왜 중요한가? 개별 부서의 이익이 아니라 기업 전체의 이익을 극대화해야 하기 때문이다. 그러기 위해서는 이해당사자, 핵심 관계자들이

모두 모여 협의를 하고 최선의 결정을 내려야 한다. **S&OP는 CEO가 주관하고 CEO가 최종 의사 결정을 내려야 한다.** 주간 S&OP 회의에 CEO가 매주 참석하기는 쉽지 않다. **CEO는 월간과 분기 S&OP에 참석**하고, **주간 S&OP는 SCM 담당 임원이 주관**하도록 권한을 위임하는 경우가 흔하다. SCM 담당 임원이 주관하는 이유는 SCM 부서는 영업, 제조, 구매, 물류, 개발 등 개별 부서의 이해관계에 휘둘리지 않고 전사의 이익을 추구하기 때문이다. **SCM 부서는 CEO를 대리**하기 때문이다. **CEO는 SCM 조직과 담당 임원에게 충분한 권한을 부여**해야 한다.

여러 회사를 만나보면 S&OP 회의에 참석하지 않는 CEO를 가끔씩 보게 된다. 심각하다. 부서와 부서 간 이해가 충돌하는데 아무도 양보를 하지 않으면 회사 전체의 이익이 훼손될 수 있다. 각 부서의 다양한 의견을 듣고, 종합적인 판단을 하고, 이견을 조정하며, 최종 의사 결정을 할 사람은 CEO다.

9.2.3 주간 S&OP

주간 S&OP는 지난주 실적을 점검하고 향후 수행할 계획을 확정하는 S&OP 회의다. 앞에서 제품, 수요, 공급, 재무 계획을 S&OP 회의 안건으로 다룬다고 했다. 주간 S&OP는 매주 이 안건을 다룬다.

(1) **제품 계획**: 신제품 출시 준비는 계획대로 진척되는지 점검한다. 차질이 예견되거나 이미 발생했으면 만회 대책을 수립한다. 단종할 제품도 계획된 일정대로 단종 가능한지 점검하고 차질이 발생했으면 대응 방안을 수립한다. 다음 주, 담담 주 등 미래에 대한 제품 계획을 확정한다. 제품 관리를 꼼꼼하게 하지 않으면 단종할 제품

인데도 판매 계획 수량을 줄이지 않거나, 원자재 구매 발주를 내는 등 어처구니없는 일이 발생한다. 업종 특성에 따라 제품 출시나 단종이 몇 달에 한두 번 정도 발생하는 회사는 매주 제품 계획을 점검할 필요가 없다. 주간 S&OP가 아니라 월간 S&OP 때 다루는 게 좋다.

(2) **수요 계획**: 지난주 판매 계획 대비 판매 실적을 비교 분석한다. 어떤 제품은 계획보다 더 많이 팔았고, 다른 제품은 계획보다 덜 팔았다. 그 차이에 대한 원인을 찾는다. 판매 부진 제품에 대한 만회 대책을 수립하는 등 원인에 대한 대응 방안을 수립한다. 시장의 흐름과 경쟁사 동향도 분석한다. 필요하면 가격 할인, 행사 기획 등 마케팅 전략을 수립한다. 다음 주, 담담 주 등 미래 계획 수립 구간 전체에 대한 판매 계획을 확정한다.

(3) **공급 계획**: 지난주 S&OP 회의 때 확정했던 생산 계획 대비 생산 실적을 비교 분석한다. 조달 계획, 물류 계획 등에 대해서도 계획 대비 실적을 분석한다. 차이가 발생했으면 원인을 파악하고 만회 대책을 수립한다. 다음 주, 담담 주 등 미래 계획 수립 구간 전체에 대한 공급 계획을 확정한다.

(4) **재무 계획**: 유관 부서 의사 결정권자들이 모여 협의한 제품, 수요, 공급 계획이 회사 전체 재무 계획을 달성하는 데 부합하는지 검토한다. 모두가 합의한 이 계획이 전사 단일 계획이다. 이 단일 계획을 확정하고, 이 계획과 각 부문별로 해야 할 업무를 전사에 배포한다.

앞에서 강조했듯이 수요 계획과 공급 계획이 별개의 계획이 되면 안 되고 수요 측과 공급 측이 합의한 전사 **단일 계획**을 세워야 한다. 즉, "전사 단일 계획 = 수요 계획 = 공급 계획"이다. 재무 계획은 몇 개, 몇 박스, 몇 kg 등 수량 중심으로 표현된 전사 단일 계획을 금액 기준으로 변환한 것이다. 매출, 원가, 손익 관점에서 수립한 것이 재무 계획이다. 매주 재무 계획을 점검하기 쉽지 않은 경우, 주간 S&OP 때는 수량 중심의 수요 공급 계획을 다루고, 재무 계획은 월간 S&OP에서 다루기도 한다.

제품, 수요, 공급, 재무 각 영역에 대해 계획 대비 실적의 차이를 분석하고 대안을 수립하는 것은 모두 S&OP 회의를 시작하기 전에 준비해야 한다. **사전 S&OP**(pre-S&OP)다. S&OP 준비 활동이다. S&OP 회의를 하기 전에 미리 각 담당 부서별로 차질 파악, 원인 분석, 대응 방안 수립 작업을 수행한 다음, S&OP 회의 때는 관련 부서가 모두 모여 어떤 대응 방안을 누가 언제까지 실행할 것인지를 의사 결정한다.

주간 S&OP 회의는 매주 어떤 요일에 개최하는 게 좋을까? 회사마다 비즈니스 사이클이 다르므로 회사 특성에 맞게 정하면 된다. 수요일이나 목요일에 개최하는 회사가 많다. 월요일이나 화요일은 지난주 실적을 집계하고, 차질이 발생한 경우 그 원인을 분석하고 대응 방안을 준비하느라 바쁘다. 금요일은 다음 주에 실행할 계획을 확정하여 각 부서에 배포하느라 바쁘다. 그러니 수요일 또는 목요일이 주간 S&OP 회의를 하기 적당하다.

9.2.4 월간 S&OP

월간 S&OP는 매월 지난달 실적을 점검하고 향후 수행할 계획을 확정하는 S&OP 회의다. 다루는 안건은 주간 S&OP와 마찬가지로 제품 계획, 수요 계획, 공급 계획, 재무 계획이다. 다만 매주 다루는 게 아니고 한 달에 한 번씩 점검한다. 주간 S&OP 회의 때는 주로 개별 제품 수준에서 점검하지만, 월간 S&OP 회의 때는 대개 **제품군 단위**로 점검한다. **설비 증설**

등 상대적으로 큰 규모의 투자비가 필요한 안건은 주간 S&OP보다는 월간 S&OP 때 다루는 게 좋다.

월간 S&OP 때 몇 개월 구간을 다루는 게 적당할까? 계획 수립 구간과 같도록 정하면 된다. 미래 6개월 구간에 대해 생산 계획, 조달 계획, 판매 계획 등을 수립한다면 월간 S&OP도 6개월 구간을 다룬다. **도요타**처럼 판매 생산 계획을 12개월 혹은 18개월의 계획 기간에 대해 수요 예측을 실시하고 재고 및 중요 설비에 대한 의사 결정을 내리는 회사는 월간 S&OP 때 12개월이나 18개월 미래를 다루면 된다.[315] 주 단위 계획은 12~16주 구간, 월 단위 계획은 6~12개월, 분기 단위 또는 연 단위 계획은 2~5년 구간을 다루는 글로벌 회사들이 많다.

월간 S&OP는 매월 언제 수행하는 게 좋을까? 월초는 지난달 실적 집계하고 계획 대비 차질이 발생하면 원인을 분석하느라 바쁘다. 월말에는 영업 부서뿐만 아니라 대부분의 직원들이 계획을 달성하기 위해 정신없이 바쁘다. 두 번째 또는 세 번째 주가 월간 S&OP 회의를 하기 적당한 시기다.

월간 S&OP 회의를 개최하는 주에는 주간 S&OP 회의를 생략하는 경우가 많다. 예컨대 매주 목요일 주간 S&OP 회의를 하는 회사의 경우 매월 세 번째 목요일에 주간 S&OP는 생략하고 월간 S&OP 회의를 개최한다.

세 번째 월요일과 셋째 주 월요일은 다를 수 있다. 의사소통을 명확하게 해야 한다: 그렇지 않으면 혼선을 빚기 쉽다. 회사마다 나눠주는 업무 수첩에 달력이 있다. 달력에 주(週)를 표시한 회사가 많아졌다. 주 단위 운영을

---

315) 애년쓰 아이어, 스리다르 세샤드리, 로이 배셔, 토요타 SCM, 송상화 옮김, 푸른물고기, 2010, p.118

하는 회사는 주를 표시하게 마련이다. 이메일을 보낼 때도 "제36주 주간 S&OP 회의 공지" 등으로 소통을 한다.

9.3 실시간 시스템 활용하는 S&OP

실제 S&OP 회의에 참관해서 관찰해보면 대부분의 회사가 엑셀이나 파워포인트로 작성된 보고서를 보면서 논의를 한다. 좋은 습관이 아니다. 좋은 습관이 아닌 정도가 아니라 매우 나쁜 행태다. **정확하게 판단하고 올바르게 결정하려면 시스템에 있는 실제 데이터를 살펴봐야 한다.** 그 이유는 엑셀 또는 파워포인트에 표나 그래프로 예쁘게 표현된 것은 실제 데이터가 아니고 가공된 데이터일 가능성이 높기 때문이다. 직원이 나쁜 의도로 숫자를 조작했을 거라 의심해서가 아니다. 의도적으로 조작하는 직원이 있을 수도 있으나 흔치 않을 것이다. 그런 이유보다, 보고서 작성 중에 숫자를 잘못 옮겨 적는 실수가 있기 때문이다. 더욱 큰 이유는, **화려한 보고서에 현혹되어 진실을 보지 못하는 위험**이 있기 때문이다. 분칠한 데이터를 보고 잘못 판단하여 잘못된 의사 결정을 하지 않도록 주의해야 한다.

옮겨 적을 때 실수할 가능성과 의도적으로 조작할 수 있는 환경을 원천적으로 없애는 것이 경영자의 역할이다. **회의 중에 시스템에 접속해서 실제 데이터를 확인**한다면 영업이나 제조 등 현업의 실무 담당자가 숫자를 조작하기가 매우 어렵다. 거의 불가능하다. 시스템 전문가의 도움 없이는 아무것도 조작할 수 없다. 그 전문가조차도 숫자를 건드리면 시스템 내부에 흔적이 남는다. 누가 언제 무엇을 어떻게 건드렸는지 모든 기록이 로그 파일에 고스란히 보관된다. 실제 시스템에 접속해서 S&OP 회의를 진행하면 우선 "비는 피하고 보자"는 식의 숫자 조작이라는 달콤한 유혹을 차단할 수 있다.

시스템에 있는 숫자를 실시간으로 보면서 S&OP 회의를 진행해야 하는 이유는 훨씬 더 근본적인 데 있다. **시스템을 보지 않고 파워포인트로 작성된 보고서로 회의를 진행하면 보고서 작성자의 의도대로 회의가 흘러가게 된다.**

9.3.1 가상 예시: 시스템 없이 무슨 S&OP?

아이스크림 매출이 계획에 미달했다고 가정하자. 실무자가 판매 차질의 원인을 "비 오는 날이 많아 기온이 낮았기 때문"이라고 보고한다. 경영진도 지난주에 비가 많이 왔던 게 기억난다. "맞아. 지난주는 수요일인가 목요일 빼고는 매일 비가 왔었지. 주말에 등산갔다가 비 좀 맞았던 기억이 나네. 우중 등산이 나름 운치가 있지. 이제 비 좀 그만 내리고, 해가 쨍쨍 내리쬐어 기온이 올라가기를 기원하는 수 밖에." 라며 대책 없이 회의를 마칠 것인가? 경영 성과를 하늘 탓으로 돌리는 천수답(天水畓) 경영이다.

실제 시스템을 확인하면서 S&OP 회의를 하는 회사라면 어떨까? 원인 분석과 그에 대한 대책이 다를 것이다.

9.3.2 가상 예시: 시스템 활용 S&OP

판매가 부진한 원인이 낮은 기온 때문일 것이라는 담당자의 주장을 듣고 시스템에 접속하여 작년 동기 매출과 날씨를 확인한다. 작년에는 비가 더 많이 내렸고 온도가 더 낮았는데도 오히려 매출이 더 높았다. 그 얘기는 날씨 탓이 아니라는 뜻이다.

시스템을 통해 판매 실적을 제품별, 지역별, 요일별로 상세하게 들여다본다. 제품별로 살펴보니 아이스크림 전체 제품이 비슷한 양상을 보였다. 제품별 특이 사항은 없다는 걸 확인한다. 이어 지역별 판매 실적을 자세하게 살펴보니 내륙 지방은 차질이 없고 남해안과 제주 지역에 차질이 많이 발생했음을 파악한다. 요일별로는 목요일까지는 계획대로 판매했는데 금요일 이후 특히 주말에 차질이 심하게 발생했다는 것을 알게 된다.

비는 일주일 내내 내렸는데 차질은 왜 주말에 그것도 남해안과 제주 지역에만 발생했을까? 영업 부서에 질문한다. 답이 시원치 않으면 영남 지점장, 호남 지점장, 제주 지점장 등을 화상 전화로 연결하여 물어본다. 지점장들이 경쟁사가 1+1 행사를 했다고 대답한다.

이제 진짜 원인을 찾았다. 그러면 "개학식에 풀려고 준비했던 판촉비의 50%를 다음 주에 선(先)집행하라"는 식의 대책을 지시할 것이다.

경쟁사 동향 등 시장의 흐름을 시스템에 입력하는 회사도 많다. 삼성전자는 전 세계 영업 현장의 움직임을 시스템으로 관리한다. 마켓 인텔리전스 즉 시장의 생생한 현황을 시스템에 입력한다. 세계 각지의 치열한 전투 현장의 실제 움직임을 일일이 전화를 해서 물어보지 않고도 본사 S&OP 회의실에서 손금 보듯 상세하게 파악할 수 있다. 신속하고 정확한 판단에 바탕을 둔 올바른 전략을 수립할 수 있다.

파워포인트나 엑셀 등을 사용하지 말라는 것은 S&OP 회의 중에 이런 문서 작성 도구를 전혀 사용하지 말라는 의미가 아니다. 데이터를 확인하기 위해서는 문서 작성 도구가 아니라 실제 시스템을 들여다보라는 뜻이다. 실적을 확인하고 원인을 파악하는 것은 실제 시스템을 활용하고, 대응 전략을 수립하는 것은 파워포인트나 워드 등 실무 담당자가 선호하는 보고서 작성 도구를 사용하면 된다.

9.4 S&OP 체질화 노하우

S&OP 체계를 제대로 갖추지 않은 회사의 체질을 개선하기 위한 방법이 있다. 간단하다. **S&OP 회의 시간에** 담당자에게 **시스템에 접속**하라고 한다. 판매 실적, 자재 입고 현황, 재고 보유 현황 등을 조회하여 계획 대비 차이를 파악하고 차질 원인에 대해 질문한다.

초기에는 시스템의 숫자를 믿지 못하겠다는 이유 있는 반발도 많고, 시스템 사용이 익숙하지 않아 회의 진행 시간도 많이 걸릴 것이다. 화가 나도 꾹 참고 매주, 매월 계속하다 보면 사용법도 익숙해지고 데이터를 파악하고 원인을 분석하는 능력도 향상된다. 어느새 회사 전체 실력이 한 단계 올라간 것을 실감하게 될 것이다.

아직 시스템이 구비되지 않은 회사는 어떻게 할까? **IT 시스템부터 마련해야 한다.** 시스템 구축에 투자할 돈이 없다고? 돈이 없는 게 아니라 아깝기 때문일 것이다. 오늘날 시스템 없이 기업을 경영한다는 것은 내비게이션 없이 운전하는 것과 비슷하다. 자전거를 타고 산책을 갈 때나 자주 들르던 마트에 차를 끌고 갈 때는 내비게이션이 없어도 된다. 기업 경영은 한 번도 가보지 않은 길을 그것도 매우 빠른 속도로 달리는 일이다. 경영은 한두 달 뒤에 종착지에 도착하는 짧은 여행이 아니라 끝없이 먼 길을 가는 여행이다. 종착지가 없다. 기업은 경영자가 은퇴한 뒤에도 계속되어야 하는 법인이다. 자동차, 배, 비행기 모두 내비게이션이 없으면 무용지물인 것처럼 제대로 경영하려면 시스템부터 구축해야 한다. 돈 아끼려고 시스템 없이 경영하다가 돈이 줄줄 새는 것을 보지 못할 수도 있다. 이경배 박사는 "기업의 경쟁력은 시스템에서 나온다. (중략) 시스템 경영의 최종 목표는 공급망 관리"라고 단언한다.[316]

시스템 중에서도 기업 경영의 핵심 정보가 집중되는 ERP 시스템과 SCM에 필수적인 APS 시스템부터 구축한다. 회사 규모가 크지 않고 글로벌 사업도 거의 없다면 굳이 엄청난 성능의 고가 솔루션을 구축할 필요가 없다. 적당한 규모의 가벼운 솔루션을 도입하여 활용하다가 기업 규모가 커지면서 관리 포인트가 많아지고 운영 체계가 복잡해지면 좀 더 높은 사양의 솔루션으로 업그레이드하면 된다.

시스템만 구축한다고 다 끝난 게 아니다. 시스템에 있는 데이터가 항상 정확한 상태를 유지하도록 지속적으로 살펴야 한다. 특히 **기준 정보**를 항상 최신 상태로 고치지 않으면 시스템에 있는 데이터가 부정확하게 된다. 데이터가 정확하지 않으면 시스템을 믿지 못하는 불신 풍조가 팽배하게 된다. **살아 있는 생생한 데이터**가 아닌 **죽은 데이터**를 보고 판단하면 안 된다. 시스템에 있는 숫자가 맞지 않는데 무슨 경영을 운운하는가? S&OP 회의를 하는 것보다 먼저 시스템의 숫자를 맞추는 것이 급선무다. 내비게

---

316) 이경배, 비즈니스 디지털 레볼루션, 클라우드나인, 2023, pp.277-293

이션 시스템이 맞지 않는데 내비가 가리키는 길을 간다고? 말도 되지 않는다. 운전하기 전에 내비를 바꾸든가 내비가 정확한 길을 알려주도록 수리부터 해야 한다. 그리고 IT 시스템을 전담하는 조직을 두고 지속적으로 관리해야 한다.

처음부터 어려운 주제를 다루면 조기에 정착되기 어렵다. **초기에는 간단한 주제**를 다루며 임직원들이 S&OP 문화에 익숙해짐에 따라 **점차 어렵고 복잡한 주제**를 추가하는 게 좋다.

처음에는 2~3주, 2~3개월 미래의 **짧은 구간**을 다룬다. 실력이 늘어남에 따라 점차 6~8주, 12~16주, 4~6개월, 8~12개월 등으로 구간을 늘리는 게 바람직하다.

S&OP를 도입한 초기에는 전체 제품을 대상으로 하지 말고 **핵심 제품** 몇 개만 대상으로 시범 운영하는 것도 좋은 전략이다. 몇 개 제품에 대한 S&OP 회의 운영이 익숙해진 후 다른 제품으로 확산하면 초기 시행착오와 저항을 줄일 수 있다.

영어로 "Think big, start small"이라는 표현이 있다. '착안대국 착수소국(着眼大局 着手小局)'이라는 바둑 용어와 일맥상통한다. S&OP를 제대로 정착시키려면 **쉬운 것부터 시작해서 점차 어려운 것으로, 단기 구간부터 안정시키고 조금씩 먼 미래로, 적은 수의 제품부터 시작해서 제품 수를 늘리는 방향**으로 추진하는 게 좋다.

실력 있는 회사는 이상 상황을 대하는 직원들의 접근법이 다르다. 이제껏 겪어보지 못한 새로운 상황이 발생하면 "아직 프로세스가 갖추어지지 않았습니다. 언제까지 프로세스를 만들겠습니다"라고 답한다. 프로세스가 있긴 하나 치밀하지 않으면 "언제까지 프로세스를 보완하겠습니다"라고 답한다. 프로세스가 있는데도 따르지 않아서 문제가 발생한 경우에는 "프로세스를 따르도록 담당자를 재교육하겠습니다"라고 답한다. 필요하면 인사

조치를 하기도 한다.

9.4.1 사례: 삼성전자 S&OP

삼성전자의 조직 운영은 반도체, 핸드폰, TV, 컴퓨터, 냉장고 등 각 제품을 담당하는 사업부 체제를 근간으로 한다. GBM(Global Business Management) 체제라고 부르기도 했다. 각 사업부는 담당하는 제품에 대해 개발, 구매, 제조, 마케팅, 재무, 인사 등에 대해 막강한 권한을 가지고 마치 별개의 회사처럼 운영된다. 한편 판매는 권역별 총괄 체제로 운영된다. 예를 들어, 미국 시장에 대한 판매는 북미총괄이, 유럽 시장은 구주총괄이, 한국 시장은 한국총괄이 담당한다. 한국총괄은 과거에 국내영업사업부라고 불렸다.

우리나라에서 S&OP라는 이름을 걸고 본격적으로 S&OP 체계를 수립한 최초의 회사는 삼성전자다. 2000년대 초였다. S&OP에서 세일즈는 영업 총괄이 맡고, 오퍼레이션즈는 사업부가 담당했다. 당시 삼성전자는 글로벌 운영 회의와 생판 회의라는 이름으로 중요한 의사결정을 해오고 있었다. 글로벌 운영 회의는 TV, 컴퓨터, 냉장고 등 각 제품을 담당하는 사업부의 오퍼레이션 특히 제조 중심으로 운영되었다. 영업이 참여하지 않았다. 생판 회의는 그래도 영업이 참여하긴 했으나 주로 판매 부서의 실무자들이 참석했다. 두 회의 모두 각 제품을 담당하는 사업부의 내부 필요에 따라 자생적으로 발생한 것이었기에 체계적이지 않았고 때로 형식적으로 운영되기도 했다. 회의 주관 사업부장의 성향에 따라 회의 운영 수준의 편차가 컸다. 제대로 된 S&OP 체계를 도입할 필요가 생겼다.

삼성전자는 삼성SDS의 SCM사업단과 함께 S&OP 프로세스를 도입하기로 했다. S&OP 잘하기를 내로라하던 델, IBM, HP, 사라 리(Sara Lee) 등의 선진 방식을 연구했다. 델에서 수십 년간 실무를 담당했던 전문가를 한국으로 초빙하여 수 개월간 함께 근무하면서 삼성에 맞는 S&OP 프로세스 만들었다.

수요 관리를 **전담**하는 **조직**인 **DMT**(Demand Management Team)를 신설했다. DMT는 시장과 시황을 분석하고, 실적을 모니터링하고, 예측 기법을 개발하고, 전담 인력을 양성하는 등의 핵심 임무를 수행했다.

수요 예측 및 판매 계획을 수립하는 프로세스도 새로 정했다. 과거에는 경영 목표를 하달하고 그대로 달성하라는 식의 하향식이었다. 그것을 권역별 시황과 고객사 동향을 파악하여 예측하고 계획을 수립하는 상향식 방식으로 변경했다. 제품, 채널, 고객의 중요도에 따라 차별화된 프로세스를 도입했다. 예컨대 제품 중에 S급, A급 제품이나 신제품, 단종 제품, 행사 제품 등은 전문가가 직접 예측하고, B급이나 C급 제품은 IT 시스템을 활용하기로 정했다.

주간 S&OP 프로세스를 정립하고 주간 S&OP 회의 안건을 정형화했다.

(1) 지난주 S&OP 결과를 점검하는 것부터 시작한다.
(2) 판매 계획 대비 실적을 분석한다.
(3) 신제품 출시 일정과 단종 일정을 점검한다.
(4) 마케팅 전략을 협의한다.
(5) 생산 능력을 검토한다.
(6) 공급사 현황 및 자재 수급 현황을 점검한다.
(7) 핵심 고객의 대량 주문이나 긴급 주문에 대한 대응 방안을 논의

한다.
(8) 예측에 대한 공급 계획 부족 원인을 분석하고 대체 제품을 공급, 판매할 수 있는지 파악한다.
(9) 판매 계획을 확정한다.
(10) 확정한 계획에 맞게 생산 계획, 조달 계획, 물류 계획 등을 수정 반영한다.

월간 S&OP 프로세스를 정립하고 월간 S&OP 회의 안건을 정형화했다.
(1) 지난달 S&OP 결과를 점검하는 것부터 시작한다.
(2) 제품 개발 현황 및 단종 계획 진행 현황을 점검한다.
(3) 고객사 및 경쟁사 동향을 공유한다.
(4) 공급사 현황 및 자재 수급 현황을 점검한다.
(5) 판매/출하/생산/조달 계획 대비 실적을 분석하여 차질 원인을 파악하고 대책을 수립한다.
(6) 주요 이벤트를 확인하고 마케팅 전략을 검토한다.
(7) 판매/출하/생산/구매/재고 등 각종 계획을 확정한다.
(8) 판매 계획 정확도, 재고 수준, 서비스 레벨 등 핵심 지표를 점검한다.

신설한 DMT 조직 주도로 운영 인력의 역량을 강화하고 프로세스가 정착되도록 **매주 SCM Day**를 운영했다.

9.4.2 사례: 삼성코닝 S&OP

2005년 **삼성코닝**은 SCM 체계를 도입하고 시스템을 구축했다. 삼성SDS의 SCM사업단과 함께 현황을 분석하고 새로운 프로세스를 설계했다. S&OP는 파워포인트나 엑셀 대신 직접 시스템에 접속하여 회의를 진행하도록 했다. 대부분의 회사가 경영진 자리에 수십 장씩 출력한 보고서를 쌓아 두고 회의를 하던 당시로서는 매우 획기적인 방식이었다. 시스템을 통한 S&OP 회의 진행을 살펴보자.

(1) 지난주에 의사 결정했던 항목에 대해 각 담당자가 진척 사항을 입력한 것을 시스템으로 확인한다.

(2) 현금 전환 주기(cash-to-cash cycle time), 수요 예측 정확도, 확정 생산 계획 실행률 등 주요 지표를 살핀다. 차질이 있으면 원인과 대책에 대해 논의한다.

(3) 월 실행 계획 대비 실적을 파악하고 전망치를 확인한다.

(4) 시장 및 경쟁사 동향, 고객 요구 사항 등을 검토한다. 이 내용은 정형화된 화면 양식을 만들지 않고 영업 담당자들이 자유롭게 작성한 보고서를 S&OP 시스템에 업로드하게 했다.

(5) 예측에 대한 공급 계획 추이를 확인한다. 공급 계획이 부족하면 원인과 대책에 대해 논의하고 결정된 사항을 시스템에 등록한다.

(6) PSI(Production, Sales, Inventory) 추이를 점검한다. 장기 재고, 부진 재고 현황을 파악하고 대책을 수립한다.

(7) 자재 입고 현황을 파악한다.

(8) 단종 계획을 점검한다.

(9) 품질 이슈를 파악한다.

(10) 생산 및 출하 계획을 확정한다.
(11) S&OP 회의 결과를 시스템에 기록하고 의사 결정한 항목별로 챙겨야 할 담당자와 일정을 명시한다.

1조 클럽 도전하는 중견 기업을 위한
삼성 SCM 노하우   X

10. 기업간 협업 (CPFR)

10.1 갑을(甲乙) 관계
10.2 채찍 효과 (bullwhip effect)
10.3 CPFR

제10장
○ 공급망

10. 기업간 협업 (CPFR)

이제까지는 주로 회사 내부에서 의사 결정을 하는 주제를 다루었다. 이번에는 고객사나 공급사, 즉 회사 외부 경제 주체와 관련된 내용을 다루겠다. 기업간 협업, CPFR이다.[317] 구매자와 판매자 사이의 관계를 흔히 갑을 관계라고 한다.

10.1 갑을(甲乙) 관계

사는 쪽은 더 싸게 사려고 하고, 파는 쪽은 더 비싸게 팔고 싶다. 양측이 모두 자기 쪽에 유리한 조건을 고집하다 보니 거래가 마치 경쟁이나 전쟁

---

317) CPFR: Collaborative Planning, Forecasting and Replenishment, 두 회사가 계획을 세우고, 예측을 하고, 보충하는 일을 함께 하는 협업 체계

을 하는 듯하다. 대표적인 사례로 전자책을 둘러싼 아마존과 출판사들의 싸움을 들 수 있다.

10.1.1 사례: 아마존(Amazon) 대 맥밀란(Macmillan)

미국의 경우 출판사가 책을 서점에 판매할 때 정가의 50%를 받는 게 출판계의 관행이다. 가령 정가 26 달러인 책은 서점이 소비자에게 판매하는 가격이 26 달러이고, 서점이 출판사에 지급하는 매입 가격은 13 달러다. 출판사와 서점이 반씩 나누는 셈이다.

아마존 킨들 등 전자책 서비스가 출현했다. 처음에는 전자책의 수익 배분 비율에 관한 합의된 관행이 없었다. **아마존**은 출판사로부터 13 달러에 책을 사서 9.99 달러에 판매했다. 초기에 시장을 장악하기 위해 적자를 감수했다. 출판사들은 아마존이 책정한 가격이 너무 싸다고 불만이 많았다. 10 달러도 안 되는 가격 때문에 출판업계가 망할지도 모른다고 우려했다. 출판사들은 전자책 판매에 따른 수익 배분을 놓고 아마존과 분쟁을 벌였다.

미국의 출판사 **맥밀란**의 CEO인 존 싸르전트(John Sargent)는 2010년 1월 아마존과 협상하기 위해 뉴욕에서 시애틀로 날아갔다. 싸르전트는 아마존의 킨들 사업 담당자인 러스 그랜디네티(Russ Grandinetti) 부사장과 협상했다.

출판사를 대변하는 맥밀란의 싸르전트는

(1) 출판사가 판매자이고,

(2) 아마존은 중개인(agent)에 불과하며,

(3) 중개 수수료는 30%가 적당하다

고 주장했다. 아마존 입장은
 (1) 출판사는 공급자일 뿐이고,
 (2) 아마존이 판매자이며,
 (3) 판매 가격은 아마존이 결정한다
는 것이었다.

둘은 정면으로 충돌했고 협상은 결렬되었다. 그날 저녁 싸르전트가 아직 뉴욕에 도착하기도 전에 아마존은 맥밀란 출판사의 책에 대해 판매를 중지했다.[318]

며칠이 지나 아마존은 맥밀란 출판사의 전자책을 다시 판매하기 시작했다. 이 일은 많은 사람이 아마존 같은 "거대한 플랫폼의 엄청난 힘"에 대해 실감하는 계기가 되었다.[319]

우리나라에서도 거대 제조 회사와 거대 유통 회사간 주도권 다툼을 볼 수 있다.

10.1.2 사례: 햇반 대첩 - 쿠팡 대 CJ제일제당[320]

2022년 **CJ제일제당**의 햇반은 즉석밥 시장의 70%를 점유하고 있고, 햇반 전체 판매량 중 30%가 **쿠팡**을 통해 판매되고 있었다. 2022년 11월부터 유통업의 공룡 쿠팡과 식품 제조업의 공룡 CJ제일제당

---

318) Ken Auletta, Publish or Perish, The New Yorker, 2010.04.19
319) 니코 멜레, 거대 권력의 종말, 이은경, 유지연 옮김, 알에이치코리아, 2013, p.158
320) 박재영, 임형준, 쿠팡과 CJ 맞붙은 햇반대첩 '왜 싸우는거죠?', 매일경제, 2022.12.17

이 한판 싸움을 벌였다. 햇반 등 인기 제품에 대한 납품 단가에 이견이 있었기 때문이다. CJ제일제당은 더 비싸게 팔고 싶고, 쿠팡은 더 싸게 사고 싶어 한다.

   2023년도 납품 단가를 협상하는 과정에서 두 공룡은 정면으로 충돌했다. 소비자들은 쿠팡에서 CJ제일제당의 햇반과 비비고 등 일부 제품을 구입하기 어려워졌다. 쿠팡이 직매입하지 않기로 결정한 것인지, CJ제일제당이 판매하지 않기로 결정한 것인지 분명하지 않다.

   CJ제일제당은 "쿠팡이 햇반을 너무 싸게 납품받으려고 한다. 이 가격에 납품하면 남는 게 없다. 그래서 내년엔 돈을 더 달라고 요구했더니 쿠팡 측이 일방적으로 올해 거래까지 끊어버렸다"고 주장했다. 반면 쿠팡은 "올해 거래를 끊은 건 내년 납품 조건과는 무관하다. 최근 CJ제일제당이 상품을 제대로 납품하지 않아 거래를 중단했다. CJ제일제당이 약속했던 납품량의 50~60%만 보내왔다"는 입장이다.

   햇반 대첩은 해를 두 번 넘기고 2024년 8월에야 멈추었다.[321]

딱 한 번만 거래하고 다시 만나지 않을 관계라면 각자 자기에게 불리한 정보를 숨기고 상대방의 굴복을 강요하는 등 샅바 싸움을 치열하게 할 수도 있다. 고객사나 공급사와 관계는 대부분 일회성 거래가 아니고 몇 달, 몇 년 또는 그 이상 지속되어야 한다. 감추고 숨기고 싸우는 경쟁 관계보다 드러내고 밝히고 도와주는 협력 관계가 더 바람직하다.

---

321) 김세린, "드디어 햇반 풀렸다"…CJ제일제당-쿠팡, 로켓배송 직거래 '재개' [종합], 한국경제, 2023.08.14, https://www.hankyung.com/article/202408142173g

10.2 채찍 효과 (bullwhip effect)

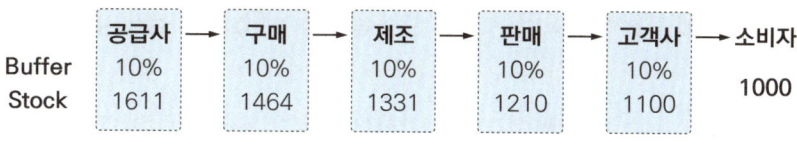

[그림: 버퍼][322]

위 [그림: 버퍼]는 공급망에 있는 경제 주체가 불확실한 수요에 대응하는 모습을 보여준다. 소비자의 수요는 1,000 개다. 그 소비자에게 판매하는 유통 고객사는 수요에 대해 1,000 개의 재고를 준비한다. 1,000 개만으로는 약간 불안하다. 추가 수요가 있더라도 대응할 수 있게 버퍼로 10%인 100 개를 더 확보하기로 한다. 일종의 안전 재고인 셈이다. 이제 고객사는 1,100 개를 필요로 한다. 회사 내부 판매, 제조, 구매 부서도 각자 10% 버퍼를 원한다. 그러니 1,464 개를 만들 만큼의 원자재를 구입하기로 한다. 공급사는 버퍼 10%를 포함 1,611 개를 만들 만큼 충분한 양을 준비한다.

이 공급망이 매우 정상적으로 작동한다고 가정하자. 즉 예측한 대로 작동하여 소비자가 1,000 개를 구입한다. 고객사에는 완제품 재고 100 개가 남는다. 판매 부서의 완제품 창고에는 재고 110 개가 남는다. 제조 라인에는 반제품 재고 121 개가 깔려 있다. 구매 부서는 자재 창고에 사용되지 않은 원자재가 133 개 남는다. 공급사는 팔리지 않은 자재 146 개를 떠안게 된다. 공급망 전체에 깔린 거품을 다 더하면 611 개 분량에 해당

---

[322] 서병교, 울산대 자동차선박기술대학원 특강 – 수요관리 Best Practices, 2005.04.15

한다. 소비자가 원하는 건 1,000 개인데 거품이 611 개나 된다. 공급망이 예측한 대로 정상 작동하는 경우에도 이 정도로 비효율적이다. 만약 예측했던 것과 달리 이번 주에 소비자가 500 개만 구입하면 어떻게 될까? 총 1,111 개에 해당하는 거품이 공급망에 깔리게 된다. 동맥 경화다.

[그림: 채찍 효과]

공급망의 제일 하류에 있는 소비자의 수요가 1,000 개에서 1,100 개로 증가한다고 가정하자. 이 약간의 변동이 판매, 제조, 구매, 공급사로 전달되면서 변동폭이 커진다. 공급사의 경우 1,611 개에서 1,772 개로 늘어난다. 줄어드는 것도 마찬가지로 하류의 변동폭이 작아도 상류로 올라감에 따라 진폭이 커진다. [그림: 채찍 효과]에서 보듯이, 공급망 하류의 작은 변동이 상류로 올라가면서 변동이 증폭되는 현상이 **채찍 효과(bullwhip effect)**다. 채찍을 흔들거나 휘두를 때 손잡이를 조금만 움직여도 채찍 끝은 크게 요동치는 것을 본 따 붙인 이름이다.

공급망 상류로 갈수록 수요량이 출렁거리는 변동폭이 커지고, 공급망 하류로 갈수록 변동폭은 작으나 출렁거리는 클락(clock) 속도가 빨라진다. 공급망의 단계가 증가할수록 변동성 증폭과 클락 속도 증폭은 더욱 심해진다.[323] 채찍 효과의 가장 근본적인 원인은 '**정보의 비대칭성**'이다. 공급망에

---

323) Charles H. Fine, Clockspeed: Winning Industry Control in the Age of Temporary Advantage, Perseus Books, 1998, pp.89-104

있는 경제 주체들끼리 정보를 공유한다면 채찍 효과를 줄일 수 있다.

[그림: 회사 내부 동기화]를 보자. 구매, 제조, 판매는 모두 같은 회사 내부 부서인데 이들이 서로를 믿지 못해 각자 버퍼를 가져가면 회사 내부에 거품이 이중 삼중으로 끼게 된다. 비효율적이다. 회사 내부 조직끼리 정보를 공유하고 동기화된 계획을 수립하면 거품을 걷어낼 수 있다. 앞의 [그림: 버퍼]에서 판매는 1,210 개를 팔겠다고 계획하고, 제조는 1,331 개를 만들겠다고 계획하며, 구매는 1,464 개를 만들 만큼의 자재를 확보하겠다는 계획을 세웠다.

판매와 제조와 구매가 S&OP 회의 등을 통해 정보를 공유하면 판매 계획도 1,210 개, 생산 계획도 1,210 개, 조달 계획도 1,210 개로 계획을 동기화한다. 이렇게 하면 회사 내부의 비효율적인 낭비 요소를 제거할 뿐만 아니라 공급사에도 좀 더 정확한 신호를 전달할 수 있다. 회사 내부 계획 동기화를 통해 동일한 공급망의 거품을 611 개에서 331 개로 거의 절반으로 줄일 수 있다. 앞에서 강조했던 전사 단일 계획(single plan)의 효과다.

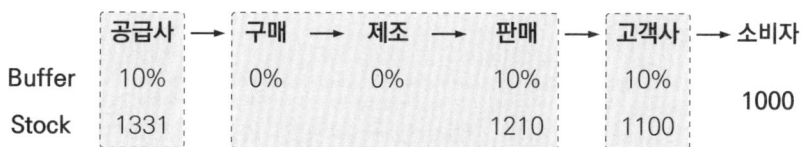

[그림: 회사 내부 동기화][324]

회사 내부 정보 공유를 통해 확인한 효과를 공급망 하류와 상류로 확대 적용해보자. [그림: 동기화된 공급망]은 회사 내부 부서끼리만 정보를 공유

---

324) 서병교, 울산대 자동차선박기술대학원 특강 – 수요관리 Best Practices, 2005.04.15

하는 게 아니고 회사와 회사 간에도 정보가 공유되는 걸 나타낸다. 우리 회사, 고객사, 공급사가 정보를 공유하고 계획을 동기화하면 각자 따로 버퍼를 보유할 필요가 없다. 공급망 전체에 100 개의 버퍼만 있어도 최종 수요 1,000 개에 대비할 수 있다.

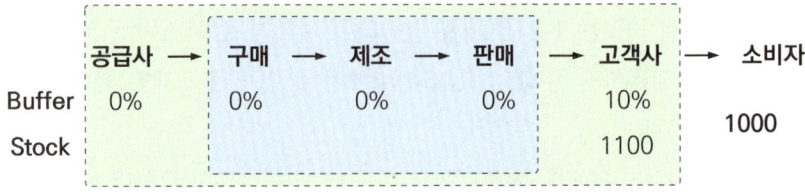

[그림: 동기화된 공급망][325]

10.3 CPFR

10.3.1 CPFR 개념

고스톱은 세 사람이 서로 상대방의 돈을 많이 따려고 경쟁하는 게임이다. 전형적인 제로섬(zero-sum) 게임이다. 각자 자신이 더 좋은 패를 가지려 하고 상대방이 좋은 패를 차지하지 못하도록 경쟁한다. 구매, 제조, 판매 부서가 제로섬 게임을 하듯 머리 터지게 싸우는 걸 용인하는 경영자가 있을까? 마찬가지로 공급망의 공급사, 제조사, 고객사가 고스톱 치듯이

---

325) 서병교, 울산대 자동차선박기술대학원 특강 – 수요관리 Best Practices, 2005.04.15

서로 자기 정보를 감추고 상대방이 좋은 성과를 내지 못하게 방해한다면 이 공급망은 효율이 떨어진다. 금방 망할 것이다.

고스톱의 목표를 돈이 아니라 점수로 바꾸면 어떨까? 세 사람의 점수 합계만큼 세 사람 모두에게 동일한 상을 주는 걸로 바꿔보자. 점수가 제일 높은 선수가 독식하는 게 아니고 세 사람 모두 많은 점수를 얻어야 한다. 이렇게 목표를 바꾸면 '갑'은 광을 원하고, '을'은 청단과 홍단을 노리고, '병'은 피를 모아 점수를 얻겠다고 서로 알려주고, 상대가 원하는 패를 밀어주는 식으로 게임 방식이 바뀔 것이다. 손안에 든 패를 감추기는커녕 바닥에 펼쳐서 상대방에게 다 보여 주고 서로 상의하며 게임을 할 것이다. 짜고 치는 고스톱이다.

이렇게 작동하도록 하는 것이 CPFR이다. **CPFR(Collaborative Planning, Forecasting and Replenishment)**은 공급망 참여자들이 정보를 공유하고, 공동으로 계획하고 실행하는 협업 체계다. 글자 그대로 공급망의 판매자와 구매자가 함께 계획(planning)하고, 함께 예측(forecasting)하고, 함께 보충(replenishment)한다. CPFR에 대해 본격적으로 파고 들기 전에, 먼저 몇 가지 핵심 개념을 살펴보자.

[그림: sell-in, sell-out]

[그림: sell-in, sell-out]은 판매자(S)와 구매자(B) 사이의 거래와 구매자와 고객(C) 사이의 거래 관계를 보여준다. 오른쪽 B와 C 사이의 거래를 보자. B는 C에게 판매한다. 이것이 **셀아웃(sell-out)**이다. 왼쪽 판매자와

구매자 사이의 거래를 살펴보자. S는 B에게 팔고 B는 S로부터 산다. 이것을 B가 C에게 판매하는 셀아웃과 구분하기 위해 **셀인(sell-in)**이라고 표현한다. 셀인은 주문(order)으로 표현한다. B는 S로부터 몇 개를 사겠다는 구매 주문(purchase order)을 낸다. S는 B에게 몇 개를 팔겠다는 세일즈 오더(sales order)를 발행한다.

그 판매가 그 판매지, 셀인과 셀아웃을 굳이 나누는 이유는 무엇일까? 셀인은 고스톱 판 내부(in) 선수들끼리 사고파는(sell) 거래다. 셀아웃은 선수들끼리가 아니라 고스톱 판 바깥(out)에 파는(sell) 것이다. 셀인은 짜고 치는 고스톱이고 일종의 약속 대련인데, 셀아웃은 진검 대결이다. 완전히 다르다. 그러므로 셀인과 셀아웃을 구분한다.

판매자 S와 구매자 B 둘은 직접 거래를 하므로 자기들끼리 언제 몇 개를 팔고 사는지 잘 안다. B가 고객에게 몇 개를 팔았는지, B에게 남아 있는 재고는 얼마나 되는지를 S는 모른다. 궁금한 S는 B에게 몇 개 팔았냐고 묻게 된다. 이 셀아웃 정보를 **실판매 데이터**라든가 **POS**(Point of Sales)라고 부른다. 짜고 치는 고스톱이 되려면 B는 실제 판매한 수량과 재고로 남아 있는 수량을 S에게 알려줘야 한다. 셀아웃, 재고, 판매 예측, 주문 예측 정보가 4대 유통 정보다. CPFR 체계를 원활하게 가동하기 위한 필수 정보다.

[그림: sell-in, sell-through, sell-out]

[그림: sell-in, sell-through, sell-out]은 공급사 S와 소비자 C 사이

에 두 단계가 있는 경우를 나타낸다. 공급사 S가 제조 회사 M에게 파는 셀인과 유통 회사 R이 소비자 C에게 파는 셀아웃은 앞의 그림과 마찬가지다. 제조 회사 M이 유통 회사 R에게 파는 것을 **셀쓰루**(sell-through)라고 부르기도 한다. 셀인, 셀쓰루, 셀아웃 모두 공급사 S 관점에서 부르는 표현이다. 제조 회사 M이라면 유통 회사 R에게 판매하는 것을 셀쓰루가 아니라 셀인이라고 부를 것이다.

10.3.2 VICS 표준 9단계

CPFR은 공급망의 효율을 높이기 위해 1995년 월마트가 처음 시작했다. 1998년 VICS 위원회가 표준 프로세스를 정했다.[326] 이 표준 프로세스를 [그림: VICS 표준 9단계]에 일목요연하게 표현했다. 판매자와 구매자가 함께 계획하고, 함께 예측하고, 함께 보충하는 9단계에 대해 좀 더 자세하게 알아보자.

(1) **착수 협정** (develop front end agreement)
상거래 당사자인 구매자와 판매자가 CPFR 체계를 적용하기로 합의하는 단계다. 통상 두 회사의 대표가 만나서 사진을 찍고 보도 자료를 배포하곤 한다.

(2) **공동 사업 계획** (create joint business plan)
구매자의 사업 전략과 판매자의 사업 전략을 확인하고 양사의 이익을 높이기 위한 공동 사업 전략을 세운다. 양사는 CPFR 체계를 통해 얻고자 하

---

326) VICS: Voluntary Inter-Industry Commerce Standards, Wikipedia, https://en.wikipedia.org/wiki/Collaborative_planning,_forecasting,_and_replenishment

는 효과를 명확하게 하고, 그것을 달성하기 위해 어떤 정보를 언제 어떻게 공유하고, 어떠한 합의 절차를 가질지 세부적인 운영 프로세스를 정한다.

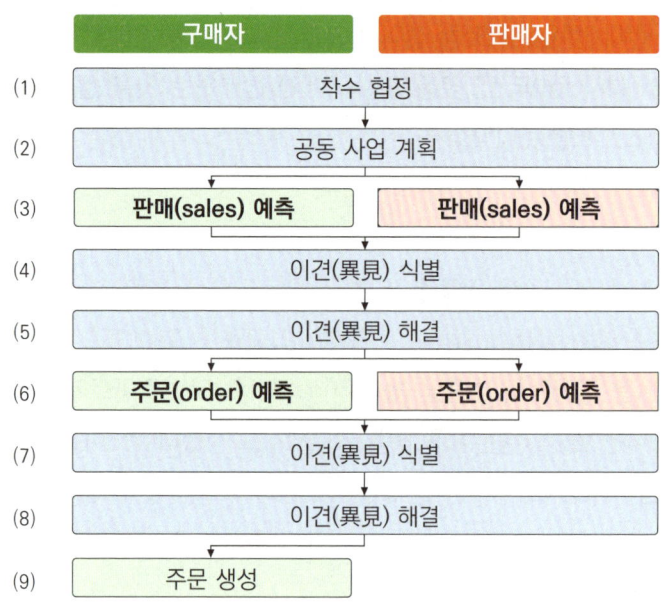

[그림: VICS 표준 9단계]

(3) **판매 예측** (create sales forecast)

구매자와 판매자가 각각 판매 예측치를 생성한다. 이때의 판매 예측은 앞의 [그림: sell-in, sell-out]에서 셀아웃이다. 구매자는 자신이 얼마나 팔 수 있을지 예측하고, 판매자도 구매자의 실판매를 예측한다.

(4) **판매 예측 이견 식별** (identify exceptions for sales forecast)

셀아웃에 대한 구매자의 예측과 판매자의 예측에 차이가 있는지 확인한다. 예측치 차이가 일정 범위를 벗어나는 예외적인 품목을 가려낸다.

(5) **판매 예측 이견 해결** (resolve/collaborate on sales forecast exception)

예외적인 품목에 대해 판매자와 구매자는 협의를 통해 이견(異見)을 해소한다.

(6) **주문 예측** (create order forecast)

구매자와 판매자가 각각 주문 예측치를 생성한다. 이때의 주문 예측은 앞의 [그림: sell-in, sell-out]에서 셀인이다. 구매자는 자신이 판매자에게 구매 발주할 수량을 예측한다. 판매자는 자신이 구매자에게 팔고 싶은 수량을 예측한다.

(7) **주문 예측 이견 식별** (identify exceptions for order forecast)

셀인에 대한 구매자와 판매자의 예측치에 차이가 있는지 파악한다. 미리 정한 기준보다 큰 차이를 보이는 예외적인 품목을 가려낸다.

(8) **주문 예측 이견 해결** (resolve/collaborate on exception items)

예외적인 품목에 대해 판매자와 구매자는 협의를 통해 이견을 해소한다.

(9) **주문 생성** (order generation)

구매자와 판매자가 합의한 셀인 수량만큼 구매자는 판매자에게 구매 발주하고, 판매자도 제때에 납품되도록 한다.

9단계 중 판매 예측에 대한 이견과 주문 예측에 대한 이견을 어떻게 해소하는지 간단한 예시를 보자.

이견은 대개 시시각각 변하는 시장의 경쟁 환경과 이에 대응하기 위한 구매자의 영업 전략에 기인한다. 예컨대 평소 500 박스 정도 판매하던 품목이 있다. 판매자는 평소처럼 셀아웃을 500 박스로 예측할 것이다. 만약 구매자의 예측치가 400 박스라면 판매자는 의아하게 생각하고 질문을 할 것이다. 구매자는 경쟁사가 대규모 행사를 기획하고 있기 때문이라고 설명한다. 공격적인 판촉 행사 계획을 들어보니 판매가 위축될 것이 확실하므로 판매자도 판매 예측치를 400 박스로 줄인다.

판매 예측과 주문 예측에 대한 이견이 판매자의 공급 상황 때문에 발생하기도 한다. 평소 500 박스씩 꾸준히 공급하다가 갑자기 판매자가 주문 예측을 300 박스로 줄인다. 구매자는 당황하며 왜 그런지 묻는다. 판매자가 구매자에게 2번 생산 라인의 설비에 이상이 발생하여 생산 물량이 줄어든다고 설명한다. 구매자는 300 박스로는 수요를 감당할 수 없고 잘못하면 유통 채널이 이탈할 수도 있다고 물량을 더 늘려 달라고 요청한다. 상황이 심각하다고 판단한 판매자는 다른 거래처로 보낼 물량을 대폭 줄이는 대신 이 구매자에게 450 박스를 할당하기로 한다.

10.3.3 사례: 삼성전자 CPFR

삼성전자는 미국 가전 전문 유통 회사인 **베스트 바이**(Best Buy)와 CPFR 체계를 도입했다. TV 제품에 대해 적용해 큰 성과를 거두었다. 이 성과로 삼성전자와 베스트 바이는 2005년 5월 VICS로부터 상거래 상호 협력상을 수상했다. 삼성전자는 삼성SDS가 구축한 시스템을 통한 CPFR 체계로 고객사의 물품을 신속히 파악해 수요 예측 정확도를 20% 높이고 납기를 5% 단축하고 유통 재고도 15% 줄이는 효과를 거뒀다.[327]

이어서 2007년에는 통신 회사인 **보다폰**과 핸드폰에 대해서도 CPFR 체계를 도입했다.[328] 나중에는 같은 삼성그룹 계열사인 **삼성전기**와 CPFR 체계를 가동하기도 했다.[329]

---

327) 김희정, 삼성電, 美 상거래표준協 상호협력賞, 머니투데이, 2005.05.26
328) 서한, 삼성전자 '獨 보다폰'과 손잡았다, 전자신문, 2007.05.28
329) 유효정, [CIOBIZ+] Cover Story- 협업 SCM의 '꽃' CPFR, 전자신문, 2010.04.05

VICS가 권고한 9단계 표준을 항상 그대로 따라야 하는 것은 아니다. 판매자와 구매자의 여건과 거래 환경에 따라 일부 프로세스를 변형할 수 있다. 예를 들어, 판매자인 삼성전자와 구매자인 독일 통신 회사 보다폰은 2007년 CPFR 도입 당시 판매 예측은 보다폰만 수행하고, 주문 예측은 삼성전자가 담당하는 것으로 협의했다.[330]

짜고 치는 고스톱과 담합은 완전히 다르다. 같은 공급망에 속한 개별 회사인 갑, 을, 병은 서로 경쟁하는 것이 아니다. 이들은 서로 협력하는 공생 관계다. 이들 갑, 을, 병은 또 다른 공급망에 속한 A, B, C 회사와 경쟁한다. **개별 회사 간의 경쟁이라기보다 공급망 대 공급망의 경쟁**이다.

10.3.4 사례: 삼성전자 2차 공급사 협업

삼성전자는 자재나 부품이 언제 얼마나 필요할지 주 단위로 예측한다. 매주 미래 약 16주 구간에 대해 자재 소요량을 예측한다. 이 소요량 예측치를 사전에 공급사에 제공하여 공급사가 생산 계획을 수립하는 데 참조하도록 한다. 전형적인 공급사 협업 방식이다. 공급사는 삼성전자가 언제 얼마나 납품 요청을 할지 사전에 미리 알게 되므로 삼성전자가 필요로 하는 수량을 제때 공급하지 못하는 리스크를 줄일 수 있다.

2차 공급사는 1차 공급사로부터 정보를 제공받지 못하면 깜깜이 생산을 해야 한다. 1차 공급사가 2차 공급사에 매주 미래 16주 구간에

---

[330] 이보형, 홍두준, 김형태, CPFR 협업을 통한 수요-공급 불균형 완화, Samsung SDS Journal of IT Services, Vol. 4, No. 2, 2007, pp.187-201

대한 소요 예측치를 제공하는 경우는 드물다. IT 시스템에 많은 투자를 할 수 없기 때문이다. 삼성전자는 2차 공급사에도 예측치를 제공하여 2차 공급사가 생산 계획을 수립하는 데 이용하도록 한다. 2차 공급사로부터 발생하는 리스크를 줄이기 위함이다.

2차 공급사와 협업하는 것은 쉽지 않다. 기술적으로 어려워서라기보다 관리 항목이 많기 때문이다. 더군다나 1차 공급사와 2차 공급사의 관계를 잘 파악해서 1차 공급사가 동의하는 경우에만 2차 공급사에 예측치를 제공한다. 1차 공급사가 다수의 2차 공급사에 물량을 배분하는 경우에는 1차 공급사가 배분율을 정하고 그 배분율대로 나눈 예측치를 2차 공급사에 제공한다.

2차 공급사는 자신의 '고객의 고객'인 삼성전자가 보내주는 예측치가 확정된 물량인 것으로 오해할 소지가 크다. 이런 오해를 피하기 위해 2차 공급사에 제공하는 부품의 예측 물량 정보는 원활한 자재 수급을 위한 예시에 불과하므로 이에 대해 삼성전자가 책임을 지지 않는다는 점을 명시하고 있다.

10.3.5 CPFR의 잠재적 위험

동기화된 공급망은 공급망 참여자의 경쟁력을 높이는 장점을 지니고 있다. 동기화된 공급망은 이런 장점과 함께 심각한 위험 요인도 잉태하고 있다. 공급망에 있는 경제 주체 중 어느 한 회사라도 이상 상황이 발생하면 그 공급망 전체에 심각한 영향을 미칠 수 있다. 앞의 [그림: 동기화된 공급망]처럼 공급망에 버퍼가 없이 빡빡하게 동조화된(tightly coupled) 경우 한 회사에 발생한 문제 때문에 그 공급망 전체가 마비될 수도 있다. 완충 기능이 없기 때문이다.

   CPFR 체계를 도입할 때 이런 위험에 대해 충분히 대비하여 운영 프로세스를 설계하는 게 바람직하다.

11. 기준 정보 관리 (Master Data Management)

11.1 용어 통일

11.2 측정 단위 (UOM: Unit of Measure)

11.3 기준 정보 종류

11.4 코드(code) 체계

11.5 기준 정보 관리 (MDM: Master Data Management)

11.6 기준 정보 지속성

제11장 · 공급망

11. 기준 정보 관리 (Master Data Management)

　조선 시대에 암행어사가 되면 왕으로부터 상자 하나를 받았다. 상자 안에는 봉서, 사목, 마패, 유척이 들어 있었다. 봉서(封書)는 암행어사에 임명한다는 임명장이다. 사목(事目)은 파견 지역과 암행어사로서 수행해야 할 임무를 명시한 업무 지침서다. 마패(馬牌)는 역참에서 역졸과 역마를 징발할 수 있는 증빙이다.

　유척(鍮尺)은 놋쇠로 만든 표준 자다. 관아에서 세금을 걷을 때 되나 자를 사용하는데, 탐관오리들이 눈금을 속이는지 판단하기 위한 준거로 이 유척을 사용했다. [사진: 유척]은 1740년 영조 때 만든 사각 유척이다. 현존하는 유일한 유물로 국립고궁박물관에 있다.

11. 기준 정보 관리 (Master Data Management)

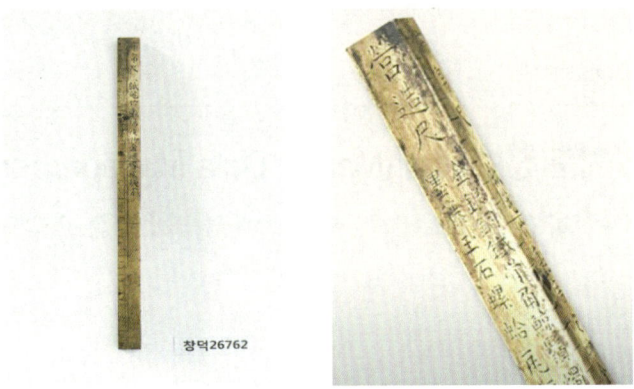

[사진: 유척][331) 332)]

도량형은 길이, 부피, 무게를 재는 표준이다. 도(度)는 길이를 재는 자, 양(量)은 부피를 재는 되, 형(衡)은 무게를 재는 저울이다. 진시황은 춘추전국시대를 통일하고 먼저 도량형을 통일했다. 통일하기 전에는 나라마다 지방마다 도량형이 달랐다. 화폐도 달랐고 문자도 달랐다. 문자, 도량형, 화폐는 국가의 근간이 되는 기준 정보이므로 시급히 통일해야 했다.

11.1 용어 통일

창업한 지 얼마 되지 않은 소규모 회사는 의사소통이 어렵지 않다. 창업

---

331) 문화재청, 국립고궁박물관, 이달의 추천 유물로 〈사각유척〉 소개, 2021.06.30, https://www.cha.go.kr/newsBbz/FileDown.do?id=TVRrNU1qYz0=
332) 문화재청, 국립고궁박물관 큐레이터 추천 7월의 왕실 유물 – 사각유척(四角鍮尺, Brass Ruler), 2021.06.30, https://www.youtube.com/watch?v=iE4eTw8OIZE

초기부터 임직원들이 시시콜콜한 것까지 모두 논의해서 결정하고 같은 경험을 공유해 왔기 때문일 것이다. 회사 규모가 커지고 외부에서 채용하는 사람이 많아지면 의사소통에 문제가 생길 수 있다. 서로 사용하는 용어가 다르고 경험치가 다르기 때문이다. 혁신 활동을 시작할 때 제일 먼저 하는 일이 용어의 통일이다. 삼성그룹 이건희 전 회장은 통일된 용어를 사용하는 것을 매우 강조했다. 아래는 그가 한 말을 그대로 인용한 것이다.

11.1.1 인용: 이건희 회장 용어 통일 철학[333]

"나는 평소 임직원들에게 조직 내에서 사용하는 용어를 가급적 통일시키고 조직의 철학과 가치관이 함축돼 있는 독특한 용어를 개발하라고 말해오고 있다. 조직 내 언어인 용어는 경영 활동의 실행 수단이 될 뿐 아니라 그 조직의 질적 수준을 가늠케 한다고 보기 때문이다. 조직 내 용어를 통일하는 것은 개성을 무시하는 획일화와는 다른 차원이다. 용어를 통일하면 이심전심으로 뜻이 통하게 돼 **의사소통에 드는 비용과 시간을 줄이고 오해를 막을 수 있을 뿐 아니라 조직의 비전과 경영 방침에 대한 공감대를 쉽게 형성해 나갈 수 있다**. 내 자신도 신경영을 추진하면서 직원들이 신경영에 대해 쉽게 이해할 수 있도록 비유와 예화 중심의 새로운 용어를 만들어내느라 고심했다. 용어는 시대 변화를 리드하고 때로는 한 사회나 조직의 철학을 대변하기도 한다.

고객 만족의 대명사처럼 인식되는 **월트 디즈니**에서는 독특한 자신

---

[333] 허문명, 경제사상가 이건희, 동아일보사, 2021, pp.225-226

> 만의 용어를 사용하고 있다. 그들은 종업원들을 (쇼) 출연진이라는 뜻인 캐스트 멤버(Cast Member)라고 칭함으로써 엔터테인먼트 산업에 종사하는 직원들에게 회사가 기대하는 바를 분명하게 나타내고 있다. 고객에 대해서는 집에 초대한 손님이라는 뜻의 게스트(Guest)라는 표현을 쓰고 있다. 회사 내 문서 작성을 할 때 이 단어가 문장 어디에 위치하든 반드시 대문자 G를 쓰도록 의무화함으로써 고객의 중요성을 조직 내에 확산시켰다. 나는 이 두 가지 용어가 오늘날의 월트 디즈니를 만들어낸 비장의 무기가 아닌가 생각한다."

장황하게 설명하는 대신 간단한 표현으로 빠르고 명확하게 의사소통하기 위해 삼성은 용어를 통일하고 필요하면 새로운 용어를 만들었다. 예를 들면, 업의 개념, 구매 예술화, 상생, 디자인 경영, 소프트 파워, 메기론 등이 있다. 협력업체라는 표현도 하청업체 대신 사용하라고 이건희 전 회장이 지시했다.[334]

11.2 측정 단위 (UOM: Unit of Measure)

기준 정보에서 매우 중요한 것이 **측정 단위**다. 측정 단위의 혼선으로 에어 캐나다 여객기가 불시착한 적이 있다.

---

334) 허문명, 앞의 책, pp.303-304

11.2.1 사례: 에어 캐나다 여객기 불시착 사고[335]

1983년 7월 23일 **에어 캐나다**의 여객기가 불시착했다. 이 비행기는, [그림: 에어 캐나다 여객기 불시착]에 표시되어 있듯이, 캐나다 동부 몬트리올에서 오타와를 거쳐 서부 에드먼튼으로 날아가던 중이었다.

[그림: 에어 캐나다 여객기 불시착]

레드 레이크 호수 상공을 비행하던 중에 좌측 엔진 연료 압력에 문제가 있다는 알람이 울렸다. 잠시 뒤 우측 엔진에도 같은 문제가 생겼다. 피어슨(Robert Pearson) 기장은 신속하게 가까운 위니펙 공항으로 기수를 돌리고 고도를 낮췄다. 몇 초 뒤 엔진 두 개가 모두 멎었다. 고도 4만 5,000 피트 (약 10,700 미터) 상공에서 무동력 상태가 되었다.

---

335) Wikipedia, https://en.wikipedia.org/wiki/Gimli_Glider

부기장 퀸털(Maurice Quintal)이 공항까지 거리와 고도를 계산했다. 그는 위니펙 공항보다 좀 더 가까운 김리(Gimli)에 있는 왕립 캐나다 공군 기지로 가자고 제안했다. 퀸털은 한때 이 공군 기지에서 근무한 적이 있었기 때문에 위니펙 공항보다 김리 공군 기지가 더 안전하다고 판단했다. 하지만 그곳은 더 이상 공군 기지가 아니었다. 한동안 비행 훈련소로 사용되다가 자동차 경주 공원으로 바뀌었던 걸 몰랐다. 더군다나 하필 그날은 스포츠카 경주를 하는 날이어서 사람도 많았고 자동차도 많았다.

이제 엔진이 모두 꺼진 여객기를 안전하게 착륙시키는 일만 남았다. 무동력 착륙은 마치 행글라이더나 패러글라이더를 조종하는 것과 같다. 다행히 로버트 피어슨 기장은 글라이더를 조종한 경험이 풍부했다. 다만 대형 여객기로 글라이딩을 해본 적은 없었다는 게 문제였다. 여러 차례 고비를 넘기고 비행기가 착륙했다. 엔진이 멎은 지 17분만이었다. 다행히 61명의 승객은 무사했다. 자동차 경주 공원에 있던 사람들도 무사했다. 운이 좋았다.

사고 조사 위원회가 꾸려졌다. 좌우 엔진이 모두 꺼졌던 이유는 엔진 고장 때문이 아니었다. 연료가 고갈되었기 때문이었다. 연료통에 구멍이 생겨 연료가 샌 것도 아니었다. 연료를 너무 많이 소모한 것도 아니었다. 연료를 덜 넣었기 때문이었다. 어떻게 이런 어처구니없는 일이 생겼을까?

비행 계획서를 보니 22,300 kg의 연료가 필요했다. 보잉 767의 연료 계량 센서는 고장이 잦았다. 그날도 센서가 작동하지 않아 조종간 계기판의 연료 게이지가 먹통이었다. 연료 탱크에 계측봉을 집어넣어 확인하니 연료가 7,682 리터 남아 있었다. 필요한 연료량(질량)이 22,300 kg이고, 탱크에 남아 있는 연료량(부피)이 7,682 리터이므로, 22,300 kg을 부피로 환산한 다음 7,682 리터를 빼면 추가로 주입할 연료량을 계산할 수 있다. 아주 간단한 산수다. 질량을 밀도 0.803 kg/L로 나누면 부피다.
(1) 22,300 kg ÷ 0.803 kg/L = 27,771 L (운항에 필요한 연료)
(2) 27,771 L − 7,682 L = 20,089 L　　(추가로 주입해야 할 연료)
연료 탱크에 20,089 리터를 더 주입했으면 아무 문제가 없었을 것이다.

　1983년 당시 캐나다는 항공 운행 측정 단위를 기존의 야드 파운드 방식에서 미터법으로 변경하는 과도기에 있었다. 에어 캐나다의 기존 항공기는 모두 야드 파운드 방식이었기에 조종사와 엔지니어들은 모두 항공유 밀도를 1 리터당 1.77 파운드, 즉 1.77 lb/L로 알고 있었다. 밀도 1.77 lb/L는 0.803 kg/L와 동일하다. 단지 파운드 단위 기준인지 킬로그램 단위 기준인지의 차이다.

　작업자들은 밀도 1.77을 사용하여 아래 계산식으로 추가로 주입해야 할 연료를 산출했다.
(1) 7,682 L × 1.77 lb/L= 13,597 lb　　(탱크에 남아 있는 연료)
(2) 22,300 kg − 13,597 lb = 8,703 lb (추가로 주입해야 할 연료)
(3) 8,703 lb ÷ 1.77 lb/L = 4,917 L　　(추가로 주입해야 할 연료)
　위 두번째 식에서 22,300 kg을 먼저 49,163 파운드로 환산했더라면, 추가로 주입해야 할 연료를 정확하게 계산했을 것이다. 킬로그램과 파운드를 섞어 쓰는 바람에 4,917 리터라고 잘못 계산했다. 항공유 2만여 리터를 추가 주입해야 하는데 약 5천 리터밖에 안 넣었다. 그러니 비행기가 날아 가다가 중간에서 연료가 고갈될 수 밖에.

측정 단위의 혼선으로 발생했던 에어 캐나다 여객기 불시착 사건은 운이 좋아 잘 수습되었다. 운이 좋지 않은 사건도 있었다.

11.2.2 사례: 화성 기후 위성 실종 사고[336]

1999년 9월 23일 화성 기후 위성이 화성 궤도에 진입하던 중에 통신이 끊어졌다. 실종되었다. 당초 계획된 최적 궤도는 화성 상공 226 km (약 140 마일) 지점이었다. 나중에 계산을 해 보니 실제로는 57 km (약 35 마일) 상공으로 진입했던 것으로 추정된다. 고도가 너무 낮아 대기와 마찰로 위성이 파괴되었을 것이다. 위성이 버틸 수 있는 최저 고도는 80 km였다.

왜 고도 차이가 이렇게 컸을까? 거리를 측정하는 척도 차이 때문이다. **NASA**가 제작한 시스템은 국제단위계에 따라 미터를 사용했다. **록히드 마틴**이 제작한 소프트웨어는 미국 관용 단위인 마일을 사용했다. 당연히 제대로 소통이 되지 않았다.

사고 전에 적어도 두 명의 전문가가 이론적인 고도와 실제 고도 사이의 격차를 감지했다. 그들은 곧바로 문제가 있다고 보고했으나, 관리자들이 묵살했다. 그들의 보고가 보고서 작성 규칙을 따르지 않았기 때문이었다. 당시 기준으로 3억 2,760만 달러가 사라졌다.

이런 문제가 있는데도 미국은 왜 미터법을 사용하지 않고 있을까? 미국의 고속도로는 마일 단위를 쓴다. 속도도 시간당 킬로미터(km/h)가 아니

---

336) Wikipedia, https://en.wikipedia.org/wiki/Mars_Climate_Orbiter

라 시간당 마일(mph)로 측정한다.

11.2.3 미국 고속 도로 체계

오늘날 미국의 주간(州間) 고속도로 체계는 1956년 아이젠하워 대통령이 서명한 「연방 지원 고속도로 법」에 근거한다.[337] 고속도로에 번호를 붙이는 것도 규칙이 있다. 남북으로 달리는 도로는 홀수, 동서로 달리는 도로는 짝수 번호를 부여한다. 홀수 도로는 제일 서쪽에 5번 고속도로라는 뜻의 I-5(Interstate 5)가 있고, 동쪽으로 가며 I-15, I-25, I-35 이런 식으로 증가해서 제일 동쪽에 I-95가 있다. 짝수 도로는 제일 남쪽에 10번 고속도로인 I-10이 있고, 북쪽으로 올라가면서 I-20, I-30 이런 식으로 제일 북쪽에 I-90이 있다.

고속도로 출구에 번호를 붙이는 규칙도 있다. 도로 기점에서 그 출구까지의 거리를 출구 번호로 사용한다. 예를 들어, I-65는 65번 고속도로인데 앨라배마주 남쪽 멕시코만에 접한 모빌 시에서 출발하여 북쪽으로 테네시주와 켄터키주를 지나 인디애나주 북쪽 도시 개리 시까지 이어진다. 가령 인디애나폴리스 시에서 웨스트 라피엣 시에 있는 퍼듀대학교로 가려면 65번 고속도로를 타고 북쪽으로 가다가 172번 출구로 나가야 한다. 이 출구가 172번인 이유는 이 출구의 위치가 I-65의 기점인 모빌 시에서부터 172 마일 되는 지점에 있기 때문이다. 만약 이 출구를 놓치면 그다음 출구인 175번 출구로 나가면 된다.

---

337) Wikipedia, https://en.wikipedia.org/wiki/Federal-Aid_Highway_Act_of_1956

172번 출구 바로 다음 출구가 175번인 이유는 그 출구가 I-65의 기점인 모빌 시에서부터 175 마일 떨어진 곳이기 때문이다.

딴생각하다가 출구 놓치지 말라고 도로 옆에 큰 간판을 세우고 출구까지 남은 거리를 알려준다. 예컨대 "172번 출구까지 2 마일" 남았다는 간판이 있다. 조금 더 가면 "172번 출구까지 1 마일" 남았다는 간판이 나온다.

자, 이제 미국이 마일 체계를 미터 체계로 바꾼다고 가정해보자. 우선 출구 번호를 다 바꿔야 한다. 가령 172번 출구는 172 마일을 킬로미터로 환산하면 276.8 km이므로 277번 출구로 고쳐야 하고, 175번 출구는 175 마일이 281.6 km이므로 282번 출구로 고쳐야 한다. 전국의 모든 도로의 출구 번호를 다 바꿔야 한다. 만만찮은 일이다.

출구 번호뿐만 아니라 출구까지 남은 거리를 알려주는 간판도 다 바꿔야 한다. "172번 출구까지 2 마일" 남았다는 간판은 "277번 출구까지 3.2 km" 남았다고 페인트칠을 다시 해야 한다. 또 "172번 출구까지 1 마일" 남았다는 간판은 "277번 출구까지 1.6 km" 남았다고 바꿔야 한다. 그런데 3.2 km, 1.6 km라고 표기하는 것은 매우 어색하다. 출구까지 3 km, 2 km, 1 km 남았다는 식으로 표기하는 게 바람직하다. 그러자니 출구 전 1.6 km (1 마일) 지점에 있는 간판을 뽑아서 출구 전 1 km 지점으로 옮겨야 한다. 마찬가지로 3.2 km (2 마일) 지점에 있는 간판은 3 km 지점으로 200 미터 옮겨야 한다. 미국의 도로에 있는 모든 간판의 위치를 다 옮겨야 한다.

천문학적 예산을 투입하지 않으면 미터법으로 바꾸기 쉽지 않다. 엄두가 나지 않을 텐데 과연 바꾸고 싶을까? 언젠가 바꾸긴 바꿔야 한다면 하루라도 빨리 바꾸는 게 낫다. 시간이 흐르면 흐를수록 변경에 따른 비용은 점점 더 늘어날 것이기 때문이다 세계 대부분의 국가는 미터법에 따른 국제단위계를 사용하고 있다. 영국이나 캐나다는 공식적으로는 국제단위계를 따르지만, 아직도 제국단위계인 야드와 파운드 등을 사용하는 관행이 광범위하게 남아 있다.

미국도 국제단위계를 인정하지 않거나 부정하는 게 아니다. 미국도 공식적으로는 국제단위계를 채택했다.[338] 1890년 국제 도량형 총회에서 승인한 미터 표준기와 킬로그램 표준기 사본을 받았다. 이후 1893년 "국제 미터 원기와 킬로그램 원기를 기본 표준으로 삼고, (중략) 미터와 킬로그램을 관습 단위인 야드와 파운드의 기준으로 삼는다"고 선언했다.[339] 1975년에는 「미터법 전환 법」까지 제정하여 미국의 무역과 상거래에서 미터법을 우선적으로 사용하도록 명시했다.[340] 단지 오랜 기간 동안 관행적으로 사용해온 미국 관용 단위를 버리거나 금지하지 못하고 있을 뿐이다. 미국도 독립 초기에 미터법을 표준으로 채택할 뻔했다.

11.2.4 미국 미터법 채택 시도[341]

1789년 7월 프랑스 혁명이 발발했다. 1790년 프랑스 국민회의는 도량형을 통일하고자 했다. 그 당시 프랑스에서 사용된 도량형의 단위는 무려 800 개나 되었다.[342] 1791년 프랑스 과학아카데미가 제안한

---

338) Wikipedia, https://en.wikipedia.org/wiki/International_System_of_Units
339) 강태원, 구자용, 박병천, 박창용, 이동훈, 이승미, 최재혁, 눈금 위에 놓인 세계: 측정과학자들이 들려주는 일곱 가지 기본단위 이야기, 필로소픽, 2022, p.92
340) Wikipedia, https://usma.org/laws-and-bills/metric-conversion-act-of-1975
341) 강태원 등, 앞의 책, p.90-91
342) 강태원 등, 앞의 책, p.57

대로 혁명 정부는 1793년 북극과 적도 사이 자오선 길이의 1,000만 분의 1을 1 미터로 정하는 미터법을 제정했다.

미국도 독립 초기에 도량형 개혁안을 만들려고 했다. 당시 초대 국무장관인 토머스 제퍼슨은 프랑스에 미터 표준기와 킬로그램 표준기를 보내 달라고 요청했다.[343]

1794년 1월 프랑스의 식물학자인 조제프 동베(Joseph Dombey)는 구리로 만든 1 미터 표준기와 1 킬로그램 표준기를 들고 프랑스에서 범선을 타고 미국으로 향했다. 대서양을 건널 때 폭풍을 만나 표류하다가 카리브 해 섬나라 과들루프에 도착했다. 과들루프는 당시 프랑스 식민지였고, 왕당파였던 총독은 동베를 체포했다. 총독은 나중에 동베가 공화파가 아닌 것을 확인하고 그를 석방했다.

동베는 배를 타고 다시 미국을 향해 출항했다. 불운이 겹쳤다. 이번에는 사략선(私掠船)에 나포되었다. 사략선은 정부로부터 타국의 배를 노략질할 수 있는 면허를 받은 민간 무장 함선이다. 일종의 합법적인 해적들이다. 이들은 동베가 탄 배와 배에 실은 화물을 빼앗고 사람들을 감금한 후 몸값을 요구했다. 건강이 악화된 동베는 1794년 5월에 사망하고 말았다.[344] 미터 표준기와 킬로그램 표준기는 다른 화물과 함께 팔렸다. 이때 팔렸던 표준기는 20세기 중반이 되어서야 미국 정부 손에 들어갔다. 미국은 미터법을 채택할 시기를 놓쳤다.

역사에서 가정을 하는 것은 무의미하다지만, 동베가 탄 배가 폭풍을 만나지 않고 곧바로 미국에 도착했거나 사략선에 나포되지 않았더라

---

343) 제퍼슨은 1785년부터 1789년까지 프랑스 주재 미국 공사로 근무했다. 1790년부터 1793년까지 초대 국무장관을 역임했고, 나중에 미국의 제 3대 대통령이 되었다. Wikipedia, https://en.wikipedia.org/wiki/Thomas_Jefferson
344) Wikipedia, https://en.wikipedia.org/wiki/Joseph_Dombey

면, 미국은 지금 미터법을 쓰고 있을까?

11.3 기준 정보 종류

기준 정보를 명확하게 정비하지 않으면 회사를 제대로 경영할 수 없다. 어떤 것을 기준 정보로 관리해야 하는가? 제조 업종에서 중요하게 관리하는 기준 정보로는 여섯 가지가 있다.

(1) 제품(product)
(2) 고객(customer)
(3) 공급사(vendor, supplier)
(4) 자재/원료(material)
(5) BOM(Bill of Material)
(6) 설비(facility)

이중에서 5 개를 골라 흔히 5대 기준 정보라고 한다. 중요하게 관리하는 기준 정보가 업종별로 다를 수 있다. 제조 회사는 BOM이나 설비를 매우 중요하게 다루지만, 유통이나 서비스 업종에서는 크게 신경 쓰지 않는다.

기준 정보 정비 활동을 한 적이 없거나, 했더라도 오래전에 정비한 이후 지속적으로 관리하지 않은 회사가 많다. 동일한 고객사를 여러 가지 이름과 코드로 등록하는 것을 왕왕 보게 된다. 시스템에 고객사를, 예를 들어, POSCO, 포스코, (주)포스코, 포항제철, 포항종합제철, 포철 등 여러 이름으로 등록하는 경우다. 중구난방이다. 이렇게 등록되어 있으면 이 고객사에 대한 매출, 손익, 채권 분석 등을 시스템을 통해 쉽게 할 수 없다. 일단 유사한 이름의 정보를 엑셀로 다운로드한 다음 하나씩 확인하며 집계를 해야 한다. 수작업인 셈이다. 시스템을 구축한다고 쏟아부은 돈이 아깝다.

몇 년 전에 단종했던 제품이 여전히 살아 있는 경우도 있다. BOM을 현행화하지 않은 경우도 많다. 공급사로 등록된 회사를 실사해보면 2년 전에 폐업한 회사도 있다. 그 폐업한 회사로 최근에도 원료비가 지급되고 있는 황당한 경우를 보기도 한다. 많은 회사가 겪고 있는 문제다.

국제 거래를 하는 회사는 환율 정보도 매우 중요한 기준 정보다. 원료/재료를 외국에서 구매하거나 완제품을 외국으로 판매하는 경우에는 환율의 추이를 매일 주시한다. 환율 정보를 제대로 관리하지 않으면 심각한 문제가 발생한다.

11.3.1 사례: 환율 기준 정보

환율은 통상 상대 화폐 1 단위에 대응하는 원화 가격으로 표기한다. 미국 달러(USD) 환율이 1,300.00이라는 뜻은 미화 1 달러가 원화로 1,300 원이라는 의미다. 유로(EUR) 환율 1,416.74는 1 유로에 1,416.74 원이라는 의미다. 이 환율은 매우 중요한 기준 정보로 매일 시스템에 기록해둔다.

예외가 있다. 일본 엔(JPY), 베트남 동(VND), 인도네시아 루피아(IDR) 환율은 상대 화폐 1 단위가 아니라 100 단위에 대응하는 원화 표기다. 예컨대 일본 엔 환율이 900.50이라는 말은 100 엔이 900 원 50 전이라는 뜻이다. 1 엔은 9.005 원이다.

회사의 핵심 시스템인 ERP 시스템의 환율 정보 표에는 예를 들어 다음과 같이 기록된다.

외 화	환 율
USD (미국 달러)	1,300.00
EUR (유럽 유로)	1,416.74
JPY (일본 엔)	900.50
VND (베트남 동)	5.49
IDR (인도네시아 루피아)	8.69

평소에는 이런 걸 세세하게 알지 못해도 별 문제가 없으나 ERP를 업그레이드할 때는 조심스럽게 접근해야 한다.

어떤 회사에서 ERP를 업그레이드할 때였다. 담당자들에게 외화 중에 1 단위가 아니라 엔화처럼 100 단위에 대한 환율이 있으니 데이터를 이관할 때 조심해야 한다고 강조했다. S전자 등 다른 회사도 비슷한 실수를 한 적이 있었다는 사례를 들며 이른바 실수로부터 얻은 교훈(lessons learned)을 공유했다.

그랬는데도 나중에 데이터를 이관하다가 엔화를 100 단위가 아니라 1 단위로 환산하는 바람에 대규모 오류가 발생했다. 예컨대 1억 엔을 900억 5,000만 원으로 환산했다. 오류다. 9억 50만 원이 올바른 금액이다. 재작업을 할 수밖에 없었다.

11.4 코드(code) 체계

코드 체계도 중요하다. 코드에 규칙성을 부여하여, 코드만 보면 쉽게 속성을 알 수 있게 할 수도 있다.

11.4.1 사례: VF 제품 코드 체계

앞에서 언급했던 세계적인 의류 회사 **VF**의 제품 코드는 'PT10BK-32-34' 형식이다. 'PT'는 바지(pants)를 의미하고, '10'은 바지 스타일을 나타내며, 'BK'는 색상이 검은색(black)이라는 뜻이다. '32'는 허리 사이즈가 32 인치이고, '34'는 길이가 34 인치라는 것을 나타낸다. 동일한 스타일의 바지인데 갈색(brown)이고, 허리가 34 인치, 길이가 32 인치라면 제품 코드는 'PT10BN-34-32'가 된다.

과거에는 코드 체계에 이런 식의 규칙성을 부여하는 것이 당연한 관행이었다. 요즘은 IT 시스템이 잘 발달하여 굳이 코드를 보고 속성을 판단하지 않아도 된다. 컴퓨터 시스템으로 코드와 그 코드에 해당하는 속성 정보를 확인할 수 있다. 작업 현장에서도 바코드나 QR 코드를 인식하면 현장 모니터나 PDA, 스마트폰 등으로 속성 정보를 쉽게 확인할 수 있다. 그래서 요즘은 제품 번호를 그냥 임의의 순자로 표기하기도 한다. 가령 '121224027'처럼 제품 번호를 표현하면 번호만 보고는 무슨 제품인지 알기 어렵다. 그렇지만 시스템을 통해 이 제품이 무엇인지 상세한 정보를 쉽게 파악할 수 있다.

1970~80년대까지만 해도 중요한 친인척이나 친한 친구 집 전화번호를 외우고 다녔다. 그 외 전화번호는 별도로 수첩에 적어 다녔다. 전화번호도 외우기 쉽도록 지역번호를 빼고 나면 두세 자리 국번과 네 자리 번호로 구성되었다. 요즘 수첩에 전화번호를 적어서 들고 다니는 사람이 몇 명이나 있을까? 핸드폰을 사용한 이후에는 더이상 전화번호를 외울 필요가 없어졌다.

우편번호도 이제 더이상 외울 필요가 없게 되었다. 우리나라 우편번호에 해당하는 것이 미국의 ZIP 코드다. ZIP 코드는 1963년부터 사용되기 시작했다. 초기에는 다섯 자리 숫자를 사용하다가 좀 더 세분해야 할 필요가 있는 곳에는 다섯 자리에 네 자리 숫자를 추가해서 사용하기 시작했다.[345] 예컨대 미국 텍사스(Texas) 주 달라스(Dallas) 시청의 ZIP 코드는 75201 이다. 주소나 우편 번호를 보완하는 지리적 코드 체계로 유명한 것이 왓쓰리워즈(what3words)다.

11.4.2 사례: what3words 지리적 코드 체계

왓쓰리워즈(what3words)는 지리적 코드 체계를 제안한 스타트업이다.[346] 지구 표면을 가로 세로 각 3 미터의 정사각형으로 나누고 각 사각형에 세 개의 단어를 할당한다. 그 세 단어가 그 정사각형에 해당하는 주소인 셈이다. 예를 들어, 미국 텍사스 주에 있는 달라스 시청은 '///sample.buns.slime'으로 표현된다. 세 개의 영어 단어 'sample', 'buns', 'slime'으로 가로 세로 각 3 미터 격자의 위치를 지정한다. 지구 표면을 가로 3 m × 세로 3 m의 격자로 나누다 보니 총 57조 개의 격자가 생긴다. 이 57조 개의 격자에 세 개의 단어를 할당하려면 약 4만 개의 단어가 필요하다.

이 회사는 2013년 영국에서 출범했다. 처음에는 세 단어를 만들 때 영어만 사용했으나 지금은 약 50 개 언어로 표현할 수 있다. 가령 서울시청에 해당하는 세 단어는 영어로는 '///dabbing.labels.race'인데, 한글로는 '///지우개.요청.주방'이다.

---

345) Wikipedia, https://en.wikipedia.org/wiki/ZIP_Code
346) Wikipedia, https://en.wikipedia.org/wiki/What3words

> 도로명 주소는 도로가 없거나 도로에서 멀리 떨어진 곳에 적용하기 어렵다. 더군다나 주위에 바위, 나무, 개울 따위의 랜드마크가 없는 곳은 정확한 위치를 알려주기 어렵다. 이럴 때 왓쓰리워즈를 활용하면 정확한 위치로 배달을 요청할 수 있다. 예를 들어 한강 뚝섬유원지 캠핑장에서 치킨을 주문할 때 '///주장.손수건.사회'로 배달을 요청하면 오차 범위 3 미터 이내의 정확한 위치로 배송받을 수 있다. 치킨을 배달하는 라이더가 캠핑장에 도착하고도 정확한 위치를 몰라, 주문한 사람에게 전화해서 어디로 찾아가야 하는지 물어볼 필요가 없다.

우리나라도 **국가지점번호**라는 유사한 체계가 있다. 이것은 가로 세로 10 미터 격자를 사용하고, 각 격자를 한글 문자 2 개와 아라비아 숫자 8 자리로 나타낸다.[347] 가령 지리산 성삼재 휴게소 위치는 '라마 0096 0117'이다. 있긴 있는데 널리 활용되지 않으니, 있다고 해야 하나 없다고 해야 하나? 최근에는 건물 내부, 지하 상가 및 입체 교차로 등 삼차원 입체 주소에 대한 연구가 많다.

11.5 기준 정보 관리 (MDM: Master Data Management)

기준 정보 관리의 핵심 요소는 관리 체계, 표준 체계, 기준 정보, IT 인프라다.

---

347) 위키백과, https://ko.wikipedia.org/wiki/국가지점번호

(1) 기준 정보 관리 체계: 업무 프로세스, 기준 정보 관리 원칙 및 규정, 조직 및 담당자별 역할 분담을 명확하게 규정한다. 기준 정보 항목별 생성, 변경, 삭제에 이르는 생애 주기 관리에 대한 표준을 수립한다.
(2) 기준 정보 표준 체계: 각 기준 정보 항목에 대한 분류 체계, 속성 및 식별 체계, 표기에 대한 표준을 나타낸다.
(3) 기준 정보: 각 기준 정보 항목에 대한 실제 값과 그 데이터에 대한 품질을 관리한다.
(4) IT 인프라: 기준 정보 관리를 위한 시스템, 연관된 시스템과 인터페이스에 대한 표준을 정한다.

11.5.1 사례: 삼성전자 기준 정보 전담 조직

삼성전자에는 기준 정보 관리를 전담하는 조직이 있다. 전사 경영혁신팀 산하에 있는 기준정보그룹이다. 임원이 조직장을 맡고 있고 수십 명의 전문가로 구성되어 있다. 기준 정보에 관한 거버넌스를 총괄하는 조직이다.

삼성전자는 ERP를 업그레이드하기 전에 대규모 기준 정보 정비 작업을 수행했다. 그룹 공통으로 표준화해야 할 기준 정보, 업종별로 표준화해야 할 기준 정보, 각 사별로 표준화해야 할 기준 정보 등의 기준을 수립했다. 이후 삼성정밀화학, 삼성코닝정밀소재, 삼성물산, 삼성에버랜드 등 다른 관계사로 확산했다.[348]

---

348) 유효정, 삼성, S-ERP로 '그룹' 언어 통일…한 회사처럼, 전자신문, 2011.10.12

11.6 기준 정보 지속성

　기준을 정할 때 대충 정해서 쓰다가 나중에 필요할 때 바꾸면 될 거라고 생각하는 이들을 왕왕 보게 된다. 기준 정보는 일단 정하면 바꾸는 게 매우 어렵다. 변경하는 데 돈도 많이 들고 영향을 받는 업무나 시스템이 많으면 변화 관리하기 쉽지 않다. 시간이 흐를수록 변경하기가 점점 더 어려워진다.

　1995년 12월 31일은 수원과 인천을 오가던 수인선 협궤 열차가 마지막 운행을 한 날이었다.[349] 협궤는 철도의 두 선로 사이 간격이 표준 궤도보다 좁은 기찻길이다. 우리나라의 표준 궤도는 1.435 미터다. 수인선의 너비는 표준궤의 반 정도인 76.2 센티미터다. 우리나라에서 협궤 열차가 달리는 모습을 더이상 볼 수 없다.

　우리나라가 표준 궤도를 사용하게 된 연원은 19세기 말로 거슬러 올라간다. 대한제국이 1896년 「국내철도규칙」을 반포하면서 표준궤를 철도 규격으로 채택했다. 그다음 해 경인선 건설 공사를 미국에 맡겨 표준 궤도로 건설하기 시작했다. 공사 도중에 일본이 경인선 건설 사업권을 인수했다. 일본에서는 표준궤가 아니라 1.067 미터의 협궤가 사용되고 있었다. 건설 중인 경인선 궤도를 협궤로 바꾸자는 논의가 있었으나, 이미 공사가 많이 진행되었기 때문에 그대로 표준궤로 건설되었다. 당시 중국 철도가 표준 궤도였기 때문에 대륙으로 진출하려는 일본의 야욕이 한반도에 표준궤를 부설하게 된 배경이라는 설도 있다.

　우리나라의 철도는 거의 대부분 표준 궤도이지만 일부 단거리 구간에는

---

[349] 박정규, 수인선 협궤 열차 '고향 앞으로', 동아일보, 2001.08.30

표준궤가 아니라 협궤를 사용하기도 했다. 협궤 철도가 건설비, 유지비가 적게 들었기 때문이다. 수려선과 수인선이 대표적인 협궤 철도다. 수려선은 수원-용인-이천-여주를 잇는 협궤 철도로 1931년에 건설되었다. 경기도의 쌀을 일본으로 반출하기 위해 만들었는데 1972년 폐선되었다.[350] 수인선은 수원-초지-월곶-인천을 잇는 협궤 철도로 1937년 개통되어 1995년까지 운행되었다.

11.6.1 철도 궤도 너비와 인공위성

철도 표준 궤도는 세계 약 60~70%가 사용하고 있다. 미국 기차 궤도의 너비가 어디에서 유래한 것인지에 대한 재미있는 이야기가 있다.[351] 미국의 기차 궤도는 4 피트 8.5 인치다. 4 피트나 5 피트로 딱 떨어지는 정수가 아니라 약간 어정쩡한 숫자다. 미터로 환산하면 약 1.435 미터다. 이 4 피트 8.5 인치는 원래 영국의 기차 표준 궤도 너비다. 미국이 철도를 건설할 때 영국의 표준 궤도를 차용했다.

조지 스티븐슨(George Stephenson)이 건설한 세계 최초의 철도 궤도는 4 피트 8 인치였다. 이후 4 피트 8.5 인치로 늘어났고, 1845년 영국 왕립위원회가 4 피트 8.5 인치를 표준궤로 결정했다.

스티븐슨은 무슨 근거로 궤도의 너비를 이런 이상한 숫자로 정했을까? 그는 기차 바퀴의 폭을 정할 때 도로에 있는 바퀴 자국의 폭을 참고

---

350) 나무위키, https://namu.wiki/w/수려선
351) David Mikkelson, Are U.S. Railroad Gauges Based on Roman Chariots?, 2001.04.16, https://www.snopes.com/fact-check/railroad-gauge-chariots/

했다. 바퀴 자국이 있는 이 도로는 도대체 언제 누가 만든 것일까? 영국 뿐만 아니라 유럽의 오래된 마차 도로는 대부분 고대 로마 제국 시대에 건설되었다. 오랜 세월이 지나 로마 제국의 마차가 달리던 길에 바퀴 자국이 생겼다. 스티븐슨이 그 바퀴 자국의 폭을 측정하니 4 피트 8 인치 정도 되었다. 로마인들이 수많은 경험 끝에 바퀴 폭을 이 크기로 정했으리라 생각한 그는 기차 바퀴의 폭을 마차 바퀴 자국에 맞췄다.

로마인들은 전차 바퀴의 폭을 왜 그렇게 정했을까? 로마 전차는 두 마리의 말이 끌었는데 전차의 폭은 얼추 말 두 마리의 폭과 비슷하다. 정리하면, 약 2,000년 전 로마 제국 전차의 크기, 즉 말 두 마리 엉덩이의 폭이 오늘날 기차 궤도의 너비를 결정한 셈이다.

언제 누가 이 이야기를 처음으로 얘기했는지 분명하지 않다. 출판된 것으로는 1905년 5월 미국 시카고에서 발간된 자료가 가장 오래된 기록이다.[352] 100년도 넘은 오래된 이야기다. 여기에 후속편이 이어진다.

우주선을 발사하려면 거대한 로켓이 필요하다. 미국 유타주에서 로켓을 만들어 기차에 싣고 플로리다주에 있는 케네디 우주 센터로 보내야 한다. 로켓을 더 크게 만들고 싶어도 그러지 못한다. 기차가 가는 도중에 터널을 지나는데 터널의 폭이 기차 크기보다 약간 더 넓을 뿐이기 때문이다. 고대 로마 시대 말 엉덩이 폭이 2,000년 뒤 우주 시대의 핵심인 로켓의 크기를 제약하는 아이러니인 셈이다.

기준 정보는 처음 정할 때 잘 정해야 한다. 한번 정하면 영원히 계속될 거라는 무거운 책임감으로 정해야 한다.

---

352) Editors, Ancient Romans Determined Our Standard Railway Gauge, Popular Mechanics, Volume 7, Number 5, 1905.05.01, p.506

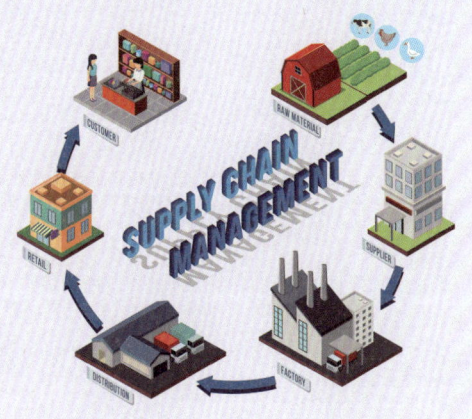

1조 클럽 도전하는 중견 기업을 위한 삼성 SCM 노하우 XII

12. 리스크 관리

12.1 조직 관리
12.2 의사 결정
12.3 지배 구조 및 기업 승계
12.4 보안(Security) 및 기술 유출 방지
12.5 AI(인공 지능) 활용

제12장

공급망

12. 리스크 관리

12.1 조직 관리

오너(owner)의 삼심(三心)이란 말이 있다. 욕심, 의심, 변심이다. 창업자의 강한 성취욕, 조직 관리의 어려움, 의사 결정의 불안감 등을 표현하는 우스갯소리다.

12.1.1 조직 체계: 마법의 수 (magical number) 7±2

중간 단계를 거치지 않고 곧바로 보고하는 하급자를 직속 부하라고 한다. 상사와 부하 사이에 중간 단계가 없다. 직속 상사는 직속 부하에게 직접 업무를 지시하고, 직속 부하는 직속 상사에게 직접 보고한다. 직속 부하는 몇 명이 적당할까?

대만의 **TSMC**는 세계 최대 반도체 위탁 생산 전문 기업이다. 이 회사 창업자 모리스 창(Morris Chang, 張忠謀)은 상급자 한 사람이 7~8 명의 직원을 관리하는 방안을 제시한다.[353] 너무 적어도 효율적이지 않고 너무 많아도 문제다. 7 명이 적당하다.

아마존 창업자 제프 베이조스(Jeffrey Bezos)가 주장한 피자 두 판 규칙과 일맥상통한다.[354] 피자 두 판 16 조각을 인당 2~3 조각씩 먹기에 적당한 조직 구성원 수는 6~8 명이다.

이 7이란 숫자는 하버드대학교 심리학과 조지 밀러 교수가 1956년에 발표한 논문에 나온다. 사람이 정보를 처리하기에 적당한 가짓수가 **7±2** 개라는 이론이다. 즉 평균 7 가지, 적게는 5 가지에서 많게는 9 가지 정도라는 이론이다. 밀러는 이 7을 **마법의 수**라고 불렀다.[355]

정보 처리에 관한 7±2 이론을 조직 관리에 적용해보자. 회장, 사장, 부사장, 전무, 상무, 부장, 차장, 과장, 대리, 사원의 10 단계 직급 체계를 가진 회사가 많다. 각 단계별로 직속 부하가 7 명씩이라고 가정하자. 회장 1 명, 사장 7 명, 부사장 49 (7×7) 명, 전무 49×7 = 343 명, 상무 343×7 = 2,401 명, 부장 16,807 명, 차장 117,649 명, 과장 823,543 명, 대리 5,764,801 명, 사원 40,353,607 명. 전체 임직원 수는 47,079,208 명. 우리나라 인구 전체를 한 개 기업에 구겨 넣을 수 있다. 그러니 일반적인

---

353) 상업주간(商業周刊), TSMC 반도체 제국: 초격차를 뛰어넘는 초일류 기업의 비밀, 차혜정 옮김, 이레미디어, 2021, pp.207-208
354) Wikipedia, https://en.wikipedia.org/wiki/Jeff_Bezos
355) 그는 논문 마지막 문단에 7대 불가사의, 일곱 색깔 무지개, 7 음계, 일주일은 7일 등 우리 주변에서 흔히 접하는 7을 열거했다. George A. Miller, The Magical Number Seven, Plus or Minus Two: Some Limits on our Capacity for Processing Information, Psychological Review, Vol. 63, Issue 2, 1956, pp.81-97

기업의 직급은 10 단계까지 둘 필요가 없다. 임직원 수가 400 명 이하라면 4 단계로 충분하고, 2,800명까지는 5 단계, 19,000명 정도라면 6 단계 직급만 있어도 충분하다.

공급망을 제대로 관리하려면 전문 조직을 두어야 한다. 우리나라는 대표이사 직속인 경영혁신본부 산하에 두는 경우가 많다. 부서 이름은 주로 SCM팀이나 GOC라는 명칭을 많이 사용한다. 외국에서는 COE라는 명칭을 많이 사용한다. 수요 관리를 전담하는 조직은 DMT 또는 DPT라는 이름으로 별도 조직으로 운영하기도 한다. SCM을 책임지는 전담 임원인 최고 공급망 책임자(CSCO: Chief Supply Chain Officer)를 두는 회사도 많다.

조직이 비대해지면 동맥 경화 현상이 나타난다. 상의하달, 하의상달이 제대로 안 된다. 관리자가 전문가의 지적에 귀 기울이지 않고 무시하다가 발생한 사고가 있다.

| 사례: 챌린저(Challenger)호 폭발 사고

> 1986년 1월 28일 미국의 우주왕복선 챌린저호가 발사 73초 후에 폭발했다. 탑승했던 7 명 모두 사망했다. 사고는 우측 고체 로켓 부스터의 O-링 때문에 발생했다. O-링은 동그란 고무 패킹으로 기체나 액체가 새어 나오지 못하도록 틈새를 막는 역할을 하는 부품이다. 추운 날씨 때문에 O-링이 얼어서 탄성이 부족했고 그 틈으로 새어 나온 연료에 불이 붙어서 우주왕복선이 폭발했다.[356]

---

356) Wikipedia, https://en.wikipedia.org/wiki/Space_Shuttle_Challenger_disaster

로켓 부스터를 제작한 **모튼 싸이어콜**(Morton Thiokol)의 **전문가는 사전에 위험을 인지하고 발사를 취소하거나 일정을 연기해달라고 여러 번 요청**했다. NASA 관리자들은 그의 말을 무시했다. 발사 당일 대기 온도는 발사를 취소할 정도로 낮지 않았기에 발사를 강행했다.

사고 조사 위원회가 구성되었다. 조사 위원회에는 노벨상을 받은 저명한 물리학자인 리처드 파인만(Richard P. Feynman) 교수 등 많은 전문가들이 참여했다. 위원회는 대기 온도는 발사 기준을 충족했으나 O-링의 온도는 기준보다 훨씬 낮았다고 밝혔다. 발사 전날 밤 기록적인 한파로 고무로 만든 O-링이 냉각되어 수축되어 있었다. O-링은 한번 냉각되면 다시 정상 모양으로 돌아오는 데 굉장히 긴 시간이 걸린다.[357] 정상적인 기능을 수행하지 못한 O-링 때문에 챌린저호는 폭발했다. 피할 수 있었던 비극적인 사고였다.

12.1.2 임직원 관리

KT의 신수정 박사는 리더십에 관한 선한 영향력으로 유명하다. 그는 "오케스트라에서 지휘자만 소리를 내지 않는다"고 한 지휘자 벤자민 잰더의 말을 인용하면서 축구 감독이 공을 차지 않고, 함장이 배를 운전하지 않는 것처럼 리더의 역할은 "구성원들을 파워풀하게 하여 조직의 성과를 창출하는 것"이라고 강조한다.[358]

경영 활동에서 많이 듣는 얘기 중에 "80 대 20"이란 게 있다. 예컨대 전

---

357) Wikipedia, https://en.wikipedia.org/wiki/O-ring
358) 신수정, 일의 격, 턴어라운드, 2021, pp.244-245

체 매출의 80%는 20%의 제품으로부터 발생한다거나, 20%의 문제가 전체 불량품의 80%를 야기한다는 식이다. 이탈리아의 경제학자 파레토가 1906년 "이탈리아 인구의 20%가 이탈리아 전체 부의 80%를 차지하고 있다"는 것을 밝힌 것으로부터 유래한다.[359] **파레토 법칙**이라고 부르기도 한다. 이 80 대 20 기준을 들어 전체 직원의 20%가 회사 수익의 80%를 번다고 견강부회하는 관리자도 있다. 열심히 일하는 20%를 제외한 나머지 80%의 직원은 놀고먹는다고 생각한다. 성악설이다.

개미는 부지런하기로 유명하다. 그런데 개미 무리 중에서 실제로 부지런히 일하는 개미는 약 20~30%에 불과하고, 70~80%는 놀고먹는다는 충격적인 연구 결과가 있다.

| 연구: 게으른 개미가 70%[360]

미국 조지아 공과대학(Georgia Institute of Technology)의 물리학자 대니얼 골드먼(Daniel I. Goldman) 교수 팀은 불개미에 페인트를 칠한 뒤 어떤 개미가 어디에서 어떤 활동을 하는지 관찰했다. 그 결과를 『사이언스』에 게재했다.[361]

개미가 굴을 파는 활동을 분석해 보니 바쁘게 일하는 개미가 30%

---

359) Wikipedia, https://en.wikipedia.org/wiki/Vilfredo_Pareto
360) James Groman, The Secret to Ant Efficiency Is Idleness, The New York Times, 2018.08.16
361) J. Aguilar, D. Monaenkova, V. Linevich, W. Savoie, B. Dutta, H.-S. Kuan, M. D. Betterton, M. A. D. Goodisman, D. I. Goldman, Collective clog control: Optimizing traffic flow in confined biological and robophysical excavation, Science, Vol. 361, Issue 6403, 2018.08.17, pp.672-677

이고, 나머지 70%의 개미는 쉬고 있었다. "5시간 동안 쉬지 않고 일하는 개미가 있는가 하면, 어떤 개미는 개미굴 근처에 얼씬거리지도 않았다."

　전체 개미 중 30%에 해당하는 부지런한 개미를 다른 곳으로 옮기고, 남아 있는 70%의 개미들이 어떤 행동을 하는지 관찰했다. 게으른 개미들끼리 남겨졌으니 아무도 일을 하지 않고 모두 베짱이처럼 놀고 있을까? 놀랍게도 게으른 개미들 중에서 30%가 열심히 일하고 나머지 70%는 여전히 게으름 피웠다.

　전체 개미의 30%만 일하는 게 개미굴을 더 효율적으로 파는 비결이란 게 골드먼 교수의 분석 결과다. 개미가 굴을 파려면 터널로 내려가서 흙이나 돌을 물고 다시 터널을 기어올라 밖에다 버려야 한다. 터널이 매우 좁기 때문에 모든 개미가 다 열심히 굴을 파겠다고 달라붙으면 좁은 터널에 교통 체증이 발생하여 오히려 작업 진척이 느려진다. 게으른 개미가 있어야 굴을 파는 일을 더 빨리 마칠 수 있다는 매우 흥미로운 해석이다. 일부 개미만 일하는 걸 교통 체증 관점에서 분석한 연구다.

| 연구: 일하는 개미는 20%[362]

에너지 소비 관점에서 분석한 또 다른 연구도 있다.

---

[362] Alexandru Micu, Most ants don't do much, and that makes the colony more efficient, ZME Science, 2017.01.16, https://www.zmescience.com/ecology/animals-ecology/ants-rest-energy/

미주리 과학 기술 대학교(Missouri University of Science and Technology) 생물학과 연구 팀도 게으른 개미에 대한 연구 결과를 발표했다.[363] 이들은 30마리 개미로 구성된 군집 중에서는 60%, 300마리 군집 중에서는 80%의 개미가 꼼짝하지 않고 있는 걸 발견했다.

연구 팀은 움직이는 개미는 가만히 쉬는 개미보다 다섯 배 많은 에너지를 소모한다는 것을 발견하고, 80% 개미가 가만히 있는 이유는 에너지 소비를 줄이기 위해서라고 추정했다. 연구 팀은 또 다른 해석을 덧붙였다. 유사시를 대비한 예비군 역할을 한다는 것이다. 개미굴이 무너지거나 홍수로 물에 잠기는 등 비상 상황이 발생하면 쉬고 있던 개미들이 투입된다.

회사 직원의 20~30%만 일하고 나머지 70~80%는 휴가를 내거나 빈둥거린다고? 개미 무리를 흉내 내다가 회사가 거덜 날 수 있다. 한편 걸핏하면 목표 달성을 위해 인해전술로 총력전을 펼치는 일부 경영자들에게 주는 시사점도 있다. 번아웃 증후군으로 고생하거나 퇴직하는 사람의 비율을 낮추기 위한 노력이 필요한 때다.

| 깨진 유리창으로 스며드는 근무 태만 바이러스

깨진 유리창 이론이 있다. 건물의 유리창이 깨진 채 방치되고 있다면 사

---

363) Nolan Ferral, Kyara Holloway, Mingzhong Li, Zhaozheng Yin, Chen Hou, Heterogeneous activity causes a nonlinear increase in the group energy use of ant workers isolated from queen and brood, Insect Science, Vol. 25, Issue 3, 2016.12.26, pp.487-498

람들은 건물 주인이 유리창이 깨진 것에 별 관심이 없거나 건물에 신경을 쓰지 않는다고 인식한다. 이 방치된 건물의 다른 멀쩡한 유리창을 깨뜨려도 괜찮나 보다고 생각한다. 쓰레기를 버리기도 한다. 불량배들이 꼬인다. 깨진 유리창을 곧바로 수리하지 않다가는 건물 주변이 우범 지대로 변할 수 있다.

이 깨진 유리창 이론은 범죄학자인 제임스 윌슨과 조지 켈링이 1982년 3월 『월간 애틀랜틱』에 기고한 글에서 처음 등장했다.[364] 이후 경영학 등 다른 분야에서도 광범위하게 사용되었다.

마이클 레빈(Michael Levine)은 깨진 유리창 중에 가장 심각한 것이 사람인 경우에 어떻게 대처해야 하는지 설명한다. "어떤 직원이 기업의 이미지에 손상을 준다면 어떤 이유에서건 그는 깨진 유리창이다. 아무리 작더라도 그의 실수로 인한 여파는 기업 전체에 미치게 마련이다. (중략) 문제 직원이 몇 번의 경고 후에도 나아지지 않는다면 해고해야 한다"고 단호한 조치를 강조한다. 그 이유는 "비효율적이고, 무관심하고, 나태한 직원 한 명을 그냥 두면 회사가 그러한 행동을 용납한다는 인상을 주게 된다. 침묵은 동의를 의미하기 때문이다. 그리고 다른 직원들은 무능하고 게으른 직원을 모방하게 된다. (중략) 건강한 사람도 바이러스에 감염된 사람과 접촉하면 바이러스에 전염된다. 결국 모든 직원들에게 '근무 태만 바이러스'가 전파될 것"이기 때문이다.[365]

---

364) Wikipedia, https://en.wikipedia.org/wiki/Broken_windows_theory
365) 마이클 레빈, 깨진 유리창 법칙, 김민주, 이영숙 옮김, 흐름출판, 2019, pp.161-168

12.1.3 내부 통제 (compliance)

| 사례: 우리은행 707억 원 횡령

2022년 **우리은행** 횡령 사건이 드러났다. 9년 동안 707억 원을 횡령했지만 아무도 몰랐다.[366] 심지어 외부 기관에 파견 간다고 허위 보고를 하고 1년간 무단결근했어도 알아챈 사람이 없었다. 이 직원은 2011년 11월부터 2022년 4월까지 중간에 1년 정도 지점 근무를 한 것을 제외하고 본점에서 동일 업무를 장기간 담당해왔다.[367] 순환 근무를 하라는 내부 통제 지침을 준수하지 않아서 발생한 문제다.

항소심 재판부는 이 직원에게 징역 15년, 그의 동생에게 징역 12년을 선고했고, 대법원에서 원심 판결이 확정되었다.[368]

| 사례: 경남은행 3,089억 원 횡령

2023년 **BNK경남은행**에서 거액의 횡령 사건이 발생했다. 경남은행 투자금융부 소속 직원이 대출 서류를 허위로 작성하여 은행 돈을 빼돌렸다. 초기에는 횡령 금액이 562억 원이라고 알려졌다.[369] 검찰

---

[366] 허진무, 검찰, '700억 횡령' 우리은행 직원 도와준 가족·지인 무더기 기소, 경향신문, 2022.12.21
[367] 송승환, 우리은행 횡령 700억 육박…열쇠 도난, 1년 결근도 몰랐다, 중앙일보, 2022.07.27
[368] 유지희, '707억 횡령' 우리은행 전 직원 징역 15년 확정, 한국경제, 2024.04.12, https://www.hankyung.com/article/2024041267987
[369] 조다운, 임수정, 이보배, 경남은행서 562억 횡령사고…검찰 압수수색·금감원 검사(종합), 연합뉴스, 2023.08.02

수사 과정에서 총 누적 횡령 금액은 3,089억 원으로 증가했다.[370] 역대급이다. 순 횡령 금액은 595억 원인데 여러 차례 돌려막기한 횡령 금액을 모두 합산했기 때문에 금액이 커 보인다는 게 BNK금융지주 주장이다.[371]

어쨌거나 13년 동안 77 차례에 걸쳐 거액을 횡령했어도, 내부에서 전혀 알지 못했다.[372] 그 직원이 프로젝트 파이낸싱 업무를 담당했는데 2007년부터 약 15년간 한 번도 교체된 적이 없었다. 내부 통제 장치가 없었거나 있어도 유명무실했다는 뜻이다.

❙ 사례: 오스템임플란트 2,215억 원 횡령

오스템임플란트는 2021년 12월 자금을 관리하던 이모 팀장을 고소했다. 이 팀장은 2020년 11월부터 2021년 10월까지 15 차례에 걸쳐 회사 자금 2,215억 원을 횡령한 혐의로 구속 기소되었다.[373] 이 팀장은 징역 35년, 범행에 가담한 그의 아내는 징역 3년, 처제는 징역 2년, 동생은 징역 1년 6개월의 실형이 확정되었다.[374]

---

370) 이보배, 경남은행 간부 1천600억원 횡령 추가 적발…피해액 총 3천억원, 연합뉴스, 2023.12.21
371) 남지현, 금감원 '2988억' 경남은행 '595억'…같은 횡령, 다른 발표, 한겨레, 2023.09.22
372) 류영상, '13년간 77번 훔쳐도 몰랐다'…경남은행 '역대 최대' 훔쳤는데 왜 몰랐나, 매일경제, 2023.09.21
373) 송정은, '2천억원대 횡령' 오스템임플란트 직원 무기징역 구형, 연합뉴스, 2022.12.12
374) 강연주, '회삿돈 2000억 횡령' 오스템임플란트 전 직원 징역 35년 확정, 경향신문, 2023.04.14, https://www.khan.co.kr/national/court-law/article/202404141014001

> 오스템임플란트는 치과 의사인 최규옥 회장이 임플란트 국산화를 위해 1997년 창업했다. 한국과 중국에서 시장 점유율 1위를 달성하는 등 사업은 매우 성공적이었다. 반면 내부 통제 장치는 제대로 갖추지 못했다. 끝내 사모펀드에 경영권이 넘어갔다.[375]

12.2 의사 결정

12.2.1 질문 → 판단 → 의사 결정

노벨 경제학상을 받은 프린스턴 대학교 대니얼 카너먼 교수는 "기업은 단순히 상품만을 만드는 조직이 아니라 의사 결정을 생산하는 공장"이라고 했다.[376] 의사 결정은 경영자의 핵심 임무다. 기업의 실패는 대부분 의사 결정의 실패였다.[377] **리더는 의사 결정하는 사람**이다. 결정하려면 판단을 해야 한다. 판단하려면 궁금한 것을 물어봐야 한다. **리더는 질문하는 사람**이다. 모르는 게 있으면 물어보면 된다. 질문하는 것을 창피하게 여기지 말아야 한다. 그래도 질문을 "잘" 해야 한다. 훌륭한 질문은 좋은 답을 이끌어 내고, 어설프게 질문하면 잘못된 답을 듣게 된다.

많은 리더가 의사 결정을 잘하기 위해 대체로 자신이 모든 것을 다 알아야 한다고 생각한다. 자신이 제일 잘 알고 있다고 착각하기도 한다. 그게

---

375) 차준호, '횡령→매각' 오스템임플란트, 16년 만에 증시 떠났다, 한국경제, 2023.08.14
376) 이신영, 노벨 경제학상 받은 심리학자 대니얼 카너먼 교수, 조선일보 Weekly Biz, 2012.03.31
377) 함유근, 채승병, 빅데이터, 경영을 바꾸다, 삼성경제연구소, 2012, p.96

가능할까? 대표이사가 일장 연설을 하면 임직원들이 겉으로는 고개를 주억거리며 열심히 받아 적는 척하는데 속으로는 빨리 회의가 마치기만 고대한다. 비싼 급여를 주고 채용한 훌륭한 전문가들을 왜 활용하지 않을까? 전문가들에게 질문하고 듣고 판단하고 결정하면 된다.

여러 부서의 많은 전문가가 고심하여 만든 안에 대해 결정을 내리지 못하는 리더가 많다. 올바른 판단을 하기에 필요한 정보가 부족하다며 다시 보고하라고 한다. 물론 정보가 부족한 경우도 있다. 그렇다고 정보가 부족하다며 상습적으로 보고서를 보완하라고 하는 것은 결정 장애 때문일 가능성이 크다. 그런 사람은 정보가 충분해도 결정을 내리지 못한다.

▎아마존 베이조스(Bezos) 70% 정보만 있으면 의사 결정

> **아마존** 창업자 제프 베이조스는 필요한 정보의 약 70 퍼센트를 얻게 되면 대부분의 사항을 결정해야 한다고 역설한다.[378] 비즈니스는 속도가 생명인데, 90 퍼센트까지 기다리다가는 타이밍을 놓치기 때문이다. 그는 또 의사 결정과 행동이 잘못되었다 해도 대부분은 나중에 되돌릴 수 있으니 지나치게 심사숙고할 필요 없다며, 리더는 예측된 위험을 과감하게 받아들여야 한다고 강조했다.[379]

---

378) 스티브 앤더슨, 베조스 레터, 한정훈 옮김, 웅진씽크빅, 2019, p.144
379) 스티브 앤더슨, 앞의 책, p.147

듣기만 한 록펠러(Rockefeller)

존 D. 록펠러는 거의 말을 하지 않고 듣기만 했다. 회의 중에 왜 말이 없냐고 물어보면, 그는 종종 "현명한 늙은 부엉이가 떡갈나무에 살았습니다/부엉이는 보는 게 많아질수록 말이 줄었습니다/말이 줄어들수록 듣는 게 많아졌습니다/우리 모두 그 현명한 늙은 새처럼 되면 안 될까요?"라는 시를 암송했다. 생각을 해서 좋은 의사 결정을 내리는 것이 그의 업무였다.380)

무능한 지휘관은 적보다 무섭다

경험과 역량이 부족하고 올바른 판단을 하지 못해 잘못된 의사 결정을 내리는 지휘관은 부하들을 사지로 몰 수도 있다. 정유재란 때 원균의 실패 사례가 대표적이다.

원균은 "칠천도는 수심이 얕고 물목이 좁아서 배를 움직이기에 불리하니 반드시 다른 곳으로 진을 옮겨야"한다는 여러 차례의 건의를 무시하고 칠천량으로 진군했다.381) 새벽에 왜군이 기습했다. 조선 수군은 거의 전멸당했다. 134 척 중 12 척만 살아 남았다.

원균의 잘못도 크지만, 삼도수군통제사 이순신을 파직하고 원균을 그 자리에 임명한 선조의 잘못된 의사 결정이 더 근본적인 문제였다.

---

380) 모건 하우절, 돈의 심리학, 이지연 옮김, 인플루엔셜, 2021, pp.146-147
381) 류성룡, 징비록(懲毖錄), 오세진, 신재훈, 박희정 역해, 홍익출판미디어그룹, 2020, p.247

> "설상가상으로 선조는 원균으로부터 군 통제권을 빼앗아 체찰사와 도원수에게 넘겨주니, 원균은 사실상 지휘통제권이 없는 이름뿐인 삼도수군통제사였다. 이것이 칠천량 해전에서의 참담한 패배를 야기한 단초가 되었다."[382] 의심 많고 비겁한 왕이 무능한 지휘관을 임명하여 죄 없는 군사들을 사지(死地)로 내몰았고 나라를 망쳤다.

일본 **무인양품**의 마쓰이 타다미쓰 전 사장은 "회사는 사장의 그릇보다 커지지 않는다"고 했다.[383] 사장에게 참 무서운 말이다.

12.2.2 생존자 편향: 격추되지 않은 전투기

경험과 직관은 매우 중요하지만, 때로는 합리적 의사 결정을 가로막는 장애물이다.[384] 올바른 의사 결정을 내리기 위해 빅 데이터 분석 기법을 많이 활용한다. 빅데이터의 그늘에 가려진 누락 데이터를 무시하는 선입견을 조심해야 한다. 자칫하면 생존자 편향의 오류에 빠진다.

> 제2차 세계대전 때 전투에 나갔다가 귀환한 전투기에 남아 있는 탄환 자국을 분석한 사례가 있다. 비행기는 전투 중에 격추되기도 하고 총격을 받고도 무사히 기지로 귀환하기도 했다. 전투기의 생존율을 높이려면 기체를 더 두껍고 강한 철판으로 감싸야 했다. 그러면 전투기

---

382) 류성룡, 앞의 책, p.255
383) 마쓰이 타다미쓰, 기본으로 이기다, 무인양품, 박제이 옮김, 위즈덤하우스 미디어그룹, 2019, p.116
384) 함유근, 채승병, 앞의 책, p.96

무게가 더 무거워지고 순발력이 떨어지고 유류 소비가 늘어나고 운행 거리가 줄어드는 부작용이 생긴다. 전투기 생존에 핵심적인 부위에만 방어력을 강화해야 한다.

　미국 해군 분석 센터와 콜롬비아대학교 통계적 연구 그룹은 연구팀을 구성하여 전투를 마치고 살아 돌아온 비행기에 남아 있는 탄환 자국을 분석했다. [그림: 전투기 탄환 자국]에서 동그란 점이 탄환 자국이다. 탄환 자국은 전투기의 동체, 날개, 꼬리에 집중되어 있었다. 전투기의 생존율을 높이기 위해 동체, 날개, 꼬리의 철판을 강화하기로 결론이 났다. 지극히 자연스러운 결정이다.

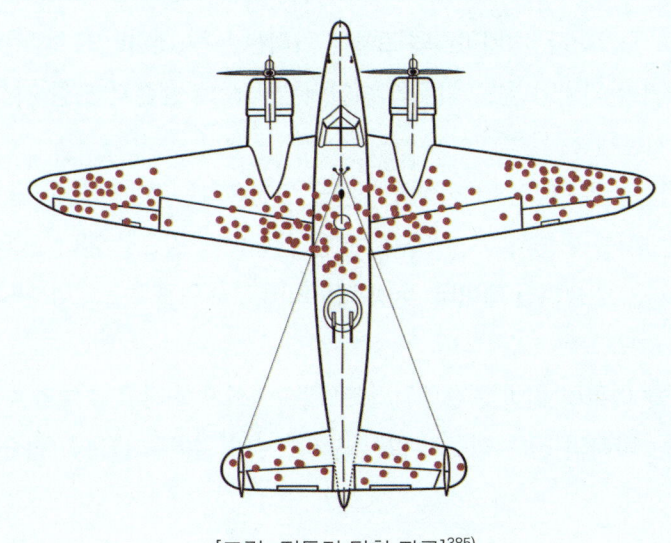

[그림: 전투기 탄환 자국][385]

---

385) Wikipedia, https://commons.wikimedia.org/wiki/File:Survivorship-bias.svg

연구팀의 에이브러햄 월드(Abraham Wald) 박사는 생각이 달랐다. 그는 **탄환 자국이 없는 위치**에 주목했다. 귀환한 전투기의 조종석이나 엔진 등에는 탄환 자국이 없었다. 그는 조종석이나 엔진 등에 공격을 받은 전투기는 귀환할 수 없을 정도로 치명적인 피해를 입었던 게 아닐까라고 의심했다. 데이터 분석에 대한 새로운 시각이다. 보이지 않는 데이터에 대한 통찰력이다. 총격을 받은 전투기가 생존할 확률에 대해 수학적으로 연구한 월드 박사의 논문은 제2차 세계대전뿐만 아니라 나중에 한국전쟁과 베트남전쟁에도 활용되었다.[386) 387)]

생존한 비행기의 데이터, 수집한 데이터, 눈에 보이는 데이터뿐만 아니라 격추된 비행기의 데이터, 누락된 데이터, **눈에 보이지 않는 데이터**도 중요하다. 빅데이터의 그늘에 가려진 누락 데이터의 희미한 소리에 귀를 기울인 월드 박사의 통찰력은 나중에 **생존자 편향** 사례로 많이 거론된다.

더 많은 데이터가 더 정확한 결론을 도출한다는 게 상식적이다. 최근에는 AI를 학습시키기 위해 더 많은 데이터를 필요로 한다. 빅데이터 못지않게 **숨겨진 데이터**, **누락 데이터**에도 주의를 기울여야 한다.

"백조를 아무리 많이 관찰했더라도 모든 백조가 희다고 추론할 수는 없다. 단 한 마리의 검은 백조가 발견되더라도 이 결론을 충분히 반증할 수

---

386) Marc Mangel, Francisco J. Samaniego, Abraham Wald's Work on Aircraft Survivability, Journal of the American Statistical Association, Volume 79, Issue 386, 1984.06, pp.259-267
387) Wikipedia, https://en.wikipedia.org/wiki/Abraham_Wald

있다."[388] 논거에 부합하는 데이터를 아무리 많이 모아도 그 주장을 입증할 수는 없다. 반증하기 위해서는 딱 하나의 데이터만 있으면 된다.

12.2.3 휴브리스(hubris)

휴브리스는 과거의 성공 경험에 도취되어 그 성공 방식이 미래에도 적용될 것이라고 믿는 오만함이다. 이 단어는 원래 고대 그리스에서 기원한다. 인간이 뛰어난 재주를 자랑하며 신에게 오만불손한 태도를 보이는 것을 표현하는 단어였다.

| 그리스 신화: 아라크네와 아테나의 베 짜기 배틀

> 양치기의 딸 아라크네(Arachne)는 베를 짜는 솜씨가 매우 뛰어났다. 지혜의 여신이자 방직의 여신인 아테나(Athena)보다 자기 실력이 더 좋다고 뽐냈다. 화가 난 아테나는 노파로 변신한 후 아라크네에게 신과 비교하는 짓은 현명하지 않으니 아테나 여신에게 용서를 구하라고 경고했다. 아라크네는 무시했다. 혼내 주기로 결심한 아테나는 본모습을 드러내고, 아라크네와 베틀에 앉아 베 짜기 배틀(battle)을 벌였다.
>
> 아테나는 신에게 대들다가 벌받는 인간의 모습을 묘사했다. 반면 아

---

388) 이 표현은 스코틀랜드의 철학자 데이비드 흄이 한 말이다. 나심 니콜라스 탈레브, 행운에 속지 마라, 이건 옮김, 중앙북스, 2010, p.159

라크네는 제우스를 비롯한 신들이 인간을 학대하고 여인들을 유혹하는 모습을 표현했다. 아테나는 아라크네가 신을 모욕했을 뿐만 아니라 베 짜는 솜씨도 자기보다 더 뛰어난 것을 보고 격노했다. 아테나는 아라크네의 작품을 찢고 베 짜는 북으로 아라크네의 머리를 때렸다.

[조각: 아테나][389]

분을 참지 못한 아라크네는 목을 매어 죽으려고 했다. 약간의 연민을 느낀 아테나는 아라크네를 거미로 만들었다.[390] 거미는 오늘도 베

---

389) 아테나(Athena) 조각상 - 기원전 430년에 만든 그리스 원작을 1~2세기 로마 시대에 복제한 작품, 비엔나 미술사 박물관 소장, 국립중앙박물관에서 촬영, 2023.12.10
390) Wikipedia, https://en.wikipedia.org/wiki/Arachne

를 짜듯 거미줄을 치고 있다.

단테는 『신곡』에 "오, 아라크네여! 그대를 불행으로 이끈 작품 위에서 반쯤 거미로 변한 네 모습이 보이는구나"라고 썼다.[391]

그리스 신화: 니오베(Niobe)의 자식 자랑

니오베의 휴브리스도 아라크네 못지않은 비극으로 끝났다.

테베(Thebes) 왕국의 왕비 니오베는 매우 오만했다. 집안 자랑, 돈 자랑, 남편 자랑, 자식 자랑이 심했다. 그럴 만도 했다. 니오베의 아버지 탄탈로스가 제우스 신의 아들이니 집안 자랑을 할 만했다.[392] 성안에 재물이 가득하다고 돈 자랑도 했다. 남편인 암피온 왕은 제우스의 아들이며 하프의 달인이었는데 연주하는 소리만으로도 돌을 옮겨 성벽을 쌓을 정도였으니 충분히 자랑할 만했다.

그중에서도 가장 큰 자랑거리는 7남 7녀인 자식들이었다. 그러다가 선을 넘었다. 테베 사람들이 레토 여신을 섬기자 니오베는 "레토가 낳은 자식은 아폴론과 아르테미스뿐이다. 내가 낳은 자식 수의 7분의 1에 지나지 않는다. (중략) 내 자식 중 한둘이 없어진들 어떠냐? 한둘이 없어져도 자식이 둘밖에 없는 레토 꼴은 되지 않는다. (중략) 이래도 레토를 섬길 테냐?"라며 레토 여신을 모욕했다.[393]

격분한 레토는 쌍둥이 자식들에게 알렸다. 딸 아르테미스와 아들 아

---

391) 단테 알리기에리, 알기 쉽게 풀어 쓴 신곡, 이종권 편역, 아름다운날, 2020, p.290
392) Wikipedia, https://en.wikipedia.org/wiki/Tantalus
393) 이윤기, 이윤기의 그리스 로마 신화, 웅진씽크빅, 2020, pp.519-528

폴론이 즉각 응징에 나섰다. 그들은 화살을 쏘아 니오베의 일곱 아들과 일곱 딸을 모두 죽였다.

남편 암피온은 슬픔을 참지 못하고 자결했다. 니오베는 울고 또 울다가 바위로 변했다. 니오베의 휴브리스는 비극으로 결말이 났다.

사례: 파나마 운하 건설 실패

파나마 운하 건설 실패도 대표적인 휴브리스 사례다.

수에즈 운하는 **페르디낭 드 레셉스** 백작이 1859년에 착공하여 10년의 대공사 끝에 1869년에 완공했다.[394] 레셉스는 수에즈 운하를 성공적으로 건설했던 경험을 바탕으로 파나마 운하 건설에 도전했다가 처참하게 실패했다.

파나마 운하의 길이는 82 km 정도로 193 km나 되는 수에즈 운하의 반도 되지 않았다. 그러나 파나마 운하 건설 현장의 환경은 수에즈와 매우 달랐다. 우선, 수에즈의 사막 기후와 달리 파나마는 열대 우림 기후로 뱀, 거미, 모기 등 해충과 황열병, 말라리아 등의 열대병 때문에 작업하기 매우 어려운 환경이었다. 1881년에 착공한 이래 매달 200 명 정도 사망했고, 8년간 약 2만 2,000 명이 사망했다.

결정적으로 지형적인 차이가 있었다. 수에즈는 지중해와 홍해를 해수면 높이로 연결했다. 파나마는 태평양과 대서양을 운하로 연결하기

---

394) Wikipedia, https://en.wikipedia.org/wiki/Suez_Canal

위해 내륙의 가툰 호를 활용해야 했는데, 가툰 호의 높이가 해수면보다 26 미터나 높았다. 레셉스는 현장을 방문하고 수에즈와 마찬가지로 해수면 높이로 운하를 건설하기로 결정했다.

레셉스가 현장을 방문한 것은 몇 차례 되지 않았고 모두 건기에 방문했다. 우기에 비가 쏟아지면 차그레스 강의 수위가 10 미터로 높아지기도 했다. 건기는 1년에 약 4개월밖에 되지 않고 나머지 8개월이 우기다. 정상적으로 건설 일정을 맞출 수가 없는 환경이었고, 잘못된 판단이었다.

나중에 해수면 높이 운하 방식의 비현실성을 인식하고 갑문 방식으로 변경했다. 이 고난이도 갑문 건설 공사에 에펠탑으로 유명한 **구스타브 에펠**이 합류했다.[395] 1887년의 일이다. 에펠이 공사를 맡은 지 불과 1년 남짓 지난 시점에 운하 건설 주체인 파나마 운하 회사는 2억 8,700만 달러의 자금을 모두 소진했다. 끝내 1889년에 파산했다. 갑문 방식을 적용하자는 전문가들의 의견을 무시하고 수에즈에서 성공했던 방식을 고집했던 레셉스의 휴브리스가 빚은 실패다.

실패 뒤에 혹독한 대가를 치러야 했다. 파나마 운하 회사에 더 많은 예산을 편성하도록 정치인과 언론인들에게 뇌물을 주었다는 스캔들이 터졌다. 레셉스는 1심에서 벌금과 5년 형을 선고받았다. 항소심에서 판결이 뒤집어지긴 했으나 명성에 큰 오점을 남겼다. 에펠도 1심에서 벌금과 2년 형을 선고받은 후 항소하여 무죄 판결을 받았지만 명성은 이미 심각하게 훼손된 다음이었다.

프랑스는 손을 뗐다. 1904년부터 공사를 맡은 미국은 갑문 방식을

---

395) Wikipedia, https://en.wikipedia.org/wiki/Gustave_Eiffel

채택했다. 10년 만인 1914년에 마침내 파나마 운하가 완공되었다. 미국이 쓴 돈은 거의 5억 달러였다. 요즘 화폐 가치로 환산하면 대략 146억 달러에 달한다.[396]

성공한 기업인들 중 독선적인 모습을 보이는 이가 적지 않다. 이룬 업적이 대단할수록 과거에 성공했던 방식을 교조처럼 모시는 경향이 더 강하다. 휴브리스에 사로잡혀 전문가들의 의견을 묵살하다가 큰 어려움에 처할 수도 있다.

12.3 지배 구조 및 기업 승계

12.3.1 지배 구조

기업의 지배 구조가 건강하지 않으면 지속 가능한 발전을 기약하기 어렵다. TSMC 창업자 모리스 창은 독립 전문 경영인 체제를 주창했다.

---

396) Wikipedia, https://en.wikipedia.org/wiki/Panama_Canal

| 사례: TSMC 독립 전문 경영인 체제[397]

　유럽이나 미국 기업은 대부분 전문 경영인이 기업을 이끌고 있다. 이 전문 경영인은 대주주의 지배를 받지 않고 이사회의 지배를 받는다는 점에서 독립 전문 경영인이다. 대만이나 우리나라의 전문 경영인은 독립적이지 않다. 흔히 오너라고 부르는 대주주의 지휘를 받기 때문이다. 이런 비독립 전문 경영인보다 독립 전문 경영인 체제가 훨씬 바람직하다는 게 **TSMC** 창업자 모리스 창(Morris Chang)의 주장이다.

　모리스 창은 **독립 전문 경영인**의 다섯 가지 특징을 제시했다.

　(1) 소주주다. 보유 주식이 전체 주식에서 차지하는 비율이 낮다.
　(2) 이사회에 의해 고용되며, 이사회는 대주주에 의해 통제되지 않는다.
　(3) 급여가 투명하며 이사회에서 결정한다.
　(4) 연임이나 파면을 이사회가 결정한다.
　(5) 대주주에게 고용된 것이 아니므로 보수를 대주주가 정하지 않는다.

　독립 전문 경영인은 주주의 눈치를 보지 않는다. 이사회의 감독과 제재를 받기 때문에 자신의 이익을 챙길 수 없다. 일을 잘하든 못하든 전체 주주들을 위해 일하며 대주주나 경영인 자신의 이익에 편향되지 않는다.

　모리스 창은 이사회의 중요성에 대해 강조했다. 독립 전문 경영인 체제가 제대로 작동하기 위한 선결 조건은 **독립적인 이사회**의 구성이다. 이사회는 대주주와 경영층으로부터 독립적이어야 하며 세 가지 책임을 다해야 한다.

---

397) 상업주간(商業周刊), TSMC 반도체 제국: 초격차를 뛰어넘는 초일류 기업의 비밀, 차혜정 옮김, 이레미디어, 2021, pp.100-109

(1) 감독 책임: 이사회는 회사가 법을 지키는지, 재정 상태가 투명한지, 내부 통제 제도를 준수하는지 감독해야 한다.
(2) 경영진 지도 책임: 이사회는 경영진으로부터 자문을 받고 경영진을 격려하고 경고할 책임이 있다.
(3) 경영진의 임면: 이사회는 경영진에 대한 임면권을 갖는다.

12.3.2 기업 승계

기업의 경쟁력을 좌우하는 핵심 자원은 어떤 게 있을까? 특허권, 지적 재산권, 영업권, 첨단 설비, 연구소, 고효율 공법 등 기업에 따라 다양한 답을 한다. 대부분 기업의 공통적인 핵심 자원은 최고 경영자다. 주로 창업자다. 특히 중소 중견 기업에서 최고 경영자의 역할은 매우 중요하다.

대기업은 승계 계획을 세우고 그 계획에 따라 짧게는 수년에서 길게는 수십 년에 걸쳐 승계 작업을 차근차근 진행한다. 중소 중견 기업은 그렇게 준비하지 못하고 갑작스럽게 창업자 유고 사태를 맞이하는 경우가 많다. 명의 신탁 주식, 가지급금, 미처분 이익 잉여금 등에 대해 미리 정리해두지 않았다면 기업의 존폐를 걱정해야 할 수도 있다. 이른바 오너 리스크다. 기업의 대주주가 사망하는 경우 상속세를 납부할 자금이 부족하면 지분을 처분하든가 상속세를 주식으로 물납(物納)해야 할 수도 있다. 두 가지 방식 모두 대주주의 지분이 줄어들어 기업에 대한 경영권을 상실할 수도 있는 리스크가 있다.

넥슨은 한국 최대 게임업체다. 2022년 창업자 김정주 회장이 갑자기 사망했다. 배우자와 두 딸이 납부해야 할 상속세는 약 6조 원이었다. 상속세를 납부할 여유 자금이 없는 유족은 지주회사 지분 약 29.3%를 국세청에 물납했다. 대한민국 정부가 갑자기 넥슨의 2대 주주로 등극했다. 상속세를 납부한 후 유족의 지분은 69.34%로 줄었다.[398]

2013년 창업주가 사망한 **농우바이오**는 당시 매출 676억 원의 국내 1위 종자 회사였다. 1,000억 원이 넘는 상속세를 납부할 자금이 없었다. 농협경제지주에 지분을 매각할 수밖에 없었다.[399]

2008년 **쓰리세븐**의 창업주가 사망했다. 쓰리세븐은 세계 1위 손톱깎이 생산 회사다. 상속세는 150억 원에 달했다. 자금이 없는 유족은 중외신약에 지분을 넘겼다.[400] 가구업체 **까사미아**도 상속세 때문에 가업을 이어가지 못하고 신세계에 회사를 매각했다.[401] 밀폐 용기 제조 회사인 **락앤락**, 화장품 제조 회사인 **에이블씨엔씨**, 보톡스 업체인 **휴젤** 등도 창업주가 회사를 자식에게 물려주는 대신 사모펀드에 매각했다.[402]

l 사례: 승계 둘러싼 삼형제 분쟁

모 중견 제조 기업의 창업주는 아들이 셋이다. 삼형제 중 장남과 차남은 일찍부터 독립하여 각자 다른 업종의 사업을 하고 있었고 막내아

---

398) 강경민, 이승우, 과도한 상속세에 넥슨 2대주주 된 정부 … '비상식적인 상황', 한국경제, 2023.05.31
399) 이기철, 가업상속세 인하시 사회적 후생 증가…종합적 지원 방안 마련돼야, 서울신문, 2023.04.27
400) 박유연, 상속세 폐지 길닦기냐… 장수中企 육성 묘책이냐, 조선비즈, 2011.10.10
401) 임세원, 비상장사는 상속세 130% 할증…락앤락 등 아예 회사 팔고 다른 사업, 서울경제, 2018.01.29
402) 장순원, [가업승계 대신 PEF行]①현찰 물려주는 게 낫다는 회장님들, 이데일리, 2017.11.21

들이 경영에 참여하고 있었다. 가족들은 막내아들이 가업을 승계하기로 미리 합의했었다.

창업주가 사망했다. 가족들끼리 합의한 대로 막내가 회사 경영을 맡았다. 대신 회사의 주식은 삼형제가 균등하게 나누어 상속받았다. 가족 간의 우애도 해치지 않고 매우 성공적으로 승계가 이루어졌다.

지뢰가 숨겨져 있었다. 아무도 몰랐다.

시간이 지나 장남의 사업이 어려워졌다. 차남도 사업 운이 다했다. 두 형들은 각자 사업을 정리하고 막내 동생이 운영하고 있는 회사로 들어왔다. 장남과 차남이 경영에 간섭하기 시작했다. 의견 충돌이 잦아졌다. 끝내 숨겨져 있던 지뢰가 터졌다. 장남과 차남이 합세하여 경영의 실권을 장악했다. 막내는 자신의 지분이 3분의 1밖에 되지 않기 때문에 어쩔 수 없었다.

삼형제가 주식을 균등하게 상속받은 게 화근이었다. 경영을 맡은 막내가 지분을 모두 받든가 아니면 적어도 총 주식 수의 50% + 1 주를 확보했어야 했다.

대표이사가 사망하지 않더라도 사전에 충분히 준비해두지 않으면 은퇴 시점에 충분한 금액의 퇴직금을 받지 못한다. 가업을 승계하려고 지분을 미리 증여하려고 해도 재원이 없으면 증여세를 감당하지 못한다. 대기업이나 중견 기업의 경우 계열사 간 순환 출자 구조 정리, 지주회사 체제 도입, 전문 경영인 체제 정착 등 미리 준비해두는 게 좋다. 중소 중견 기업의 경우 기업 가치가 더 높아지기 전 비상장 법인의 주식 평가 및 사전 증여, 창업 자금 증여세 과세 특례, 가업 상속 공제 등 다양한 제도를 활용하여 5~10년 이상 장기적인 준비를 하는 게 좋다.

사례: 스웨덴 상속세 폐지[403]

우리나라의 상속세율은 매우 높다. 2023년 기준, 과세 표준이 30억 원을 초과하면 상속세율은 대략 50% 정도 된다. 최대 주주 할증 과세를 포함하면 60%에 달한다. OECD 국가 중 제일 높다.[404]

우리나라뿐만 아니라 외국에서도 상속세를 둘러싼 논란이 있었다. 스웨덴도 한때 상속세율이 최고 70%에 달했던 적이 있다. 스웨덴의 상속세가 처음부터 이렇게 높았던 것은 아니다. 현대적 의미의 상속세 제도가 처음 출현했던 1895년에는 1.5%였다. 이어 1911년 4%, 1918년 8%, 1933년 20% 이렇게 꾸준히 증가하다가 마침내 1983년 최고치인 70%에 달했다.[405] 당연히 많은 이슈가 생겼고 또 많은 기업들이 해외로 탈출했다. 2005년에 상속세와 증여세를 폐지했다.

세계 3위의 제약 회사 **아스트라제네카**(AstraZeneca)는 코로나19 백신으로 유명하다. 회사 이름이 길어 발음하기 어려운데다 평소 약자 쓰는 걸 좋아하는 한국 사람들은 아스트라제네카 백신을 '아제 백신'이라고 줄여 말했다. 아제 백신을 개발한 이 회사는 원래 스웨덴의 아스트라와 영국의 제네카 그룹이 합병하여 출범한 회사다.

아스트라는 1913년 스웨덴의 의사와 약사 400여 명이 모여 만든

---

403) Magnus Henrekson, Taxation of Swedish Firm Owners: The Great Reversal from the 1970s to the 2010s, Research Institute of Industrial Economics, Stockholm, Sweden, 2017.04.07
404) 이용현, 불붙은 상속세 개편 논의, 시사뉴스, 통권 제665호, 2023.11.21, p.16
405) Anders Ydstedt, Amanda Wollstad, Ten Years without the Swedish Inheritance Tax: Mourned by No One – Missed by Few, Svenskt Näringsliv (Swedish Enterprise), 2015.12, p.5

제약 회사다.[406] 1920년 파산했다. 스웨덴 정부가 인수했다. 에릭 키스트너(Erik Kistner)가 컨소시움을 구성하여 이 파산한 회사를 스웨덴 정부로부터 단돈 1 크로나, 약 120 원에 매입했다.[407] 세월이 흘러, 1961년 에릭 키스트너가 사망했고, 그의 부인 샐리 키스트너가 아스트라의 최대 주주가 되었다.

다시 세월이 흘러 1984년 샐리 키스트너가 사망했다. 엄청난 문제가 발생했다. 승계 준비가 전혀 안 되어 있었다. 상속 재산은 대부분 아스트라의 주식이었고 사망 당시 주가 기준으로 약 3억 크로나에 달했다. 당시 세법에 따라 상속세 65%와 자본 이득세 25.6%, 도합 90.6%를 세금으로 납부해야 했다.

유족은 세금을 납부하기 위해 주식을 매각해야 했다. 아스트라의 주가가 폭락했다. 최대 주주인 유족이 세금 납부를 위해 대량의 주식을 처분할 수밖에 없다는 걸 누구나 알고 있었기 때문이다. 주가는 폭락해도 세금은 줄어들지 않았다. 세금은 사망 당시 주가 기준이기 때문이다. 상속받은 주식을 다 팔아도 세금 낼 돈이 모자랐다. 유족은 파산했다.

스웨덴의 높은 세금 때문에 많은 기업인이 회사를 매각하고 외국으로 이민을 갔다. 우유팩을 생산하는 **테트라 팩**(Tetra Pak)의 창업자 루벤 라우싱이 1969년에 외국으로 떠났다. 1973년에는 세계 최대 가구 회사인 **이케아**(IKEA)의 창업자 잉바르 캄프라드(Ingvar Kamprad)가 이민갔다. 이케아는 본사를 스웨덴에서 네덜란드 델프

---

[406] Encyclopedia.com, https://www.encyclopedia.com/books/politics-and-business-magazines/astra-ab
[407] Wikipedia, https://en.wikipedia.org/wiki/Astra_AB

트로 옮기기도 했다. 패스트 패션 기업인 **H&M**의 창업자 엘링 페르손(Erling Persson)은 1982년에 이민갔다. 1965년부터 1989년까지 이민을 간 사람들 중 스웨덴 중앙은행으로부터 국외로 자본을 유출하는 것을 승인받은 이는 3만 명이나 되었다.

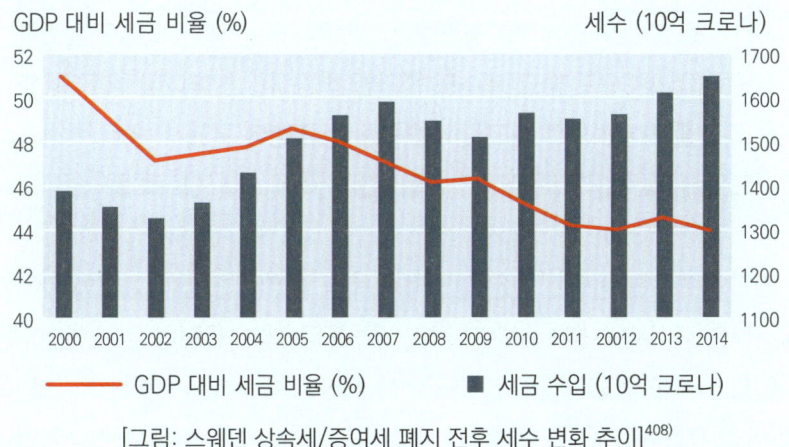

[그림: 스웨덴 상속세/증여세 폐지 전후 세수 변화 추이][408]

2004년 스웨덴 의회는 보수 진보 가리지 않고 만장일치로 상속세와 증여세를 없애기로 의결했다. 2005년부터 상속세와 증여세가 폐지되었다. 엄밀하게 따지자면, 상속세는 없어졌으나 상속받은 재산을 나중에 처분할 때 자본 이득세는 납부해야 한다. 즉, 상속 시점에는 세금을 내지 않으나 나중에 매각할 때 양도 차익에 대해 세금을 내게

---

408) Fall J. & Witterblad M., Tax reductions and public resources, Confederation of Swedish Enterprise, 2014 (재인용: Anders Ydstedt, Amanda Wollstad, Ten Years without the Swedish Inheritance Tax: Mourned by No One – Missed by Few, Svenskt Näringsliv (Swedish Enterprise), 2015.12, p.19)

된다.[409)]

> 2005년 스웨덴이 상속세와 증여세를 폐지하기 전후 기간인 2000년부터 2014년까지 세금 추이에 대한 연구가 있다. [그림: 스웨덴 상속세/증여세 폐지 전후 세수 변화 추이]를 보면, GDP 대비 세금의 비율은 51%에서 44%로 감소했으나 세수는 오히려 약 1조 4,000억에서 1조 6,500억 크로나로 증가했다. GDP가 훨씬 빠른 속도로 늘었다는 뜻이다. GDP도 늘고 세수도 증가한 바람직한 방향이다. 외국에 있는 자산을 자발적으로 신고한 사람도 8,000 명에 달했다. 잉바르 캄프라드 등 한때 외국으로 떠났던 기업인들이 다시 스웨덴으로 돌아왔다.

기업의 가치를 높이는 것은 경영자의 핵심 임무다. 그런데 기업의 가치가 올라가면 증여세나 상속세를 더 많이 납부해야 한다. 은퇴를 앞둔 창업자는 기업의 가치를 의도적으로 떨어뜨려 세금을 줄여야 하는 건 아닌지 고민이 많다. 승계 문제는 많은 창업자의 대표적인 고민거리다. 대기업은 대기업대로, 중소 중견 기업은 또 그 기업 나름대로 승계 문제로 고민이 많다.

12.4 보안(Security) 및 기술 유출 방지

해킹을 당했다거나 개인 정보가 유출되었다는 기사를 심심치 않게 본다. 보안은 총성 없는 전쟁이다. 전쟁보다 더 무섭다. 누가 언제 어디서 어떻게

---

409) 윤진기, 상속세 70%의 즐거운 상상 (윤진기 교수의 경제와 숫자 이야기), 버핏연구소, 2018.07.13, https://buffettlab.co.kr/news/view.php?idx=21078

공격할지 전혀 예측할 수 없다. IBM이 2022년 3월부터 2023년 3월까지 세계 16개국 553개 단체의 데이터 침해 사건을 분석한 보고서를 펴냈다.[410] 유출 건당 평균 비용은 445만 달러였다. 국가별로는 미국이 평균 948만 달러로 일등이었다. 한국은 348만 달러로 10등을 차지했다. 침해 사건을 해결하는 데 평균 277일이 걸렸다.

12.4.1 개인 정보 보호

| 사례: 골프존 고객 정보 해킹 사고

　2023년 11월 23일 한국 최대 스크린 골프 업체인 **골프존**이 해킹을 당했다. 사고 발생 초기 골프존은 고객 정보 유출이 없다고 거짓말을 했다. 해커들이 해킹한 정보를 공개했다. 약 200만 명이 넘는 회원들의 이름과 전화번호, 골프 레슨 강사 이름, 주민 등록 번호, 계좌 번호 등이 포함되어 있었다.[411] 그제야 골프존은 고객 정보 유출 사실을 시인했다. 해킹을 당한 지 3주 만이었다.
　개인정보보호위원회는 골프존에 대해 안전 조치 의무 위반으로 과징금 75억 400만 원, 개인 정보 파기 의무 미준수로 과태료 540만

---

410) IBM Security, Cost of a Data Breach Report 2023, https://www.ibm.com/downloads/cas/E3G5JMBP
411) 차정인, [단독] 골프존 해킹…회원 2백만 명 등 개인정보 유출 확인 [탐사K], KBS뉴스, 2023.12.18

원을 부과했다.[412]

스타트업의 기업 규모가 커짐에 따라 IT 인프라와 보안에 투자하는 금액도 커져야 하는데 그러지 못하다. 덩치는 성인인데 행동거지는 초등학생인 셈이다.

사례: 카드 회사 개인 정보 유출 사고

2010년부터 2014년까지 여섯 차례에 걸쳐 국내 세 개의 카드 회사에서 개인 정보가 유출되었다. 범인은 카드회사 시스템 개발 업무에 투입된 외주 용역 회사 직원이었다. 카드 회사마다 수천만 건씩의 고객 정보가 유출되었다.

범인이 훔친 것은 고객 이름, 카드 번호, 유효 기간, 주민 등록 번호, 전화번호, 자택 주소, 직장 정보, 이메일 주소, 결제 계좌, 연 소득, 신용 한도 금액, 신용 등급, 거래 실적 금액 등 고객에 관한 거의 모든 정보다. 그는 이 정보를 대출 상품 위탁 판매 업체 사장에게 팔았고 그 사장은 대부 중개업체 수십 곳에 팔았다.

범인은 정보통신망법 위반 혐의로 징역 3년을 선고받았다. 손해 배상 소송을 다룬 민사 재판부는 카드 회사가 개인 정보 유출 피해자들에게 10만 원씩 지급하라고 판결했다. 금융감독원은 감독을 소홀히

---

412) 이상서, '업계 1위'골프존, 관리 소홀로 221만명 정보 유출…과징금 75억, 연합뉴스, 2024.05.09, https://www.yna.co.kr/view/AKR20240508171800530?input=1195m

한 카드 회사 대표이사에 대해 해임 권고를 했다.[413]

수차례 개인 정보 유출 사건을 겪으며 얻은 교훈이 있다. 혹시라도 내부 정보가 유출될지도 모르니 만약의 경우를 대비하여 내부에 보관 중인 개인 정보를 암호화하는 것이다. 거의 대부분의 기업, 단체, 행정 기관이 개인 정보 보호 솔루션을 도입하여 유출 사고에 대비하고 있다. 대표적인 솔루션으로 **소만사**의 프라이버시-아이(Privacy-i)가 있다. 소만사 김대환 대표는 보안에 투자할 여력이 없는 소상공인들에게 랜섬웨어 대응 솔루션을 무상으로 보급하기도 했다.[414]

12.4.2 IT (Information Technology) 보안

| 사례: CJ대한통운 악성 메일 공격 대비 모의 훈련

이메일을 통한 랜섬웨어 공격이 매우 많다. 예컨대 특별 보너스가 지급된다는 이메일을 받는다. 기쁜 마음에 무심코 금액을 확인하라는 링크를 클릭하면 순식간에 감염된다. **CJ대한통운**은 이메일을 통한 랜섬웨어 공격에 대비한 모의 훈련을 주기적으로 실시했다. 초기에는 많은 사람들이 걸려들었다. 훈련을 거듭하니 임직원들의 보안 수준이 눈에 띄게 향상되었다. 이런 모의 훈련을 실시하려면 정보 보안 담당자

---

413) 한국개인정보법제연구회, 한국 사회를 변화시킨 9대 개인정보 유출 사고 판례 분석, 2019, pp.127-148
414) 길민권, 소만사, 소상공인에 랜섬웨어 대응 솔루션 'Privacy-i EDR' 무상지원, 데일리시큐, 2021.03.15, https://www.dailysecu.com/news/articleView.html?idxno=121977

들이 시나리오를 준비해야 했다. 훈련할 때마다 공격의 유형을 바꿔야 하니 일일이 수작업으로 시나리오를 준비하기 버거웠다.

최근에는 모의 훈련을 아주 쉽게 할 수 있는 소프트웨어가 등장했다. 악성 메일 공격에 대비하는 종합 훈련 솔루션인 BSD가 대표적이다. BSD는 보안 전문 회사인 **투씨에스지(ToCSG)**가 개발했다. 이 회사 임천수 대표는 실제 해커가 공격하는 다양한 방식에 대비한 모의 훈련을 손쉽게 실시할 수 있는 게 BSD의 강점이라고 강조한다.[415]

| 기밀 컴퓨팅

과거 IT 인프라는 온프레미스(on-premise) 방식이 주류였으나 지금은 클라우드(cloud)가 대세다. 온프레미스는 IT 인프라를 개별 기업이 자체적으로 소유하는 자가 전용 운영 방식이다. 클라우드는 서버, 스토리지, 네트워크, 애플리케이션 등을 개별 기업이 구매하는 대신 전문 서비스 회사의 인프라를 빌려 사용하는 방식이다. 기업 내부 데이터를 퍼블릭 클라우드에 올리자니 꺼림칙하다. 기밀 데이터를 남이 들여다보거나 외부로 빼돌리지나 않을까 불안하다. 반도체나 바이오 등 첨단 기술 업종, 국방 행정 등 공공 부문, 금융이나 의료 등 민감한 정보를 다루는 분야가 아니더라도 찝찝하기는 마찬가지다.

해커의 공격으로부터 IT 시스템을 안전하게 보호하고 싶을 것이다. 클라

---

415) 인터뷰: 임천수 대표, 투씨에스지, 2024.06.28

우드 서비스 운영 회사가 우리 회사 데이터를 암호화해줄 테니 안심하라고 한다. 그래도 여전히 안심되지 않는다. 혹시 그 클라우드 운영 회사 임직원이 내 데이터를 들여다볼 수도 있지 않을까? 세계 굴지의 클라우드 서비스 회사가 설마 내 데이터를 들여다볼까? 막상 회사 내부 핵심 기밀 데이터를 클라우드에 올리려고 하니 마치 고양이에게 생선 가게를 맡기는 심정이 된다. 기밀 컴퓨팅 솔루션을 적용하면 이런 걱정을 덜 수 있다.

기업의 핵심 자산인 데이터는 세 가지 상태로 구분한다.
(1) **저장 데이터**: 하드 디스크나 전용 스토리지에 저장되어 조용히 쉬는 데이터 (data-at-rest)
(2) **이동 데이터**: 컴퓨터 서버, 스토리지, CPU, 메모리 사이에서 통신망을 타고 이동 중인 데이터 (data-in-transit)
(3) **연산 데이터**: CPU나 GPU에서 복잡한 분석과 계산이 일어나는 사용 중인 데이터 (data-in-use) 및 연산 작업을 위해 잠시 메모리에 올라가 있는 데이터 (data-in-memory)

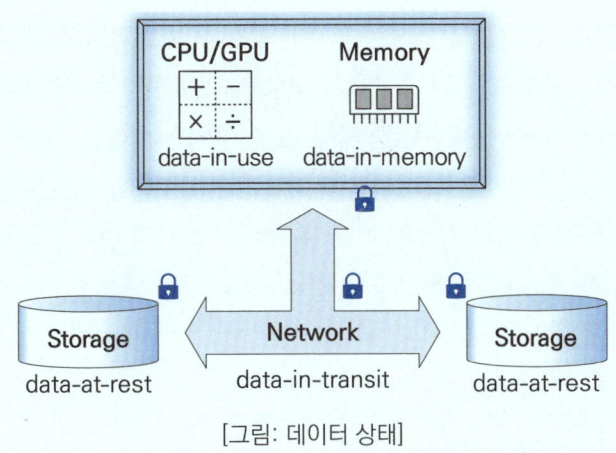

[그림: 데이터 상태]

전통적인 보안 솔루션은 이 세 가지 상태 중에서 (1)과 (2)에 집중한다. 스토리지에 저장 중인 데이터와 네트워크를 통해 이동 중인 데이터를 암호화하여 해킹에 대비한다. 세 번째 상태인 연산 중인 데이터는 무방비 상태다. 왜냐하면 저장된 데이터를 읽어서 복잡한 계산을 하거나 분석을 하려면 암호화된 것을 풀어 평문으로 만들어야 한다. 복호(復號)다. 컴퓨터가 분석하고 연산 중일 때, 즉 복호화된 실행 중 데이터는 해킹에 매우 취약하다. 실행 중 데이터의 암호 키가 해커에게 탈취되면 저장 데이터나 이동 데이터도 모두 털릴 수 있다.

기밀 컴퓨팅(confidential computing)은 CPU나 메모리에서 연산 중인 데이터를 보호하는 기법이다.[416] 최근에 많은 연구가 집중되고 있다. **안주나 시큐리티(Anjuna Security)**는 기밀 컴퓨팅 플랫폼의 강자다. 온프레미스 환경뿐만 아니라 클라우드에서 연산 중인 데이터를 보호하는 기술이 탁월하다.

안주나 솔루션 한국 총판인 **드림셋** 김영일 대표와 인터뷰한 내용을 정리했다.[417]

안주나는 앞의 [그림: 데이터 상태]에서 볼 수 있듯이 CPU와 메모리가 복잡한 연산을 수행하는 영역에 강력한 보호막을 친다. 이토록 안전하게 보호된 컴퓨터 프로세서 내부의 지정 구역이 보안 엔클레이브(secure enclave)다. 안전 지대, 보안 구역인 셈이다. 보안 엔클레이브는 프로그램 코드와 데이터를 격리하고 메모리를 암호화한다. 게다가 암호 키를 별도 장소에 따로 관리한다. 이렇게 하니 클라우드 서비스 운영 담당자도 데이터를 읽을 수 없다. 기업 내부 임직원도 보안

---

416) Wikipedia, https://en.wikipedia.org/wiki/Confidential_computing
417) 인터뷰: 김영일 대표, 드림셋, 2023.12.19

키가 없으면 데이터에 접근할 수 없다.

김영일 대표는 "3대 클라우드 서비스인 아마존웹서비스, 마이크로소프트 애저(Azure), 구글 클라우드 플랫폼 상에서는 명령어 한 줄로 안주나 솔루션을 구축할 수 있으며, 온프레미스 환경에서도 안주나 솔루션을 쉽게 구축할 수 있다"고 강조한다. 그는 또 "애플, TSMC, AMD 등 많은 기업들이 이미 안주나 솔루션을 사용 중이라고 했다.[418]

이 회사는 2023년 최고 혁신 보안 회사, 블록체인 보안, 클라우드 보안의 세 분야에서 금상을 수상했다.[419]

암호화 및 양자 보안

해커(hacker) 관점에서 보면, 세상에는 세 종류의 회사가 있다.[420] (1) 해킹 당한 걸 알아차린 회사, (2) 해킹 당한 걸 모르는 회사, (3) 해킹 당하지 않은 회사다. 해킹 당하지 않은 세 번째 유형의 회사는 보안에 막대한 투자를 하고 필사적으로 방어하고 있을 것이다. 아직 해커들의 주목을 끌 만한 존재감이 없거나 해킹할 가치가 없는 회사일 수도 있다. 앞에서 언급한 IBM의 데이터 침해 사건 분석 보고서는 전체 침해 사건 중 기업 내부 보안팀이 스스로 알아차린 것은 3분의 1에 지나지 않았다고 밝혔다. 3분의 2는 침해된 줄 모르고 있다가 제3자가 알려 줬거나 해커가 스스로 밝혀

---

418) 인터뷰: 김영일 대표, 드림셋, 2024.07.05
419) GlobeNewswire, Anjuna Sweeps Cybersecurity Excellence Awards with Three Gold Wins, 2023.03.28
420) '회사'라고 했으나, 학교, 공공 기관, 단체도 마찬가지다.

서 뒤늦게 알게 된 경우다.[421]

보안 관리의 3대 기본 원칙은 침입 방지, 유출 방지, 암호화다.
 (1) **침입 방지**. 외부에서 허락없이 내부망으로 침입하지 못하게 방어
 (2) **유출 방지**. 내부의 정보가 외부로 빠져나가지 못하도록 방지
 (3) **암호화**. 기밀 정보를 권한없이 판독할 수 없도록 암호화

오늘날 많이 사용하고 있는 암호화 알고리듬은 2,048 비트 체계다. 일반 컴퓨터로는 이 암호 체계를 해독하는 것이 거의 불가능하다. 해독하는데 수십 억 또는 수백 억년 걸리기 때문이다. 양자 컴퓨터라면 어떨까? 양자 컴퓨터 기술이 점점 좋아지고 있어서 언젠가 몇 시간 또는 몇 분 만에 해독하게 되지 않을까?[422]

현재 사용하고 있는 난수는 완벽한 의미의 무작위 숫자가 아니고 유사(pseudo) 난수다. 진정한 난수를 만들기 위한 연구가 활발하다. 우리나라의 **이와이엘**(EYL)이 대표적인 양자 암호 전문 회사다.[423] 이와이엘은 방사성 동위 원소의 붕괴 시간 간격이 무작위적(random)인 것을 이용하여 양자 난수 생성기 (QRNG: Quantum Random Number Generator) 기술을 개발했다.[424] 이 회사 정부석 대표를 만났다. 그는 양자 난수 생성기

---

421) IBM Security, Cost of a Data Breach Report 2023, https://www.ibm.com/downloads/cas/E3G5JMBP
422) 이해성, 비트코인 '블록체인 암호' 양자컴퓨터로 깰 수 있다?, 한국경제, 2022.02.04, https://www.hankyung.com/article/2022020420271
423) 스위스의 IDQ퀀티크(ID Quantique)도 양자 암호 기술로 유명하다. SK그룹이 2016년부터 이 회사에 투자해왔다. 2021년 말 기준, 이 회사의 최대 주주는 SK스퀘어이며 약 69.3%의 지분을 확보하고 있다. 김양혁, SK스퀘어, 스위스 양자암호 기업 'IDQ' 지분 70% 확보…"中 지분 대응 차원", 조선일보, 2022.04.21, https://biz.chosun.com/it-science/ict/2022/04/21/K4H3TALAFJFP3H7CJIIQ4J77SU/
424) 원호섭, [Science in Biz] 해킹 막는 '양자난수' 있기에…美공군 암호칩 개발, 매일경제, 2020.01.16, https://www.mk.co.kr/news/business/9165841

를 가로 세로 1.4 mm의 매우 작은 반도체 칩에 심어 상용화에 성공했고, 도청 방지 비화기(祕話機), USB 저장 장치, CCTV 등에 적용했다고 한다.[425] 이 양자 암호 기술은 국가정보원의 KCMVP(Korea Cryptographic Module Validation Program, 한국 암호 모듈 검증 프로그램) 인증을 취득했다.[426]

12.4.2 OT (Operation Technology) 보안

과거 IT (Information Technology, 정보 기술) 보안에 주력하던 기업들이 최근에는 OT (Operation Technology, 운영 기술) 보안에도 투자를 하기 시작했다. 기술이 점점 복잡하고 융복합되며, 최근 제조 현장이 스마트 팩토리로 고도화됨에 따라, OT 보안의 중요성이 점점 더 부각되고 있다. 과거에는 대부분의 설비들이 단독으로 운영되었기에 리스크의 파급 범위가 개별 설비에 국한되었다. 요즘은 스마트 팩토리 열풍으로 제조 현장의 많은 설비가 복잡한 네트워크로 연결되어 있어서 한 대의 설비만 해킹 당해도 그 네트워크에 연결되어 있는 모든 설비나 장비가 마비될 수 있다.

---

425) 인터뷰: 정부석 대표, 이와이엘, 2024.04.11
426) 조재학, 이와이엘, 국정원 암호모듈 검증 KCMVP 획득, 전자신문, 2023.06.30, https://www.etnews.com/20230630000182

▎사례: 브라질 육가공 업체 JBS 랜섬웨어 감염 사고

브라질 기업 JBS는 세계 최대 육가공 업체다. 2021년 5월 30일 이 회사의 미국, 캐나다, 호주의 설비가 랜섬웨어에 감염되었다. 공장 가동이 멈췄다. JBS는 해커들에게 몸값으로 1,100만 달러를 비트코인으로 지급했다.[427]

▎사례: TSMC 해킹 사고

2018년 8월 세계 최대 반도체 위탁 생산 기업인 대만의 TSMC 공장이 멈췄다. 제조 현장의 컴퓨터가 해킹을 당했기 때문이다. TSMC는 사내 전산망을 외부와 차단하여 폐쇄적으로 운영하는 등 평소 보안 관리를 매우 철저하게 하고 있었다. 외부에 있는 해커가 사내 전산망에 침입하기 쉽지 않았다.

빈틈이 있었다. 생산 설비를 유지 보수하는 협력사 직원들이 TSMC 공장을 수시로 들락거렸다. 협력사 직원이 소프트웨어를 업그레이드하기 위해 TSMC에 들어가서 생산 설비를 제어하는 PC에 USB를 꽂았다. 바로 그 순간 USB에 잠복해 있던 바이러스가 네트워크를 타고 사내 시스템에 침투했다. 순식간에 1만 대 이상의 PC가 랜섬웨어에 감염되었다.[428] 반도체 웨이퍼(wafer)를 생산하는 3 개 라인이 48시

---

427) Wikipedia, https://en.wikipedia.org/wiki/JBS_S.A._ransomware_attack
428) 홍하나, 스마트공장 보안사고가 발생하는 이유, 바이라인네트워크, 2020.11.17, https://byline.network/2020/11/16-113/

간 동안 가동을 멈췄다. 손실액이 약 3,000억 원에 달했다.[429]

사례: 공급사 때문에 가동 중단한 도요타

도요타 등 굴지의 기업은 보안에 많은 투자를 하여 해커들이 뚫기 쉽지 않다. 의외의 취약점이 발견되었다. 공급망의 약한 고리, 바로 협력사다.

2022년 3월 1일 **도요타**가 멈췄다. 일본 내 14개 공장, 28개 조립 라인이 가동을 중단했다. 차량 생산 차질 물량은 약 1만 3,000대에 달하는 것으로 추정되었다. 가동 중단 원인은 금속, 플라스틱, 전자부품을 공급하는 도요타의 1차 공급사인 **고지마프레스공업**이 해커로부터 랜섬웨어 공격을 받아 가동이 전면 중단되었기 때문이다. 공급사의 시스템이 해킹되어 공급사 공장 가동이 중단되었고, 그 여파로 도요타 공장도 가동이 전면 중단된 초유의 사건이었다.[430]

도요타의 공급망은 JIT 방식으로 매우 빡빡하게 연결되어 있다. 그렇기 때문에 공급망에 있는 협력사에 문제가 생기면 순식간에 그 여파가 공급망 전체에 미친다. 1차 공급사만 400개 사에 달하고 2차, 3차 공급사를 합치면 6만 개 이상이다.[431] 이 모든 공급사를 해커들로부터 방어하기 쉽지 않다.

---

429) 이상우, 제조업 40%가 해킹으로 생산성 저하 경험… OT 보안 없으면 매출 '직격탄', 아주경제, 2023.02.01
430) 정영효, 교묘해진 랜섬웨어…도요타 대신 협력사 공격, 한국경제, 2022.03.01
431) 남우석, 완성차 1위 도요타도 '변해야 산다' [세계는 지금], 한겨레, 2023.03.22

사례: 미국 송유관 회사 랜섬웨어 피해 사고

공공 인프라가 공격받은 사례를 살펴보자.

미국의 **콜로니얼 파이프라인**은 송유관을 통해 휘발유, 경유, 항공유 등을 텍사스 휴스턴에서 미국 동부로 공급하는 회사다. 미국 동부 연안에서 소비되는 유류의 55%가 이 회사의 송유관을 통해 공급된다.

2021년 5월 7일 이 회사가 랜섬웨어에 공격당했다. 유류 공급이 전면 중단되었다. 수도 워싱턴D.C.와 남동부 17개 주가 심각한 타격을 받았다. 해커는 75개의 비트코인을 요구했다. 당시 금액으로 약 440만 달러였다. 회사는 몇 시간 만에 몸값을 지불했다. 그래도 복구하는 데 며칠이 걸렸고, 송유관은 5월 12일 재개되었다.[432]

사례: 노조미(Nozomi) 솔루션 적용

IT와 OT 보안에 투자를 하는 기업들이 점점 증가하고 있다.

인도라마 벤처스는 글로벌 석유 화학 회사다. 이 회사는 나이지리아에 있는 석유 화학 시설을 사이버 공격으로부터 보호하기 위해 노조미 네트웍스의 보안 솔루션을 도입했다.[433]

---

432) Wikipedia, https://en.wikipedia.org/wiki/Colonial_Pipeline_ransomware_attack
433) Manufacturing Today, Enhancing OT cybersecurity at Indorama Petrochemicals: A case study, 2023.11.06

노조미 네트웍스는 2013년 설립된 OT 보안 전문 솔루션 회사다. 박지용 지사장은, 해적들이 키보드로 배를 납치할 수 있는 시대라며, 보안의 중요성을 강조한다.[434]

공장, 송유관, 발전소뿐만 아니라 자율 주행 차량이나 자율 주행 선박도 해킹에 취약하다.

12.4.4 기술 유출

2018년부터 2023년까지 우리나라에서 "104 건의 산업 기밀 유출 시도가 있었고 이 중 36 건이 국가 핵심 기술로 지정된 기술"이었다.[435]

| 사례: 삼성디스플레이 핸드폰 에지 패널 기술 유출

삼성디스플레이의 에지 패널 기술은 핸드폰 모서리의 곡면 화면을 구현하는 핵심 기술이다. 6년간 38 명의 엔지니어와 약 1,500억 원의 연구비를 투자하여 개발한 이 기술이 중국으로 유출되었다.

범인은 삼성디스플레이의 협력업체인 T사였다. 2023년 7월 대법원은 T사 전 대표에게 징역 3년, 임원 두 명에게 징역 2년의 실형을

---

434) 김선애, 노조미네트웍스 '보고·탐지하고·통합한다', 데이터넷, 2023.10.29, https://www.datanet.co.kr/news/articleView.html?idxno=188285
435) 황국상, 자문의뢰·스카우트·M&A까지… 신종 기술유출 방법 판친다, 머니투데이, 2023.11.22, https://news.mt.co.kr/mtview.php?no=2023112214135458317

선고한 원심을 확정했다.[436]

| 사례: 세메스 반도체 세정 기술 유출

삼성전자 자회사인 **세메스**는 반도체 및 디스플레이 핵심 장비를 생산한다. 세메스는 세계 최초로 초임계 반도체 세정 장비를 개발했다. 이 회사 연구원 출신 A는 퇴사한 뒤, 2021년 세메스의 협력사 대표로부터 세정 장비의 핵심 도면을 입수했다. 그는 이 도면을 브로커를 통해 중국으로 유출한 혐의로 기소되었다.

1심과 2심 재판부는 기술 유출 혐의를 유죄로 판결했다. A와 협력사 대표, 브로커에게도 징역형과 벌금을 선고했다.[437]

| 사례: SK하이닉스 반도체 기술 유출

반도체 관련 회사인 B사는 SK하이닉스, 세메스 등의 협력회사다. 이 회사 부사장과 일부 직원들은 **SK하이닉스**의 반도체 핵심 기술을 중국 업체에 넘기고 **세메스**의 세정 장비 도면을 빼돌린 혐의로 기소되었다.

---

436) 민경진, 삼성 '에지패널' 기술 中유출…톱텍 前 대표 징역 3년 확정, 한국경제, 2023.07.13, https://www.hankyung.com/society/article/2023071348651
437) 류수현, '반도체 세정기술' 中에 유출 전 세메스 연구원 항소심서 형량↑, 연합뉴스, 2024.01.09, https://www.yna.co.kr/view/AKR20240109137900061?input=1195m

> 재판부는 B사 부사장에게 징역 1년, 연구소장과 영업 총괄에게 징역 1년 6개월에 집행유예 2년 및 벌금 3,000만 원을 선고했다.[438]

l 사례: 한국콜마 선케어 기술 유출

> **한국콜마**는 한국 최초의 화장품 ODM 회사로 유명하다. 이 회사의 연구원 A와 B는 퇴사 직후 이탈리아 화장품 ODM 회사 I사의 한국 지사에 입사했다. 당초 I사는 자외선 차단제 제품을 만들지 않고 있었는데 이들이 입사한 이후 제품을 만들기 시작했다.
>
> 검찰은 A가 한국콜마 재직 중 수백 개의 기술 문서를 구글 드라이브에 업로드하는 방법으로 선케어 기술을 유출했다는 혐의로 기소했다. 재판부는 I사가 한국콜마의 선케어 기술을 탈취했다고 판단하고 A에게 징역 10개월의 실형을, B에게는 징역 6개월에 집행유예 2년을 선고했다. 한국콜마는 민사 소송에서도 승소했다.[439]

외부 해커의 공격을 차단하기도 쉽지 않은데, 내부 정보의 유출을 차단하는 것은 더 어렵다. 제품 설계도, 고객 정보, 영업 비밀 등 내부 기밀 정보가 유출되는 사례가 점점 증가하고 있다. 유출 경로도 USB, 메신저, 클라우드 저장소, 화면 캡처, 출력물 등 매우 다양하다. 용도에 맞는 각각의 솔루션을 따로 구입해서 설치해야 한다. 번거롭다. 솔루션 하나로 막을 수

---

438) 박시온, 양말에 USB 숨겨 삼성·SK기술 탈취, 한국경제, 2023.09.13, https://www.hankyung.com/article/2023091371071
439) 김덕성, 한국콜마, 선케어 기술 빼낸 伊 인터코스에 승소, 리걸타임즈, 2023.09.13, https://www.legaltimes.co.kr/news/articleView.html?idxno=74762

없을까? 앞에서 언급한 보안 전문 회사 **투씨에스지(ToCSG)**의 임천수 대표는 통합 보안 솔루션인 BSOne으로 해결할 수 있다고 한다. 그는 여러 가지 개별 솔루션을 도입할 필요 없이 BSOne 하나만 있으면 되며, 관리하기 용이하고 비용도 절감할 수 있다고 했다.[440]

갑질하는 기업이 하도급 회사의 기술을 탈취하는 전형적인 방식에 대해 살펴보자. 갑질하는 회사를 편의상 A라고 하자. A가 하도급 회사 B에게, 회사 규정상 기술 승인에 필요하다는 등의 이유를 대며, 핵심 기술 문서나 설계 도면 따위를 제출하라고 한다. B는 납품할 수 있는 기회를 잡았다고 얼씨구나 좋아하며 기술 자료를 제출한다. A는 그 자료를 친분이 있거나 특수 관계인 다른 회사 C에게 제공하고 더 낮은 단가로 납품받는다. B는 오랜 기간 수많은 시행착오를 거치며 큰 돈을 들여 확보한 기술을 눈 뜬 채 빼앗긴다.

기술 탈취나 편취로 입은 피해가 상당히 심각하다. 2015년 59개 회사가 902억 원의 피해를 입었고, 2018년에는 32개 회사가 1,119억 원의 피해를 입었다.[441] 공정거래위원회는 2017년부터 2023년 5월까지 총 126건의 기술 탈취 행위를 적발하고, 이 중 24개 기업을 고발하고 총 76억 원의 과징금을 부과했다.[442] 법적으로 다투기도 쉽지 않다. 소송 기간도 길고 비용도 만만찮다. 지루한 법정 다툼 중에 어려움에 처한 중소기업의 핵심 기술자들이 이탈하는 경우도 많다.

핵심 기술자를 빼 가는 방식으로 기술을 탈취하기도 한다. 애플 워치와

---

440) 인터뷰: 임천수 대표, 투씨에스지, 2024.06.28
441) 김용언, '갑'에게 뺏긴 핵심 기술 매년 피해 1000억 육박, 세계일보, 2021.09.13, https://www.segye.com/newsView/20210912508652?OutUrl=naver
442) 홍석현, 김동진, [그때 그 IT] 기술탈취 판례 (1) 두산인프라코어의 에어프레셔 기술탈취, 동아일보, 2023.07.11, https://www.donga.com/news/article/all/20230711/120179645/1

관련된 사례다.

사례: 마시모(Masimo) 대 애플(Apple) - "죽음의 키스"

마시모는 빛을 투과하여 맥박수와 혈액의 산소 포화도를 측정하는 첨단 기술을 보유한 회사다. **애플**은 애플 워치를 출시하기 전인 2013년에 마시모를 찾아왔다. 첫 미팅 이후 애플은 발을 뺐다. 다음 해 애플은 개발 과정에 깊숙이 참여했던 기술 책임자, 전직 고위 임원 등 핵심 인력을 스카웃하기 시작했다. 이후 애플은 마시모의 기술과 유사한 것을 특허 출원했다. 결국 마시모는 2020년 1월 소송을 제기했다.[443]

2023년 4월 20일 『월스트리트저널』은 애플이 중소기업의 기술을 탈취했다고 보도했다.[444] "죽음의 키스"라는 매우 자극적인 제목의 기사다. 애플은 원천 기술을 보유한 회사들의 핵심 인력을 채용한 후 유사한 기술을 특허 출원했다. 그러고는 항의하는 원천 기술 보유 회사들을 상대로 수백 개의 특허 무효 소송을 제기했다. 한 건당 약 50만 달러에 달하는 소송비를 감당하기 쉽지 않다. 오랜 법적 다툼에 지친 중소기업들은 합의하고 소를 취하하기도 했다.[445]

마시모는 끝까지 버텼다. 2023년 1월 미국 법원은 애플이 마시모

---

443) Mikey Campbell, Masimo sues Apple over Apple Watch patents, alleged theft of trade secrets, AppleInsider, 2020.01.09, https://appleinsider.com/articles/20/01/09/masimo-sues-apple-over-apple-watch-patents-alleged-theft-of-trade-secrets
444) Aaron Tilley, When Apple Comes Calling, 'It's the Kiss of Death', The Wall Street Journal, 2023.04.20, https://www.wsj.com/articles/apple-watch-patents-5b52cda0
445) 김태종, '애플이 부르면, 그것은 죽음의 키스'…애플의 '갑질' 집중 조명, 연합뉴스, 2023.04.21, https://www.yna.co.kr/view/AKR20230421001600091?input=1195m

의 특허를 침해했다고 판결했다.[446] 이어서 2023년 10월 미국 국제 무역 위원회는 마시모의 특허를 침해한 애플 워치에 대해 수입을 금지하는 명령을 내렸다.[447]

2023년 12월 26일부로 수입 금지 명령이 시행되자마자 애플은 곧바로 워싱턴의 연방 순회 항소 법원에 항소했다.[448] 법원은 소송이 진행되는 동안 수입 금지 명령의 효력을 정지시켰다.[449] 애플은 시간을 벌었고, 마시모는 부아가 돋는다.

12.5 AI(인공 지능) 활용

인공 지능(AI: Artificial Intelligence) 기술이 광범위하게 사용되기 시작했다. 공급망 분야에도 AI 기술을 적극적으로 활용하기 시작했다. 혹자는 AI와 인간의 경쟁에 초점을 맞추고 위기를 느낀다. AI와 인간이 경쟁하

---

446) Rahat Sandhu, Shivani Tanna, Akanksha Khushi, U.S. judge rules Apple Watch infringed Masimo's pulse oximeter patent, Reuters, 2023.01.11, https://www.reuters.com/legal/us-judge-rules-apple-watches-infringed-masimo-patent-medical-device-maker-2023-01-11/
447) Blake Brittain, US trade tribunal issues potential Apple Watch import ban in Masimo patent fight, Reuters, 2023.10.28, https://www.reuters.com/technology/us-trade-tribunal-issues-potential-apple-watch-import-ban-masimo-patent-fight-2023-10-26/
448) Blake Brittain, Apple files appeal after Biden administration allows US ban on watch imports, Reuters, 2023.12.27, https://www.reuters.com/technology/biden-administration-allows-us-trade-tribunals-ban-apple-watch-imports-2023-12-26/
449) 임미나, 애플워치 美판매 가능해져…법원 '소송 진행중 수입금지 중단', 연합뉴스, 2023.12.28, https://www.yna.co.kr/view/AKR20231228002251075?input=1195m

는 시기는 아직 본격적으로 도래하지 않았다. 지금 임박한 위기는 AI와 인간의 경쟁이라기보다 AI를 활용하는 인간과 그렇지 않은 인간의 경쟁이다. AI를 경영에 잘 활용하는 기업과 그렇지 못하는 기업의 경쟁이다. AI 활용의 흐름에 뒤쳐지면 사업의 핵심 경쟁력을 잃을 수도 있다. 이 흐름에 올라타지 않으면 도태된다. 따라가지 않으면 소멸한다. 그래서 위기다.

12.5.1 AI가 가져온 네 번의 충격

「2001: 스페이스 오딧세이」는 1968년에 개봉된 SF 영화의 고전이다. 이 영화에 나오는 컴퓨터 할(HAL)은 목성으로 향하는 우주선에 탑승한 우주인을 살해하는 사악한 AI로 묘사되어 있다. 세간에서는 할이 IBM을 풍자한다는 말이 돌았다. 영어 H 바로 다음 알파벳이 I이고, A 다음은 B, L 다음이 M이기 때문이다. AI 기술이 발전하면 할수록 할과 같은 AI의 위험에 대한 우려와 공포는 점점 더 높아질 것이다. AI로 인해 인류는 네 번 큰 충격을 받았다.

| 1997년 딥블루(Deep Blue) - 체스

AI로 인한 첫 번째 충격은 1997년 5월 **IBM**의 AI **딥블루**가 세계 체스 챔피언을 무찔렀을 때다.450) 당시 챔피언은 러시아의 개리 카스

---

450) Wikipedia, https://en.wikipedia.org/wiki/Deep_Blue_(chess_computer)

파로프였는데, 그는 1985년부터 12년째 세계 최고의 체스 선수였다. 그를 꺾은 딥블루는 약 2 미터의 높이에 무게는 1.4 톤에 달했다.[451]

2011년 왓슨(Watson) - 퀴즈

AI가 가져온 두 번째 충격은 2011년 IBM **왓슨** 컴퓨터가 「제퍼디」에서 인간 챔피언을 이겼을 때다. 「제퍼디」는 우리나라의 장학 퀴즈와 비슷하게 질문에 대한 답을 하는 퀴즈 프로그램이다. 통상 자연어라고 표현하는 인간의 언어를 완벽하게 이해했기에 큰 충격을 주었다.

[사진: 왓슨 - 제퍼디 우승 장면]은 왓슨이 두 명의 인간 챔피언을 꺾고 우승했던 장면이다. 미국 뉴욕주 요크타운 하이츠의 IBM 토머스 J. 왓슨 연구 센터에 있는 기념 사진을 재촬영한 것이다.

[사진: 왓슨 - 제퍼디 우승 장면]

---

451) 네이버 시사상식사전, 딥블루, https://terms.naver.com/entry.naver?docId=932203&cid=43667&categoryId=43667

2016년 알파고(AlphaGo) - 바둑

세 번째 AI 충격은 2016년 3월 **알파고**가 이세돌 9단을 꺾었을 때다. 알파고는 **딥마인드**가 개발한 AI 바둑 프로그램이다.[452] 다섯번의 대국에서 알파고가 4승 1패로 완승했다.

당시 많은 프로 바둑 기사들은 컴퓨터가 인간을 이기지 못할 것으로 예상했었다. 첫 대국의 포석 단계에서 알파고가 예상과 달리 매우 강한 면모를 보이자 사람들은 놀랐다. 알파고가 둔 수가 썩 좋은 수가 아니거나 이해하기 다소 난해하면 AI도 '떡수'를 둔다고 킬킬대며 기대를 갖기도 했다.

알파고가 처음 세 판을 내리 이기자 사람들은 경악했다. 그나마 제4국에서 이세돌 9단이 묘수를 두어 알파고를 꺾었다. 이 시합이 인간이 알파고를 이긴 처음이자 마지막 바둑 대국이 된 셈이다.

2022년 챗GPT(ChatGPT)

가장 최근인 네 번째 충격은 2022년 11월 30일에 등장한 **챗GPT**다.[453] 챗GPT의 출현으로 AI에 대한 관심이 폭발적으로 늘어났다. 챗GPT는 AI 스타트업 회사인 **오픈AI**의 LLM(Large Language Model)인 GPT(Generative Pre-trained Transformer)를 활용한

---

452) 딥마인드는 영국 런던 소재 인공 지능 전문 회사인데, 구글(Google)에게 인수되었다. Wikipedia, https://en.wikipedia.org/wiki/AlphaGo
453) Wikipedia, https://en.wikipedia.org/wiki/ChatGPT

다. 챗GPT는 단순한 챗봇의 역할을 넘어 자료를 분석하고, 보고서를 작성하며, 컴퓨터 소스 코드를 작성하고, 시나 소설을 쓰기도 하는 놀라운 기능을 선보였다.

12.5.2 AI 활용 방안

[그림: AI 활용 레이어]에 AI를 업무에 활용하기 위해 필요한 요소를 구조적으로 나타냈다. 제일 위에 어플리케이션이 있다. 제품에 대한 수요 예측, 고객 클레임 대응, 운송 경로 최적화, 설비에 대한 예지 정비 등 실제 업무에 AI를 활용하는 층이다. AI 어플리케이션을 개발하기 위해 AI 인프라, ML(Machine Learning, 기계 학습) 프레임워크, AI 플랫폼을 활용한다.

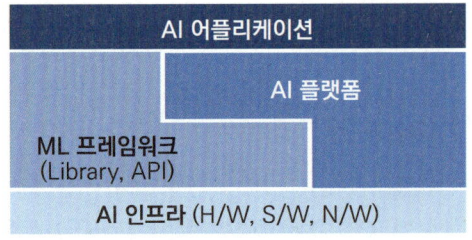

[그림: AI 활용 레이어]

제일 아래는 인프라 층이다. CPU, GPU, 네트워크 등 컴퓨팅 자원으로 구성된다. 그 위에 ML 프레임워크가 있다. **구글**의 텐서플로우(TensorFlow), **메타**의 파이토치(PyTorch) 등 AI를 학습시키는 데 필요한 다양한 라이브러리(library)가 있다. 이 프레임워크만 이용하여 AI 어플리케이션을 개발할 수도 있으나, 좀 더 쉽게 어플리케이션을 개발하기 위해 AI 플랫폼을 많이 활용한다. 앞에서 다룬 **오픈AI**의 챗GPT, **앤트로픽**(Anthropic)의 클로드(Claude) 등이 AI 플랫폼에 해당한다.

12.5.3 비전문가가 데이터 유출 걱정없이 AI 활용하기

챗GPT 등 AI를 기업 내부 현황 분석 및 최적 의사 결정에 활용하려는 시도가 많다. 두 가지 큰 걸림돌이 있다. (1) IT를 잘 모르는 일반 사용자가 활용하기 어렵다는 것과 (2) 기업 내부 기밀 데이터를 외부로 보내기 싫다는 점이다.

| IT 전문가 도움 없이 AI 활용하기

IT 전문성 부족에 따른 걸림돌부터 살펴보자. 대부분의 임직원들은 컴퓨터 시스템에 익숙하지 않고 코딩도 할 줄 모른다. 이런 임직원들이 데이터를 분석하려면 IT 전문가의 도움이 필요하다.

예를 들어, 영업팀의 김 과장은 지난 1사분기에 경기도 안양시에 판매했던 실적을 분석하고 싶다. 작년 동기 대비 변화 추이도 알고 싶다. 데이터를 뽑아야 하지만 직접 해본 적이 없다. 평소 도움을 주고받으며 친하게 지내는 IT 부서의 후배에게 점심을 사주면서 작년과 올해 1월부터 3월까지 날짜별로 각 제품의 판매량, 매출액, 매출 원가를 엑셀 파일로 받아 달라고 부탁한다. 후배가 부지런하면 그날 오후에 데이터를 받을 수 있을 테고, 밀린 업무가 많으면 다음 날 또는 며칠 뒤에 데이터를 손에 넣을 것이다. 엑셀로 받은 데이터로 피벗 테이블을 만들어 전년 대비 판매 추이, 요일별 특성, 제품별 수익성 등을 분석한다. 원하는 분석 업무를 모두 마치는 데 며칠 걸린다.

일반 사용자가 IT 전문가에게 부탁하지 않고 스스로 데이터를 뽑아 분석하고 다양한 시나리오를 세워 시뮬레이션을 하고 싶을 것이다. 코딩을 하지 않거나(no code), 최소의 코딩(low code)으로 이런 업무를 수행하도록 도와주는 다양한 솔루션들이 있다. 예를 들어, AI 및 빅데이터 전문 솔루션 기업인 **비아이매트릭스**가 출시한 소프트웨어 로봇이 대표적이다.[454] 이 솔루션은 과거 데이터를 분석하는 것을 넘어 훨씬 복잡한 추론과 대응 방안을 수립하는 것도 지원한다.[455]

일반 임직원들이 컴퓨터 명령어가 아니라 일상적으로 사용하는 자연어로 컴퓨터와 소통하자니 자연어와 컴퓨터 언어 사이에 통역이 필요하다. 자연어 처리다. 앞에서 살펴본 LLM을 활용하면 된다. 그런데 LLM은 회사 내부에 대한 정보를 모른다. 회사 내부 데이터를 학습한 적이 없기 때문이다. 예컨대, 사용자가 LLM에게 "1사분기 매출액을 알려 달라"고 한들 LLM은 우리 회사 매출액 데이터가 어느 시스템에 있는지 알지 못한다. 설혹 안다고 해도 외부의 LLM이 우리 회사 내부에 접속하여 핵심 시스템을 휘젓고 다니는 걸 용인하고 싶을까?

| 내부 데이터 유출 걱정 없이 AI 활용하기

두 번째 걸림돌은 내부 기밀 데이터 유출에 대한 걱정이다. LLM은 일

---

[454] 인공 지능 및 빅데이터 전문 솔루션 기업인 비아이매트릭스(BI Matrix)의 소프트웨어 로봇을 활용하면, 코딩을 하지 않고도 다양한 분석을 할 수 있다. https://www.youtube.com/watch?v=_0fw1KZ_oUg
[455] 인터뷰: 배영근 대표, 김범재 대표, 비아이매트릭스, 2024.01.17

반적이고 보편적인 데이터를 학습했기 때문에 특정 기업에 국한된 내용을 질문하면 제대로 답을 할 수 없다. 많은 회사가 자기 회사의 특수한 상황에 맞도록 AI를 활용하기 위해 회사 내부 정보로 AI를 학습시키고 싶어 한다. 회사 외부에 있는 AI를 학습시키기 위해 영업 비밀인 사내 데이터를 외부로 보내자니 꺼림칙하다. 어쩔 수 없이 AI를 통째로 사서 회사 내부에 이식한 후 학습시켜야 할까? 비용이 엄청나게 든다. 우선 전용 AI를 구매하는 금액이 만만찮다. 그 AI를 운영하기 위해 GPU 등 최첨단 컴퓨터 자원과 네트워크 등 인프라가 필요한데 가격도 엄청나고 운영할 전문가도 부족하다. 삼성전자처럼 자체 AI를 개발하고 있는 기업도 있다.[456] 투자 여력이 충분하지 않은 대부분의 회사는 섣불리 엄두를 내지 못한다.

    LLM을 회사 내부에 별도로 구축하지 않은 채 활용할 수 있는 방법이 필요하다. 기밀 정보는 회사 내부에 두고 외부 LLM의 도움을 받고 싶다. LLM으로부터 제대로 된 답을 얻으려면 LLM에게 질문할 때 회사 내부 사정을 자세히 알려줘야 한다. 회사 내부 정보를 알려줄 때 사내의 방대한 데이터를 통째로 넘겨주는 게 아니다. 그렇게 해서도 안 되고 그렇게 할 수도 없다. 메타데이터를 알려 주면 된다. **메타데이터**(metadata)는 '데이터에 관한 데이터'다.[457] 예를 들어, 매출액은 판매실적 테이블에 있고, 각 제품별/판매일자별/판매지역별로 구분되어 있고, 단위는 원이라는 등의 정보가 메타데이터다. 매출액 데이터 그 자체가 아니라 매출액에 관한 데이터다. 매출액뿐만 아니라 공장, 생산량, 수율, 생산 계획, 재고 등 수많은 데이터의 개념, 유형, 속성, 데이터 간의 관계 등을 체계적으로 정리한 메타

---

456) 김만기, 클라우드에 생성형AI 날개 달고 '370조 글로벌시장 선점' [K-AI 반격 나선다], 파이낸셜뉴스, 2023.08.28, https://www.fnnews.com/news/202308281815296210
457) 객체에 대한 개념(class), 실체(instance), 속성(property), 관계(relation) 등에 관한 정보이므로 온톨로지(ontology, 존재론)라고 표현하기도 한다.

데이터를 LLM에게 알려주면 된다.

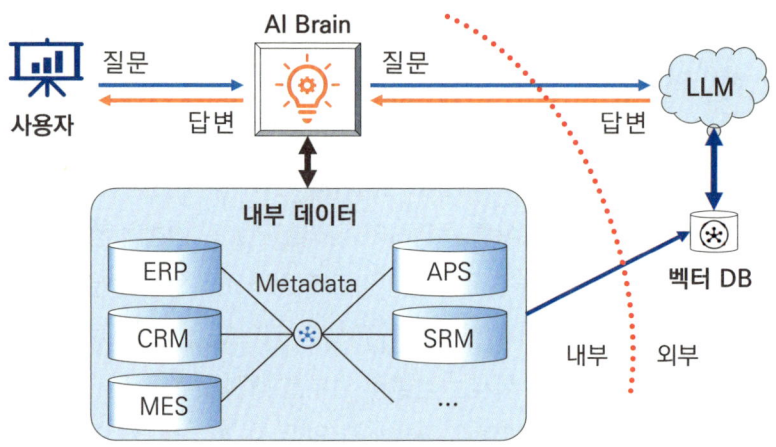

[그림: LLM 활용 구조]

LLM에게 질문할 때마다 질문과 함께 메타데이터를 전달하는 것이 번거롭다. 내부 데이터가 복잡한 경우 메타데이터 양도 방대하다. 이런 경우에는 메타데이터 정보를 미리 외부로 옮겨두고 질문할 때마다 LLM이 이 메타데이터를 참조하도록 한다. [그림: LLM 활용 구조]에 표현된 벡터 DB가 바로 그것이다. 메타데이터가 있으므로 LLM은 회사에 특화된 질문에 대한 맞춤형 답변을 할 수 있다.

영업팀 김 과장은 이제 IT 부서 후배에게 부탁하지 않고 직접 AI에게 질문을 던진다. "올해 1사분기에 안양시에 판매한 모든 제품에 대해 월별 매출액을 표로 만들어 줘." 내부 데이터와 외부 LLM을 연결하는 AI를 그림에서 편의상 'AI Brain(브레인)'이라고 표현했다. 이 AI 브레인은 김 과장의 질문을 LLM에게 던진다. LLM은 벡터 DB를 참조하여 매출액 데이터가 판매실적 테이블에 있고, 판매일자별, 판매지역별로 구분되어 있다는

것을 파악한다. LLM은
  (1) 올해가 2024년이고,
  (2) 1사분기는 '1월 1일부터 3월 31일까지'라고 해석하고,
  (3) 판매실적 테이블로부터
  (4) 판매지역이 안양시인 매출액 데이터를 판매일자별로 추출하고,
  (5) 월별로 표를 만들어야 하므로, 2024년 1월 1일부터 1월 31일까지 데이터의 합계를 '1월' 열에, 2월 1일부터 2월 28일까지 데이터 합계를 '2월' 열에, 3월 1일부터 3월 31일까지 데이터 합계를 '3월' 열에 배치하라고 답한다.

데이터베이스를 다루는 전문 프로그래밍 언어인 SQL 명령어로 답을 받을 수도 있다. 김 과장은 이 SQL 명령어를 수행하기만 하면 된다. 그것도 귀찮으면 'AI Brain'이 SQL 명령어를 실행하고 그 결과를 김 과장의 컴퓨터 화면에 보여줄 수도 있다.

IT나 AI에 관한 전문 지식이 없는 일반 임직원들도 쉽게 AI를 활용하여 복잡한 분석과 추론을 할 수 있다. 가상의 예시를 통해 LLM을 어떻게 활용하는지 좀 더 자세하게 알아보자. 실제 현장에서 적용할 때는 훨씬 더 복잡하다. 여기서는 활용 방법에 대한 가능성을 제안하는 예시이므로 매우 단순하게 표현했다.

| 가상 예시: AI 활용

다음 주에 태풍이 온다는 기상 예보가 있다. 무엇을 어떻게 준비해야 하는지 AI를 활용하여 대응 방안을 수립하고 싶다. 실무 담당자와 회사 내부 AI인 'AI Brain'은 따로 구분하지 않고 편의상 질문하는 측

을 'Q'로 표기하고, 답을 하는 외부 LLM을 'A'로 표기하기로 한다.

Q: (태풍이 지나가는 예상 경로에 있는 공장을 알고 싶어서) 공장 주소를 출력하는 컴퓨터 명령어를 알려 줘.

A: (SQL 명령어를 제공하며) 이 명령어를 실행하세요.

Q: (명령어를 실행하여 전체 공장 주소를 LLM에게 제공하며) 이 중에서 다음 주 태풍이 지나가는 공장은 어디이고 언제인지 시간을 알려 줘.

A: 태풍이 8월 7일 13: 20부터 14: 10 사이에 여수 공장을 지나갈 것으로 예상합니다.

Q: 8월 7일 하루 동안 여수 공장 가동을 중단하는 대신, 계획된 제품 P2 생산을 어느 공장에서 대체할 수 있는지 파악하려면 어떤 데이터가 필요해? SQL 명령어를 알려줘.

A: 8월 7일 여수 공장에서 생산하기로 계획된 P2 제품의 수량, P2 제품을 생산할 수 있는 대체 공장 목록, 공장별 생산 계획과 생산 능력 정보가 필요합니다. (SQL 명령어를 제공하며) 이 명령어를 실행하세요.

Q: (명령어를 실행한 후) P2 제품 생산 계획량은 20 톤이고, P2를 생산할 수 있는 대체 공장은 인천 공장과 평택 공장인데, (각 공장별 생산 계획과 생산 능력을 제공하며) 어느 공장에서 대체 생산 가능한지 알려 줘.

A: P2 제품 12 톤은 인천 공장에서 생산하고, 5 톤은 평택 공장에서 생산 가능합니다.

Q: (다행히 20 톤 중 17 톤을 대체 공장에서 생산할 수 있다. 그래도 여전히 부족한 3 톤은 어떻게 해야 하나 고민하다가) 8월 4일부터 6일까지 여수 공장 생산 계획과 생산 능력 정보를 출력

하는 SQL 명령어를 알려 줘.
A: (SQL 명령어를 제시한다.)
Q: (SQL 명령어를 실행하고 나온 결과를 제공하며) 8월 4일부터 여수 공장에서 6일까지 P2 제품을 생산하기 위한 잔업 계획을 세워 줘. 잔업 시간은 하루 2시간 이하로 한정해 줘.
A: 8월 6일 2시간 잔업하여 2 톤을 생산하고, 8월 5일 1시간 잔업하여 1 톤을 생산하면 됩니다.
Q: 8월 6일 2 톤과 8월 5일 1 톤을 추가 생산할 원자재가 충분한지 알려 줘.
A: P2 제품에 대한 BOM 정보와 자재별 재고 정보가 필요합니다.
Q: ……

이렇게 대화 형식으로 태풍으로 인한 영향을 파악하고, 예상되는 생산 차질에 대한 만회 대책을 수립할 수 있다.

12.5.4 특이점: AI가 인간을 능가하는 순간

AI의 성능이 급속하게 발전하고 있다. 그 발전 속도에 비례하여 AI가 초래할 위험에 대한 우려도 급격하게 커지고 있다. 앞에서 다룬 LLM과 관련된 대표적인 문제점으로 환각 현상, 편향성, 저작권 및 개인 정보 침해, 악의적 사용 등이 있다.[458] LLM이 가끔씩 뜬금없는 말을 마치 사실인 것처럼 그럴듯하게 답하기도 하는데 이것이 **환각**(hallucination) 현상이다.

---

458) 고기혁, 초거대 언어 모델과 설명 가능한 인공지능 연구 동향, 주간기술동향, 2112호, 정보통신기획평가원, 2023.10.25, pp.16-29

LLM이 학습한 데이터에 담긴 편견을 그대로 배워 정치, 종교, 인종 등에 대한 **편향**을 나타내기도 한다. 저작권이나 개인 정보를 침해하는 우려를 낳기도 한다. 제일 큰 우려는 LLM을 나쁜 용도로 사용하는 무리가 등장하거나 AI 자체가 막강한 힘으로 인간을 지배할지도 모른다는 점이다.

AI가 인간을 능가하는 순간인 **특이점**(singularity)은 기술 발전이 통제할 수 없고 돌이킬 수 없게 되어, 인류 문명에 예견할 수 없는 변화를 가져오는 가설적인 미래 시점이다.[459] **레이 커즈와일**(Ray Kurzweil)은 2045년을 특이점(singularity)의 시기로 예상한다.[460] 그 시점이 2045년이 될지, 더 늦을지, 오히려 더 빠를지 확실하지 않다. 그래도 언젠가 AI가 특이점을 넘어서면 AI가 인간에게 위해를 가할 수도 있지 않을까 하는 우려가 있다.

마이크로소프트의 CEO인 **사티아 나델라**(Satya Narayana Nadella)는 AI 연구에 대한 세 가지 핵심 원칙을 제시했다.

(1) 우리는 AI로 인간의 가능성과 경험을 확대할 것이다.
(2) 우리는 AI 기술 자체에 신뢰를 쌓아야 한다.
(3) 우리가 개발하는 모든 기술은 모든 사람을 포용하고 존중하면서 문화, 인종, 국적, 경제적 지위, 나이, 성별, 육체적 능력, 정신적 능력 등의 모든 장벽을 초월해 인간을 도와야 한다.[461]

자본의 논리와 부딪칠 때도 과연 이 원칙이 견지될까? AI와 로봇에 대한 본격적인 연구가 시작되기 훨씬 전에 SF 소설에서 이런 주제를 먼저 다루었다.

---

459) Wikipedia, https://en.wikipedia.org/wiki/Technological_singularity
460) 레이 커즈와일, 특이점이 온다, 김명남, 장시형 옮김, 김영사, 2007, p.183
461) 사티아 나델라, 히트 리프레시, 최윤희 옮김, 흐름출판, 2018, p.303

로봇학 3법칙 시사점

로봇학 3법칙은 저명한 SF 소설 작가인 **아이작 아시모프** 박사가 1942년에 쓴 소설 『런어라운드』에 처음 소개되었다.[462] 이후 『파운데이션』 시리즈, 『로봇』 시리즈 등의 후속 작품에서도 로봇학 3법칙이 계속 강조되었다. 80여 년이 지난 오늘날 AI와 로봇에 대한 연구에 중요한 시사점을 던진다.

제1법칙: 로봇은 인간을 해치거나, 방관함으로써, 인간이 해를 입도록 해서는 안 된다.

제2법칙: 로봇은 인간이 내린 명령에 복종해야 하되, 제1법칙과 충돌되는 경우에는 예외로 한다.

제3법칙: 로봇은 자신의 존재를 보호해야 하되, 그 보호가 제1법칙이나 제2법칙과 충돌하지 않아야 한다.

나중에 제0법칙도 제시했다.

제0법칙: 로봇은 인류를 해치면 안 되고, 방관함으로써, 인류에게 해를 끼쳐서도 안 된다.

우선순위는 제0법칙이 제일 높고, 그 다음 제1법칙, 이어서 제2, 제3법칙의 순서다.

AI가 특이점을 넘어서면 무슨 짓을 할지 불안하다. 남은 일은 선구자 아시모프 박사가 80여 년 전 소설책에 적은 이 문구를 현실로 구현하는 것이다.

---

462) 영어 robotics는 로봇학으로 번역하는 게 더 적합하다. 흔히 말하는 로봇공학은 robot engineering에 해당된다. Wikipedia, https://en.wikipedia.org/wiki/Three_Laws_of_Robotics

SCM이 뭔지 모르고 경영을 잘하길 바라는 것은 어불성설이다. SCM이 바로 경영 그 자체이기 때문이다. 이 책은 공급망에 관한 설명서다. 기업의 경영진이 공급망에 관련된 중요한 의사 결정을 할 때 도움이 될 만한 핵심 내용 위주로 구성했다. 사례도 많이 포함했다. 복잡하게 얽힌 방대한 공급망을 이해하기 쉽도록 풀어 썼다.

제2차 세계대전 중인 1942년 영국이 처음으로 육상전에서 승리했을 때다. 당시 영국 수상 윈스턴 처칠은 "지금 이것이 끝이 아닙니다. 심지어 끝의 시작도 아닙니다. 그러나 이것이, 어쩌면, 시작의 끝 즈음일 것입니다"라고 말했다.[463]

머리말에서 저비용 고효율의 공급망으로 1조 클럽에 도전하는 중견 기업 경영자들에게 필요한 게 이 책이라고 했다. 이제 이 책을 일독하고 나니 공급망에 대한 이해도가 급상승했을 것이다. 책 한 권 읽고 SCM에 대해 모두 다 알기는 쉽지 않다. 그래도 공급망의 핵심 개념과 원리에 대해 충분

---

463) BrainyQuote, https://www.brainyquote.com/quotes/winston_churchill_163144

히 파악했을 것이니, SCM에 대해 성공적으로 입문했다고 할 수 있다. 이 책으로 인해 SCM에 대해 좀 더 공부해야겠다는 의지가 뿜어져 나온다면 이 책이 경영을 잘하는 지름길로 가는 길목을 알려준 정도의 기여는 했지 않았나 생각한다. 시작의 끝 즈음인 셈이다.

경영 혁신 활동이자 경영 그 자체인 SCM에 대한 입문을 마치고 본격적으로 SCM에 대해 공부하고 경영에 활용하여 훌륭한 성과를 얻기를 응원한다.

찾아보기

A
allocation policy · 124
APS · 54
ATO(Assemble to Order) · · · · · · · · · · · · · · · 61
ATP(Available To Promise) · · · · · · · · · · · 124

B
BOM(Bill of Material) · · · · · · · · · · · · · · · · · 224
bullwhip effect · 360

C
CPFR · 363
cross-docking · 296

D
demand shaping · 120
DM(Demand Management) · · · · · · · · · · · · · 54

E
EPI(Early Procurement Involvement) · · · · · · 228
ESI(Early Supplier Involvement) · · · · · · 228
ETO(Engineer to Order) · · · · · · · · · · · · · · · 62

F
FP(Factory Planning) · · · · · · · · · · · · · · · · · · · 54

I
inventory pooling · 74

K
Kraljic matrix · 222

M
MES(Manufacturing Execution System)　195
MFC(Micro-Fulfillment Center) · · · · · · · · · 80
MP(Master Planning) · · · · · · · · · · · · · · · · · · · 54
MRP · 225
MTO(Make to Order) · · · · · · · · · · · · · · · · · · · 60
MTS(Make to Stock) · 60

O
OP(Order Promising) · · · · · · · · · · · · · · · · · · · 54

P
PDCA · 83
POD(Proof of Delivery) · · · · · · · · · · · · · · · · 138
postponement · 69
PSI · 134
PTP(Product Transition Planning) · · · · · · 324

S
SCM · 45
SKU 육분면 · 318

U
UOM(Unit of Measure) · · · · · · · · · · · · · · · · 198

V
VMI(Vendor Managed Inventory) · · · · · · 238

ㄱ
가치 공학 ······················ 232
강화 학습 ······················ 194
개발 구매 ······················ 227
결품 ······························ 132
공급 계획 ······················ 177
공급 계획률 ·················· 202
공급망 ···························· 30
공급사 계층도 ·············· 245

ㄴ
납기 약속 ······················ 125

ㄷ
디커플링 포인트 ············ 63

ㄹ
롤링 예측 ······················ 100
리틀의 법칙 ·················· 157

ㅁ
매출 인식 기준 ············ 136

ㅂ
배송 ······························ 293
복화(復貨, backhaul) ···· 271

ㅅ
삼자 물류 ······················ 298
상미 기간(賞味期間) ···· 130
생산 계획 ······················ 178
생산 계획 준수율 ········ 203
생산 전략 ························ 59
셀쓰루(sell-through) ···· 365
셀아웃(sell-out) ··········· 363
셀인(sell-in) ·················· 364
수송 ······························ 293

수요 유도 ······················ 120

ㅇ
안전 재고 ······················ 147
예실(豫實) 그래프 ········ 114
예측 기간 ························ 97
예측 단위(bucket) ·········· 96
예측 정확도 ·················· 111
예측 주기 ························ 96

ㅈ
자재 명세서 ·················· 224
자재 소요 계획 ············ 225
재고 일수 ······················ 152
재고 회전율 ·················· 153
전략 구매 ······················ 228
조달 구매 ······················ 226
지연(postponement) 전략 ···· 69
직출하 ···························· 294
진행 매출 ······················ 138

ㅊ
채찍 효과 ······················ 360

ㅋ
크랄직 매트릭스 ·········· 222
크로스도킹 ···················· 296

ㅍ
판매 계획 달성률 ········ 117
판매 계획 준수율 ········ 116
판매 목표 ······················ 116

ㅎ
확정 기간 ······················ 210
확정 생산 체제 ············ 211

**1조 클럽 도전하는
중견 기업을 위한
삼성 SCM 노하우**

초 판 인쇄 2024년 10월 04일
개정판 인쇄 2025년 01월 10일

지은이   서병교
발행인   오양호
발행처   베스트디자인
         서울시 중구 서애로3길16 수인빌딩
         TEL : 02-2277-6242
         FAX : 02-2278-6663
ISBN 979-11-970105-2-1

·파본이나 잘못된 책은 교환해 드립니다.
·무단 전재·복제를 금합니다.